高等院校公共基础课创新教材
“互联网+”新形态教材

大学体育与健康

主　编　林政梅　郑东平　李凤成
副主编　刘　强　张志扬　王　锋　潘　洋
参　编　黄建秋　杨艳芳　杜建辉　王春发
邱金昌　许丽斌　邹应军　陈成香
关晨涛　杨毅宁　李赵鹏　王　言
郑建文　黄明浩　陈平辉

同济大学出版社 · 上海

内 容 提 要

本书针对目前我国高等院校体育教学的实际情况，根据体育教学的需要和学生对体育教材的需求编写而成，内容丰富，详略得当，既注重科学性和前瞻性，又讲究针对性和实用性，力求做到精练规范、涵盖面广、通俗易懂、指导性强。本书共分五篇，包括体育基础理论、基本球类、民族传统体育类、体育艺术类和休闲健身类。

本书可作为高等院校公共基础课的教材，也可供体育爱好者参考使用。

图书在版编目(CIP)数据

大学体育与健康 / 林政梅，郑东平，李凤成主编
. --上海：同济大学出版社，2021.8
ISBN 978-7-5608-9026-5

Ⅰ.①大… Ⅱ.①林… ②郑… ③李… Ⅲ.①体育-高等学校-教材 ②健康教育-高等学校-教材 Ⅳ.①G807.4 ②G647.9

中国版本图书馆 CIP 数据核字(2021)第 172556 号

大学体育与健康

林政梅 郑东平 李凤成 **主编**

责任编辑 张德胜 **责任校对** 刘 丽 **封面设计** 黄燕美

出版发行 同济大学出版社 www.tongjipress.com.cn
(地址：上海市四平路 1239 号 邮编：200092 电话：021-65985622)
经 销 全国各地新华书店
印 刷 三河市骏杰印刷有限公司
开 本 787 mm×1 092 mm 1/16
印 张 20
字 数 414 000
版 次 2021 年 8 月第 1 版
印 次 2024 年 8 月第 2 次印刷
书 号 ISBN 978-7-5608-9026-5

定 价 48.80 元

前言
PREFACE

随着我国教育改革步伐的加快,因材施教已成为当前教学改革和课程建设的重要内容之一。当今,体育与健康实践的内容极为丰富,新思想、新内容、新项目和新方法层出不穷。

本书针对目前我国高等院校体育教学的实际情况,根据体育教学的需要和学生对体育教材的需求编写而成,内容丰富,详略得当,既注重内容的科学性和前瞻性,又讲究知识的针对性和实用性,力求做到精练规范、涵盖面广、通俗易懂、指导性强。因考虑到学生对田径运动已经比较熟悉,故本书做略去处理。

本书的编写遵循以下三大原则:

(1) 理论与实践相结合。本书的第一篇从体系上对体育与健康的基础理论进行了梳理归纳,便于学生把握体育与健康的基础知识,以期从不同的视角出发,使学生对体育与健康形成新的认识和定位。第二篇至第五篇从不同运动项目的特点、发展等入手,对各项目进行简单介绍,继而引入各项目的基本技术。

(2) 传统体育教学项目与社会流行的新兴运动项目相结合。第二篇至第五篇除了介绍基本球类、民族体育类项目外,还介绍了当前比较流行的体育艺术类和休闲健身类项目,如健美操、啦啦操、瑜伽、跆拳道、定向运动、台球、轮滑等。因此,本书不仅便于学生对传统体育教学项目进行认识和把握,还便于学生及时了解社会新兴运动项目及其发展特点和练习方法。

(3) 传统思维与"互联网+"思维相结合。本书在采用传统纸质教材介绍知识的同时,将部分知识点做成微课,学生通过扫描相关二维码即可学习相关内容,突破了时间和空间方面的限制,可实现随时随地学习。

本书更重要的意义是向学生宣传一种健康维护、健康促进、健康发展、健康第一的理念,使学生了解促进健康良性发展的基本技巧、技能,掌握基本的健身知识和健身方法，不断提高健康素养，为将来的工作和生活打下健康基础。

本书由福建技术师范学院林政梅、郑东平、李凤成任主编，刘强、张志扬、王锋、潘洋任副主编，黄建秋、杨艳芳、杜建辉、王春发、邱金昌、许丽斌、邹应军、陈成香、关晨涛、杨毅宁、李赵鹏、王言、郑建文、黄明浩、陈平辉参与编写。具体编写分工如下：林政梅编写第一章和第二章，李凤成编写第三章和第四章，黄建秋编写第五章，潘洋编写第六章，杨艳芳编写第七章，杜建辉编写第八章，张志扬编写第九章、第二十三章和第二十六章，王锋编写第十章，王春发编写第十一章，邱金昌编写第十二章，刘强编写第十三章，许丽斌编写第十四章，郑东平编写第十五章，邹应军编写第十六章，陈成香编写第十七章，关晨涛编写第十八章，杨毅宁编写第十九章，李赵鹏编写第二十章，王言编写第二十一章，郑建文编写第二十二章，黄明浩编写第二十四章和第二十七章，陈平辉编写第二十五章。

由于编者水平有限，书中难免存在不足之处，敬请广大读者批评指正。

编　者

目 录
CONTENTS

第一篇　体育基础理论

第一章　大学体育概述

第一节　体育教育发展历程

一、中国古代体育教育

周代的学校以礼、乐、射、御、书、数“六艺”为教学内容，其中射和御既是军事技术又具有锻炼身体的作用，带有明显的体育特征。春秋战国时期继承了西周的“六艺”教育，学习射、御不仅要求掌握技能，还强调礼仪和道德观念的培养。但是从汉代起，学校教育内容以儒家“六经”为主，不再重视军事技能或身体的训练。隋唐时期开始实行科举制度，使学生只埋头读书。由于封建教育影响了两千多年，虽然在此期间逐步形成了从小学到大学，从官学到私学的教育体系，但是学校教育中只有德育和智育，体育被拒之门外，严重影响了我国体育教育的发展。

二、中国近代体育教育

鸦片战争以后，中国由封建社会沦为半殖民地半封建社会。清政府为缓和阶级矛盾，以维护其封建专制统治，对文化、教育、军事等进行了一些改革。在教育方面废除了科举制度，并在 1903 年颁布《奏定学堂章程》，不仅规定在全国范围内实施学制，也规定了各级各类学校均应开设“体操科”，依照德国和日本模式，以兵式体操为主要内容。辛亥革命后，一方面体育课仍以体操为基本内容，另一方面在课外活动中又开展一些田径、球类等竞赛性活动项目，直到 1923 年北洋军阀政府在公布新学制《课程纲要草案》时才正式将学校“体操科”改为“体育科”，并规定授课内容以田径、球类、游戏等为主，重视体育教法研究，使学校体育有了明显的变化。1936 年，当时的国民党政府公布了《暂行大学体育课程纲要》，就制定文件本身而言是社会的进步，对学校体育有积极的促进作用。

三、中华人民共和国体育教育

中华人民共和国成立后，党和政府十分关心青少年的身体健康。1951 年，政务院发布的《关于改善各级学校学生健康状况的决定》中指出：“增进学生身体健康，乃是保证学生完成学习任务，培养出有强健体魄的现代青年的重大任务之一。”1952 年，教育部设立了体育处，管理学校体育。1964 年，教育部、国家体育运动委员会和卫生部针对学生课业过重的情况提出了《关于改善中小学生健康状况和改进学校体育、卫生工作的报告》，得到国务院的批准，并在学校推行《青少年体育锻炼标准》。各省、自治区、直辖市教育厅、局设立了体育卫生处，加强学校体育管理。1978 年，教育部、国家体育运动委员会和卫生部联合发出了《关于加强学校体育、卫生工作的通知》。1990 年，国务院颁布了《学校体育工作条例》，对学校体育工作的宗旨、范围、基本任务、原则、管理等方面做了具体的规定。1992 年 8 月，国家教育委员会印发了《全国普通高等学校体育课程教学指导纲要》(教体〔1992〕11号)。2002年8月,教育部又印发了新的《全国普通高等学校体育课程教学指导纲要》。国务院有关部门不仅针对各类不同学校的实际情况颁布了重要文件,发出了有关通知,还对实施情况进行检查、评估,进一步促进了学校体育工作的开展。

第二节　大学体育的任务和目标

一、大学体育的任务

根据我国的教育方针和高等教育要面向现代化、面向世界、面向未来的要求,根据社会主义建设对现代人才培养的要求和高等教育的目的与任务,高等院校体育教育的目的是增强大学生的体质,促进大学生身心健康,培养大学生的体育意识、能力和习惯及良好的思想道德品质,使其成为德、智、体、美、劳全面发展的社会主义建设者和接班人。要实现高校体育教育的目的,必须完成以下基本任务。

1. 全面锻炼身体,增进健康

增强学生体质是我国学校体育的首要任务。何谓健康?世界卫生组织最新界定的健康标准是:健康不仅仅是没有疾病和不虚弱,而是生理方面、心理方面和社会适应方面都处于一种安宁、安全的状态。大学生正处在青年期,机体的同化作用和异化作用基本平衡,生长发育日趋完善和稳定,生理机能和适应能力均发展到较高水平。这个时期是生命活动最旺盛的时期,也是身心发展的关键时期。在这个时期,大学生通过体育教育,有效地促进身体形态结构、生理机能和心理正常发育与完善,全面发展身体素质和基本活动能力,提高对环境的适应能力和对疾病的抵抗能力,从而以强健的体魄和充沛的精力完成当前的学业,迎接未来的工作。

2. 提高体育素养,培养终身体育能力

要想达到增进健康、增强体质的实效,就必须提高大学生的体育素养,即建立正确的体育意识,学习、掌握体育的基本知识、技术和技能,掌握科学锻炼身体的方法,养成自觉、经常锻炼身体的良好习惯,持之以恒,终身受益。

3. 培养良好的思想品德和健康的心理素质

思想品德教育是高等教育的一项重要内容,它贯穿在学校教育的全过程。作为高等教育重要组成部分的高校体育,也必须根据体育自身的规律和特点,以体育丰富多彩的内容和形式对大学生实施思想品德教育。通过体育教育,培养大学生勇敢顽强、艰苦奋斗、遵纪守法、团结协作的高尚品质;塑造拼搏进取、开拓创新等适应现代社会发展的心理素质;提高审美、鉴赏、表达和创造能力,陶冶情操;形成文明的行为方式和树立良好的体育作风,自觉建立起科学、文明、健康的生活方式,促进大学生的综合素质全面发展。

4. 发展大学生的体育才能,提高运动技术水平

开展课余体育训练,提高运动技术水平,为国家培养高水平的体育人才,是高校体育教育的任务之一,也是把我国建设成为体育强国的一项战略举措。高校要在广泛开展群众性体育活动的基础上,对部分体育基础较好并有一定专项运动才能的学生进行有计划、有组织

的课余运动训练，不断提高他们的专项运动技术水平。这样不仅为高校培养了体育骨干，带动学校大众体育活动的开展，丰富校园文化生活，还能为国家培养竞技体育的后备人才。

二、大学体育的目标

（一）基本目标

根据大多数学生的基本要求而确定的，分为五个领域的目标。

1. 运动参与目标

积极参与各种体育活动并基本养成自觉锻炼的习惯，基本形成终身体育意识，能够编制可行的个人锻炼计划，具有一定的体育文化欣赏能力。

2. 运动技能目标

熟练掌握两项以上健身运动的基本方法和技能；能科学地进行体育锻炼，提高自己的运动能力；掌握常见运动创伤的处置方法。

3. 身体健康目标

能全面了解自己的体质健康状况，掌握有效提高身体素质、全面发展体能的知识和方法；能合理选择人体需要的健康营养食品；养成良好的行为习惯，形成健康的生活方式；具有健康体魄。

4. 心理健康目标

能根据自己的能力设置体育学习目标；自觉运用体育活动改善心理状态、克服各种心理障碍，养成积极乐观的生活态度；运用适宜的方法调节自己的情绪；在运动中体验运动乐趣和成功的感觉。

5. 社会适应目标

表现出良好的体育道德和合作精神，正确处理竞争与合作的关系。

（二）发展目标

发展目标是针对部分学有所长、有余力的学生确定的，也可作为大多数学生努力的目标。

1. 运动参与目标

养成良好的体育锻炼习惯，能独立制定适用于自身需要的健身运动处方，具有较高的体育文化素质和观赏水平。

2. 运动技能目标

积极提高运动技术水平，发展自己的运动才能，在某个项目上达到或相当于国家等级运动员水平；能参加有挑战性的野外活动和运动竞赛。

3. 身体健康目标

能选择良好的运动环境，全面发展体能，提高自身科学锻炼的能力，练就强健的体魄。

4. 心理健康目标

在具有挑战性的运动环境中表现出勇敢顽强的意志品质。

5. 社会适应目标

养成良好的行为习惯，主动关心、积极参加社区体育事务。

第三节 大学体育教育的科学理念

一、健康第一的理念

习近平总书记指出:“身体是人生一切奋斗成功的本钱,少年儿童要注意加强体育锻炼,家庭、学校、社会都要为少年儿童增强体魄创造条件。要分类指导,从娃娃抓起,扎扎实实提高竞技体育水平,持之以恒开展群众体育,不断由体育大国向体育强国迈进。”“要树立健康第一的教育理念,开齐开足体育课,帮助学生在体育锻炼中享受乐趣、增强体质、健全人格、锤炼意志。要全面加强和改进学校美育,坚持以美育人、以文化人,提高学生审美和人文素养。要在学生中弘扬劳动精神,教育引导学生崇尚劳动、尊重劳动,懂得劳动最光荣、劳动最崇高、劳动最伟大、劳动最美丽的道理,长大后能够辛勤劳动、诚实劳动、创造性劳动。”大学体育教育要在增强综合素质上下功夫,引导学生培养综合能力,培养创新思维。坚持健康第一的理念是高校体育教育整体改革的重要方向,要让“健康第一”的指导思想在大学生中形成共识,促进大学体育工作高效和谐地健康发展。

二、终身体育的理念

“终身体育”是伴随“终身教育”的概念产生的。“终身体育”有其特定的研究领域和范畴,它是创造人生价值,从生到死进行体育教育的过程。保尔·朗格朗说:“必须抛弃那种认为体育只是在一生的一个短暂的时期内进行的观点。”应当更好地使体育和终身教育结合起来,把它从单纯的肌肉作用、从与文化隔离的状态中解放出来,把它与智力、道德、艺术、社交和公民的生活等更紧密地结合起来。

终身体育的含义包括两个方面的内容:一是指人从生命开始至生命结束中学习与参加身体锻炼,使终身有明确的目的性,使体育成为一生生活中始终不可缺少的重要内容;二是在终身体育思想的指导下,以体育的体系化、整体化为目标,为人在不同时期、不同生活领域提供参加体育活动机会的实践过程。

三、素质教育的理念

素质教育是以提高民族素质为宗旨的教育。它是依据《中华人民共和国教育法》规定的国家教育方针,着眼于受教育者及社会长远发展的要求,以面向全体学生、全面提高学生的基本素质为根本宗旨,以注重培养受教育者的态度、能力、促进他们在德智体等方面生动、活泼、主动地发展为基本特征的教育。它以全面提高人的基本素质为根本目的,以尊重人的主体性和主动精神为基础,注重开发人的智慧潜能,以注重形成人的健全个性为根本特征。

全国学校体育工作会议提出,把学校体育作为今后一个时期实施素质教育的重要切入点和突破口,这为抓好大学体育工作、进一步推进素质教育指明了方向。全面贯彻党的教育方针,全面实施素质教育,促进大学生全面发展和健康成长,是高等教育落实科学发展观的必然要求。胡锦涛曾指出,全面实施素质教育,核心是要解决好“培养什么人、怎样培养人”的重大问题,这应该成为教育工作的主题。身心健康是学生全面发展的重要基础,体育在素质教育中占有非常重要的位置,其本身就是一个育人的过程,是教育的本质功能之一。

就个人发展而言,体育在提高大学生的健康素质的同时,还能砥砺他们的意志品质和人格精神。学生经历的每次体育活动和竞赛都在潜移默化地教育与熏陶他们,培养他们团结、合作、坚强、献身和友爱的高尚情操。对于今天的独生子女一代，体育更是培育他们自强不息精神和吃苦耐劳意志的有效途径。可以说，加强高校体育工作，促进大学生健康成长，是高等教育本质的回归。如果忽视学生身心健康，忽视学校体育工作，就谈不上全面贯彻党的教育方针，谈不上全面实施素质教育。近年来的实践已经充分证明，加强学校体育，确确实实成了全面实施素质教育的重要突破口。学校体育工作水平的高低已成为衡量一所大学素质教育水平的重要标志之一。

四、以人为本的理念

联合国教科文组织的报告也强调，教育应当把人作为发展的中心，并明确提出："接受教育不再是为了升学和谋生，而是为了个人能力的充分发挥以及个人终身学习，为了社会的和谐发展。"这充分体现了"以人为本"的教育价值观，它对大学体育教育提出了新的要求。

首先，关注大学生的身心健康。身心健康是人能够生存和发展的基本前提。现代社会的高速发展对人的身心健康提出了严峻的挑战。生产的高度现代化在很大程度上降低了人们从事体力劳动的程度，但也诱发了"文明病"的蔓延。生存竞争的日趋激烈使精神紧张成为一种流行的社会疾病。学生作为未来社会的主体，其身心健康状况不容忽视。忽视大学生的身体健康将直接影响未来祖国的建设者和保卫者的素质。由于高校体育是以身体练习为基本手段，并具有知、情、意、行相统一的特点，因此，它对学生身心健康的影响是其他教育因素无法替代的。所以，促进学生身心健康发展必将是高校体育的首要任务。

其次，尊重大学生的主体地位。"以人为本"的教育观要求重视学生自身的内在需要，崇尚发挥人的主体性。学生是体育学习的主体，学习体育和发展身心是每个学生的权利；高校体育的一切活动与体育教师的一切工作，都是为学生的体育学习与身心发展服务的。高校体育应淡化"师为主、生为从"的观念，在体育工作中，尊重学生的主体地位，以学生为中心，充分发挥学生的主动性，培养学生的主体意识。

再次，促进大学生的个性发展。当今大力提倡创新精神、创新意识、创新能力就是为了发展丰富的个性，培养创造型人才。学生是千差万别的，"以人为本"所要求的促进学生个性发展，正是在尊重学生个体差异基础上的发展。在高校体育工作中，可通过对学生体育需要的引导和体育兴趣的培养，促使其智力活动的增强，进而使学生通过高校体育形成的个性特征在将来的长时间内发挥作用。

最后，注重大学生的能力培养。教育的本质是培养社会发展所需要的人才，现代社会的高度发展对人的能力提出了更高的要求，高校体育独有的实践性特点决定了它在培养学生综合能力方面具有其他学科不可替代的作用。在以人为本的教育观指导下，高校体育将通过体育教学、运动训练、课外体育活动和运动竞赛等手段全面提高学生能力。

复习思考题

1. 简述我国体育教育的发展历程。
2. 简述大学体育的任务和目标。
3. 简述大学体育的科学理念。

第二章　体育与健康概述

第一节　体 育 概 述

一、体育的概念

体育的概念是随着人类认识活动的逐步深入而逐渐变化的，尤其是随着现代生产生活方式和人文环境等客观环境条件的转变，体育的性质、内容、范围、对象及时空关系也在不断地进行自我完善。根据我国体育发展的特点和规律，体育可分为广义体育和狭义体育。

1. 广义体育

广义体育是以身体练习为基本手段，以增强体质、增进健康、促进人的全面发展、丰富社会文化生活和促进精神文明建设为目的的有意识、有组织的教育过程与社会文化活动，它包括体育教育、竞技运动和身体锻炼三个方面的内容，是一种特定的社会文化现象，属于社会文化教育的范畴，受社会政治和经济的制约，并为社会政治和经济制度服务。

2. 狭义体育

狭义体育是指促进身体发展、增强体质，传授身体锻炼的知识、技术和技能，培养道德和意志品质的教育过程。它是教育的组成部分，也是培养全面发展人才的一个重要方面。

二、体育的功能

体育的功能是指体育在社会进步和人类发展过程中所产生的各种效益的状况。随着社会的发展，人类对体育多元化需求层次不断提升，体育的功能也在逐步完善和发展。其功能可分为生物功能和社会功能。

1. 生物功能

体育的生物功能主要表现为健身养生、健美和健心三个层次。

(1) 体育运动能促进各器官与系统的生长发育，促进人体各组织结构与机能的改善，还可全面发展身体素质，提高人体基本的活动能力、适应自然和抵抗疾病的能力，达到防治疾病、强身健体、延年益寿的目的。

(2) 通过体育锻炼塑造出来的健康美具有恒久的魅力。参加体育活动可以塑造形体美、姿态美和健康美，使整个机体表现出蓬勃向上、充满朝气、青春飞扬的健康活力。

(3) 体育锻炼可以培养人的心灵美，调节人的情绪，培养人良好的心理素质和高尚的道德情操。

2. 社会功能

体育的社会功能主要表现在教育、政治、经济、娱乐和社会情感五个方面。

(1) 体育是教育的重要组成部分，是培养全面发展人才的重要手段。体育可以塑造良好的道德品质，培养全面发展的人才，从而提高民族素质。现代体育融健身、娱乐为一体，其教育功能早已扩展到整个社会，并在不断优化的过程中整合出新的内涵。

(2) 体育既受政治制度的制约，也为一定的政治服务。体育可使国家扩大国际影响，振奋民族精神；发展国际文化，服务外交事业；加强民族团结，促进国家统一与世界和平。

(3) 体育既受国家经济发展的制约，也为国家的经济发展服务，这是现代体育发展的主要特点和趋势。体育能强身健体，提高劳动者的工作效率，促进产业及科学事业的发展，还能减少社会待业人口。体育产业作为一种新兴产业，以其独特的魅力和广阔的市场引起经济界的高度重视。体育旅游、体育表演、体育建筑和其他体育经营产业正以“朝阳产业”的姿态成为国民经济新的增长点，并不断彰显自身独有的风采和魅力。

(4) 体育为社会提供了娱乐场所，促进了文化形态的发展，满足了人们的精神需要，越来越受到人们的青睐。随着休闲体育时代的来临，它给人类提供全新的娱乐享受、减压和宣泄的方式，在促进家庭和睦、愉悦心情等方面带来了新的社会体验。例如，参加户外体育活动可以调节生活，享受大自然的乐趣，促进人际关系和谐。

(5) 体育可以促进社会心理的稳定性，还可净化国民情感，激发民众的爱国热情。体育活动向来被人们视为加强人际交往及国际沟通的平台。

三、体育产生的原因

体育产生的原因应该是三维论，而不是过去的二维论。

1. 生产劳动是体育产生的决定因素

马克思说过，劳动创造了人本身。同样，劳动也创造了体育。原始人的生活条件是恶劣的。他们只能靠采集、狩猎、捕鱼等方法来生存。他们所用的工具非常简陋，靠跑和跳去追击野兽，靠投石块、掷长矛去捕鱼或刺杀野兽，靠攀登和爬越去采集野果，等等。这些为了生存而做出的简单身体动作，经过长期的反复出现，逐渐成为一种必不可少的劳动。体育正是从这些活动中发展而来的。

2. 人类的进化是体育产生的社会根源

生活环境和生活方式的改变使古猿迈出了从猿到人的具有决定意义的一步——直立行走。由于直立行走，上肢才得以解放，才出现了跑、跳跃、投掷、攀登、爬越等身体动作。

人类如果没有经过这种进化，那么，完全成型的人是不会出现的，劳动也不会产生，同样体育也就不会产生。这就是体育产生的社会根源。

3. 需要是体育产生的动因

需要伴随人类社会从开始直至达到人类最理想的社会——共产主义。“按需分配”这个科学的共产主义口号就是基于这种对社会发展动因的分析提出来的。马克思说过：“任何人如果不同时为了自己的某种需要和为了这种需要的器官而做事，他就什么也不能做。”

人类社会任何事物的产生和发展都是以社会需要为根本依据的。体育的产生和发展可追溯到原始社会。原始人的身体活动大致可以分为三种：第一种是与生产直接有关的活动，如捕鱼、狩猎、农耕等；第二种是原始武力活动必需的技能，如攻防、格斗等，他们必须掌握一定的生活技能(走、跑、跳、攀、爬等)；第三种是既不与生产、攻防直接有关，又非生活必需的技能，仅仅是为了满足人的某种需要，如游戏、竞技、舞蹈、娱乐等。当然，有时这三种活动的界限也难以截然分开。从社会学的角度来看，体育这种社会活动的主体和客体都是人。要研究体育的产生，就要研究人。我们既要看到人的社会性，又要看到人的生物性；既要承认社会环境是社会活动产生的决定性因素，又要承认人的社会活动的产生还有其内部原因。从心理学的角度来看，人的一切行为的产生都有其心理依据。人的活动是循着动因—动机—行为的顺序产生的。动因是产生某种活动倾向的状态，是促发行为的因素，它主要表现为各种需要。动机是由动因激活了的指向目标的状态，它是行为的原因。行为是一种为了达到目标的手段，是满足需要的方式。

任何社会现象无不以社会的需要与人的需求作为其产生、存在和发展的依据。可以说，人的活动都是由需要引起的。需要是人的能动性的源泉和动力。原始人为了互相传递信息而产生了语言；为了帮助记忆，开始结绳记事，后来发明了文字；为了得知适宜的种植季节而发明了历法，形成了最初的天文气象学；为了维护整个社会生活秩序，制定了各种习俗、法律、道德规范和准则。因此，需要是人类一切活动的动因。

综上所述，体育产生的这三种源泉之间的关系是相互联系、互为条件、互为补充的。体育作为人类有目的、有意识的社会活动，是为了适应社会的需要（包括社会生产和生活的需要）和人本身的需要（包括人的生理和心理的需要）而产生的。

第二节 健康概述

一、健康的相关知识

（一）健康的概念

世界卫生组织很早就提出“21 世纪人人健康”的口号，但在高速度、快节奏的现代社会中，人类的健康发展面临着诸多挑战。大学生要灵活化解生活和学习中的压力，不仅要具有丰富的知识储备和文化积淀，更要为具备足够的生命长度和生命宽度做好心理、生理、社会适应等方面的多重准备，为成为符合 21 世纪人才发展战略要求的全方位、多维度、复合型人才而努力。

健康是一个极具时代特征的综合概念。世界卫生组织将健康的概念概括为：“健康应包括躯体健康、心理健康、社会适应良好和道德健康。”由此概念得出，评价一个人的健康状况需综合考虑这四个方面。

（二）健康的标准

1. 人体健康的标准

世界卫生组织提出十条人体健康的标准。

(1) 精力充沛，能从容不迫地应付日常生活和工作的压力而不感到过分紧张。

(2) 处事乐观，态度积极，乐于承担责任，不挑剔。

(3) 善于休息，睡眠良好。

(4) 应变能力强，能适应环境的各种变化。

(5) 能够抵抗一般感冒和传染病。

(6) 体重适当，身材匀称，站立时头、臂、臀位置协调。

(7) 眼睛明亮，反应敏捷，眼睑不发炎。

(8) 牙齿清洁，无空洞，无疼痛；齿龈颜色正常，无出血。

(9) 头发有光泽，无头屑。

(10) 肌肉、皮肤富有弹性，走路轻松有力。

2. 身心健康的标准

世界卫生组织提出衡量人类身心健康的八大标准，即“五快”（衡量身体健康）和“三良好”(衡量心理健康)。

(1) 食得快。进食时有很好的食欲，不挑食、不偏食，能快速吃完一餐饭，没有难以下咽的感觉；吃完饭后感到饱足，没有过饱感或不饱的不满足感。这说明口腔和内脏功能正常。

(2) 便得快。一旦有便意时，能很快排泄大小便，且感觉轻松自如，在精神上有一种良好的感觉，说明胃肠功能良好。

(3) 睡得快。上床能很快入睡，且睡得深，醒后精神饱满，头脑清醒。

(4) 说得快。语言表达正确，说话流利。这表示头脑清醒，思维敏捷，中气充足，心、肺功能正常。

(5) 走得快。行动自如，转变敏捷。这证明精力充沛旺盛。

(6) 有良好的个性。性格温和，意志坚强，感情丰富，具有坦荡的胸怀与达观的心境。

(7) 有良好的处世能力。看问题客观现实，具有自我控制能力，适应复杂的社会环境，对事物的变迁能始终保持良好的情绪，能保持社会外环境与机体内环境的平衡。

(8) 有良好的人际关系。待人接物能大度和善，不过分计较；能助人为乐，与人为善。

(三) 影响健康的因素

影响人类健康的因素是多方面的，既有遗传、环境、卫生因素，又有心理、生活习惯等相关因素，归结起来可以概括为以下几个方面。

1. 环境因素

环境是影响人体健康的重要因素，包括自然环境和社会环境。自然环境是人体生存的物质基础，良好的自然环境对人体健康有促进作用；社会环境是指由政治、经济、文化、教育等因素构成的社会系统。

2. 生物因素

生物因素主要指影响人体健康的先天遗传因素和后天获得的各种致病因素，如各种病原微生物、寄生虫等。遗传是指亲代的特征通过遗传物质传递给后代的过程。DNA 是遗传的物质基础，遗传基因决定了人体各种遗传性状。目前已发现数千种遗传病。随着科学技术的发展，人类一旦明确人体的各基因功能，解密其基因组编码，未来就有望治愈人体的遗传性疾病。

3. 心理因素

人的心理因素与健康长寿有着密切的关系，积极的心理因素是健康长寿的一个重要因素。人在愉快时，由于大脑内的内啡肽分泌增多，脑细胞活力得到保持，大脑功能得以改善，从而增强了免疫功能，提高了机体防病和治病的能力；如果常常闷闷不乐，处于忧虑、紧张和压抑的精神状态中，便容易引起疾病，而疾病又容易导致不良情绪，如此反复，形成恶性循环。

4. 行为和生活方式因素

行为和生活方式对人体的影响具有潜袭性、累积性、经常性、广泛性与持久性等特点。不良的行为和生活方式范围广泛，如不合理饮食、吸烟、酗酒、缺乏体育锻炼、药物成瘾等。改变引起疾病的不良行为和生活方式、养成健康的行为和生活方式是保证身心健康、预防现代疾病的重要因素。

5. 卫生服务因素

卫生服务主要是指向个人和社区提供范围广泛的促进健康、预防疾病的医疗与康复服务，以保护和改善人体健康。健全的医疗卫生机构、完备的服务网络、一定的卫生投入及合理的卫生资源配置可以促进健康。

二、亚健康的相关知识

（一）亚健康的概念

20 世纪 80 年代，苏联学者布赫曼研究发现，人体除健康和疾病状态外，还存在一种既非健康又非疾病的中间状态，被称为“第三状态”。这一概念被王育学教授引入并创立亚健康理论，之后国内许多学者不断开展理论和实践研究，并将亚健康的内涵和外延进行提升与扩展，提出适合中国人群特点的亚健康概念和亚健康症状表征。赵瑞琴等指出，亚健康也称灰色状态、亚临床期、临床前期、潜病期及不定陈述综合征等，包括无临床症状或症状感觉轻微，但已有潜在的病理信息。

中华中医药学会亚健康中医临床研究指导小组起草发布的《亚健康中医临床指南》将亚健康状态界定为健康与疾病之间的中间状态，其特征为在内外环境不利因素的长期作用下，持续 3 个月以上反复出现不适状态或适应能力显著减退现象，同时无明确疾病诊断，或有明确疾病诊断但所患疾病与目前不适状态或适应能力减退现象没有直接因果关系。

（二）亚健康的成因及症状表现

1. 亚健康的成因

亚健康是指由心理、生理、社会等因素造成人体的神经系统、内分泌系统、免疫系统整体协调失衡、功能紊乱，导致机体的内稳态和阴阳平衡出现失调，从而引起机体出现暂时的不稳定状态的现象。因此，亚健康的成因大致可归纳为心理、生理、社会环境、不良生活方式等因素综合影响机体的健康、协调发展。

(1) 中医研究指出，个人的体质状态与体质类型有很大的关系。不良、偏颇体质的人不但处于躯体亚健康状态，而且心理状态也多不健康。

(2) 亚健康的发生与个体的性格、个性等心理因素有关。一般个体的认知模式、认知理念等都在某种程度上反映机体的心理水平，心理不健康者对社会变化的适应能力较差，因此敏感、内向、多疑者出现亚健康的频率较高。

(3) 生存危机、家庭责任、工作压力等社会因素经常使现代人有不堪重负的感觉。长期处于这种高压之下，对身、心两方面的健康都会产生一定的危害，其结果将导致亚健康甚至疾病的出现。

(4) 三高饮食(高热量、高脂肪、高蛋白)，缺乏运动，再加上吸烟、饮酒、熬夜等不良生活方式，都将在某种程度上影响机体的健康水平，使目前人群发生亚健康的概率明显增加，并呈现年轻化的发展态势。

总之，导致亚健康状态产生的原因并非单一因素作用的结果，很可能是个人本质的“禀赋”，加上外界负载在人们身上的各种隐形“压力”和“负担”，综合导致了亚健康的出现。

2. 亚健康的临床症状表现

(1) 躯体亚健康：以疲劳、睡眠紊乱或疼痛等躯体症状表现为主。

(2) 心理亚健康：以郁郁寡欢、焦躁不安、急躁易怒、恐惧胆怯、短期记忆力下降、注意力不集中等精神心理症状表现为主。

(3) 社会交往亚健康：以人际交往频率降低、人际关系紧张等社会适应能力下降表现为主。

上述三项中的任意一项持续发作 3 个月以上，并经过系统的检查排除可能导致上述表现的疾患的人，可判为躯体、心理或社会交往的亚健康。但是亚健康的发生及表现不是单一方面的，它是多方位、综合性的，在躯体、心理或社会适应等方面都出现不适应症状。

（三）亚健康的诊断标准与方法

国内外针对亚健康状态的测评方法主要有五类，分别为体质测量法、血液生化检测法、健康评估法、症状标准评价法和问卷评定量表，在此并不做详细介绍。目前我国医学界普遍接受的亚健康诊断参考标准有以下三个：

（1）持续3个月以上反复出现不适状态或适应能力显著减退，但能维持正常工作。

（2）无重大器官器质性疾病及精神心理疾病。

（3）尽管有明确的具有非重大器官器质性疾病或精神心理疾病诊断，但无须用药维持，且与目前不适状态或适应能力的减退无因果联系。

（四）亚健康的干预方法

1. 认知行为疗法

现代社会已进入“生活方式时代”，人类面临的最大挑战是不健康行为和生活方式对机体造成的危害。当然，健康生活方式的建立并非依靠新医新药、新型医疗器械就能够解决，但不健康行为和生活方式确实与疾病的发生存在微妙的因果关系，在某种意义上，亚健康是疾病发生的预兆和前因，也是预防疾病、促进健康的首要改善环节。

2. 运动疗法

运动疗法作为治疗亚健康的主要方法之一，正越来越受到重视。它被视为一种健康积极的康复治疗方法。“流水不腐，户枢不蠹，动也”“生命在于运动”，当前体育锻炼被认为是促进健康的有效的手段和方法之一。

3. 心理疗法

有研究表明，采用一定的心理疗法对亚健康的缓解和改善有良好的促进作用。亚健康者多不能及时、灵活地适应周围环境的变化，或应付“危机”的能力较差，使自身处在一种“身心不和谐”“内稳态不平衡”的状态之中，此时就需通过多种途径或手段进行调节，如加强亲人间关怀、寻求心理医生疏通指导等。

4. 中医疗法

中医对亚健康状态者的治疗多采用针灸、导引、推拿、按摩、中草药补剂治疗等方法，给予体外调整和体内调和，达到扶正祛邪、平衡阴阳、调节脏腑气血的效果，从而使机体各脏腑组织器官的功能接近最佳生理状态。

此外，还有行为干预、营养、免疫疗法等，这些疗法都可以同健康教育相结合，以促进亚健康的转归和改善。

第三节　体育与健康的关系

一、体育与身体健康

（一）身体素质

身体素质是指肌肉在活动中所表现的力量、速度、耐力、灵敏性、协调性、柔韧性、平衡性、反应能力、爆发和协调性等。身体素质的优劣与人体各器官系统功能的强弱有关，可在走、跑、跳、投、攀爬等方面表现出来。测定身体素质不仅可以从一个侧面了解人体的健康状

况，而且对评定运动锻炼效果有重要的意义。

1. 力量素质

力量是肌肉紧张或收缩时对抗阻力的能力。人体所有的运动几乎都是对抗阻力而产生的。根据运动中肌肉的收缩形式，可将肌肉力量分为静力性力量和动力性力量。

(1) 静力性力量是肌肉主要以等长收缩时所产生的力量。它使肢体维持或固定于一定的位置和姿势，而无明显的位移运动。

(2) 动力性力量是肌肉在紧张收缩时产生的力量。它使肢体产生明显的位移运动，并使人体或器械产生加速运动。

2. 速度素质

速度是用最短时间完成一定运动的能力，按其在运动中的表现不同可分为反应速度、动作速度和位移速度三种形式。

3. 耐力素质

耐力是人体长时间进行肌肉活动的能力，在评估人体健康状态时，可根据运动中能量供应的特点把耐力分为有氧耐力和无氧耐力。

4. 灵敏素质

灵敏是指人体迅速改变体位、转换动作和随机应变(尤其是在对抗性项目中)的能力。它是运动者多种运动技能和整体素质在运动中的综合表现，是一种较为复杂的素质。

5. 柔韧素质

柔韧是人体各关节运动的幅度或活动范围。

6. 平衡素质

平衡包括静态平衡和动态平衡。静态平衡是指人体在相对静止的状态下保持姿势稳定的能力，动态平衡是指人体在运动过程中维持平衡的能力。

7. 反应能力素质

反应包括反应时、动作时和应答时。反应时是指从刺激出现到开始反应所需要的时间，又称反应潜伏期；动作时又称运动时，是指从开始反应到动作完成所需要的时间；应答时是指从刺激出现到完成动作所需要的全部时间，是反应时与动作时之和。

8. 无氧功率

无氧功率(爆发力)是在最短时间内，在无氧条件下，发挥出最大力量和速度的能力。

9. 协调性素质

协调性是人体各肌肉同步活动的能力，如伸肌与屈肌、上肢与下肢、躯干与肢体等。协调是完成动作的重要素质之一。

(二) 体育运动与神经系统的关系

1. 促进神经系统的发育

身体锻炼对神经系统的发育和完善有着非常重要的意义。人类在婴儿时期进行适当的肢体活动有助于大脑发育和提早学会走路。一些科学实验也证明：婴儿加强右手的屈伸训练，可加速大脑左半球语言区的成熟；加强左手的屈伸训练，则可加速大脑右半球语言区的成熟。科学家还发现，以右手劳动为主的成年人，其大脑左半球的语言机能占优势，其大脑的体积也是左侧比右侧大。

美国一研究机构对小鼠的研究结果证明，在生命初期进行体力活动会促进大脑中控制四肢肌肉活动的运动中枢的发育。研究人员把一窝小鼠在断奶后分成两组，一组放在一个小笼子里，除食物和喝水外没有其他活动余地；另一组放在大笼子里，内装各种活动设备，可以跑、游泳、走绷索等，研究人员使该组小鼠每天在小车轮上跑 10 min。17 天后，研究人员发现活动少的小鼠大脑的质量减轻了 3‰，大脑皮质厚度减少了约 10‰。有意思的是，活动多的小鼠的大脑皮质细胞比活动少的小鼠长得更大，脑神经分支也更多一些，这表明活动多的小鼠大脑可以处理更多的运动信息。

2. 提高神经系统的灵活性

体育运动丰富了神经细胞突触中传递神经冲动的介质，并在传递神经冲动时引起较多介质的释放，缩短神经冲动在突触延搁的时间，加快突触的传递速度，从而提高神经的灵活性。例如，在 100 m 跑的起跑阶段，训练有素的运动员听到发令信号时，起跑反应非常快。

3. 改善和提高中枢神经系统的工作能力

体育运动可以改善和提高中枢神经系统的工作能力，使人头脑清醒，思维敏捷。大脑的质量虽只占人体重的 2%，但它需要的氧气却要由心脏总供血量的 20%来供应，比肌肉工作时所需血液多 15～20 倍。长时间进行脑力劳动使人头昏脑胀，就是大脑供血不足、缺氧所致。进行体育锻炼，特别是到大自然中去活动，可以改善大脑供血、供氧情况，促使大脑皮层兴奋性增加，对体外刺激的反应更加迅速、准确，分析、综合能力更强，从而促进整个有机体工作能力的提高。

（三）体育运动与心肺系统的关系

1. 体育运动对心血管系统的影响

心血管系统是由心脏、动脉、静脉和毛细血管组成的密封管道系统。其中，心脏是血液循环的动力；血管主要充当血液运输的管道；血液充当运输的载体，在心脏“泵”的推动作用下沿着血管周而复始地运行，将细胞所需物质带来，将代谢产物运走。体育运动正是通过对心脏功能和血管施加影响，从而影响心血管系统。

(1) 对心脏功能的影响。由于体育运动需要较大的供血量，为适应运动，心肌毛细血管口径变大，数量增多；心肌纤维增粗，其内所含蛋白质增多，心脏出现功能性增大。一般人的心脏质量约为 300 g，运动员的心脏质量可达 400～500 g。体育运动还可促进心脏的容量和每搏输出量的增加。一般人的心脏容量为 765～785 mL，而运动员的心脏容量可达 1 015～1 027 mL。由于心脏肌纤维变粗，心壁增厚，收缩力增强，因此心脏每次搏动的输出量也明显增加，一般人安静时为 50～70 mL，而运动员可达 130～140 mL。

(2) 对血管的影响。体育运动可以使动脉管壁的中膜增厚，弹性纤维增多，使血管的运血功能加强；还可改变毛细血管在器官内的分布和数量。例如，骨骼、肌肉的毛细血管的数量增多、口径变大、行程迂曲、分支吻合丰富，可以改善器官的血液供应，从而提高和增强器官的活动功能。

2. 体育运动对呼吸系统的影响

因为呼吸系统包括呼吸道和肺，所以体育运动对呼吸系统的影响主要包括以下两个方面：

(1) 增强呼吸肌力，提高呼吸功能，增加肺通气量。在运动时，运动肌肉对能量的需求剧增，所以机体对氧气的需求相应地也显著增加，即需氧量与运动强度、运动时间成正比。机体为了尽力满足肌肉运动的氧需求，会充分利用呼吸肌的潜力，使之发挥最大功能，力争吸入尽可能多的氧气。坚持体育运动可使呼吸肌得到更好的锻炼。

(2) 提高胸廓顺应性，增加呼吸肌活动幅度，增大肺活量。

① 肺活量。肺活量是指全力吸气后又尽力呼出的气量。它是反映通气机能(尤其是通气容量)最重要的指标之一，与呼吸肌力量、胸廓弹性等因素直接有关。

成年男子的肺活量正常值为 3 000～4 000 mL，女子的肺活量为 2 500～3 500 mL，运动员尤其是耐力运动员的肺活量明显增加，优秀游泳选手的肺活量最高可达 7 000 mL。

② 最大通气量。最大通气量是指单位时间(1 min)内尽可能地呼吸时进出肺的气量，一般人为 80～100 L 左右，这是衡量通气功能最重要的指标之一。体育训练者的呼吸肌力量大，肺活量大，所以呼吸深度较大；呼吸肌力量及耐力较好，呼吸频率也较高，所以体育训练者最大通气量明显高于常人，可达 300 L。

二、体育与心理健康

(一) 心理健康的含义

心理健康从广义上讲是指一种高效且满意、持续的心理状态；从狭义上讲是指生活在一定的社会环境中的个体，在高级神经功能正常的情况下，智力正常、情绪稳定、行为适度，具有协调关系和适应环境的能力及性格。心理健康并非一种固定不变的绝对状态，而是一种不断发展的动态变化过程；心理健康也不是心情愉悦地接受任何事物，而是能积极主动地适应各种环境和问题冲突，并恰当地给予处理及解决。

世界卫生组织认为心理健康包括：身体、智力、情绪调和；适应环境，人际关系中彼此能谦让；有幸福感；在工作和职业中能充分发挥自己的能力，过着有效率的生活。第三届国际心理卫生大会指出："所谓心理健康，是指在身体、智能及情感上与他人的心理健康不相矛盾的范围内，将个人心境发展成最佳的状态。"目前尽管没有公认的心理健康表达公式，但人们对心理健康的定义存在一定程度的共识，即心理健康并不仅仅是没有心理疾病，更重要的是具备一种积极向上、适应性良好、能充分发展其身心潜能的丰富状态；心理健康是个体内部协调与外部适应相统一的良好状态。

(二) 大学生心理健康的标准

1. 智力正常

这是大学生学习、生活与工作的基本心理条件，也是适应周围环境变化所必需的心理保证。衡量智力是否正常的关键在于大学生是否正常且充分地发挥了效能，即是否有强烈的求知欲，乐于学习，善于学习，积极主动参与学习活动。

2. 情绪健康

情绪健康的标志是情绪稳定和心情愉快，表现为正面情绪多于负面情绪，乐观开朗，富有朝气，对生活充满希望；情绪较稳定，善于控制与调节情绪，既能克制又能合理宣泄；情绪反应与周围环境相适应。

3. 意志健全

意志健全的大学生在各种活动中都有自觉的目的性，能适时做出决定并运用切实有效的方式解决问题，在困难和挫折面前，能采取合理的反应方式，能在行动中控制情绪，而不是行动盲目、畏惧困难、顽固执拗。

4. 人格完整

人格完整是指有健全统一的人格，即个人的想、说、做协调一致。大学生应具有正确的自我意识，不产生自我同一性混乱，以积极进取的人生观作为人格的核心，并以此为基点将自己的需求、目标与行动统一起来。

5. 自我评价正确

这是大学生心理健康的重要条件。大学生能在自我观察、认定、判断和评价上做到自知，正确地认识自己，既不自高自傲，也不自惭形秽；能够自我悦纳，自我欣赏；自尊、自强、自制、自爱；正视现实，接受现实，积极进取。

6. 人际关系和谐

乐于与人交往，既有广泛而深厚的交际圈，又有知心朋友；在交往中保持独立而完整的人格，有自知之明，不卑不亢；能客观评价别人和自己，善取人之长、补己之短，宽以待人，乐于助人；积极交往态度多于消极交往态度，端正交往动机。

7. 社会适应良好

社会适应良好是指个体与周围环境保持良好的协调对等关系。以积极有效的态度，根据环境特点和自我意识情况努力进行协调，主动应对周围环境中的各种变化及困难。

8. 心理行为符合年龄特征

大学生是处于特定年龄阶段的特殊群体，应具有与年龄、角色相一致的心理行为特征。

（三）体育锻炼对心理健康的影响

目前国内外一些研究表明，体育锻炼项目、锻炼强度、练习时间及频度 4 个因素对心理健康能产生一定的影响。例如，参加休闲娱乐性、审美性强的有氧健身运动、户外运动对情绪的改善会起到明显的效果；每周参加 3 次以上运动，每次运动时间控制在 0.5～1 h，对身心健康也有一定的促进作用。研究指出，竞技性强、争抢对抗激烈、负荷高的运动不利于身心的健康发展，甚至会起到一定的反向阻碍作用，如严重的运动损伤会导致负向心理效应的产生，甚至会使人患上运动强迫症。体育对心理健康的影响主要表现在以下几个方面。

1. 促进智力发展

经常参加体育运动可以提高运动者的注意力、记忆力、反应力、思维能力和想象力等。经常参加体育运动可促进大脑的开发和利用，锻炼右脑，提高人的记忆力和思维想象力；可增强大脑兴奋和抑制过程的转化能力，加强神经系统的稳定性，提高反应性和灵活性；减缓应激对心理的刺激效应，有效淡化甚至弱化应激因素对应答反应的强度和频度，提高心理应激水平，使心理承受能力和健康状况都处在较高的水平，从而保持心理健康、平衡、稳定。

2. 调节情绪

体育运动是集身体、心理活动和情绪体验于一体的复杂活动，参与锻炼者不仅可改善自身紧张、烦躁、压抑、纠结的情绪状态，还可培养积极、乐观、自信、开朗的情绪品质。体育教学内容的综合性、时代性、多样性、复杂性和多变性等也会使大学生有满意、快乐、紧张、兴奋等不同程度的情感体验。

若想学会控制情绪，就需要弄清某种情绪存在及产生的原因，对于不愉快的情绪要寻求适当的途径去克服或避免它。

3. 培养意志能力

意志品质如自觉性、果断性、坚韧性、自制力是在克服困难的过程中表现出来的，顽强拼搏的精神也是在克服困难的过程中培养起来的。若要长期坚持体育运动，就需克服各种主客观上的困难，如思想上的惰性、技能形成过程中的困难、场地设施的局限、时间或气候条件的限制等，这个过程既是身体锻炼的过程也是意志行动实现的过程。特别是参加竞争性激烈的竞赛活动，能够激励、培养人参与竞争、奋发向上的精神，使人养成克服困难、争取胜利的自信心及坚强的意志品质。

4. 改善人际关系

体育活动具有实践性和社会性，能增加人与人之间的接触和交往机会，加之体育活动中群体活动较多，故可增进大学生掌握团结合作、协调一致、相互帮助、彼此鼓励、竞争向上的人际交往技巧，增强大学生的社会适应能力及处理各种人际关系的能力。

5. 培养自我意识能力

一些研究表明，经常参加体育运动的人有较强的自尊心和较为积极的自我概念。经常参加体育运动可以促使人勇于接受某种挑战，使人积极进取，渴望和追求成功，使人不怕失败并勇于接受失败，保持进取精神，形成良好的自我认识和自我评价意识。

6. 消除疲劳感

疲劳是人在工作、学习之后，人体组织器官甚至整个机能能力出现下降的现象。疲劳与人的生理和心理状态有关。紧张的脑力劳动和长时间的伏案学习常会使大脑供氧不足，使人感到疲劳，记忆力减退，学习、工作效率下降。参加体育运动可以改善人的神经系统功能，达到消除疲劳的目的。

7. 消除心理障碍

在美国，体育疗法已成为治疗心理障碍的一种手段。心理医生认为体育运动是治疗抑郁症和焦虑症的有效方法，有不少抑郁症和焦虑症患者通过体育运动来消除或减缓某些心理压力；经常参加体育运动的人在精神上会得到美的享受；体育运动能为人带来愉快的感受，陶冶情操，发展情感，完善自我。

复习思考题

1. 简述体育的概念。
2. 健康的标准有哪些？影响健康的因素有哪些？
3. 简述体育对身体健康和心理健康的影响。

第三章　体育锻炼与运动处方

第一节　体育锻炼概述

一、体育锻炼的含义

体育锻炼是以身体练习为手段，以增强体质、促进身心健康为目的，达到身体、心理、社会适应和道德品质全面发展的一种综合性的社会实践活动过程。

“生命在于运动”，体育锻炼是人体未来发展过程中最积极、最有效的因素，有益于人类进化到更高水平。

二、体育锻炼的内容

体育锻炼的内容，即体育健身运动的作用对象，一般需要根据不同的锻炼者、不同的训练目的进行确定。常见的体育锻炼内容有以下几个方面。

1. 健身运动

健身运动是指健身者为了强身健体而进行的身体锻炼。在健身运动过程中，健身者经常采用各种竞技运动项目或者日常生活中一些有健身价值的动作进行锻炼。

2. 健美运动

健美体育是指在健身运动的基础上，为了增加身体美感而进行的身体锻炼。健美运动的针对性较强，一般是结合锻炼者不同的目的和需要进行专门性、针对性的练习。

3. 医疗体育

医疗体育主要是指疾患者为了治愈某些疾病而进行的身体锻炼。在运动过程中，锻炼者需要针对不同的疾病特点、疾病性质采用相应的锻炼手段，避免无针对性的锻炼、本末倒置的锻炼。

4. 矫正体育

矫正体育主要是为了弥补身体某些方面的缺陷或者为了克服功能障碍而进行的身体锻炼。练习内容可以根据锻炼者身体的特殊情况进行专门安排，如轻度驼背者可采用脊柱矫正操进行锻炼。

5. 娱乐体育

娱乐体育主要是指人们为了丰富业余文化生活、调节情绪、缓解精神紧张、善度余暇而进行的身体锻炼，如攀岩、蹦极、定向越野、游泳、钓鱼、棋牌等运动项目。

6. 防卫体育

防卫体育是指为了防范各种自然和人为伤害，提高人的应变能力和机体适应能力而进行的身体锻炼，如女子防身术、擒拿术、拳术、摔跤等。

三、体育锻炼的原则和方法

（一）体育锻炼的原则

体育锻炼的原则是体育运动与锻炼的客观规律和行为准则，是人们在体育锻炼实践中的经验总结，并为更有效地进行体育锻炼提供理论指导，归纳起来主要有以下几个方面。

1. 积极主动原则

体育锻炼是一个自我锻炼、自我发展、自我完善的过程。参与锻炼者必须有明确的锻炼目的，所以在锻炼过程中，一方面需要把它当作学习生活的自觉需要，激发锻炼的主动性和积极性；另一方面还需要培养对体育锻炼的兴趣，适当发展1～2项自己喜欢并擅长的体育项目，作为步入社会后培养体育意识、展开体育运动的兴趣点和开拓点。

2. 循序渐进原则

在锻炼过程中须严格遵守人体的生理特点和生理适应规律，从不同的主客观条件出发，安排适宜的运动负荷，在渐进性练习的基础上提高锻炼效果和水平。锻炼应依据个人的年龄、性别、健康状况、体质水平、项目特点和锻炼目的等进行，学习动作由易到难，运动负荷由小到大，做到锻炼的科学性、合理性和连贯性。

3. 持之以恒原则

体育锻炼贵在持之以恒，养成良好的运动习惯。如果在锻炼过程中三天打鱼、两天晒网，锻炼效果就很难体现。因此，锻炼者在练习中需要不断强化自己的体育意识，不断培养自己对体育运动的热爱，从而达到理想的锻炼健身效果。

4. 运动适宜原则

锻炼者在锻炼中需要合理地安排运动负荷，使之既能达到运动训练的目的又符合自身的实际接受能力。运动负荷安排得是否得当，会直接影响运动训练的效果。运动负荷过小，不能有效刺激机体，达不到强身健体的目的；运动负荷过大，很可能引发运动损伤。因此，运动一定要实事求是，从实际出发，切忌盲目求大求高。

无氧运动和有氧运动的区别：运动强度不同，无氧运动为最大或次最大强度；运动持续时间不同，无氧运动持续时间不超过3 min，有氧运动持续时间可达数小时；个人感觉不同，无氧运动过程中感觉很累，且心慌气短、大汗淋漓；有氧运动只少量出汗，感觉不太累或有点累。

5. 全面锻炼原则

锻炼者应追求身心的全面发展，使身体形态、机能、各种身体素质及心理素质得到协调发展。锻炼者在应努力掌握多种运动技能，切忌以偏概全。

（二）体育锻炼的方法

体育锻炼的方法是根据人体发展规律，运用各种身体练习和自然因素来发展身体的途径与方法。常见的科学体育锻炼方法有下列几种。

1. 重复锻炼法

重复锻炼法是指锻炼者在相对固定的条件下，按照锻炼的计划和要求重复某种练习的方法。重复的次数和时间是决定健身效果的关键。锻炼时需要注意合理安排重复练习的要素，如练习的次数、练习的强度、间歇时间等，切实保证每次重复练习的质量和效果；注意克服反复练习造成的枯燥厌烦情绪，防止机械呆板的练习。

2. 间歇锻炼法

指锻炼者在两次练习之间有合理的休息时间，在机体尚未完全恢复的情况下，接着进行下一次练习的方法。间歇锻炼法是提高锻炼效果的一种常用方法。锻炼时需要注意合理规定间歇时间，具体可根据个体的身体状况和锻炼水平而定，但是注意在下一次练习前最好将心率控制在 120 次/min 左右；同时，注意在训练间歇期内安排轻微的活动，如慢跑、按摩、深呼吸等，进行积极性的休息和放松。

3. 变换练习法

变换练习法是指在改变训练内容、强度和环境的条件下，通过改变锻炼项目、练习要素、运动负荷等提高锻炼效果的一种方法。锻炼时需注意以锻炼的实际需要为前提，特别是结合锻炼的长期目标和近期目标有针对性地变换；变换中需要灵活掌握变换锻炼的计划，注意积累有关材料和反馈信息，及时观察，不断总结，为制订新的锻炼计划提供参考依据。

4. 持续锻炼法

持续锻炼法是指在较长的时间内，锻炼者采用较小的运动强度不断进行身体锻炼的方法。采取持续锻炼法时应注意：选择锻炼的项目要适合锻炼者的年龄、生理特点和体质基础；初次锻炼者或体弱者运动时间不宜过长，经过一段时间的练习之后可以适当加大练习强度；充分结合自己在练习中的体力状况和身体反应，及时调整运动强度和练习方法，以防出现运动损伤和过度疲劳。

5. 循环练习法

循环练习法就是针对各种类型的动作，结合具有不同联系效果的手段，组成一组锻炼项目，按照一定顺序循环往复进行锻炼的方法。注意合理安排各个练习点，安排的内容需简单易行，合理规定各个练习点的次数、规格和要求；还要注意不同练习项目之间的衔接。

6. 竞赛表演法

竞赛表演法是指锻炼者面对观众，在相互比较、彼此竞争的情况下进行锻炼的方法。但是它不同于正式的竞技体育比赛，对于培养锻炼者的锻炼热情，巩固锻炼效果，培养团结、合作、顽强、果断的品质和自信心、自制力方面具有特殊的价值与意义。

7. 直观练习法

传统的直观练习法有示范、挂图、电视、模型等，现在可以利用计算机模仿、高仿真模型来分析发展运动能力的方法，或者通过网络视频、影像资料进行模仿学习。

第二节　运动中常见的生理反应与疾病

在体育锻炼中，人体的生理平衡会受到暂时性破坏，并出现某些生理反应及相关疾病。

一、极点和第二次呼吸

极点和第二次呼吸是长距离运动中常见的生理现象。只要坚持运动和处理得当，极点现象是可以得到延缓和减轻的。

1. 极点

训练不足及体能状态较差的人，通常在运动开始后不久(特别是长跑运动)就会有两腿发软、全身乏力、呼吸困难等感觉。在运动生理学中将这种现象称为极点。

极点的产生主要是由内脏器官的惰性引起的，体内各器官及系统都需要一段时间来适应剧烈运动，因此这是一种正常的生理现象。人体从相对安静状态到剧烈运动状态时，四肢肌肉能迅速适应，进入工作状态；而内脏器官，如呼吸、循环系统等，都不能很快达到最高的机能水平，造成体内缺氧，积聚大量的乳酸和二氧化碳，使自主神经中枢和躯体性神经中枢之间的协调遭到暂时破坏，表现为极点的产生。

极点的出现时间与训练水平、运动前的准备活动有关。经常参加锻炼的人，极点出现得晚，持续时间短，身体反应也较轻；反之，极点出现得早，且持续时间长，表现得也较重。训练水平低及运动前的准备活动不足都会增加出现极点现象的概率。因此，大学生在运动前需要做好充分的准备活动，并在平时加强体育锻炼。

2. 第二次呼吸

极点出现后，如果运动者依靠意志力和调整运动节奏继续运动，不久后不适应的生理反应将消失或者减轻，动作变得轻松有力，呼吸也均匀自如。这种状态被称为第二次呼吸。

第二次呼吸产生的原因主要是运动中内脏器官的功能惰性逐步得到缓解，氧供应量增加，乳酸得到逐步清除；同时，运动速度的下降使运动的每分钟需氧量下降，减少了乳酸的产生，从而改善了机体的内环境，动力定型得到重新恢复。

二、运动性腹痛

运动性腹痛是中长距离运动中常见的一种生理反应。腹痛的原因、疼痛部位不同，运动性腹痛的严重程度会有所不同。若预防及处理措施得当，症状可以得到适当改善。

1. 运动性腹痛的症状

运动中出现腹痛，特点为除腹痛外一般不伴随其他症状。多数运动性腹痛在安静时不痛，运动时痛。它与运动过程中肝脏淤血、呼吸肌痉挛或活动紊乱、胃肠道痉挛或功能紊乱有关。疼痛程度与运动量大小和强度成正比，一般在活动量小、强度低时疼痛不明显，随着负荷量加大疼痛才逐渐加剧。调整运动量和强度，做深呼吸或按压腹部疼痛处，多可减轻症状。

在进行运动时，脐部周围或下腹部钝痛、胀痛，多数情况下是肠痉挛。此时只要停止运动，疼痛即可减轻。用手按揉双侧合股穴，每个穴位按摩 5 min，或用热水敷脐区 10～20 min，亦可止痛。为防止发生肠痉挛，在运动前应做好充分的准备活动，忌食生冷食物。

2. 运动性腹痛的处置和预防

一旦运动中出现腹痛，即应减慢运动速度，降低运动强度，加深呼吸，调整呼吸与动作的节奏，用手按压疼痛部位，一般疼痛即可减轻。如果无效或疼痛剧烈，则应停止运动，同时可针刺或点掐内关、足三里穴位等以缓解疼痛，必要时口服止痛药。

锻炼要讲究科学，循序渐进，膳食要安排合理，饭后休息 30 min 才可以剧烈运动。运动前不要吃得过饱，不要大量喝水，准备活动要充分。运动中要注意呼吸节律。

三、肌肉痉挛

肌肉痉挛俗称抽筋，是肌肉不自主地突然性强直收缩，肌肉变得异常僵硬，引起局部疼痛和活动障碍的现象。运动中最容易发生痉挛的肌肉是小腿腓肠肌，其次是足拇屈肌和趾屈肌等。

1. 肌肉痉挛的发生原因

(1) 肌肉受到低温的影响，会增高兴奋性，易使肌肉发生强制性收缩。因此，寒冷刺激或准备活动不充分易引发肌肉痉挛。

(2) 运动中大量排汗，特别是长时间的剧烈运动或在高温季节运动会使人体内的电解质从汗液中大量丢失。电解质与肌肉的兴奋性有关，电解质丢失过多和肌肉兴奋性增高过快可引发肌肉痉挛。

(3) 肌肉连续过快收缩，而放松时间短促，以致收缩与放松不能协调地、成比例地交替，从而引起肌肉痉挛。

(4) 身体疲劳会影响肌肉的正常生理功能，疲劳的肌肉往往使血液循环和能量物质代谢改变，肌肉中会有大量的乳酸堆积，乳酸不断地对肌肉的收缩物质起作用，致使痉挛产生。

2. 肌肉痉挛的处置和预防

对不太严重的肌肉痉挛，只要以相反的方向牵引痉挛的肌肉，一般都会得到缓解。牵引时切忌用暴力，以免造成肌肉拉伤，用力宜均匀、缓慢；处理过程中要注意保暖。另外，游泳时发生肌肉痉挛，不要惊慌，如果自己无法处理或使病症缓解，可先深吸一口气，仰浮于水面，并立即呼救。发生肌肉痉挛后一般不宜再继续游泳，应上岸休息、保暖，并进行局部按摩。

运动前必须认真做好准备活动，对容易发生抽筋的肌肉可事先做适当的按摩。冬季锻炼要注意保暖，夏季尤其是进行剧烈运动或长时间运动时，要注意电解质的补充和维生素 B_1 的摄入。疲劳和饥饿时不宜剧烈运动。在运动过程中，要学会掌握肌肉放松的方法和技巧。

四、肌肉酸痛

一次运动量较大的锻炼以后，或停止锻炼很长时间又开始锻炼，往往会出现肌肉酸痛的现象。这种酸痛发生在运动结束 1～2 天后，所以也称为运动性延迟肌肉酸痛。

1. 肌肉酸痛的症状

肌肉酸痛常见的症状除了酸痛外，还有肌肉僵硬，轻者仅有压疼，重者可能出现肌肉肿胀，妨碍正常的活动。任何骨骼肌在剧烈运动后均可发生延迟性肌肉酸痛，尤其是长距离跑后更易出现。长跑者可能出现髋部、大腿部、小腿前侧伸肌和后侧屈肌的疼痛，肌肉远端和肌腱连接处的症状更明显。在炎热的夏天进行极量运动后，除肌肉疼痛外，还可能出现脱水、低钙、低蛋白等症状。

2. 肌肉酸痛的原因

(1) 肌肉的张力和弹性的急剧增加，引起肌肉结构的物理性损伤。

(2) 新陈代谢的增加，代谢废物堆积使组织内毒性增加。

(3) 肌肉的神经调节发生改变，使肌肉发生痉挛而疼痛。

3. 肌肉酸痛的处置和预防

(1) 肌肉酸痛的处置。对酸痛局部进行静力牵拉练习，保持伸展状态 2 min，然后休息 1 min，重复进行，每天做数次这种伸展牵拉练习有助于缓解肌肉痉挛。充足的维生素供应不仅能提高运动效果，预防运动性疾病，还能使肌肉得到充分的恢复和休息。口服维生素 C 有促进结缔组织中胶原合成的作用，有助于加速受损组织的修复和缓解酸痛。

(2) 肌肉酸痛的预防。锻炼安排要合理，根据不同的体质、健康状况科学地安排肌肉锻炼负荷。锻炼时做好准备活动和整理活动。准备活动应注意让练习时负荷重的局部肌肉活动得更充分。整理活动除进行一般性放松练习外，还应重视进行肌肉的伸展牵拉练习，这有助于预防局部肌纤维痉挛。此外，应尽量避免长时间集中练习身体某一部位，以免局部肌肉负担过重。

五、运动性晕厥

在运动中或运动后，由于脑部一过性（某一临床症状或体征在短时间内一次或数次出现，往往有明显的诱因，随着诱因的去除，这种症状或体征会很快消失）血供不足或血液中化学物质的变化引起突发性、短暂性意识丧失，肌张力消失并伴有跌倒现象，这种现象被称为运动性晕厥。

1. 运动性晕厥的症状

运动性晕厥主要是剧烈运动或长时间运动使大量血液积聚在下肢，回心血量减少所致，同时也和剧烈运动引起的低血糖有关。

运动性晕厥表现为全身无力、头晕耳鸣、眼前发黑、面色苍白、失去知觉、突然晕倒、手足发凉、脉搏变得慢而弱、血压降低、呼吸缓慢等症状。

2. 运动性晕厥的处置和预防

发生运动性晕厥，应使患者立即平卧，足部略高于头部，同时由小腿向大腿、心脏方向推摩或拍击，手指点压人中、合谷等穴位。如果出现呕吐，应将患者的头部偏向一侧；如果停止呼吸，应立即进行人工呼吸。

日常应常进行体育锻炼，以增强体质。同时注意四点：长时间下蹲后不要立即站立，不要带病参加运动，高强度运动后不要立即停下来，不要在饥饿的情况下参加剧烈运动。

六、运动中暑

运动中暑往往是在高温环境或者烈日暴晒下运动而发生的一种疾病。

1. 运动中暑的症状

中暑早期有头晕、头痛、恶心、呕吐等现象，逐步出现体温升高、皮肤灼热干燥症状；严重者甚至出现精神恍惚失常、虚脱、手足抽搐、心律失常、血压下降，甚至昏迷以致危及生命。

2. 运动中暑的处置和预防

在高温炎热的季节进行锻炼，锻炼者需要做好充分的准备。例如，尽可能穿浅色系列的宽松衣物，戴好帽子；避免在烈日直射下锻炼；如果在训练中遇到不适情况，可减小运动量；运动后饮用含有电解质的运动饮料。

若发生运动中暑的情况，应立即将患者扶至阴凉通风处休息，同时需采取果断的降温消暑措施，如解开紧身衣物、冰袋冷敷，并适当补充生理盐水或者葡萄糖等；情况严重的，经过临时处理后，仍需迅速送至医院做进一步的观察治疗。

七、运动性贫血

运动性贫血是指运动引发的血液中血红蛋白含量减少的现象。

1. 运动性贫血的症状

运动性贫血发病缓慢，症状主要表现为头晕、恶心、呕吐、气喘、体力下降，以及运动后心悸、心率加快、面色苍白等症状。

2. 运动性贫血的发病原因

长期进行高强度的耐力训练导致血浆容量增加，高强度的运动导致红细胞破坏加剧，加上训练中大量出汗增加了铁的丢失，以及食物中铁摄入量不足等原因，容易导致运动员发生运动性贫血。在通常情况下，发生运动性贫血的女性多于男性；另外，从事中长跑项目的运动员发生运动性贫血的概率较大；而女性运动员由于生理周期，经血失去较多铁，更容易发生贫血症状，从而影响训练效果和身体健康。概括起来，运动性贫血的发病原因可以归结为：运动时脾脏释放的溶血卵磷脂能使红细胞的渗透性增加；剧烈运动使血流加速，更易引起红细胞破裂，致使红细胞的生成、凋亡之间的稳态遭到破坏；再加上运动时肌肉对蛋白质和铁的需求量增大，当需求量得不到满足时，即可能引起运动性贫血。

3. 运动性贫血的处置和预防

如果在运动中出现头晕、无力、恶心、呕吐等相关症状，应适当减小运动量，必要时停止训练，并适当补充富含蛋白质和铁的食物，口服硫酸亚铁、生血中药等，以期得到缓解。

预防运动性贫血，需在运动训练后及时补充水分、电解质和维生素，也可饮用一些专业运动饮料；另外，还要加强训练期间的营养补充。

八、猝死

猝死又称突然死亡，是指平素看来健康或病情已基本恢复或稳定者，在很短的时间内突然发生意想不到的非创伤性死亡，往往来不及救治，属于临床急症。由于猝死的高峰多发生在发病后 1 h 内，因此，心脏病专家将发病后 1 h 内的死亡定为猝死的标准。

过度运动使人体代谢速率加快，血液中儿茶酚胺水平增高，心肌需氧量增加，此时易出现心肌缺氧、缺血，随着运动者超负荷运动的继续，心脏循环系统会不堪重负，需要的血液量和氧气量会突然增加，而供给量却相对减少；在这种血氧供不应求的状态下，运动者的心脏就容易出现急性缺血，进而出现心搏骤停和脑血流中断。

当发现有人突然意识丧失倒地时，不能慌乱，首先应让其平卧，拍击其面颊并呼叫，同时用手触摸其颈动脉部位以确定有无搏动。若他无反应且没有动脉搏动，救护者应在几秒钟内使用拳击的方法使其恢复心跳：拳头举高 20～30 cm，捶击患者胸骨中下 1/3 处 1～2 次，然后判断心跳有无恢复。

若患者未能立即出现自发的脉搏并开始呼吸，则需进行心肺复苏，将患者平放于硬质平台上，使其头后仰，畅通呼吸气道，判断口中有无异物，没有异物则开始人工呼吸。口对口呼气的时候，应该捏住患者的鼻孔。救护者深吸气后用力向患者口内吹气，并开始胸外心脏按压；按压的位置在胸骨下缘，按压深度宜为 4～5 cm，手不离开胸壁，保持垂直上下，救护者的肘部不应弯曲；比率为吹气 2 次、按压 30 次，每分钟应按压 100 次，反复不断地进行。

只有当患者的呼吸和心跳恢复后，才能以妥善的方式将其护送到医院继续接受治疗。

第三节 运动损伤及处理

运动者在体育运动过程中发生的损伤称为运动损伤。运动损伤的发生与运动训练安排、运动项目的技术动作、运动者运动训练水平、运动环境和条件等因素有关。运动损伤的种类很多，不同的运动项目各有其发生损伤的症状特点。

一、运动损伤的分类

运动损伤的分类方法很多，常用的分类方法是将其分为软组织损伤、关节脱位和骨折三大类；按照有无创口分为开放性软组织损伤、开放性关节脱位、开放性骨折和闭合性软组织损伤、闭合性关节脱位、闭合性骨折。

二、运动损伤发生的原因

造成运动损伤的原因有很多，既与锻炼者自身的体质状况、采取的锻炼方法有关，也与运动项目的技战术特点、技术难度及运动环境有关，同时还与运动内容的安排、运动量及运动强度、运动负荷(密度)等有一定的关系。

1. 主观因素

(1) 对损伤的认识不足，运动中不注意事先检查场地、器材设施是否到位。

(2) 运动前准备活动不足，导致肌肉弹性差，韧带和关节的活动性小而出现肌肉、韧带拉伤。

(3) 身体素质较差，身体状况不佳，运动负荷过大，缺乏运动经验和自我保护意识。

(4) 运动情绪低下，伴有畏惧、害羞、过分紧张等情绪，致使在运动过程中注意力不能集中。

2. 客观因素

造成运动损伤的客观因素主要有教学中存在的问题，保护方法不正确、不到位，动作粗野、违反活动规则，场地设备老化、设施不到位，运动服装和装备不佳，不良的气候环境，等等。

三、运动损伤的预防

运动损伤的预防需要在学生思想、体育运动场地设施等多个方面进行强化，避免在运动中出现运动损伤，具体可从以下几个方面着手：

(1) 克服麻痹大意的思想，提高预防损伤的意识。

(2) 运动前一定要做好准备活动，提高关节的活动度和肌肉的温度，使全身产生温热感。

(3) 在某些项目的练习中，一定要树立相互保护和帮助的意识。

(4) 合理安排每次活动的运动内容和运动量。

(5) 加强医务监督。

四、常见的运动损伤的急救

(一) 软组织损伤的急救

软组织损伤是运动损伤中常见的一种，根据损伤组织是否有创口与外界相通，可分为开放性损伤和闭合性损伤。前者主要有擦伤、撕裂伤、刺伤、切伤等，后者有挫伤、肌肉拉伤、关节和韧带的损伤等。

1. 擦伤的急救

皮肤受到外力急剧摩擦引起的表面擦破出血或者组织液渗出称为擦伤。小面积擦伤可用生理盐水或冷开水洗净创伤口或用70%的酒精棉球消毒，然后涂抹红药水或紫药水即可；大面积擦伤需先进行消毒处理，然后用消毒布遮盖，最后用纱布包扎。

2. 撕裂伤、刺伤、切伤的急救

撕裂伤主要是在剧烈运动中受到钝物击打引起皮肤和软组织的撕裂，伤口边缘不规则，常见损伤有眉际撕裂、跟腱撕裂等。刺伤是尖细物件刺入体内所致。切伤是锐器切入皮肤所致。这些伤口，轻者可用消毒液涂抹；创口面较大者需手术缝合，必要时应注射破伤风疫苗，如跟腱断裂需手术缝合治疗。

3. 挫伤的急救

挫伤是练习者撞击器械造成的。单纯的挫伤损伤处会出现红肿、皮下淤血，并伴有疼痛。练习者内脏器官出现损伤时，易导致面色苍白、心慌气短、四肢发凉、烦躁不安，严重者甚至出现休克等症状。遇到这种情况需要在24 h内冷敷或加压包扎，24 h之后可进行按摩理疗，恢复期内可进行一些功能性锻炼以促进康复。如果出现严重的内脏损伤，需在临时性处理之后立即送至医院做进一步的检查和治疗。

4. 肌肉拉伤的急救

肌肉拉伤通常是外力作用导致肌肉过度收缩或被动拉长引发的肌肉损伤。尤其是准备活动不充分，动作不协调，更易导致肌肉拉伤。损伤后伤处出现肿胀、压痛、肌肉痉挛，触摸时会发现硬块。常见的肌肉拉伤部位有大腿后群肌、腰背肌、大腿内收肌等。严重的肌肉拉伤可导致肌肉撕裂。轻者需要立即进行冰袋冷敷或者流水冲洗，局部加压包扎，抬高患肢，24 h之后可进行按摩理疗。如果肌肉出现断裂，在急救处理之后，需立即送往医院做进一步的处理。

5. 关节和韧带损伤的急救

关节和韧带的损伤是指在外力作用下，关节骤然向一侧活动且超过正常活动范围，就会引起关节周围软组织(关节囊、韧带、肌腱等)发生撕裂伤。常见的关节损伤或扭伤主要表现在数个活动范围较大之处，如肩关节、膝关节、踝关节、脊柱、腕关节等。

(1) 肩关节扭伤的急救。肩关节扭伤一般是关节用力过猛及反复劳损所致，或训练时因技术上的失误，违反解剖学原理而造成的。症状主要表现为压痛，急性期甚至出现肿胀、酸痛。单纯的韧带扭伤可采取冷敷、加压包扎进行紧急处理。出现严重的韧带断裂时，需要在紧急处理之后立即送往医院进行处理。当关节肿胀和疼痛有所减轻后，可适当进行功能性锻炼。

(2) 髌骨劳损的急救。髌骨劳损也称为髌骨软化或髌骨软骨病，主要是膝关节长期负重或反复损伤累积，被一次直接外力撞击而致，如进行弹跳时易导致髌骨损伤。髌骨劳损是膝关节常见的损伤。受伤初期应减少剧烈运动和下蹲以保护膝关节，另外可采用中药外敷、针灸、按摩进行康复理疗。

(3) 踝关节扭伤的急救。踝关节扭伤主要是弹跳落地时失去平衡，使踝关节过度内翻或外翻所致，尤其是在准备活动不充分、场地不平的情况下更容易发生。症状表现为伤处肿胀、疼痛、皮下淤血等。早期可抬高患肢，进行冰敷(用冰袋冷敷或氯乙烷喷雾剂)、包扎以缓解疼痛，减少出血和减轻肿胀，24 h后可用针灸、理疗等手段来消肿、止痛。损伤严重者需要用绷带包扎固定。

(4) 腰闪伤的急救。腰闪伤主要是负重超过躯干所能承受的压力,腰部突然发力引起部分肌纤维撕裂,造成腰肌急性拉伤,或者脊柱运动超过正常的生理范围所致。腰部出现损伤后,患者需要平卧,一般不能立即搬动或移动,如果疼痛剧烈,需要用担架抬往医院诊治;也可采用针灸、拔火罐、外敷伤药或按摩进行治疗。

(5) 腕关节韧带损伤的急救。腕关节韧带损伤多有明显的外伤史,伤后出现腕部无力、关节活动不灵活等症状。轻度扭伤者一般无明显肿胀,仅在大幅度动作时出现疼痛;严重扭伤者腕部会出现肿胀,疼痛较重。腕关节韧带损伤的处理方法与踝关节相同。

(二) 脑震荡的急救

脑震荡主要是脑部受到外力打击后由神经细胞和神经纤维所引起的意识与功能的一时性障碍,不久即可恢复,无明显的解剖病理改变。致伤时,伤者会出现神志昏迷、脉搏徐缓、呼吸表浅、肌肉松弛、神经反射减弱或消失等症状;清醒后,伤者会有头痛、头晕、恶心、呕吐症状。在急救时,应让伤者平卧,保持安静,不可坐或站立;头部冷敷,身上保暖;若出现昏迷,可用手指掐人中、内关等穴位;发生呼吸障碍时可进行人工呼吸。如果昏迷时间超过4 min,或两侧瞳孔大小不对称,或耳、鼻、口内出血及眼睛紫青,或清醒后出现剧烈头痛、恶心、呕吐,说明损伤严重,应立即送往医院诊治。

(三) 骨折的急救

骨折是指骨或骨小梁发生断裂。体育运动中发生的骨折多为暴力作用引起的外力性骨折。骨折是较严重的损伤,常见的骨折有肱骨、前臂骨、手骨、大腿骨、小腿骨、肋骨、脊柱和头部等骨折。骨折发生后,患处立即出现肿胀、皮下淤血,活动时感到剧烈疼痛,肢体失去正常功能,肌肉产生痉挛,有时骨折部位发生变形,甚至有骨摩擦声;严重骨折时还会伴有出血和神经损伤、发烧、口渴、休克等全身性症状。在进行急救时,需要防止伤者休克,因此应将其进行就地固定,避免断肢移动;伤口处若有出血,应先止血再包扎伤口。

第四节　运动处方的制定

运动处方是个体化的运动方案,即个人在运动中根据自己不同的体质状况和身体机能采取的不同运动训练方法、训练内容等。在实际操作中,基本情况相近的人群可以采取类似的运动处方,根据不同人的具体情况进行适当调整。

一、运动处方的概念与种类

1. 运动处方的概念

运动处方是康复医师或体疗师对从事体育锻炼者或患者,根据医学检查资料(包括运动试验和体力测验),按其健康、体力及心血管功能状况,用处方的形式规定运动种类、运动强度、运动时间及运动频率,提出运动中的注意事项。运动处方是指导人们有目的、有计划、科学地进行体育锻炼的一种方法。

2. 运动处方的种类

运动处方根据锻炼者不同的运动目的大致可以分为以下三类:

(1) 健身、健美运动处方。健身、健美运动处方主要是针对健康人群进行锻炼,以增进健康、增强体质为目的的运动处方。

(2) 竞技运动处方。竞技运动处方是专业运动员按照一定的规划方案进行训练，以提高专业运动成绩为目的的运动处方。

(3) 康复运动处方。康复运动处方是一些患者根据运动处方进行康复和治疗，促进机体康复的运动处方。

二、运动处方的构成要素

1. 运动目的

运动处方的目的有健身、娱乐、减肥、康复治疗等，主要是通过有目的性的锻炼达到预期的效果和目标。在制定具体的运动处方时，个人需要根据自己不同的运动需要来计划实施内容。

2. 运动类型

运动类型的选择需要结合多种因素综合考虑，如结合具体的运动条件、场地设施、运动器材、运动项目、运动目的等，同时还需要结合个人的运动兴趣爱好。

3. 运动强度

在运动过程中，一般采用心率作为运动强度的评价指标。通常，心率在 120 次/min 以下为小运动强度，120～150 次/min 为中等运动强度，150～180 次/min 或者 180 次/min 以上为较大运动强度，具体见表 3-1。适宜运动强度范围可用靶心率进行控制。以本人最高心率的 70%～85%的强度作为标准，靶心率用公式表示为：

靶心率＝(220－年龄)×(70%～85%)

最适宜运动心率的计算公式为：

最高心率＝220－年龄

心率储备＝最高心率－安静心率

最适宜运动心率＝心率储备×75%＋安静心率

表 3-1　按年龄预计最适宜运动心率及相应吸氧量

运动强度	占最大吸氧量	运动量/MET	心率/(次·min^{-1})				
			20～29 岁	30～39 岁	40～49 岁	50～59 岁	≥60 岁
较大	90%	12	175	170	165	155	145
	80%	10	165	160	150	145	135
	70%	8	150	145	140	135	125
中等	60%	6.5	135	135	130	125	120
	50%	5.5	125	125	115	110	110
小	40%	4	110	110	105	100	100

4. 运动时间

运动时间指每次锻炼的持续时间，与运动强度紧密相关。一般来讲，运动强度与运动时间成反比关系，运动强度越大，运动时间反而越短。有氧运动的时间一般在 30 min 以上才可以达到较好的运动训练效果。

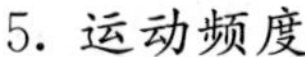

5. 运动频度

运动频度指每周的运动次数。参照“体育人口①”的界定，一般要求每周运动至少3次，隔日进行效果为佳。

6. 注意事项

以治疗和康复为目的的运动处方在运动前需要指出运动禁忌项目，在健身过程中注意观察一些意外和特殊适应证。

三、运动处方的内容与格式

1. 运动处方的内容

目前，运动处方没有统一的规定，但是处方的制定需要遵循全面、准确、简明易懂的原则，主要包括以下内容：

(1) 一般资料。
(2) 临床诊断结果。
(3) 临床检查和功能检查结果。
(4) 运动试验和体力测试结果。
(5) 运动目的和要求。
(6) 运动内容。
(7) 运动强度。
(8) 运动时间。
(9) 运动频度。
(10) 注意事项。
(11) 医师签字。
(12) 运动处方的制订时间。

2. 运动处方的格式

运动处方可根据不同的需要采用不同的格式，但在处方中必须指出禁止参加的运动项目、锻炼的自我监控指标及出现异常情况时停止运动的准则等。大学生常见的锻炼处方卡见表3-2和表3-3。

表3-2　大学生常见的锻炼处方卡(正面)

姓　名：	性　别：	年　龄：
健康状况：		
功能检查：20次/30 s蹲起、30次/30 s下蹲、哈佛台阶试验、功率自行车(以上测试项目可任意选择)		
测试结果：		
锻炼内容：		
每次锻炼持续时间：		
锻炼时最高心率/(次·min^{-1})：	每周运动次数：	
注意事项：	禁忌运动项目：	
复查日期：		
医生/健身指导教师签名：		年　月　日

① 体育人口：指经常从事身体锻炼、身体娱乐，接受体育教育、参加运动训练和竞赛，具有统计意义的一个社会群体。国际上界定体育人口的标准差异较大，我国体育人口的判定标准为：每周活动频度3次(含3次)以上，每次身体活动时间30 min以上，每次身体活动强度中等程度以上。

表 3-3　大学生常见的锻炼处方卡(背面)

日　期:	锻炼情况:	身体反应情况:

签名:　　　　　　　　　　　　　　　　年　月　日

四、运动处方的制定原则

为了保证运动处方实施的有效性、安全性,加强锻炼效果,达到增强体质、增进健康、健身、健心、健智、健美与防病治病、康复相互促进的目的,在制定运动处方时需要遵循下列原则。

1. 安全有效性原则

为了保证处方安全有效地实施,除了了解锻炼者的既往疾病史、家族病史和进行医学检查外,还需要通过调查有针对性地了解不同锻炼者的禁忌证。尤其是身体条件较差的运动者,在实施运动处方时需要注意严格的监控和医学监督,避免意外事故的发生;而那些身体素质较好者,运动项目和运动内容的选择可以适当灵活。

2. 区别对待性原则

由于个体身体素质的差异性,运动处方内容选择必须根据个体的具体情况因人而异,区别对待。

3. 动态调整性原则

对于初订的运动处方,锻炼者需要经过多次运动实践及多次调整之后才能确保适合个人的身体条件,满足个人锻炼的需求。

五、运动处方的制定程序

制定运动处方必须依次做以下几个方面的工作。

1. 一般检查

通过检查了解参加锻炼者或患者的基本健康状况和运动情况,包括询问病史及健康状况,了解运动史,了解健身或康复的目的和社会环境条件,等等。

2. 临床检查

临床检查主要包括运动系统的检查、心血管系统的检查、呼吸系统的检查、神经系统的检查等。其中,运动系统的检查包括肌肉力量的检查和评定、关节活动度的检查等;心血管系统的常规检查指标为心率、心音、血压、心电图等,心血管系统的功能检查一般采取定量负荷试验,常用的有台阶试验、一次负荷试验、联合机能试验、PWC170 机能试验等;呼吸系统的检查包括肺容量的测定、肺通气功能检查、呼出气体分析、屏气试验、日常生活能力评定等,常用的指标有肺活量、五次肺活量、肺活量运动负荷、时间肺活量、最大通气量、最大闭

气、呼吸气体等;神经系统的功能检查为自主神经系统的功能检查,如体表感觉神经功能检查、神经肌肉功能检查等。另外,还包括肾功能、肝功能、代谢功能等全面综合系统的检查。

3. 运动试验

运动试验是评价心脏功能、制订运动处方的重要依据,一般采用哈佛台阶试验或者功率自行车进行,逐级增加运动负荷。

4. 体力测试

运动试验无异常的人可以进行体力测试。体力测试包括运动能力测试和全身耐力测试。目前,采用较多的体力测试方式为 12 min 跑测试。

5. 确定运动处方的内容

根据不同的健身锻炼目的确定运动类型、运动目的、运动时间、运动强度、运动频度和注意事项等。

6. 运动处方实施过程中的医务监督

在运动处方实施过程中,应对锻炼者进行医务监督,以确保处方的安全性。健康状况好的锻炼者可在自我监督的情况下进行运动;而心血管系统疾病、呼吸系统疾病、慢性病、临床症状不稳定的患者,应在有医务监督的情况和条件下实施运动处方。

7. 运动处方的修改和微调

运动处方的制订最初并不固定,应先设置一个“观察期”,观察在实施运动处方之后患者的反应;再在“调整期”内进行反复调整、修改,最终确定;最后在“相对固定期”内实施最佳的运动处方。

复习思考题

1. 体育锻炼的原则和方法分别有哪些?
2. 简述运动中常见的生理反应和疾病。
3. 简述不同运动损伤的处理方法。
4. 简述运动处方的制定原则和程序。

第四章 学生体质健康标准与评价

第一节 《国家学生体质健康标准》实施方案

《国家学生体质健康标准(2014 年修订)》(以下简称《标准》)从身体形态、身体机能和身体素质等方面综合评定学生的体质健康水平,是促进学生体质健康发展、激励学生积极进行身体锻炼的教育手段,是国家学生发展核心素养体系和学业质量标准的重要组成部分,是学生体质健康的个体评价标准。

《国家学生体质健康标准》实施方案包括以下内容:

(1)《标准》是国家学校教育工作的基础性指导文件和教育质量基本标准,是评价学生综合素质、评估学校工作和衡量各地教育发展的重要依据,是《国家体育锻炼标准》在学校的具体实施,适用于全日制普通小学、初中、普通高中、中等职业学校、普通高等学校的学生。

(2) 本标准的修订坚持健康第一,落实《国家中长期教育改革和发展规划纲要(2010—2020 年)》《国务院办公厅转发教育部等部门关于进一步加强学校体育工作若干意见的通知》(国办发〔2012〕53 号)和《教育部关于印发〈学生体质健康监测评价办法〉等三个文件的通知》(教体艺〔2014〕3 号)有关要求,着重提高《标准》应用的信度、效度和区分度,着重强化其教育激励、反馈调整和引导锻炼的功能,着重提高其教育监测和绩效评价的支撑能力。

(3) 本标准从身体形态、身体机能和身体素质等方面综合评定学生的体质健康水平,是促进学生体质健康发展、激励学生积极进行身体锻炼的教育手段,是国家学生发展核心素养体系和学业质量标准的重要组成部分,是学生体质健康的个体评价标准。

(4) 本标准将适用对象划分为以下组别:小学、初中、高中按每个年级为一组,其中小学为 6 组、初中为 3 组、高中为 3 组。大学一、二年级为一组,三、四年级为一组。

(5) 小学、初中、高中、大学各组别的测试指标均为必测指标。其中,身体形态类中的身高、体重,身体机能类中的肺活量,以及身体素质类中的 50 m 跑、坐位体前屈为各年级学生共性指标。

(6) 本标准的学年总分由标准分与附加分之和构成,满分为 120 分。标准分由各单项指标得分与权重乘积之和组成,满分为 100 分。附加分根据实测成绩确定,即对成绩超过 100 分的加分指标进行加分,满分为 20 分;小学的加分指标为 1 min 跳绳,加分幅度为 20 分;初中、高中和大学的加分指标为男生引体向上和 1 000 m 跑,女生 1 min 仰卧起坐和 800 m 跑,各指标加分幅度均为 10 分。

(7) 根据学生学年总分评定等级:90.0 分及以上为优秀,80.0~89.9 分为良好,60.0~79.9 分为及格,59.9 分及以下为不及格。

(8) 每个学生每学年评定一次,记入《〈国家学生体质健康标准〉登记卡》。特殊学制的学校，在填写登记卡时可以按规定和需求相应地增减栏目。学生毕业时的成绩和等级，按毕业当年学年总分的50%与其他学年总分平均得分的50%之和进行评定。

(9) 学生测试成绩评定达到良好及以上者，方可参加评优与评奖；成绩达到优秀者，方可获体育奖学分。测试成绩评定不及格者，在本学年度准予补测一次，若补测仍不及格，则学年成绩评定为不及格。普通高中、中等职业学校和普通高等学校学生毕业时，《标准》测试的成绩达不到50分者按结业或肄业处理。

(10) 学生因病或残疾可向学校提交暂缓或免予执行《标准》的申请，经医疗单位证明，体育教学部门核准，可暂缓或免予执行《标准》，并填写《免予执行〈国家学生体质健康标准〉申请表》，存入学生档案。确实丧失运动能力、被免予执行《标准》的残疾学生，仍可参加评优与评奖，毕业时《标准》成绩需注明免测。

(11) 各学校每学年开展覆盖本校各年级学生的《标准》测试工作，《标准》测试数据经当地教育行政部门按要求审核后，通过"中国学生体质健康网"上传至"国家学生体质健康标准数据管理系统"。测试和数据上传时间由教育行政部门确定。

(12) 本标准由教育部负责解释。

第二节 《国家学生体质健康标准》测试项目

一、身高

1. 测试目的

学生身高测试与体重测试相配合，评定学生的身体匀称度，评价学生生长发育的水平及营养状况。

2. 场地器材

测试身高的器材是身高测量计。使用前应校对0点，以钢尺测量基准板平面至立柱前面红色刻线的高度是否为10.0 cm，误差不得大于0.1 cm。同时，应检查立柱是否垂直、连接处是否紧密、有无晃动、零件有无松脱等情况并及时加以纠正。

3. 测试方法

受试者赤足，以立正姿势站在身高测量计的底板上(上肢自然下垂，脚跟并拢，脚尖分开成60°角)。脚跟、骶骨部及两肩胛区与立柱相接触，躯干自然挺直，头部正直，耳屏上缘与眼眶下缘呈水平位。测试人员站在受试者右侧，将水平压板轻轻沿立柱下滑，轻压于受试者头顶。测试人员读数时双眼应与压板水平面等高，记录员复述后进行记录。以厘米为单位，精确到小数点后1位。测试误差不得超过0.5 cm。

二、体重

1. 测试目的

测试学生的体重，与身高测试相配合，评定学生的身体匀称度，评价学生生长发育的水平及营养状况。

2. 场地器材

测试学生体重的器材为杠杆秤或电子体重计。使用前需检验其准确度和灵敏度。准确度要求误差不超过 0.1%，即每百千克误差小于 0.1 kg。检验方法是：以备用的 10 kg、20 kg、30 kg 标准砝码(或用等重标定重物代替)分别进行称量，检查指标读数与标准砝码误差是否在允许范围。

灵敏度的检验方法是：置 100 g 的砝码，观察刻度尺变化，如果刻度抬高了 3 mm 或游标向远移动 0.1 kg 而刻度尺维持水平位，则达到要求。

3. 测试方法

测试时，杠杆秤应放在平坦地面上，调整 0 点至刻度尺水平位。受试者赤足，男性受试者身着短裤，女性受试者身着短裤、短袖衫，站在秤台中央。测试人员放置适当砝码并移动游标至刻度尺平衡。读数以千克为单位，精确到小数点后 1 位。记录员复诵后将读数记录。测试误差不超过 0.1 kg。

4. 注意事项

(1) 测量体重前，受试者不得进行剧烈体育活动或体力劳动。

(2) 受试者站在秤台中央，上、下杠杆秤的动作要轻。

(3) 每次使用杠杆秤时均需校正。测试人员每次读数前都应校对砝码标重以避免差错。

三、肺活量

1. 测试目的

测试学生的肺通气功能。

2. 场地器材

测试学生肺活量的器材为电子肺活量计。

3. 测试方法

测试的房间通风良好；使用干燥的一次性口嘴(非一次性口嘴则每换测试对象需消毒一次，每测一人时将口嘴取下倒出唾液并消毒后必须使其干燥)。肺活量计主机放置在平稳桌面上，检查电源线及接口是否牢固，按工作键，液晶屏显示 0 即表示机器进入工作状态，预热 5 min 后测试为佳。

首先告知受试者不必紧张，并且要尽全力，以中等速度和力度吹气效果最好。让受试者面对仪器站立，手持吹气口嘴，面对肺活量计站立试吹 1～2 次，首先看仪表有无反应，还要试口嘴或鼻处是否漏气，调整口嘴一并用鼻夹夹住鼻子(或自己捏鼻孔)；学会深吸气(避免耸肩提气，应该像闻花似的慢吸气)。受试者进行一两次较平日深一些的呼吸动作后，更深地吸一口气，屏住气，向口嘴处慢慢呼出至不能再呼为止，防止此时从口嘴处吸气，测试中不得中途二次吸气。吹气完毕后，液晶屏上最终显示的数字即为肺活量毫升值。每位受试者测 3 次，每次间隔 15 s，记录 3 次数值，选取最大值作为测试结果，以毫升(mL)为单位，不保留小数。

4. 注意事项

(1) 电子肺活量计的计量部位的通畅和干燥是仪器准确的关键，吹气筒的导管必须在上方，以免口水或杂物堵住气道。

(2) 每测试 10 人及测试完毕后用干棉球及时清理和擦干气筒内部。严禁用水、酒精等

任何液体冲洗气筒内部。

（3）导气管存放时不能弯折。

（4）定期校对仪器。

四、50 m 跑

1. 测试目的

测试学生速度、灵敏素质及神经系统灵活性的发展水平。

2. 场地器材

50 m 直线跑道若干条，地面平坦，地质不限，跑道线要清楚。发令旗一面，口哨一个，秒表若干块（一道一表）。使用秒表前，应用标准秒表校正，每分钟误差不得超过 0.2 s。标准秒表以北京时间为准，每小时误差不超过 0.3 s。

3. 测试方法

受试者至少两人一组进行测试。采用站立式起跑，受试者听到“跑”的口令后开始起跑。发令员在发出口令的同时要摆动发令旗。计时员视旗动开表计时，受试者躯干部到达终点线的垂直面停表。以秒为单位记录测试成绩，精确到小数点后 1 位，小数点后第 2 位数按非零进一原则进位，如 10.11 s 读成 10.2 s 记录。

4. 注意事项

（1）受试者测试最好穿运动鞋或平底布鞋，赤足亦可。但不得穿钉鞋、皮鞋、塑料凉鞋。

（2）发现有抢跑者，要当即召回重跑。

（3）遇风时一律顺风跑。

五、800 m(女)或 1 000 m(男)跑

1. 测试目的

测试学生耐力素质的发展水平，特别是心血管、呼吸系统的机能及肌肉耐力。

2. 场地器材

400 m、300 m、200 m 田径场跑道，地质不限。也可使用其他不规则场地，但必须丈量准确，地面平坦。秒表若干块，使用前需要校正，要求同 50 m 跑测试。

3. 测试方法

受试者至少两人一组进行测试，采用站立式起跑。当听到“跑”的口令后开始起跑。计时员看到旗动开表计时，当受试者的躯干部到达终点线垂直面时停表。以分、秒为单位记录测试成绩，不计小数。

六、立定跳远

1. 测试目的

测试学生下肢爆发力及身体协调能力的发展水平。

2. 场地器材

测立定跳远所用器材为沙坑、丈量尺。沙面应与地面平齐，如无沙坑，可在土质松软的平地上进行。起跳线至沙坑近端不得小于 30 cm。起跳地面要平坦，不得有凹坑。

3. 测试方法

受试者两脚自然分开站立，站在起跳线后，脚尖不得踩线（最好用线绳做起跳线）。两脚

原地同时起跳，不得有垫步或连跳动作。丈量起跳线后缘至最近着地点后的垂直距离。每人试跳 3 次，记录其中成绩最好的一次，以厘米(cm)为单位，不计小数。

4. 注意事项

(1) 发现犯规时，此次成绩无效。3 次试跳均无成绩者，应允许再跳，直至取得成绩为止。

(2) 可以赤足，但不得穿钉鞋、皮鞋、塑料凉鞋。

七、引体向上(男)

1. 测试目的

测试学生的上肢肌肉力量的发展水平。

2. 场地器材

引体向上所用器材为高单杠或高横杠，杠粗以手能握住为准。

3. 测试方法

受试者跳起双手正握杠，两手与肩同宽成直臂悬垂。静止后，两臂同时用力引体(身体不能有附加动作)，上拉到下颌超过横杠上缘为完成一次。记录引体次数。

4. 注意事项

(1) 受试者应双手正握单杠，待身体静止后开始测试。

(2) 引体向上时，身体不得做大的摆动，也不得借助其他附加动作撑起。

(3) 两次引体向上的间隔时间超过 10 s 时停止测试。

八、坐位体前屈

1. 测试目的

测量学生在静止状态下的躯干、腰、髋等关节可能达到的活动幅度，主要反映这些部位的关节、韧带、肌肉的伸展性和弹性及学生身体柔韧素质的发展水平。

2. 场地器材

坐位体前屈测试计。

3. 测试方法

受试者两腿伸直，两脚平蹬测试纵板坐在平地上，两脚分开 10～15 cm，上体前屈，两臂向前伸直，用两手中指指尖逐渐向前推动游标，直到不能前推为止。测试计的脚蹬纵板内沿平面为 0 点，向内为负值，向前为正值。记录以厘米为单位，保留 1 位小数。测试两次，取最好成绩。

4. 注意事项

(1) 身体前屈，在两臂向前推游标时两腿不能弯曲。

(2) 受试者应匀速向前推动游标，不得突然发力。

九、仰卧起坐(女)

1. 测试目的

测试学生的腹肌耐力。

2. 场地器材

垫子若干块(或代用品)。

3. 测试方法

受试者仰卧于垫上，两腿稍分开，屈膝呈 90°左右角，两手指交叉贴于脑后。另一同伴压住其踝关节，以固定下肢。受试者坐起时两肘触及或超过双膝为完成一次，仰卧时两肩胛必须触垫。测试人员在发出开始口令的同时开表计时，记录受试者在 1 min 内完成次数。1 min到时，受试者虽已坐起但肘关节未达到双膝者不计该次数，精确到个位。

4. 注意事项

（1）发现受试者借用肘部撑垫或臀部起落的力量完成动作时，该次不计数。

（2）在测试过程中，测试人员应向受试者报数。

（3）受试者双脚必须放于垫上。

第三节　《国家学生体质健康标准》评分标准

学校每学年对学生进行一次《标准》的测试，《标准》的测试方法按教育部学生体质健康网中的有关要求进行。

一、单《项指标评分表

大学生各单项指标评分表分别如表 4-1 至表 4-14 所示。

表 4-1　男生体重指数(BMI)单项评分表　　单位：kg/m²

等　级	单项得分	BMI
正常	100	17.9～23.9
低体重	80	≤17.8
超重		24.0～27.9
肥胖	60	≥28.0

表 4-2　女生体重指数(BMI)单项评分表　　单位：kg/m²

等　级	单项得分	BMI
正常	100	17.2～23.9
低体重	80	≤17.1
超重		24.0～27.9
肥胖	60	≥28.0

表 4-3　男生肺活量单项评分表　　单位：mL

等　级	单项得分	大一、大二	大三、大四
优秀	100	5 040	5 140
	95	4 920	5 020
	90	4 800	4 900
良好	85	4 550	4 650
	80	4 300	4 400

续表

等　级	单项得分	大一、大二	大三、大四
及格	78	4 180	4 280
	76	4 060	4 160
	74	3 940	4 040
	72	3 820	3 920
	70	3 700	3 800
	68	3 580	3 680
	66	3 460	3 560
	64	3 340	3 440
	62	3 220	3 320
	60	3 100	3 200
不及格	50	2 940	3 030
	40	2 780	2 860
	30	2 620	2 690
	20	2 460	2 520
	10	2 300	2 350

表 4-4　女生肺活量单项评分表　　单位：mL

等　级	单项得分	大一、大二	大三、大四
优秀	100	3 400	3 450
	95	3 350	3 400
	90	3 300	3 350
良好	85	3 150	3 200
	80	3 000	3 050
及格	78	2 900	2 950
	76	2 800	2 850
	74	2 700	2 750
	72	2 600	2 650
	70	2 500	2 550
	68	2 400	2 450
	66	2 300	2 350
	64	2 200	2 250
	62	2 100	2 150
	60	2 000	2 050
不及格	50	1 960	2 010
	40	1 920	1 970

续表

等　级	单项得分	大一、大二	大三、大四
不及格	30	1 880	1 930
	20	1 840	1 890
	10	1 800	1 850

表 4-5　男生 50 m 跑单项评分表　　单位：s

等　级	单项得分	大一、大二	大三、大四
优秀	100	6.7	6.6
	95	6.8	6.7
	90	6.9	6.8
良好	85	7.0	6.9
	80	7.1	7.0
及格	78	7.3	7.2
	76	7.5	7.4
	74	7.7	7.6
	72	7.9	7.8
	70	8.1	8.0
	68	8.3	8.2
	66	8.5	8.4
	64	8.7	8.6
	62	8.9	8.8
	60	9.1	9.0
不及格	50	9.3	9.2
	40	9.5	9.4
	30	9.7	9.6
	20	9.9	9.8
	10	10.1	10.0

表 4-6　女生 50 m 跑单项评分表　　单位：s

等　级	单项得分	大一、大二	大三、大四
优秀	100	7.5	7.4
	95	7.6	7.5
	90	7.7	7.6
良好	85	8.0	7.9
	80	8.3	8.2
及格	78	8.5	8.4
	76	8.7	8.6

续表

等　　级	单项得分	大一、大二	大三、大四
及格	74	8.9	8.8
	72	9.1	9.0
	70	9.3	9.2
	68	9.5	9.4
	66	9.7	9.6
	64	9.9	9.8
	62	10.1	10.0
	60	10.3	10.2
不及格	50	10.5	10.4
	40	10.7	10.6
	30	10.9	10.8
	20	11.1	11.0
	10	11.3	11.2

表 4-7　男生坐位体前屈单项评分表　　单位：cm

等　　级	单项得分	大一、大二	大三、大四
优秀	100	24.9	25.1
	95	23.1	23.3
	90	21.3	21.5
良好	85	19.5	19.9
	80	17.7	18.2
及格	78	16.3	16.8
	76	14.9	15.4
	74	13.5	14.0
	72	12.1	12.6
	70	10.7	11.2
	68	9.3	9.8
	66	7.9	8.4
	64	6.5	7.0
	62	5.1	5.6
	60	3.7	4.2
不及格	50	2.7	3.2
	40	1.7	2.2
	30	0.7	1.2

续表

等　　级	单项得分	大一、大二	大三、大四
不及格	20	−0.3	0.2
	10	−1.3	−0.8

表 4-8　女生坐位体前屈单项评分表　　单位:cm

等　　级	单项得分	大一、大二	大三、大四
优秀	100	25.8	26.3
	95	24.0	24.4
	90	22.2	22.4
良好	85	20.6	21.0
	80	19.0	19.5
及格	78	17.7	18.2
	76	16.4	16.9
	74	15.1	15.6
	72	13.8	14.3
	70	12.5	13.0
	68	11.2	11.7
	66	9.9	10.4
	64	8.6	9.1
	62	7.3	7.8
	60	6.0	6.5
不及格	50	5.2	5.7
	40	4.4	4.9
	30	3.6	4.1
	20	2.8	3.3
	10	2.0	2.5

表 4-9　男生立定跳远单项评分表　　单位:cm

等　　级	单项得分	大一、大二	大三、大四
优秀	100	273	275
	95	268	270
	90	263	265
良好	85	256	258
	80	248	250
及格	78	244	246
	76	240	242
	74	236	238

续表

等　　级	单项得分	大一、大二	大三、大四
及格	74	236	238
	72	232	234
	70	228	230
	68	224	226
	66	220	222
	64	216	218
	62	212	214
	60	208	210
不及格	50	203	205
	40	198	200
	30	193	195
	20	188	190
	10	183	185

表 4-10　女生立定跳远单项评分表　　单位：cm

等　　级	单项得分	大一、大二	大三、大四
优秀	100	207	208
	95	201	202
	90	195	196
良好	85	188	189
	80	181	182
及格	78	178	179
	76	175	176
	74	172	173
	72	169	170
	70	166	167
	68	163	164
	66	160	161
	64	157	158
	62	154	155
	60	151	152
不及格	50	146	147
	40	141	142
	30	136	137
	20	131	132
	10	126	127

表 4-11 男生引体向上单项评分表 单位:次

等 级	单项得分	大一、大二	大三、大四
优秀	100	19	20
	95	18	19
	90	17	18
良好	85	16	17
	80	15	16
及格	78		
	76	14	15
	74		
	72	13	14
	70		
	68	12	13
	66		
	64	11	12
	62		
	60	10	11
不及格	50	9	10
	40	8	9
	30	7	8
	20	6	7
	10	5	6

表 4-12 女生一分钟仰卧起坐单项评分表 单位:次

等 级	单项得分	大一、大二	大三、大四
优秀	100	56	57
	95	54	55
	90	52	53
良好	85	49	50
	80	46	47
及格	78	44	45
	76	42	43
	74	40	41
	72	38	39
	70	36	37
	68	34	35
	66	32	33

续表

等　　级	单项得分	大一、大二	大三、大四
及格	64	30	31
	62	28	29
	60	26	27
不及格	50	24	25
	40	22	23
	30	20	21
	20	18	19
	10	16	17

表 4-13　男生耐力跑单项评分表

等　　级	单项得分	大一、大二	大三、大四
优秀	100	3′17″	3′15″
	95	3′22″	3′20″
	90	3′27″	3′25″
良好	85	3′34″	3′32″
	80	3′42″	3′40″
及格	78	3′47″	3′45″
	76	3′52″	3′50″
	74	3′57″	3′55″
	72	4′02″	4′00″
	70	4′07″	4′05″
	68	4′12″	4′10″
	66	4′17″	4′15″
	64	4′22″	4′20″
	62	4′27″	4′25″
	60	4′32″	4′30″
不及格	50	4′52″	4′50″
	40	5′12″	5′10″
	30	5′32″	5′30″
	20	5′52″	5′50″
	10	6′12″	6′10″

注：耐力跑长度为 1 000 m。

表 4-14　女生耐力跑单项评分表

等　级	单项得分	大一、大二	大三、大四
优秀	100	3′18″	3′16″
	95	3′24″	3′22″
	90	3′30″	3′28″
良好	85	3′37″	3′35″
	80	3′44″	3′42″
及格	78	3′49″	3′47″
	76	3′54″	3′52″
	74	3′59″	3′57″
	72	4′04″	4′02″
	70	4′09″	4′07″
	68	4′14″	4′12″
	66	4′19″	4′17″
	64	4′24″	4′22″
	62	4′29″	4′27″
	60	4′34″	4′32″
不及格	50	4′44″	4′42″
	40	4′54″	4′52″
	30	5′04″	5′02″
	20	5′14″	5′12″
	10	5′24″	5′22″

注:耐力跑长度为 800 m。

二、加分指标评分表

大学生加分指标评分表如表 4-15 至表 4-18 所示。

表 4-15　男生引体向上评分表　　单位:次

加　分	大一、大二	大三、大四
10	10	10
9	9	9
8	8	8
7	7	7
6	6	6
5	5	5
4	4	4
3	3	3

续表

加　　分	大一、大二	大三、大四
2	2	2
1	1	1

表 4-16　女生一分钟仰卧起坐评分表　　单位:次

加　　分	大一、大二	大三、大四
10	13	13
9	12	12
8	11	11
7	10	10
6	9	9
5	8	8
4	7	7
3	6	6
2	4	4
1	2	2

注:引体向上、一分钟仰卧起坐均为高优指标,学生成绩超过单项评分 100 分后,以超过的次数所对应的分数进行加分。

表 4-17　男生 1 000 m 跑评分表

加　　分	大一、大二	大三、大四
10	−35″	−35″
9	−32″	−32″
8	−29″	−29″
7	−26″	−26″
6	−23″	−23″
5	−20″	−20″
4	−16″	−16″
3	−12″	−12″
2	−8″	−8″
1	−4″	−4″

表 4-18　女生 800 m 跑评分表

加　　分	大一、大二	大三、大四
10	−50″	−50″
9	−45″	−45″
8	−40″	−40″
7	−35″	−35″

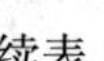

续表

加　　分	大一、大二	大三、大四
6	−30″	−30″
5	−25″	−25″
4	−20″	−20″
3	−15″	−15″
2	−10″	−10″
1	−5″	−5″

注：1 000 m 跑、800 m 跑均为低优指标，学生成绩低于单项评分 100 分时，以减少的秒数所对应的分数进行加分。

复习思考题

1.《国家学生体质健康标准》测试项目有哪些？

2.《国家学生体质健康标准》评分标准有哪些？

第二篇　基本球类

第五章　篮球运动

第六章　足球运动

第七章　排球运动

第八章　羽毛球运动

第九章　乒乓球运动

第十章　网球运动

第十一章　气排球运动

第五章 篮球运动

第一节 篮球运动概述

篮球运动是一项由两队参与的同场对抗的集体运动项目。它是运用多种技战术手段力求将球投进对方篮筐，并极力阻止对方投篮而展开激烈攻守的具有对抗性的体育项目。

一、篮球运动的产生与发展

篮球运动由美国马萨诸塞州基督教青年会体育教师詹姆斯·奈史密斯于 1891 年发明。当时，他只是简单地将钉在距离地面 3.05 m 的桃篮和足球作为比赛用具，将全队分两组进行篮内投掷比赛，因其使用桃篮和足球，故将此项运动命名为“篮球”，直至 1893 年才形成近似现代的篮板、篮圈和篮网。

1898 年，美国的新泽西州首次举办了一场有偿篮球赛，也被称为第一场“现代职业篮球赛”，从此篮球运动不断开创其市场价值。在百余年后的今天，随着 NBA 战略性的运作模式的发展，职业篮球联赛现已发展为一项拥有几十亿美元年产值的巨大产业。

篮球运动于 1896 年前后由天津中华基督教青年会从美国传入我国。随着篮球运动的不断推广与普及，篮球运动目前在国内已得到蓬勃发展。

目前，国际上的重大篮球竞赛活动主要有奥运会篮球赛、世界篮球锦标赛、各大洲篮球赛、世界大学生和中学生运动会篮球赛、世界军队和世界俱乐部篮球锦标赛。

现代篮球运动不仅是一项体育运动比赛，更是一种社会文化现象、一种综合艺术、一项高度运转的竞技活动，在人类社会的文明进步、文化发展过程中不断发展和完善，成为一项大众喜闻乐见的，集健身、娱乐、教育等功能于一体的体育活动，同时也以其自身独特的魅力、顽强的战斗力和蓬勃发展的生命力展示着人类的拼搏进取精神与聪颖睿智的和谐统一。

二、篮球运动的特点

篮球运动具有游戏娱乐性、集体协同性、激烈对抗性和技战术灵活多元性等特点，同时要求参与者具有良好的身体素质、心理素质和坚强的意志力。

1. 游戏娱乐性

篮球运动发明的初衷是为解决冬季室内体育锻炼问题而作为一项游戏开展起来的，伴随篮球运动的不断发展，其日益呈现出职业化、社会化、生活化和娱乐化的多元特色。

2. 集体协同性

篮球运动是一项 5 人制集体活动，整个活动需要各个组队的前锋、中锋、后卫集体协同作战，共同发挥篮球运动的传、接、运、投、移动、防守等基本技战术动作，才能呈现一场精彩的比赛。

3. 激烈对抗性

篮球运动是一项对抗性很强的集体项目，在篮球场上很容易形成争夺控制权、抢占有利位置、有效控制时间、形成激烈的时间和空间立体对抗的格局，比赛过程也包含集智慧、谋略、技战术、体能、心理素质等于一体的综合性攻防对抗，其魅力也恰恰表现为在特殊的时空内对战双方短兵相接的激战场景。

4. 技战术灵活多元性

篮球运动以手控球，围绕投篮展开对战双方的激烈应战，因此对战过程中对双方的技战术要求非常严格，赛场上的情况瞬息万变，机会稍纵即逝，需要围绕时空的万千变化开展空间与地面、单兵与集体、攻守与突防、内线与外围、点与面之间的立体、综合、协调对抗。

总之，篮球运动是一项极富趣味性和观赏性的运动项目。篮球运动员娴熟的运球、巧妙的传球、准确的投篮、机智的抢断、出奇的扣篮和迅猛的突破，再加上激烈的攻守对抗、丰富的阵势对局及轮番上阵的球员，让人享受着刺激、对抗的愉悦和满足。

第二节　篮球运动的基本技术

篮球技术是队员在比赛中为了达到攻守目的所运用的各种专门动作的总称，分为进攻技术和防守技术两大部分，它们是篮球技术的基础。

一、移动技术

移动是篮球运动中队员为了改变位置、方向、速度和争取高度、空间所采用的各种脚步动作方法的总称。

（一）基本站立姿势

基本站立姿势指队员起动前的基本准备姿势。队员为了迅速往不同方向起动和起跳，及时准确地完成动作，必须保证正确的基本站立姿势。

动作方法：进攻时两脚前后或左右开立，约与肩同宽，两腿微屈，身体重心在两脚之间，略收腹含胸，屈肘，两手放于体侧前方。防守时，站立姿势稍有不同，两脚开立略比肩宽，屈膝降低身体重心，含胸，两臂张开。

（二）起动

起动是队员在球场上由静止状态变为运动状态的一种动作，是获得位移速度的方法。进攻时，突然快速地起动，是摆脱防守的有效手段之一。防守时，突然快速地起动，可以抢占有利位置，有效防守对手。

动作方法：从基本站立姿势开始，向前起动时以后脚蹬地；向侧起动时以异侧脚的前脚掌短促有力地蹬地，同时上体迅速前倾或侧转向跑的方向移动重心，手臂协调地摆动，充分利用蹬地的反作用力，迅速向跑的方向迈出。起动后的前两三步，两脚的前脚掌要短促用力蹬地，并配合快速的摆臂动作，使之在最短的时间内充分发挥速度。在比赛中，起动多与跑结合运用，但有时为了抢占有利位置，常用上步、撤步、起跳、转身等动作完成。

（三）跑

1. 变速跑

变速跑是队员在跑动中利用速度变化来摆脱防守者的一种跑动方法。它利用突然加速或减速破坏防守者的正确位置，及时地完成切入、接球、突破和投篮等动作。

动作方法：加速时，上体前倾，步频加快，蹬跨有力。减速时，上体稍直起，步幅加大控制速度。

2. 变向跑

变向跑是队员在跑动中利用突然改变方向完成攻守任务的一种方法。

动作方法：从右向左变向时，最后一步用右脚前脚掌内侧用力蹬地，同时脚尖稍内扣，迅速屈膝，腰部随之左转，上体向左前倾，移重心，左脚向左前方跨出，然后加速前进。

3. 侧身跑

侧身跑是指队员在跑动中为了抢位，摆脱防守接侧向或侧后方传来的球，而采用的一种跑动方法。

动作方法：在跑动时，头部和上体转向侧面或有球的一侧，脚尖朝着跑动方向。跑动时，既要保持奔跑速度，又要保持身体平衡，双手自然放在腰侧，密切注意观察场上情况。

（四）跳

跳是指队员在场上争取高度及远度的一种动作方法。在篮球比赛中，很多技术需要队员在空中完成；队员必须能单脚、双脚起跳，会在原地、跑动中和对抗条件下向不同方向跳、连续跳等，并要求起跳快，跳得高，滞空时间长，以更好地在空中完成各种攻守动作。跳有双脚起跳和单脚起跳两种方法。

（五）急停

急停是指队员在快速移动中突然制动的一种方法，是各种脚步动作衔接和变化的过渡动作，比赛中急停多与其他技术结合在一起运用。

微课
跨步急停

急停分跨步急停和跳步急停两种。

(1) 跨步急停的动作方法。急停时先向前跨出一大步，用脚跟先着地并迅速过渡到全脚抵住地面，降低身体重心，身体稍后仰。在第二步落地的同时，两膝深屈并内扣，身体稍侧转，两脚尖自然转向前方，前脚掌内侧用力抵住地面制动向前的冲力，上体稍后仰，两臂屈肘自然张开，然后上体迅速自然前倾来帮助控制身体平衡。

微课
跳步急停

(2) 跳步急停的动作方法。跑动中用单脚或双脚起跳，使双脚稍有腾空。上体稍后仰，身体重心后置，由两脚脚跟着地过渡到全脚掌着地，并且两脚平行或前后落地(略宽于肩)，形成进攻基本站立姿势。

（六）转身

转身是指队员以一只脚做中枢脚进行旋转，另一只脚蹬地向前或后跨出，改变原来身体方向的一种动作方法。它可与急停、跨步、持球突破结合运用，可有效地摆脱防守，创造传球、投篮机会。转身分为前转身和后转身。

(1) 前转身的动作方法。移动脚向中枢脚脚尖方向跨出改变身体方向为前转身。转身时，中枢脚前掌用力碾地，同时转腰转肩，移动脚蹬地并迅速跨步，保持身体平衡，如图 5-1 所示。

1

2

3

4

图 5-1 前转身动作

（2）后转身的动作方法。移动脚向中枢脚脚跟方向跨出改变身体方向为后转身。转身时，中枢脚碾地旋转，移动脚蹬地并向自己身后撤步，同时，腰胯主动用力旋转，身体重心随着转移，保持身体平衡。后转身可在原地或行进间运用，如图 5-2 所示。

1

2

3

4

图 5-2 后转身动作

（七）滑步

微课
滑步

滑步是防守移动的一种主要方法。它易于保持身体平衡，可向任何方向移动。滑步可分为侧滑步、前滑步和后滑步三种。这里介绍侧滑步的动作方法。

动作方法：两脚平行站立，两膝较深弯曲，上体略前倾，两臂侧伸向左侧滑步，在左脚向左迈出的同时，右脚蹬地滑动，向左脚靠近，两脚保持一定距离，左脚继续跨出，右脚跟上，如图 5-3 所示。

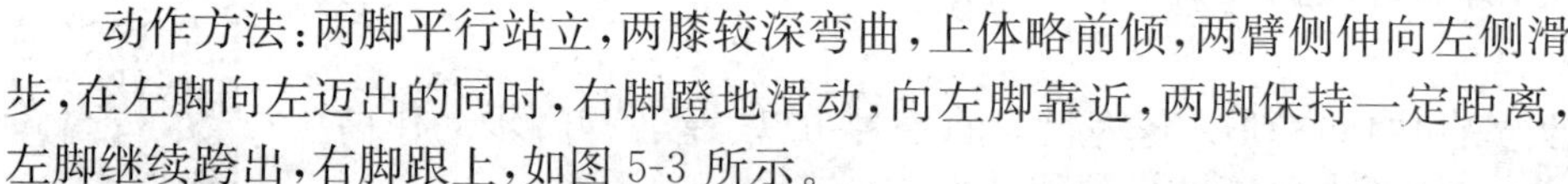

1

2

3

4

图 5-3 侧滑步

二、进攻技术

进攻技术是篮球比赛中攻方在获得控制球权后，为争创良好的投篮机会所采用的各种进攻方法的总称。它包括传、接球技术，投篮技术，运球技术，持球突破技术。

（一）传、接球技术

传、接球是在篮球比赛中进攻队员之间有目的地支配球、转移球的方法。它是进攻队员在场上相互联系和组织进攻战术的重要保障，也是实现战术配合的具体手段。进攻队员巧妙地利用球的转移调动防守，可打乱对方的防守布置，创造良好的进攻机会。

1. 传球技术动作

（1）双手胸前传球。这是一种最基本、最常用的传球方法。它具有传球快速有力、准确性高、容易控制，便于与其他动作相结合的优点。

动作方法：双手持球于胸腹之间，两肘自然弯曲于体侧，身体呈基本站立姿势，平视传球目标。传球时，后脚蹬地发力，身体重心前移，两臂前伸，两手腕随之旋内，拇指用力下压，食指、中指用力拨球并将球传出。球出手后，两手略向外翻，如图 5-4 所示。

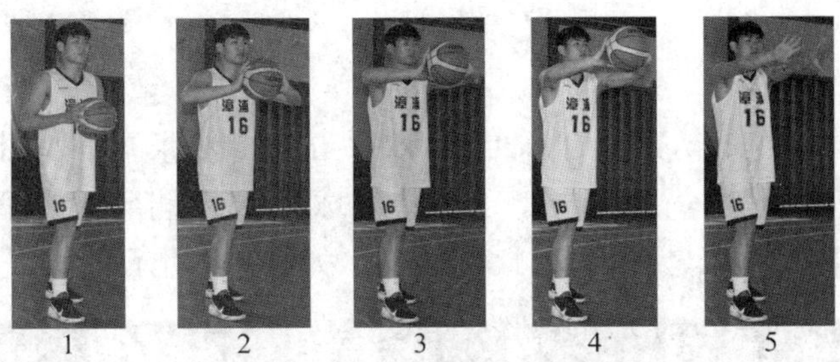

图 5-4 双手胸前传球

(2) 单手肩上传球。这是一种常用于中远距离的传球方法。传球时用力大,球飞行速度快,利于在发动长传快攻时运用。

动作方法:双手持球于胸前,两脚平行开立,右手传球时,左脚向传球方向跨出半步,右手靠左手指拨送球的力量将球引至右肩侧上方,右肩关节伸展,大小臂自然弯曲,手腕稍后屈,持球的后下方,左肩向着传球方向,身体重心落在右脚。传球时,右脚蹬地发力,同时转体带动上臂,以肘领先前臂,手腕前屈,食指、中指、无名指用力拨球将球传出,如图 5-5 所示。

图 5-5 单手肩上传球

(3) 单手体侧传球。这是一种近距离隐蔽传球的方法,与突破、跨步等假动作结合运用效果较好。

动作方法:两脚开立,双手持球于胸前。右手传球时,在左脚向左侧前方跨步的同时将球引至身体右侧,成右手单手持球,在球出手前一刹那,持球手的拇指在上,手心向前,手腕后屈。传球时,前臂向前做弧线摆动,手腕前屈,食指、中指、无名指用力拨球,将球传出,如图 5-6 所示。

图 5-6 单手体侧传球

2. 接球技术动作

(1) 双手接中部位的球。

动作方法:两眼注视来球,两臂迎球伸出,双手五指自然张开,两拇指呈“八”字形,其他手指向前上方伸出,两手呈一个半圆形。当手指触球时,双手将球握住,两臂顺势屈肘后缓冲来球的力量,两手持球于胸腹之间,呈基本站立姿势,如图 5-7 所示。

图 5-7 双手接中部位的球

(2) 双手接低部位的击地球。

动作方法:接球时要及时迎球跨步,上体前倾,注视来球方向,两臂迎球向前下方伸出,掌心斜对来球的反弹方向,五指自然张开,手指触球后,两手握球顺势将球引至胸腹之间,呈基本站立姿势,如图 5-8 所示。

图 5-8 双手接低部位的击地球

(二) 投篮技术

投篮是持球队员将球投入篮圈所采用的各种动作方法的总称。投篮是篮球运动最重要的进攻技术,是比赛中唯一的得分手段。竞赛中,进攻队运用各种技术、战术的目的都是创造机会投篮得分。

投篮动作的种类与方法很多,依据投篮方法可以分为单手投篮和双手投篮两种,这两种手法可在原地和移动中完成。投篮技术是一项复杂的技术动作,主要由持球方法、瞄准点、出手动作、球的旋转、抛物线等组成。

1. 投篮的分类

投篮可分为原地投篮(双手胸前投篮、双手头上投篮、单手肩上投篮、单手头上投篮)、行进间投篮(单手肩上投篮、单手低手投篮、双手低手投篮、单手反手投篮、单手勾手投篮)、跳起投篮(跳起单手肩上投篮、运球急停跳起肩上投篮、接球急停跳起肩上投篮、转身跳起单手肩上投篮)、补篮(单手补篮、双手补篮)、扣篮(单手扣篮、双手扣篮)。

2. 投篮技术动作

(1) 原地单手肩上投篮。原地单手肩上投篮是各种投篮方法的基础,具有出手点高、便于结合其他技术动作和不易被防守的特点,是应用较广的投篮方法。

动作方法:以右手投篮为例,右手五指自然分开,手心空出,用指根以上的部位持球,大拇指与小拇指控制球体,左手扶在球的左侧,右臂屈肘,肘关节自然下垂,置球于右肩前上方,目视球篮。两脚左右或前后开立,两膝微屈,身体重心落在两脚掌上。投篮时,下肢蹬地发力,右臂向前上方抬肘伸臂,手腕前屈,食指、中指用力拨球,通过指端将球柔和地投出。在球出手的瞬间,身体随投篮动作向上伸展,脚跟微提起,如图 5-9 所示。

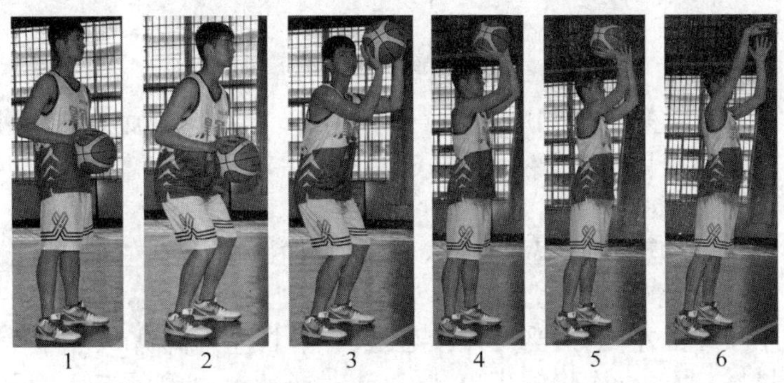

图 5-9　原地单手肩上投篮

(2) 行进间单手肩上高手投篮。行进间单手肩上高手投篮是在比赛中切入篮下时常用的一种投篮方法。

动作方法:以右手投篮为例,在右脚向前跨一大步的同时接球,接着迅速上左脚蹬地起跳,右脚屈膝上抬,双手举球于右肩前上方,腾空后,上体稍后仰,当身体跳到最高点时,右臂向前上方伸展,手腕前屈,食指、中指用力拨球,通过指端将球投出,如图 5-10 所示。

图 5-10　行进间单手肩上高手投篮

(3) 行进间单手肩上低手投篮。这是在快速跑动中超越对手后在篮下时最常用的一种快速投篮方法。它具有伸展距离远、动作速度快、出手平稳的优点,多在快攻中或强行突破时应用。

动作方法:以右手投篮为例,跑中步法与行进间单手肩上高手投篮基本相同,只是在接球后第二步要继续加快速度，向前上方起跳，腾空时间要短。右手将球引至右肩侧前上方，持球手五指自然分开，手心朝上，托球的下部。投篮时，借助身体上升的惯性，手臂向前上方伸展，用屈腕、挑指的动作使球由食指、中指指端向前柔和地投出。在球出手后掌心向上对篮圈，球向前旋转，如图 5-11 所示。

图 5-11 行进间单手肩上低手投篮

(4) 原地跳起单手肩上投篮。这是在原地单手肩上投篮基础上的一种跳跃投篮方式，也是现代篮球运动普遍应用的主要投篮方式。它具有突然性强、出手点高且快、不易防守的优点。

动作方法：以右手投篮为例。两手持球于胸前，两脚前后或左右开立。两膝微屈，身体重心落在两脚之间。起跳时，迅速屈膝，脚掌用力蹬地向上起跳，同时，双手举球到右肩上方，右手持球，左手扶球的左侧方，当身体接近最高点时，左手离球，右臂向前上方伸展，手腕前屈，食指、中指拨球，通过指端将球投出，脚落地时屈膝缓冲，如图 5-12 所示。

图 5-12 原地跳起单手肩上投篮

(5) 运球急停跳起投篮。这是在运球过程中寻找战机，突然急停快速跳起投篮的技术方法。

动作方法：在快速运球中，采用一步或两步急停接球，两膝微屈，身体重心快速移动至双脚之间并迅速蹬地向上起跳，同时双手举球，当身体接近最高点时，右臂向前上方伸展，手腕前屈，食指、中指拨球，通过指端将球投出，如图 5-13 所示。

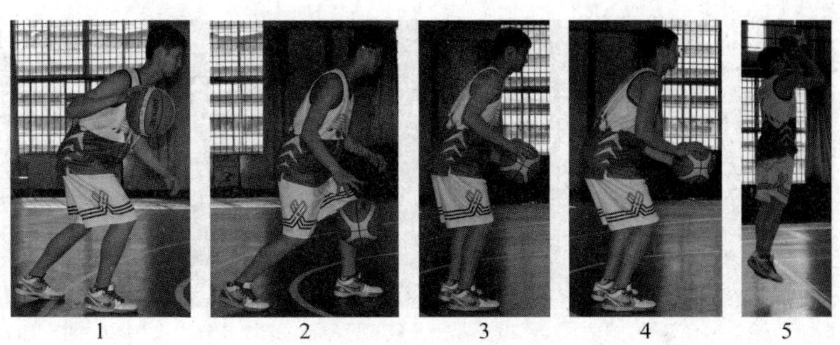

图 5-13 运球急停跳起投篮

(6) 接球急停跳起投篮。这是在原地跳起投篮的基础上在移动中接球后常用的一种投篮方法。

动作方法:在移动中,用跨步或跳步急停接球,两膝微屈,身体重心下降,突然向上跳起,同时持球上举,当身体腾空至最高点时,前臂向前上方伸展,手腕前屈,食指、中指用力拨球,通过指端将球投出,如图 5-14 所示。

图 5-14 接球急停跳起投篮

(三) 运球技术

运球技术是指持球队员在原地或移动中,用单手连续拍击球,并借助地面反弹起来的球继续原地或移动中连续拍球推进的技术。

运球是篮球运动重要的进攻技术,是个人摆脱防守,创造传球、突破、投篮得分机会的重要进攻手段,是进攻队员发动快攻、组织全队进攻配合的纽带,也是瓦解防守阵形的重要手段。

1. 运球的分类

运球可分为高运球、低运球、体侧运球、体前换手变向运球、体前不换手变向运球、运球急停急起、背后运球、转身运球和胯下运球。

2. 运球技术动作

(1) 高运球。高运球是进攻队员在没有防守干扰的情况下,为了加快向前场推进的速度和在进攻中调整进攻速度及进攻队员处于攻击位置时常采用的一种运球方法。其特点是按拍球的力量大,球反弹高度高,便于控制,行进速度快。

动作方法:两脚前后开立,两膝微屈,上体稍前倾,目视前方。运球手臂自然弯曲,以肘关节为轴,用手按拍球的后侧上方,球的落点在身体侧前方,球的反弹高度在腰胸之间,如图 5-15 所示。

1

2

3

图 5-15 高运球

(2) 低运球。进攻队员在受到对手紧逼或抢阻时，常采用低运球以保护球或摆脱防守。

动作方法：两腿深屈，身体重心降低，上体前倾，用上体和腿保护球。同时，手短促地按拍球，球的反弹高度在膝关节以下，以便控球和摆脱防守继续运球。行进间运球拍球的部位在球的后上方或后侧方，如图 5-16 所示。

1

2

3

4

图 5-16 低运球

(3) 运球急停急起。运球急停急起是指在运球推进时，进攻队员利用速度变化摆脱防守的运球方法。

动作方法：运球急停时，利用跨步急停动作，用手按拍球的前上方，变为暂时的原地运球，用臂、身体和腿保护球；急起时，身体重心迅速前移，后脚用力蹬地跨出，同时用手按拍球的后上方，推球前进，如图 5-17 所示。

1

2

3

4

5

图 5-17 运球急停急起

(4) 体前换手变向运球。体前换手变向运球是指对手堵截运球前进路线时，突然换手运球，向左或向右改变运球方向，借以摆脱防守的运球方法。

动作方法：以左手运球为例。运球队员从对手右侧突破时，先向对手左侧运球，当对手向左侧移动时，突然向对手右侧变向，用右手按拍球的右侧上方，同时右脚向左前方跨出，用肩、腿、上体挡住对手，接着迅速换左手按拍球的后上方，左脚跟着跨出，从对手的右侧超越对手。换手时，球要低，动作要快，如图 5-18 所示。

1 2 3 4

图 5-18 体前换手变向运球

(5) 背后运球。当对手堵截运球一侧,距离较近,不便运用体前变向运球时,运球队员可采用背后运球,改变方向突破防守。

动作方法:以右手运球为例,变向时,用右手将球控制到身后,按拍球的右侧上方,使球拍至左脚的侧前方,并立即换左手运球,左脚迅速向左、向前跨出,用左手运球突破对手,如图 5-19 所示。

1 2 3 4 5

图 5-19 背后运球

(6) 转身运球。当对方逼近,不能用直线运球或体前变向运球突破时,可用转身运球摆脱防守。

动作方法:以右手运球为例,变向时,左脚前跨一步为中枢脚,向左后方转身的同时,右手按拍球的右侧前方,随着后转身动作将球拉向身体的后侧方,然后换左手运球,从对手的右侧突破后加速前进,如图 5-20 所示。

1 2 3 4

图 5-20 转身运球

(四) 持球突破技术

持球突破是控球队员以脚步动作与运球技术等相结合,快速超越对手的一项攻击性很强的技术,也是现代篮球进攻技术、战术发展的一个重要标志。持球突破可打乱对方的防守布置,为同伴创造更多的投篮机会。持球突破一般可分为交叉步持球突破和同侧步持球突破两种。

1. 交叉步持球突破

动作方法：以右脚做中枢脚为例。突破前，左脚向左前方跨出半步，做向左突破的假动作，当对手将身体重心向右移动时，用左脚前脚掌内侧迅速蹬地，向对手左侧跨出一大步，同时上体右转探肩，贴近对手；将球移至右手，向左脚右斜前方推放球，右脚迅速蹬地跨步，加速超越对手，如图 5-21 所示。

图 5-21 交叉步持球突破

2. 同侧步持球突破

动作方法：以左脚做中枢脚为例。突破时，用左脚内侧蹬地，右脚迅速向对手左侧方跨出一大步，同时向右侧转体探肩，将身体重心前移，将球移至右手并推放球于右脚斜前方，左脚迅速跨步抢位，加速超越对手，如图 5-22 所示。

图 5-22 同侧步持球突破

三、防守技术

防守技术是队员在防守时，为了阻挠和破坏对手的进攻，达到夺球反攻的目的所采取的各种专门动作方法的总称。

（一）抢球

抢球是从进攻队员手中夺取球的方法，多在防守者离持球者近，而且持球者保护球不好时运用。

动作方法：当进攻队员停止运球、接球或抢到篮板球落地刚持球时，防守者趁其保护球不当，出其不意地将球抢掉。抢球时动作快而狠，果断有力，在手触击球或控制球的同时，利用拧、拉和身体扭转力量，同时手臂要迅速向腰腹回收，将球抢过来。

（二）打球

打球是击落对方手中球的方法，包括以下三种。

1. 打原地持球队员手中的球

动作方法：有自上而下和自下而上两种打球方法。打球时一般采用与持球队员动作相反时逆向迎击，这样可借助反向合力增大击球力量，易于将球击落，如图 5-23 所示。

图 5-23 打原地持球队员手中的球

2. 打运球队员手中的球

动作方法：以右手运球为例，当运球队员向前推进时，防守者应该在左脚向左滑步抢位堵截的同时，在球从地面弹起的瞬间，突然用左手以短促的力量从侧面将球打出，并及时上前抢球，如图 5-24 所示。

图 5-24 打运球队员手中的球

3. 打行进间投篮队员手中的球

动作方法：进攻队员运球上篮时，防守者侧身跟随运球队员，在对手起步上篮跨出第二步，把球由体侧移到腰腹部位的瞬间，防守者可用右(左)手以自上而下的斜击方法将球打落。为了避免犯规，打球的手臂要迅速从对手身旁撤离，如图 5-25 所示。

图 5-25 打行进间投篮队员手中的球

（三）断球

断球是截获对方传接球的方法。断球时，根据传球方向和防守队员断球前所处的位置，一般分为横断球、纵断球和封断球。

1. 横断球

横断球是从侧面跃出截获进攻队的传球。

动作方法：断球时，将身体重心迅速向断球方向移动，以短而快的助跑，单脚或双脚用力蹬地跃出，身体伸展，两臂前伸，用双手或单手将球截获。

2. 纵断球

纵断球是从接球队员身后方或侧后方突然用绕前防守步法跃出，截获进攻队的传球。

动作方法：防守者要从对手右侧绕前断球时，右脚先向前跨第一步，然后侧身跨左脚绕到对手身前，同时将身体重心前移，左脚（或双脚）用力蹬地向前跃出，身体伸展，两臂前伸，将球截获。

3. 封断球

封断球是在封堵持球队员传球时截获球的动作。

动作方法：当持球队员暴露了自己的传球意图或传球动作较大时，防守者可在对方球出手的一刹那突然起动，伸臂封盖或将球截获。

（四）盖帽

进攻队员投篮或上篮时，在球刚离手的一刹那，防守队员立即跳起将球打落，称为“盖帽”。

动作方法：盖帽前，要根据进攻队员的投篮动作和身高、弹跳等特点降低身体重心，迅速移动，选择有利位置，准确判断对手起跳及出球时机；当对手起跳投篮时，立即跟随起跳。此时身体和手臂充分伸展，在对手举球到最高点或球刚出手的一刹那，迅速而果断地用离对手近侧手臂的手腕、手指力量向侧或向前拨球，将球打落。

四、抢篮板球技术

抢篮板球是比赛中双方队员在空中争抢投篮未中的球。

1. 抢进攻篮板球

动作方法：进攻队员一般位于防守队员外侧，处于不利于抢篮板球位置。因此，进攻队员抢篮板球要突出“冲”字。当同伴或自己投篮时，近篮的进攻队员首先要准确判断球的落点，运用身体虚晃的假动作摆脱防守队员的阻挡，绕、跨、挤到对手的前面或侧前方，抢占有利位置，借助跨步或助跑起跳补篮或抢篮板球。

2. 抢防守篮板球

动作方法：当对手投篮出手后，首先应注意对手的动向，并根据与对手的位置，运用上步、撤步和转身抢占有利位置，把对手挡在身后，与此同时，观察、判断球的落点准备起跳。起跳时，前脚掌用力蹬地，向上摆臂并提腰，手向球的落点方向伸展，跳至最高点触到球时，用双手或单手抢球并将球点拨给同伴。如果在空中抢到球未能传出，落地时应保持身体平衡和保护球，及时运用传球或运球转守为攻。

复习思考题

1. 简述篮球运动的产生与发展。
2. 简述篮球运动的特点。
3. 篮球运动的基本技术有哪些?

第六章　足球运动

第一节　足球运动概述

一、足球运动的产生与发展

足球运动是以脚为主支配球，两队在同一场地内相互进行攻守、激烈对抗，以射门进球多少决定胜负的一种球类运动项目。足球运动是世界上开展得最广泛、影响力最大的体育运动项目，被誉为“世界第一运动”。足球比赛需球门网等简单的设备，足球运动可以不受时间、人数、器材的限制，只要一块场地和一个足球即可。同时，足球运动具有丰富的文化内涵，世界足球强国的运动在比赛中体现了鲜明的技战术风格，而风格的形成是民族文化、地域、身体条件等的综合作用，其中民族文化是主要因素。

足球运动历史悠久，据史书记载，在战国时期，我国就有称为“蹴鞠”或“蹋鞠”的、以脚为主支配球的运动，到了唐代还在女子中盛行。现代足球运动始于英国，1863 年在英国成立了第一个足球运动组织——英格兰足球协会，从这时起正式称此项目运动为足球运动。

当今国际足坛基本上分为三大流派，即以英国为代表的欧洲派、以巴西为代表的南美派和以意大利为代表的欧洲拉丁派。现代足球运动在 19 世纪后从西方传入我国。我国最早的足球组织——南华足球会于 1908 年在香港成立。我国男子足球队经过几代人的努力，取得了 2002 年韩日世界杯足球赛入场券；我国女子足球队是一支具有世界水平的球队，多次在奥运会和世界杯上为祖国争得荣誉。

二、足球运动的价值

（一）健身价值

1. 促进身体健康

足球运动是一项全身性、综合性的集体运动项目，具有很高的健身价值。足球比赛时，通过各种形式的有球和无球活动，如踢球、接球、运球、头顶球、抢断球等，以及奔跑、急停、转身、倒地、跳跃、冲撞等身体动作，能有效地发展人的体能。经常参加足球运动能锻炼身体，使新陈代谢加强，身体成分得到改善，有利于身体各系统正常运转，促进身体健康。

2. 促进心理健康

经常参加足球运动对心理健康有着积极的作用。足球比赛时，双方激烈对抗，场上攻守频繁转换，局面变幻莫测，对运动员的感知觉、观察力、记忆力、想象力、思维能力和创造力都有较高的要求。一名优秀的运动员不仅要有良好的体能和精湛的技术，还要有很强的思维能力，及时地提出或改变自己的战术意图，从而采取有效的手段来驾驭比赛。经常参加足球活动和比赛，能提高人的自信心，改善人的心理素质。

3. 提高社会适应能力

社会适应是指个体与群体及社会环境相互作用，具有良好的人际关系和实现社会角色的能力。人的一生是一个不断社会化的过程，经常参加足球运动能增加人与人接触和交往的机会，帮助人更好地融入社会环境，增强社会适应能力。合作能力既是足球参与者必备的素质，也是通过足球活动需要发展的一种能力，经常参与足球运动，有助于加强合作意识，培养团队精神。

（二）政治价值

1. 宣传教育的重要手段

足球比赛是很好的宣传教育形式，也是进行精神文明建设的重要手段。足球运动通过竞技比赛这种特有的形式向大众展示足球文化的魅力，传播足球文化的真谛，使现代足球运动赢得越来越多的欣赏者、参与者和关注者，且不受地域、国界、信仰等差别的限制，从而使现代足球运动有着其他任何文化形态不能取代的影响力和感召力。有时，它比一篇政治宣言更能鼓动人心，比一场形势报告更能扣人心弦，比一个号召更能振奋社会。由于足球运动具有广泛的群众基础和突出的感召力，一些国家纷纷运用足球这一特殊手段来表现各国实力，提高国际声誉，宣传本国制度的优越性。

2. 提高民族自信心，振奋民族精神

足球运动竞争越来越激烈，逐渐成为国家之间竞争的一个政治舞台，成为显示一个国家的政治、经济、文化水平的窗口。人们总是把一个国家的运动员在重大国际比赛中的表现和他们所取得的成绩看作该国国力与民族气质的反映，随获胜者的出现倾城欢呼、举国若狂，使民族精神得到升华，爱国热情得以张扬，增进民族团结，从而提高民族自信心和自豪感。

3. 开展外交和增进友谊

全球性通信网络的形成和足球运动超越世界语言与社会障碍的特点，促进了足球的国际化，使足球比赛成为国家间重要的外交手段。足球运动是友谊的使者，能化干戈为玉帛，更能扩大国家、民族、地区、人与人之间的交往，增进友谊。

（三）经济价值

1. 巨大的足球市场创造了巨额的财富

被誉为“世界第一运动”的足球在全球形成了巨大的足球市场，无论是地理分布还是社会性都远远超过其他行业。国际足联的会员单位有200多个，参与足球运动的人数达到2亿(包括运动员、教练、队医、体能教练、裁判及直接或间接服务的公司)。世界杯及各大洲的足球盛事的举行更是牵动着亿万球迷的神经，同时也给举办国或地区带来巨大财富。足球运动的商业价值对于一个国家经济框架的构成已产生较大影响，同时足球运动在整个经济舞台中所占有的份额也正为其他行业所瞠目。

2. 足球的广泛影响力使其具有巨大的商业价值

足球具有广泛的影响力，这是毋庸置疑的，从欧洲到亚洲再到美洲，从孩童到老者，哪里有足球哪里就有欢呼的人群，正是因为这种广泛的注意力才引起了商家对足球的兴趣。

3. 足球本身已成为一种“产品”，创造了巨大的经济效益

各足球俱乐部在接受各大财团赞助，成为其形象代言人的同时，自身也在利用足球这一

“产品”大赚特赚。职业足球俱乐部的收入来源主要有三大支柱，即门票、广告和赞助、电视转播费。

4. 足球运动的活跃带来了其他相关产业的发展

足球市场的火爆带动了与竞赛相关的商品经营，这些商品除了传统的老三样（球衣、球鞋、帽子）外，还包括喇叭、队旗、围巾、带有俱乐部会徽的纪念品等。

（四）文化价值

1. 足球运动是一种庄严肃穆的礼仪庆典文化和弘扬民族精神的文化

足球运动世界大赛上除了奏国歌外，还要进行具有民族特色的礼仪庆典仪式。现代足球运动已经成为一个国家和民族综合实力的“橱窗”。足球比赛的胜负已不仅涉及运动员的个人荣誉，更关系到一个国家和社会团体的荣誉，许多国家和社会团体对足球运动给予极大的关注与巨大的投入。

教育功能是足球运动的重要功能，它不仅在于增强体质、掌握运动技能，更重要的是培育和弘扬民族精神。足球运动以其鲜明的个性特征成为爱国主义教育的重要途径。重大的国际比赛往往牵动着亿万民众的心。比赛的胜利能激发广大民众的民族自尊心和自豪感，它使民族情感得以抒发，爱国热情得以张扬，使民众之心融为一体。这种精神渗透到各行各业中，成为人们为共同目标而奋力拼搏的力量源泉。

2. 足球运动是记录人类潜能和培养意志品质的文化

足球运动特有的竞争性促使每个参加者都要不断运用科学技术的新成果去挖掘自身的潜力。足球比赛的过程是一个攻防不断转换的过程，比赛双方始终在激烈的对抗中进行。水平越高的比赛，其对抗越精彩激烈，对运动员的体能要求越高。在比赛过程中，运动员的身体要承受很大的负荷刺激，这些刺激既有来自生理方面的，也有来自心理方面的，因而导致身体在生理和心理上发生一系列超常态的变化，为了克服运动给人体带来的一切不适应，需要参加者付出极大的意志努力，这有利于培养参加者意志的自觉性和顽强性。

3. 足球运动是提高社会道德水平的规范文化

足球场上的体育道德是社会公德的重要组成部分。比赛中树立的公正、民主、竞争、协作、团结、友谊、诚实等道德观念是社会精神文明不可缺少的规范文化。足球在公民道德建设中发挥着重要的作用。足球事业蕴含集体主义精神，国家和集体的利益高于一切。足球还是一项公平竞争、光明磊落的事业，其魅力来自它的公平竞争，比赛要求按规则行事，规则面前人人平等；足球比赛要求尊重对手、尊重裁判、尊重观众。这些规范的道德观念一旦内化到人们的内心世界变成人们的自觉行动，将有力地促进社会道德建设水平的提高。

4. 足球运动是提高审美意识的情感文化

观看精彩的足球比赛是一种艺术享受，这种欣赏可以提高人们的审美情趣，陶冶情操。现代足球比赛的竞争性不仅大大地增加了其可观赏性，而且参加者还可以通过表现自我和战胜对手获得胜利的喜悦。无论是欣赏比赛还是参与比赛，都可以使人们从日益紧张的工作中解脱出来，获得一种特有的轻松感和美的享受，不断提高人们的审美意识。

第二节　足球运动的基本技术

一、运球

运球是指运动员在跑动中为将球控制在自身范围内，用脚部进行的推拨球动作。运球的跑动具有步幅小、频率快、重心低的基本特征。

（一）脚背外侧运球

1. 运球方法

运球脚提起前摆，脚趾稍向内转斜下指，摆至球体上方时，用脚背外侧推拨球的后中部，身体重心随球跟进，如图 6-1 所示。

图 6-1　脚背外侧运球

微课
脚背外侧运球

2. 易犯错误及纠正方法

(1) 易犯错误：运球脚直腿前摆，难以控制推拨力量。纠正方法：强调运球脚提起后自然下放推拨球，反复交替进行。

(2) 易犯错误：膝、踝关节僵硬，影响控球效果。纠正方法：要求膝、踝关节的适度紧张和自然放松有机结合。

(3) 易犯错误：身体重心偏高或后坐，影响重心跟进。纠正方法：在运球过程中要保持躯体稍前倾，身体重心略下沉的状态。

（二）脚背正面运球

1. 运球方法

自然跑动，步幅稍小，上体稍前倾，两臂配合协调摆动，运球腿屈膝提起前摆，脚背绷紧，脚跟提起，脚趾下指，用脚背正面推拨球后自然落步，如图 6-2 所示。

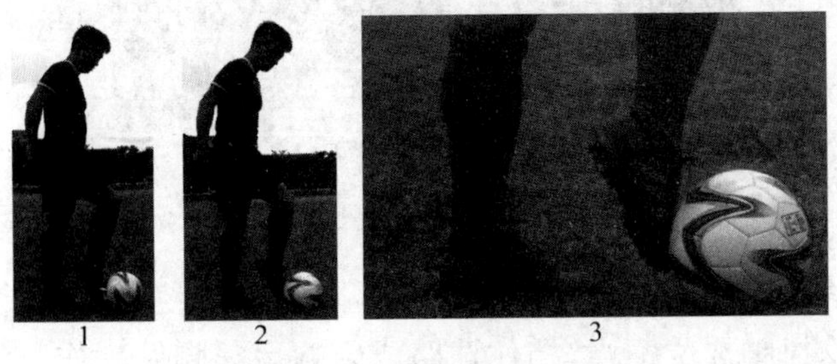

图 6-2　脚背正面运球

2. 易犯错误及纠正方法

(1) 易犯错误：运球脚推拨球部位及方法不当，难以控制运球的力量和方向。纠正方法：强调运球脚脚跟提起，脚尖下指，以脚背正面推拨球。

(2) 易犯错误：膝、踝关节僵硬，变推拨球为捅击动作，控制不住球。纠正方法：运球腿膝、踝关节要张弛交替、放松协调，要以推拨方式控制运球的力量和方向。

(3) 易犯错误：支撑脚偏后，推拨球后身体重心滞后，导致人球分离。纠正方法：要求支撑脚尽可能接近球，使球始终处于身体有效控制范围内。

（三）脚背内侧运球

1. 运球方法

自然跑动，步幅稍小，上体略前倾并向球侧稍转，两臂协调摆动。运球腿屈膝提起，脚尖稍外转，用脚背内侧部位向侧前方推拨，如图 6-3 所示。

1　2　3

图 6-3　脚背内侧运球

2. 易犯错误及纠正方法

(1) 易犯错误：身体重心过高或侧倾不够，影响运球变向。纠正方法：在运球过程中，要保持身体重心稍下沉、躯体略侧倾的状态。

(2) 易犯错误：推拨球动作不稳定，影响控球效果。纠正方法：使推拨球动作保持相对稳定，才能有效控制推拨球力量与方向。

（四）脚内侧运球

1. 运球方法

支撑脚在球的侧前方落位，膝微屈，上体稍前倾侧向球，随身体重心前移运球脚、膝外转，用脚内侧部位推运球前进，如图 6-4 所示。

1　2　3

图 6-4　脚内侧运球

2. 易犯错误及纠正方法

(1) 易犯错误：支撑脚选位不当，挡住球路或影响运球脚做动作。纠正方法：支撑脚的脚趾方向要与运球方向保持一致。

(2) 易犯错误：运球腿膝、踝关节僵硬，直腿推拨球，动作紧张。纠正方法：强调运球腿自然屈膝提起，膝、踝外转，推拨球后自然落步，交替进行。

二、运球突破过人的基本动作

（一）拨球

1. 动作方法

拨球是用脚踝的动作，以脚背内侧或外侧触拨球的动作方法，如图 6-5 所示。

1 2 3

图 6-5 拨球

2. 易犯错误及纠正方法

（1）易犯错误：拨球部位不正确或动作不合理，难以控制和支配球。纠正方法：要用脚的内侧或者外侧触及球的两侧部位，要采用推拨球的方式控制球。

（2）易犯错误：拨球时身体重心跟进慢、动作的连贯性差。纠正方法：身体重心要跟随脚的推拨动作进行相应移动。

（二）拉球

1. 动作方法

拉球是用前脚掌触压球，并向某一方向拉动的动作方法。在拉球到位后，通常要连接一个推拨动作使球离开原地，如图 6-6 所示。

1 2 3

图 6-6 拉球

2. 易犯错误及纠正方法

（1）易犯错误：脚掌部位不正确或压球太紧，拉动不灵活。纠正方法：要求用前脚掌以触压而非踩压的方式拉动球。

（2）易犯错误：髋关节转动幅度不够，影响拉球变向。纠正方法：通过髋关节的转动可加大拉动距离和角度，保证身体的同步转动。

（三）扣球

1. 动作方法

扣球是通过快速转体和脚踝的急转加压，将球控制至反方向的一种动作方法，如图 6-7 所示。

1 2 3

图 6-7 扣球

2. 易犯错误及纠正方法

(1) 易犯错误:支撑脚选位不合理,挡住球路或影响扣球变向的角度。纠正方法:扣球时,支撑脚要在转体的同时做同侧转动,脚趾要指向扣球方向。

(2) 易犯错误:扣球脚不能包住球,控制不好扣球的方向。纠正方法:扣球脚的急转扣压要能够包住球。

(四) 挑球

1. 动作方法

挑球是利用脚背或者脚尖将球向上撩挑,使其从空中改变或超越防守的动作方法,如图 6-8 所示。

1 2 3

图 6-8 挑球

2. 易犯错误及纠正方法

(1) 易犯错误:挑球的部位不正确,影响出球的角度和方向。纠正方法:要将脚尖插入球相应部位的底部做勾挑动作。

(2) 易犯错误:挑球后身体重心跟进迟缓,影响控球和快速衔接下一动作。纠正方法:身体重心要跟随挑球动作同步移动。

三、踢球动作方法

踢球动作按触击球时脚的部位可分为脚内侧踢球、脚背正面踢球、脚背内侧踢球、脚背外侧踢球、脚尖和脚跟踢球等。

(一) 脚内侧踢球

微课
脚内侧踢球

脚内侧踢球的动作特点是触球面积大,可控性强,出球平稳准确,是短距离传球和射门常用的脚法。

1. 动作方法

踢定位球时,直线助跑,支撑脚踏在球侧方约 15 cm 处,膝微屈,脚趾指向出球方向。踢球腿以髋关节为轴由后向前摆动,膝、踝外展,脚尖稍翘,以脚内侧部位对准来球，当膝关节接近球体上方时，小腿加速前摆，在击球刹那，脚跟前顶，脚型固定，用脚内侧部位击球的后中部，如图 6-9 所示。

图 6-9　脚内侧踢球

2. 易犯错误及纠正方法

(1) 易犯错误：踢球腿膝、踝关节外展不充分，脚趾没勾翘，击球脚型不正确，影响击球效果。纠正方法：膝、踝关节充分外展，保证脚内侧部正对来球，脚趾勾翘保证脚掌与地面平行。

(2) 易犯错误：踢球腿直腿摆击球，出球乏力。纠正方法：要求踢球腿屈膝外转前摆击球，确保摆击的速度和力量。

(3) 易犯错误：在击球刹那，脚型不固定，出球不顺畅。纠正方法：要在整个击球过程中始终保持前摆结束时的正确脚型。

（二）脚背正面踢球

脚背正面踢球的动作特点是踢摆幅度大，动作顺畅，便于发力。但其出球路线及性能缺乏变化，适用于远距离的传球和大力射门。

1. 动作方法

踢定位球时，直线助跑，支撑脚踏在球侧方约 15 cm 处，脚趾指向出球方向，膝微屈，眼睛注视球。在支撑脚前跨的同时，踢球腿大腿顺势后摆，小腿后屈。前摆时，大腿以膝关节为轴带动小腿前摆，当膝关节摆近球体上方时，小腿加速前摆，脚背绷直，脚趾扣紧，以脚背正面击球的后中部。击球后，踢球腿顺势前摆落地，如图 6-10 所示。

图 6-10　脚背正面踢球

微课
脚背正面踢球

2. 易犯错误及纠正方法

(1) 易犯错误：支撑脚选位不当，影响摆踢发力和击球效果。纠正方法：要根据来球的情况和出球的目的合理确定支撑脚的位置。

(2) 易犯错误：在触球刹那，脚型不稳，趾尖上挑，影响出球力量和方向。纠正方法：整个击球过程要保持脚背绷紧，脚跟提起，脚尖下指的脚型。

(3) 易犯错误：踢球路线不直，出球方向不正。纠正方法：前摆击球时，要求膝关节向目标方向顶送，以保证作用力的目标方向。

（三）脚背内侧踢球

脚背内侧踢球动作的特点是踢摆动作顺畅，幅度大，脚触球面积大，出球平稳有力，且性能和线路富于变化，是中远距离射门和传球的重要方法。

1. 动作方法

踢定位球时，斜线助跑，助跑方向与出球方向约呈45°角，支撑脚踏在球侧后方约25 cm处，膝微屈，脚趾指向出球方向，身体重心稍倾向支撑脚一侧。在支撑脚踏地的同时，踢球腿以髋关节为轴，大腿带动小腿由外后向前内略呈弧线摆动，膝、踝关节稍外旋，当膝关节摆至接近球的内侧上方时，小腿加速前摆。击球时，膝向前顶送，脚背绷直，脚趾扣紧斜下指，以脚背内侧击球的后中下部，击球后踢球腿顺势前摆着地，如图6-11所示。

1　2　3

图6-11　脚背内侧踢球

2. 易犯错误及纠正方法

（1）易犯错误：支撑脚选位不当，脚趾没对准出球方向，影响摆踢动作的完成。纠正方法：要求助跑的最后一只支撑脚脚趾要转向出球方向。

（2）易犯错误：在击球刹那，膝关节不向前顶送，而是顺势内拐，导致出球侧内旋。纠正方法：踢球前摆时，膝关节要向出球方向自然顶送，以保证作用力的目标方向。

（3）易犯错误：踢球腿后摆动作紧张，影响前摆速度，击球发力不足。纠正方法：要求后摆动作自然放松，确保前摆动作能加力加速。

（4）易犯错误：支撑脚落位偏后，上体放松后仰，出球偏高乏力。纠正方法：上体保持适度的向前倾压，可防止出球偏高和加大击球的作用力。

（四）脚背外侧踢球

微课

脚背外侧踢球

脚背外侧踢球动作的特点是预摆动作小，出脚快，能利用膝、踝关节的灵活变化改变出球的方向和性质，是实用性较强的技术手段。

1. 动作方法

脚背外侧踢球的动作方法类似于脚背正面踢球，只是摆踢时，脚面绷直，脚趾向内扣紧斜下指，用脚背外侧击球的后中部，击球后，踢球腿顺势前摆着地，如图6-12所示。

1

2

3

图6-12　脚背外侧踢球

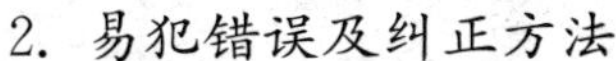

2. 易犯错误及纠正方法

(1) 易犯错误:支撑脚选位不合理,影响摆踢发力。纠正方法:要根据来球的方向及状态合理确定支撑脚的位置,保证踢摆发力。

(2) 易犯错误:摆腿时踝关节内转或直腿击球,击球发力不足。纠正方法:后摆与前摆都须屈膝摆动,方可保证踢摆速度。

(3) 易犯错误:膝、踝旋内不够,影响击球的准确性。纠正方法:摆腿时要依靠膝、踝关节旋内保证脚外侧部触击球。

(4) 易犯错误:在击球刹那,脚型不稳,脚尖上翘,出球不稳。纠正方法:在击球刹那,脚型要保持相对稳固。

四、接球

接球是指运动员运用身体的有效部位,将运行中的球有目的地接控在所需位置上的动作方法。它是运动员获得球的主要手段。良好的接控球能力能为球队创造更多的进攻机会,也是保证进攻战术顺畅的重要因素。接球按接触球部位可分为脚部接球、腿部接球、胸部接球、腹部接球和头部接球。

(一) 脚内侧接球

1. 动作方法

接地滚球时,身体正对来球,判断来球的速度和方向,选好支撑脚位置,膝关节微屈。接球脚根据来球的状态相应提起,膝、踝关节旋外,脚趾稍翘,用脚内侧对准来球,在触球刹那,接球部位做相应的引撤或变向接球动作,将球控制在所需位置上,如图 6-13 所示。

1

2

3

图 6-13　脚内侧接球

2. 易犯错误及纠正方法

(1) 易犯错误:接球腿膝、踝关节外展不充分,影响触球角度,控球不稳。纠正方法:接球腿膝、踝关节要充分外展,保证脚内侧部位能正对来球。

(2) 易犯错误:接球引撤的时机和速度控制不好,缓冲效果差。纠正方法:引撤时机和速度要与来球速度相对应,保证引撤过程中脚内侧与球有较长的接触时间。

(3) 易犯错误:压推或投转接球后,身体重心跟进慢,接、控动作脱节。纠正方法:在改变接球的方向时,既要控制加力动作的力量和角度,又要保证身体重心及时跟进。

(4) 易犯错误:接球腿动作僵硬,直腿接球,难以接控。纠正方法:接球腿要做到屈膝提起,方可避免直腿接球。

(二) 脚背正面接球

1. 动作方法

身体正对来球,支撑脚稳固支撑,接球腿屈膝提起,在触球刹那,接球脚引撤下放,膝、踝关节相应放松，增强缓冲效果，如图 6-14 所示。

图 6-14 脚背正面接球

2. 易犯错误及纠正方法

(1) 易犯错误：引撤时机和速度掌握不好。纠正方法：要保证脚在引撤过程中与球有较长的接触时间。

(2) 易犯错误：接球部位错误，没有对准来球。纠正方法：要保证以脚面部位接触球。

(三) 脚掌接球

1. 动作方法

判断来球路线或落点，选好接球位置并稳固支撑，接球腿屈膝提起，脚尖微翘，使脚掌与地面形成一定的仰角，在球临近或落地刹那，接球腿有控制地下放，用脚前掌部位触压球的后中部，将球控在脚下，如图 6-15 所示。

图 6-15 脚掌接球

2. 易犯错误及纠正方法

(1) 易犯错误：抬脚的高度和角度控制不好，使球漏掉。纠正方法：抬脚时脚面要前高后低，脚掌与地面形成适宜的夹角，脚后跟的抬起高度不得超过球。

(2) 易犯错误：对球的落点判断不准或支撑脚站位不当，影响接球动作的完成。纠正方法：要在准确判断落点的基础上，选好支撑脚的位置，距球太近或太远都会影响接球动作的顺利完成。

(3) 易犯错误：接反弹球时，踏压时机掌握不好，使球漏掉。纠正方法：球落地的刹那是踏压球的最佳时机。

(四) 脚背外侧接球

1. 动作方法

接地滚球时，判断来球状况，选好支撑脚位置，接球腿屈膝提起，膝、踝关节内翻，以脚背外侧部对准来球，当球临近时，接球脚以脚背外侧拨球的相应部位，将球控在所需位置上，如图 6-16 所示。

图 6-16　脚背外侧接球

2. 易犯错误及纠正方法

（1）易犯错误：支撑脚选位不当，影响接球腿完成动作。纠正方法：合理调整支撑脚与球落点间的距离。

（2）易犯错误：掌握不好球的落点和推压时机，接不住球或接球不稳。纠正方法：准确判断球的落点，并在球触地的刹那开始推压动作。

（3）易犯错误：膝、踝关节的摆动僵硬不灵活，接球力量失控。纠正方法：接球前膝、踝关节要内收和内翻，接球时膝、踝关节做适度的推压动作。

（4）易犯错误：接反弹球时，小腿与地面的夹角不当，接球"卡壳"或控球不到位。纠正方法：接球前和接球推压时都必须考虑小腿与地面适宜的夹角。

（五）胸部接球

1. 动作方法

挺胸式接球适用于接有一定弧度的高球。接球时，身体正对来球，两腿自然开立，膝微屈，两臂在体侧自然抬起，上体稍后仰与来球形成一定的角度。在触球刹那，胸部主动挺送，使球触胸后向前上方弹起落于体前，如图 6-17 所示。

图 6-17　胸部接球

微课
挺胸式接球

2. 易犯错误及纠正方法

（1）易犯错误：在触球刹那躲闪转体，接球动作不稳定。纠正方法：在接球刹那，用胸部正对来球，以保证稳定和合理的接球部位。

（2）易犯错误：收挺时机掌握不好，缓冲效果差。纠正方法：收挺动作应与来球的速度相适应。

（3）易犯错误：挺胸接球时，上体仰角不合理，球的反弹角度不理想。纠正方法：上体挺胸的后仰角度要与来球的速度和弧度相适应。

（六）大腿接球

1. 动作方法

身体正对来球，选好支撑脚位置并稳固支撑，接球腿屈膝上抬，以大腿中前部对准来球，在触球刹那，接球腿积极引撤下放，使球触腿后落于体前，如图 6-18 所示。

图 6-18 大腿接球

2. 易犯错误及纠正方法

(1) 易犯错误:接球腿引撤时机和速度掌握不好,缓冲效果差。纠正方法:接球腿要根据来球的速度、弧度做相应的动作调整。

(2) 易犯错误:接球部位靠前或偏后,接球效果不理想。纠正方法:大腿的中前部是最佳的接球部位。

(七) 头顶球

1. 动作方法

原地顶球时,身体正对来球,两腿自然开立,膝微屈,两眼注视来球。随球临近,上体稍后仰,展腹挺胸,两臂自然张开,下颌收紧,身体自下而上地蹬地、收腹、摆体、顶送发力,当头摆至身体垂直部位时,用前额正面顶击球的后中部,如图 6-19 所示。

图 6-19 头顶球

2. 易犯错误及纠正方法

(1) 易犯错误:上体与下肢发力动作脱节,不协调,影响发力效果。纠正方法:要求身体整体性地自下而上发力顶击。

(2) 易犯错误:击球时机掌握不好,使头在被动位顶球,影响顶球效果。纠正方法:前额要在身体重心的垂直部位顶击球。

(3) 易犯错误:在击球刹那闭眼缩颈,影响顶球力量和准确性。纠正方法:眼睛要睁大,迎来送往球。

(4) 易犯错误:跳起顶球时,起跳点、起跳时机和击球掌握不好,影响顶球动作质量和出球效果。纠正方法:可通过助跑路线、起跳速度和摆击动作的调整,合理控制起跳点、起跳时机和击球效果。

第三节 足球运动的基本战术

足球运动基本战术包括进攻战术、防守战术和比赛阵形三大部分。

一、集体的局部配合进攻战术

集体战术是指两个或两个以上队员在比赛中为了完成全队攻防任务而采用的局部协同作战的配合方法，它包括“二过一”战术配合、“三过二”战术配合和反切配合等进攻战术。

1. “二过一”战术配合

顾名思义，“二过一”是两个进攻队员，通过传球配合突破一个防守队员。“二过一”是集体配合的基础，可以在任何场区、任何位置上运用这种方法来摆脱对方的抢截或突破防线。“二过一”就是进攻的两个队员彼此之间距离 10 m 左右，进行一传一切的运球配合。要求传球时平稳、及时，一般多用脚内侧、脚外侧等，以传低平球为主。传球的位置要在接球人的脚下或前方两步远的距离。

2. “三过二”战术配合

“三过二”是在比赛中局部地区 3 个进攻队员通过连续配合突破两个防守者的防守。由于这种配合有两个同队队员可以同时接应传球，因此使持球人传球路线更多，且进攻面扩大。

二、全队进攻战术

全队进攻战术是指比赛中一方获得球后，通过队员之间的传递配合达到射门的目的而采用的配合方法。与局部进攻战术相比较，全队进攻战术的进攻面比较广，参加进攻和快速反击等。

1. 边路进攻

利用球场两侧地区发起进攻的方法叫作边路进攻。边路进攻是全队进攻战术的主要形式之一，其主要特点是有利于发挥进攻速度，打破对方防线制造缺口。

2. 中路进攻

中路进攻是充分利用球场中间的区域组织进行进攻，这种进攻虽然能够直接射门，但是难度系数较大，因为中路的防守是最严密的，前面的攻击手必须具备反应力敏锐、意识强、技术高、速度快等技术。

3. 快速反击

比赛中当攻方进攻时，后卫线往往压至中场附近，防守人数也由于插上进攻和助攻而相对减少，此时如果能抓住对方防区空隙较大和回防较慢的机会，乘其失球发动快速反击，往往能取得良好的效果。快速反击是最有威胁的进攻手段，有效的进攻在于突然快速地反击，但其难度较大，既要冒险，又要有准确、快速的传切配合技能。快速反击要有组织，配合得要极为默契，必须进行专门性的训练，否则很难在比赛中实施。

三、定位球战术

定位球战术是指在比赛中，利用“死球”后重新开始比赛的机会组织进攻与防守配合的战术方法。定位球战术包括中圈开球、角球、任意球、点球、掷界外球等。

在势均力敌的高水平比赛中，定位球战术有时起决定胜负作用。在配合上要利用简练的一次配合取得射门机会，配合越复杂，成功率就越低。故要进行专门性的练习，才能在比赛中奏效。

四、集体的局部配合防守战术

1. 补位

补位是足球比赛中局部地区集体配合进行防守的一种方法。当防守过程中的一个防守队员被对手突破时，另一个队员则立即上前堵封。

2. 围抢

围抢是指比赛中在某局部位置上，防守一方利用人数上的相对优势(通常是两三个队员)同时围堵对方的持球队员，以求在短暂时间内达到抢断或破坏对方的目的。

3. 造越位战术

造越位战术是利用规则而设计的一种防守战术。造越位战术是一种以巧制胜的省力打法，因而成为一种重要的防守手段。但由于其配合难度较大，搞不好会适得其反，让对手钻空子，因此此战术往往是被水平较高的球队所采纳，但在一场比赛中也不宜多次运用。

五、全队防守战术

防守战术可分为两种基本类型：盯人紧逼防守(人盯人防守)，即在规定的范围内盯人紧逼，不交换看守；区域紧逼防守(盯人和区域相结合)，即综合防守，紧逼和保护相结合，在个人的防区内紧逼，做交替看守。

盯人防守即各自都有明确的防守对象，若对方左边锋大幅度地斜插至右路，则右后卫紧跟盯防，不交替看守。防守最根本的原则是紧逼和保护。只有紧逼才能有效地主动抢断，压制对方技术的优势而获取主动权；保护是为了更好地紧逼和控制空当。

复习思考题

1. 简述足球运动的产生与发展。
2. 足球运动具有哪些价值？
3. 足球运动的基本技术有哪些？
4. 足球运动的基本战术有哪些？

第七章　排球运动

第一节　排球运动概述

排球运动是一项由两支相等人数构成的球队，在被球网隔开的两个均等的场地内进行集体性攻防对抗的体育项目。随着现代排球运动的内涵和外延不断拓展，排球比赛的技术性与观赏性不断提高，排球赛事不断向社会化、职业化和商业化的方向发展。

一、排球运动的产生与发展

排球运动于1895年产生于美国，是美国马萨诸塞州霍利沃克城的基督教青年会干事威廉·摩根(W. G. Margan)受到网球运动和篮球运动的启示而发明的，目的是寻求一种较为缓和且运动量适当、充满乐趣，满足中老年人需要的室内娱乐性运动项目。排球运动被命名为“volleyball”，即“空中截击”之意。自从排球运动创立后，先后传入加拿大、中国、英国、法国等国，发展非常迅速，且不断繁衍分化，形成不同的风格。21世纪世界排球运动不断创新发展，并向着快速度、高空优势、高超技巧、技术全面、激烈对抗的方向发展。而高、智、快、准、全、变、巧，积极主动拼搏，攻守兼备全面，高度和速度齐备，个体与群体统一，智力、意志与技战术的统一也是其发展的主要趋势和特点。

1905年，排球运动传入我国沿海城市。我国自20世纪50年代初开展6人排球运动。1954年，我国加入国际排球联合会，技战术水平得到迅猛发展，不断向着全面、快速、高深、立体方向发展。

世界排球公认的三大赛事有世界排球锦标赛、奥运会排球赛和世界杯排球赛。这三大比赛对排球运动的开展、普及和推广都起到了良好的宣传、导引作用。此外，对排球事业发展影响较大的还有世界青年排球锦标赛、世界男排联赛、世界女排大奖赛、国际排联四强对抗赛、国际排联世界冠军杯赛及世界沙滩排球赛等。

二、排球运动的特点

排球比赛每次攻防争夺都蕴含着得分和失分的可能，使攻防矛盾非常激烈，尤其是比赛达到关键球和赛点时，落后一方队员都面临着“力挽狂澜”或“功亏一篑”的挑战。场上队员必须具备良好的心理调控能力、娴熟的技术、综合作战能力，教练员则需有积极灵活的调防能力，否则球队很难在激烈的攻防对抗中取得领先并赢得胜利。

排球运动属于集体对抗比赛，需要场上6名队员协同配合组织有效的进攻与防守。在进攻中，前排队员要不断地变换运用跑动、交叉换位、掩护等各种技战术来迷惑对方，并将球击落在对方场地；在防守时，全队都要积极保护扣球；在攻防转换中，队员要保持合理的攻防阵形，采取灵活多变的战术，有效应对对方拦网并迅速组织进攻。

三、排球运动的功能

排球运动是一项长时间、中等强度的运动，属于有氧运动范畴。在运动过程中，人体的神经系统、内分泌系统、呼吸系统、循环系统、运动系统都积极参与,物质代谢和能量代谢也明显增强,可以有效促进人的身心健康全面、协调发展。排球运动对于培养勤奋、团结、拼搏的精神品质,锻炼良好的心理素质和提高应变能力等具有良好的教育与指导意义。对于青年学生而言,排球运动充满了竞技性,可以充分展现学生勇于拼搏、奋斗的精神风貌。排球运动体现的团结协作、顽强拼搏等精神品质作为一种文化意识形态,从文化角度反映了人类所追求的崇高精神品质,其魅力能够产生较强的鼓舞力、感染力和征服力,成为体育本身所特有的、最积极的教育因素,指导与影响人类的生活方式和体育实践。这种精神的展现也是运动技能、技巧、心理品质等综合作用于人体之后的升华和再现。

第二节 排球运动的基本技术

一、准备姿势

准备姿势是排球运动的技术名词,是各项技术的基础。为了及时起动、快速移动,以便在合理的位置上完成各项技术动作,达到战术目的,要求队员思想高度集中,身体处于最合适的移动和防守状态之中。正确的准备姿势按其身体重心高低可分稍蹲、半蹲和深蹲三种,其中半蹲运用得最多。其动作为两脚开立,距离比肩稍宽(女子比男子更宽),两脚尖适当内扣,脚后跟抬起,膝关节弯曲,大小腿之间呈 90°角,上体前倾,重心着力点在前脚掌拇指根部,两肩前探超出膝关节,两臂自然弯曲置于胸腹之间,抬头看球,两脚始终保持微动,随时准备移动。稍蹲和低蹲与半蹲基本相同,只是两膝与躯干的弯曲程度大于或小于半蹲。

二、移动步法

移动的目的是及时接近球,寻找人与球的最佳位置,以便击球,同时迅速占据场上有利位置。排球中的移动步法很多,常用的步法有并步、滑步、交叉步、跨步和跑步等。

1. 并步与滑步

当来球距离身体较近、弧线较高时,可采用滑步。动作方法是,向右滑步时,右脚先向右迈一步,左脚迅速并上,落在右脚的左面,即为并步。连续的并步即为滑步:前脚先向前迈一步,后脚迅速跟上并落在前脚之后。

2. 交叉步

当来球距离身体 2 m 左右时,可采用交叉步移动。动作方法是,向右移动时,上体稍向右转,左脚从右脚前面向右交叉迈一步,右脚再迅速向右迈一步落在左脚的右面,同时身体向来球方向移动,做好击球前的准备姿势。

3. 跨步

当来球较低且距身体较近时,可采用跨步。动作方法是,跨步时,一只脚蹬地,另一只脚向移动的方向跨出一大步,同时屈膝,上体前倾,身体重心移至跨出腿上,两臂做好迎球动作。

4. 跑步

采用跑步移动时,两臂要配合摆动,应根据来球移动的方向边跑边转身,不要过早做击球准备动作,以免影响跑步速度。

三、发球技术

发球是比赛的开始,也是进攻的开始。准确而有攻击性的发球不仅可以得分,还可以破坏对方的战术组合。因此，发球既要有准确性，又要有攻击性。发球可分为正面上手发球、正面下手发球、侧身下手发球、高吊球、勾手发球、勾手大力发球等。

1. 正面上手发球

(1) 准备姿势。面对球网，两脚自然开立，左脚在前、右脚在后，左手托球于体前。

(2) 抛球引臂。左手用掌平稳而准确地将球抛在体前右肩前上方，高度约为 50 cm。同时，右臂抬起，屈肘后引，肘略高于肩，上体稍向后仰。五指并拢，指尖朝上，手腕稍后仰保持一定的紧张(图 7-1)，眼睛注视球体，挥臂击球；击球时，右脚蹬地将身体重心前移，以收腹、屈体迅速带动手臂向前上方快速挥动。挥臂呈直线，在右肩前上方，用手掌坚硬部位击中球的后中下部，如图 7-2 所示。击球后，便可迅速入场。

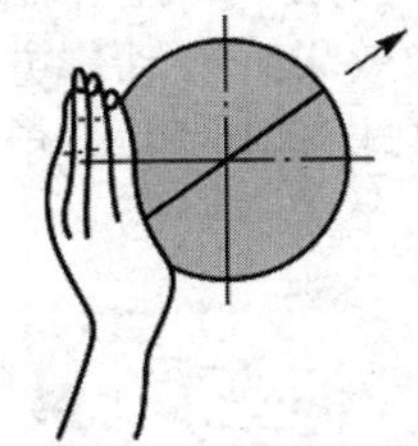

图 7-1　击球手部动作

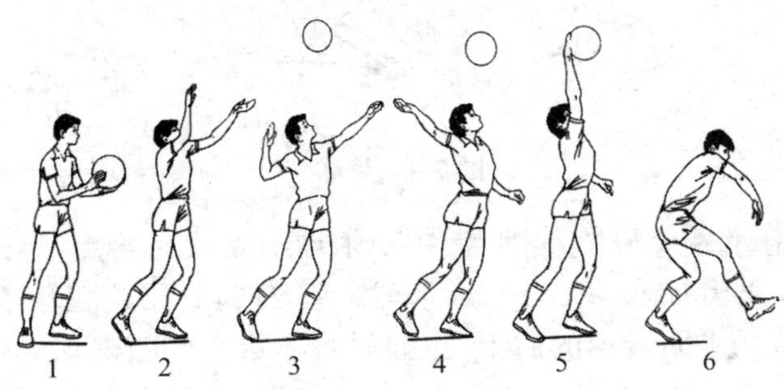

图 7-2　正面上手发球

2. 侧身下手发球

(1) 准备姿势。左肩对网，两脚开立约与肩同宽，两膝微屈，体稍前倾，身体重心落在两脚之间，左手持球置于腹前。

(2) 抛球。左手抛球于胸前一臂之远，离手高约为 30 cm，在抛球的同时，右臂摆至右侧后下方。

(3) 挥臂击球。在抛球的同时，右臂摆至右侧后下方，接着右脚蹬地向左转体，带动右臂向前上方摆动，在腹前以全手掌虎口或掌根击球的右下方，如图 7-3 所示，随着击球动作迅速进入场地。

图 7-3　侧身下手发球

3. 勾手发球

勾手发球所发出的球不旋转而在空中飘晃不定，具有很强的攻击性。发球队员由于采用侧面站立，可充分利用腰部扭转带动手臂加速挥动出球。这种发球比较省力，对肩关节负担比较小，因而适用于远距离发飘球。

四、垫球技术

垫球是排球中的基本技术之一。它是在全身协调用力的基础上通过手臂的迎击动作，使来球从垫击面上反弹出去的一项击球技术，如图 7-4 所示。垫球是用于接发球、接扣球、接吊球、接拦回球和处理各种难球的主要方法，也是保证本方进攻的基础。垫球时，必须有正确的准备姿势、合理的击球手型、准确的击球动作和合理的击球部位以及调整手臂与地面的适宜用力角度，才能取得良好的垫球效果。按动作方法，垫球可分正垫、背垫、半跪垫球、前扑垫球、肘滑垫球、滚翻垫球、鱼跃垫球、侧卧垫球、单臂滑行铲球、单手垫球、挡球等多种方式。

图 7-4 垫球

(1) 动作方法。在准备姿势的基础上，判断来球的路线与落点，迅速移动取位，把来球保持在腹部的正前方，两臂插入球下并对准来球。垫球时，利用蹬腿移体和提肩抬臂的协调动作，以两前臂所组成的平面击球的后下方，同时身体重心伴随击球动作前移，将球向前上方击起。

(2) 准备姿势。准备姿势分半蹲和深蹲两种。半蹲主要用于接轻球及中等力量的来球，而深蹲则用于垫重球。在比赛中，应根据不同情况采用相应的准备姿势。初学垫球时，由于是垫一般的轻球，故可采用半蹲准备姿势。做准备姿势时应正面对准来球方向，两脚前后开立，两脚距离稍宽于肩，后脚跟提起，前脚掌着地，两脚和两膝内收，膝部垂直面应超出脚尖。上体前倾，身体重心降低并置于前脚掌的拇指根部，两肩的垂直面超出膝部。两臂微屈内靠，两臂自然下垂，两手置于腹前。两眼注视来球，两脚要保持“静中待动”的状态，随时准备移动。

(3) 击球手型。目前常用的击球手型有两种。一种是叠指法，即两手手指上下重叠，掌根紧靠，合掌互握，两拇指朝前相对平行地靠压在上面一只手的中指第二指节上。两臂伸直夹紧，注意手掌部分不能相叠。另一种是抱拳法，即两手抱拳互握，两拇指平行朝前，两掌根和两前臂外旋紧靠，手腕下压，使前臂形成一个垫击平面。

(4) 击球点、击球部位。正面双手垫球的击球点一般应尽量保持在腰腹前的一臂距离，由两小臂腕关节以上 10 cm 左右桡骨内侧平面击球后下部为宜。击球部位过高，既不便于控制球，又易造成“持球”或“连击”犯规；击球部位过低，垫在虎口上，球易不稳，对球的方向、力量控制不准。

(5) 击球动作。在判断来球移动取位的同时，应根据来球情况和击球的需要变化身体重心，使击球点保持在腹部高度的正前方，并将两臂迅速插入球下。击球时蹬腿提腰，身体重心随之前移，同时以含胸提肩、压腕抬臂等全身协调动作迎向来球，将球准确地垫在小臂击球部位上。在垫击瞬间，两臂应保持平稳固定，身体重心和两臂要有自然地随球伴送动作，以便控制球的落点和方向。

(6) 击球用力。如果来球的力量小或垫出的球距离远，垫击必须加上抬臂动作，给球以反击力；如果来球的力量大或垫出的球距离近，则只需轻轻一垫，靠反弹力将球垫出；有时来球力量大，为了缓冲来球的力量，手臂还需顺势后撤，加上含胸收腹的协调力，使球得到缓冲而垫出。一般来说，垫球的用力大小与来球的力量成反比，与垫出球的距离成正比。

(7) 手臂角度。手臂角度对控制垫球的方向、弧度和落点的影响很大，根据入射角等于反射角的原理叙述如下。

① 来球的弧度同垫击手臂的角度(与地面所成的角度)的关系：来球弧度高，则手臂的角度应该小；来球的弧度平，则手臂的角度应该大。

② 垫出球的弧度同手臂的角度关系：在来球弧度相同的情况下，垫出球的弧度低、距离远，则手臂的角度应稍大；垫出球的弧度高、距离近，则手臂的角度应较小。

③ 手臂的反射面与垫出球的预定目标的关系：手臂的反射面必须对着出球的方向，有时击球点低，又要把球垫高，可以弯曲肘关节利用前臂的反射面把球垫高。

以上三个关系是互相联系、缺一不可的。

五、传球技术

传球是排球的基本技术之一，是组织战术的基础。九人制排球称为托球。六人制排球称为二传。当代排球运动发展趋于技术全面、快速多变、战术多样，传球的作用就更为突出。传球种类很多，主要有正面双手传球、背传、侧传、跳传等。这里介绍正面双手传球和背传。

1. 正面双手传球

正面双手传球是最基本的传球方法，是学习、掌握和运用其他传球技术的基础，如图 7-5 所示。

图 7-5 正面双手传球

(1) 动作方法。从准备姿势做起，判断来球的方向与落点，两手抬起置于额前。

(2) 准备姿势。采用稍蹲姿势，面对来球，双手自然抬起，屈肘，放松，置于额前。

(3) 迎球。当球下降至额前时，蹬地伸膝、伸臂，两手向前上方迎击来球。

(4) 击球。击球点在额前上方约一球距离处，有利于看准来球和控制传球方向。

(5) 手型。两手自然张开呈半球形，手腕后仰，两拇指相对呈“一”字形，用拇指内侧、食指全部及中指二、三关节触球的后下部。无名指和小指在球两侧辅助控制传球方向，如图 7-6 所示。

图 7-6 双手传球的手型

(6)用力。传球动作需全身协调用力。

传球用力的顺序为蹬地—伸膝—伸腰—手指手腕屈伸。最重要的是利用伸臂和手腕手指的紧张在手指上产生的反弹力将球传出去。

2. 背传

背对传球目标的传球动作称为背传,如图 7-7 所示。

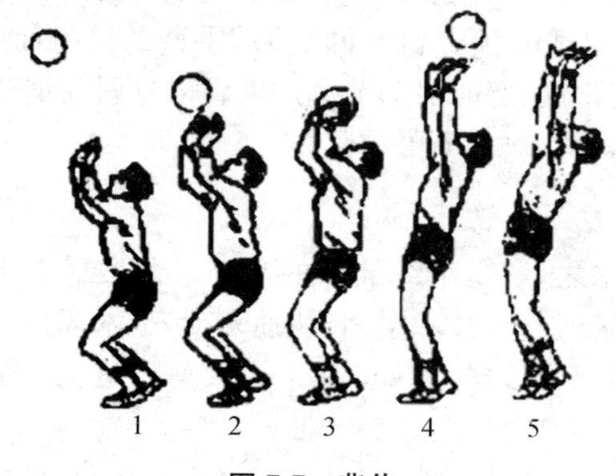

图 7-7 背传

(1) 手型。背传手型同正面双手传球。

(2) 准备姿势。上身保持正直或稍后仰,身体重心在两脚之间,双手自然抬起,并放松置于额前。

(3) 击球。击球点保持在额上方(比正面传球偏后),触球时,抬上臂,挺胸,上身后仰,手腕后仰,掌心向上,击球的下部。

(4) 技术要点。上体稍直或后仰,额上迎击球,挺胸手后仰,触球手张开,指腕缓冲弹,向后上方送。

六、扣球技术

扣球是队员跳起在空中,用一只手或手臂将本方场区上高于球网上沿的球有力地击入对方区域的一种击球方法。扣球是进攻的最有效方法,也是得分的重要手段。扣球技术有很多种,这里只简单介绍下面几种扣球技术。

(一) 正面扣球

正面扣球是基本的扣球技术,其他扣球技术都是在此基础上发展和派生出来的。正面扣球由助跑起跳、空中击球和落地三个相互衔接的部分组成,如图 7-8 所示。

图 7-8 正面扣球

1. 技术动作

(1) 助跑起跳。采用稍蹲准备姿势，两臂自然下垂，上体稍前倾，两眼观察来球，做好向各个方向助跑起跳的准备。助跑时，左脚先向前迈出一小步，接着右脚迅速跨出一大步，左脚及时并上，踏在右脚之前，两脚尖稍内扣。与此同时，两臂绕体侧向上引，然后积极向前上方摆动，配合起跳。

(2) 空中击球。起跳后，上体呈反弓形。挥臂时，以迅速转体、收腹动作带动右臂向前上方快速做鞭甩动作；击球时，五指张开呈勺形，以全手掌包满球，以掌心为击球中心，击球的后中部。同时，主动用力屈腕、屈指向前推压，使扣出的球加速上旋。

(3) 落地。落地时应力争双腿同时落地，并由前脚掌过渡到全脚掌，同时顺势屈膝、收腹以缓冲下落的力量。

(4) 技术要点。预判助跑向上跳，挺胸展腹反弓身，挥臂转体(收腹)鞭击球，屈膝缓冲脚掌落地。

2. 近网扣球

扣球队员扣距网 50 cm 左右的球称为近网扣球。这种扣球的特点是击球点高，路线变化多，力量大，速度快，路线短，攻击性强，但容易被对方拦网。由于球靠近网，因此起跳点要靠近网边，扣球队员要向上垂直起跳，以避免触网和过中线犯规。扣球队员起跳后，上体自然挺直，挺胸抬头，手臂尽量上举。击球时，利用收胸动作发力，以肩为轴，带动手臂向前上方挥动，在右肩前上方最高点击球，在击球瞬间，手臂充分伸直，用全手掌击球的后上部或后中上部，猛甩手腕，使球急速离手而进入对方场区。击球后，整个手臂要顺势回收，避免触网犯规。

3. 远网扣球

扣球队员扣距离球网 1.5 m 左右的球称为远网扣球。这种扣球主要依靠转体、收腹带动手臂挥动力量去击球。其特点是扣球力量大，弧线低，线路长，对方不易拦网。起跳后，抬头、挺胸、展腹，使身体呈反弓形。击球时，以迅速转体和收腹动作带动手臂向前上方挥动，在右肩前上方最高点以全手掌击球的后中部或后中下部。在击球瞬间，手臂要充分伸直，手腕要向前下方迅速推压，手掌与手腕控制球的方向、弧线和落点，为了便于控制球，增加扣球力量，一般击球点应保持稍前一些，整个挥臂击球动作的幅度应稍大些。远网扣球要求有较强的腰腹和手臂力量，扣球才能强而有力。

除上述正面扣球技术外，在比赛中常见的还有转体扣球、转腕扣球、轻扣球和吊球等。

(二) 快球

快球是扣球队员在二传队员传球前或传球的同时起跳，并迅速将二传队员传出的球击入对方场区的扣球。快球在时间上争取主动，起着攻其不备、突然袭击的作用，可使对方在拦网和防守上产生判断错误。这种扣球的特点是速度快，力量大，时间短，落点近，突然性强，牵制能力大。

快球技术动作方法较多，有近体快球、半快球、短平快球、平拉开快球、背快球、背平快球、调整快球等。现将常用的快球技术介绍如下。

1. 近体快球

扣球队员在靠近网前，离二传队员约一臂之距处起跳扣的快球，称为近体快球。扣近体快球时，助跑的距离应较短，助跑一般以保持45°左右角为宜。扣球队员应随一传球同时助跑到网前，在二传队员传球前或传球的同时，在二传队员体前处迅速、有力起跳。当球上升到高出球网上沿一个半球高度时，迅速挥动手臂带动前臂和手腕加速猛甩，做快速鞭打或挥动动作，以手掌击球的后上部或后中上部。

2. 半快球

扣球队员在靠近网前和二传队员附近起跳，扣高出球网上沿两个半球高度的球，称为半快球。扣这种球的助跑角度、起跳动作和击球方法均与近体快球相同，只是起跳的时间较晚一些，一般在二传队员传球出手后迅速、有力起跳扣球。

3. 短平快球

扣球队员在二传队员体前3 m左右处扣其顺网快速传过来的低平弧线球，称为短平快球。这种扣球的特点是速度快、进攻点灵活，使对方难以拦网和防守，因而突然性大，攻击性强。扣短平快球时助跑距离较短，一般助跑方向采用垂直网和斜网两种助跑。斜网助跑路线与球网成30°左右的角，扣球前，应根据二传队员的位置调整好助跑角度和距离，选好起跳点，在二传队员传球前或传球的同时起跳并迅速挥臂截击快速平弧线飞过来的球。击球时，迅速挥动手臂，带动前臂和手腕加速猛甩，以全手掌击球的后上部或后中上部。

复习思考题

1. 简述排球运动的产生与发展。
2. 排球运动的特点有哪些？
3. 排球运动的基本技术有哪些？

第八章　羽毛球运动

第一节　羽毛球运动概述

一、羽毛球运动的产生与发展

羽毛球运动因其娱乐性、简便性、锻炼性等特点，可增强人的体质，培养人的意志品质，增长人的智慧，陶冶人的情操，深受高校师生的喜爱。羽毛球运动是一个相互进行击球对抗的球类体育运动项目。其前身是板羽毛球，即用木板拍打扎着羽毛的球体(类似毽子)，并让它避免落地的游戏，已有近两千年的历史，在古代欧洲、中国、日本可见此项运动。19 世纪，印度的浦那传入英国，并在当时英国的伯明顿地区流行起来，此后经过不断改良发展，成为现在正式的羽毛球运动，因此羽毛球运动也被命名为伯明顿。现代羽毛球运动大约在 1920 年传入我国，在我国不断得到发展，因此我国成为羽毛球运动的强国，涌现出一大批世界级羽毛球运动员。

二、羽毛球运动的特点

1. 便利普及性

羽毛球运动基本要求简单，不受场地限制，老少皆宜，且无论是个人还是集体皆可参与其中。只要参与者拥有两副球拍、一只球即可参与，可选择正规的室内场地，也可选择公园、生活小区等；而且不同年龄、不同性别、不同体质的人群都可根据自身要求享受羽毛球运动带来的乐趣。

2. 灵活多变性

羽毛球运动多变灵活，赛场的任何时刻都充满着不确定因素，因此对队员的全方位还击能力要求很高，选手需要在短时间内快速运用交叉步、垫步、跨步、蹬跳步等步法迅速判断来球位置，及时移动到适当位置，果断运用高远球、吊球等技术迎击来球，将球击入对方场区，并迅速跑位迎接对方下一来球。场上来回的攻防变化格局灵活多变，时刻充满着不确定色彩。

3. 方位全面性

无论是规则的比赛还是一般性的健身活动，羽毛球运动都要在场地上施展不规则奔跑、急停、起动、弯腰、后仰、起跳、跨步、转体等各种动作，对练习者身体素质的要求较为全面。另外，羽毛球运动还需要练习者在短时间内对瞬息万变的球路做出准确判断，果断进行反击，对其神经系统的灵敏性和协调性的要求也较高。

三、羽毛球运动的功能

1. 健身功能

羽毛球运动可全面增强体质，对练习者的身体力量、速度、耐力、柔韧等方面的运动素质和快速反应能力的提高都有所帮助。经常从事此项运动可发展人体的灵活性和协调性；可提高人体整体的活动能力;可提高人体的呼吸系统和心血管系统机能,促进有氧供能和无氧供能能力发展;同时还可缓解和改善眼部肌肉疲劳,羽毛球快慢、轻重、远近、狠巧、飘转的千变万化能有效改善睫状肌功能,消除眼部疲劳,提高视觉灵敏度和眼睛的反应能力。

2. 教育功能

羽毛球运动激烈的竞争性、对抗性、高强度作战能力等能够培养机智、果敢、敏捷、积极进取和复杂情况下的思辨能力,有利于锻炼稳定的心理素质和良好的精神品格,可使人的智、勇、技在竞争对抗中得以升华,使人临危不乱、泰然处之,从而以良好的心态、正确的人生观面对生活。

3. 休闲娱乐功能

羽毛球飘忽不定的飞行路线给运动者带来飞翔的感觉,每击一个好球或赢得一局时都有一种喜悦和成功的体验;轻盈多变的动作技术、紧凑衔接的运动节奏使其具有良好的观赏性。

4. 审美功能

羽毛球运动的动作技术千变万化,使其具有很高的观赏性和审美感。从体育文化、竞赛中蕴含的体育精神、羽毛球的技战术配合、比赛形式及结果等角度来欣赏羽毛球运动,总能给人带来强烈的精神上的满足和升华,如得胜时的欢呼、失败后的忍耐。赛场上队员的团结协作和默契配合也让人体会到努力拼搏、自我超越、团结协作的精神风貌,体会到体育比赛的永恒魅力及竞争、超越的品格,从而享受羽毛球运动呈献的全部美感。

总之,羽毛球运动有很高的观赏、健身、商业、经济、体育价值及较强的杠杆功能和社会教育功能。

第二节 羽毛球运动的基本技术

羽毛球运动是一项能够让人眼明手快、全身得到锻炼的体育项目。在进行羽毛球运动时,运动员在场地上不停地移动、跳跃、转体、挥拍等,做出滑步、踮步和弓箭步等各种步态,合理运用各种击球技术,在球场上往返对击,极大地锻炼了上肢、下肢和腰部的力量,加快了血液循环,增强了心肺呼吸功能等。

一、握拍法

1. 正手握拍法

一切在身体右侧的正手正拍面击球及头顶后场击球叫作正手击球,正手击球时的握拍方法为正手握拍法。握拍时,先用左手拿住拍杆,使拍面与地面垂直,展开右手,像握手式握住拍柄,使手的小鱼际肌靠在拍柄底托处,虎口对准拍柄的内侧小边棱,拇指和食指贴在拍柄两侧的宽面上,其余的三指自然握住拍柄。拍柄与掌心不要握紧,应留有空隙。握拍力度适宜,恰似握着一个生鸡蛋,重则破损,轻则滑落,如图 8-1 所示。

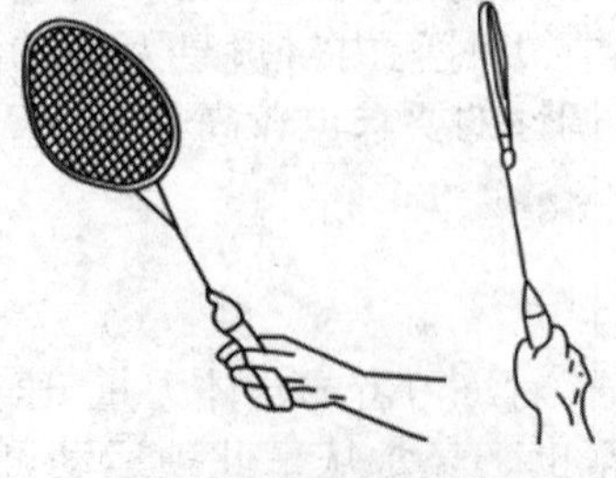

图 8-1 正手握拍法

2. 反手握拍法

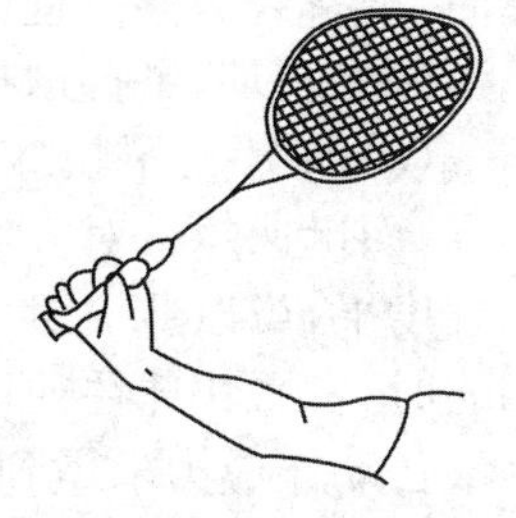

图 8-2　反手握拍法

一切在身体左侧的反手反拍面击球均称为反手击球。反手击球时的握拍方法为反手握拍法，如图 8-2 所示。在正手握拍法的基础上，拍柄稍向外转，食指稍向下靠，拇指第二指节顶贴在拍柄内侧的宽面上，其余三指并拢握住拍柄，击球时，靠小指、无名指和中指三指紧握拍柄，同时拇指前顶发力击球。为了便于发力，掌心与拍柄间要留有充分的空隙。

对于握拍来说，无论哪种握法，最终目的是使自己的手腕能更加灵活转动，手指能最大限度地发挥力量。但需注意一点，握法不能限制或影响手腕的活动，不能影响手指发力；否则，握法就是错误的，要尽快改正，一旦定型就不好改了。

握拍练习方法：按照正确的技术动作要领，由握拍手独立完成正反手握拍的相互转换；通过反复练习，逐渐过渡到全凭手上的感觉便可完成正确的正反手握拍；在实战中，根据来球的不同角度和方向，握拍手可自如地呈正手或反手握拍法击球，握拍力度应适宜。

二、发球

1. 正手发球

(1) 正手发高远球。高远球是用正手握拍法从低手位以正拍面将球击得又高又远，球飞行到对方的底线上空后突然改变其方向，垂直落至底线附近的一种发球。由于球处于对方底线，正手发球可有效地调动对方并削弱其进攻的威力。在单打中这种发球被普遍采用，如图 8-3 所示。

微课
正手发高远球

① 准备姿势。两脚自然分开，左脚在前，脚尖对网，右脚在后，脚尖稍向右侧，身体重心放在右脚上；左手持球，置于胸前方；右手正手握拍自然屈肘举至身体的右后侧，呈发球前的准备姿势。

② 击球动作。持球手松开，使球自然下落，右手持拍臂自下而上沿半弧形做回环引拍动作，同时开始转体，在拍挥至身体右侧前下方击球点上的瞬间，前臂迅速内旋带动手腕，闪动展腕发力，用正拍面将球击出，身体重心随转体动作逐渐由右脚移至左脚上。

③ 击球后的动作。身体重心完全移至左脚上，持拍手随击球动作完成后的自然惯性向左上方挥动。在发球的过程中，双脚均不能离开地面或移动。

图 8-3　正手发高远球

微课
正手发平高球

(2) 正手发平高球。正手发平高球动作基本上和正手发高远球动作相同，把球发得不太高，使球迅速地越过对方场区的空中而落至底线附近。在比赛中，这种发球可以迫使对方快速移动到底线，从而没有充裕的准备时间去还击来球。如果发平高球的质量好，有时可以限制对方的大力扣杀和其他一些进攻技术。发平高球也可以作为进攻的一个手段。发平高球时，准备姿势同高远球一样，击球时，其动作比发高远球的动作小。在球落到击球人腰部稍下的一刹那，紧握球拍，手腕向前上方，以向前方为主鞭打击球。

(3) 正手发平快球。正手发平快球是把球发得又平又快，击出的球在空中飞行的弧度不高，而迅速越过对方场区并落到底线附近。发平快球是抢攻的主要技术之一，球的速度快而角度平，可以造成对方措手不及，忙于应付。在与反应较迟钝、动作较慢、动作偏大的对手相遇时，发平快球往往可以占据主动或直接得分。发平快球的准备动作与发高远球、平高球的准备动作应力求做到一致，整个动作过程及球拍挥动方向也大体相似，只是在发平快球的时候，在球落到腰部稍下的一刹那，在手臂的快速带动下，靠手腕与手指的突然向前发力将球击出。

(4) 正手发网前球。把球发到对方发球区内的前发球线附近叫作发网前球。比赛中发网前球可以避免对方接发球时往下压球，能够限制对方的一些进攻技术。发网前球时，站位稍前。由于网前球飞行距离短、弧线低、用力轻，因此前臂挥动的幅度和手腕后伸的程度要比发高远球小；球拍触球时，拍面从右向左斜切击球，使球刚好越网而过，落在对方前发球线附近，如图 8-4 所示。

图 8-4　正手发网前球

2. 反手发球

由于动作结构、解剖因素和力量等，一般只是通过反手来发网前球和平球。反手发球多用于双打比赛中。

(1) 反手发网前球。站位靠近前发球线，左脚或右脚在前均可，身体重心在前脚上，上体前倾，后脚跟提起。右手反握在拍柄稍前部位，肘关节部位提起，手腕稍前屈，球拍低于腰部，斜放在小腹前。左手持球在球拍面前方。发球时，球拍由后向前推送击球，使球的最高弧线略高于网顶，通过拍面的切削动作使球落到对方场区的前发球线附近，如图 8-5 所示。

图 8-5　反手发网前球

(2) 反手发平球。发球时，球拍的挥动方向与反手发网前球一样，只是在击球的一刹那，手腕采用弹击力量的方法，拍面角度接近垂直，将球击到双打后发球线以里附近。

三、接发球的站位和姿势

单打站位一般是在离发球线 1.5 m 处，站在发球区中间的位置。在右发球区则站在中间偏左的位置，这样站主要是防备对方直接进攻反手部位。一般左脚在前，右脚在后，双腿微屈，收腹含胸，身体重心放在前脚上，后脚脚跟稍抬起，身体半侧向球网，球拍举在身前，双眼注视对方，如图 8-6 所示。双打站位因为双打发球区比单打发球区短 0.76 m，发高远球易被对方扣杀，所以双打发球多以发网前球为主，接发球时要站在靠近前发球线的地方。双打接发球准备姿势和单打接发球姿势基本相同，只是身体前倾幅度较大，身体重心可前可后，球拍举得高些，在球飞行到网上最高点时击球，争取主动，但是应注意对方在右场区发平快球突袭反手部位。

图 8-6　接发球的姿势

四、击球基本技术

1. 击高远球

（1）正手击高远球。在右后场区击球的位置上，左脚在前，右脚在后，稍屈膝，侧身对网，身体重心在右脚前脚掌上，左手自然上举，头抬起注视来球，右手持拍于身体右侧，击球时，右臂后引，胸舒展。当球落至右肩前上方击球点时，上臂往右上方抬起，肘部领先，前臂自然后摆，手腕尽量后伸，前臂急速内旋往前上方挥动，手腕向前鞭打发力（握紧球拍），在手臂伸直的最高点击球托的后部，球即朝直线方向飞去；若手腕控制拍面击球托的右侧下部，球则向对角方向飞行。击球后，手臂随惯性自然往左前下方挥动并回收至体前。与此同时，右脚向前迈出，左脚后撤，身体重心由后移到前，如图 8-7 所示。

图 8-7　正手击高远球

（2）反手击高远球。看准对方的来球落向左后场区的时候，迅速把身体转向左后方，移动到适合的击球位置，背对球网，并用反手握拍法握拍，最后一步右脚跨向左后方，球拍由身前举到左肩附近，以大臂带动前臂转动，击球时前臂由左肩上方往下绕半弧形，最后一刹那手指紧握球拍，击球点应在右肩上方为好，以手腕往右后上方或者根据还击的需要掌握好球拍的角度鞭打进行击球，把球击向后上方。击球后，转身，手臂回收至胸前。

微课
后场击打高远球

2. 吊球

把对方击来的高球从后场轻击或轻切、轻劈到对方的近网附近，叫作吊球。吊球根据其动作方法、球的飞行弧线的不同可分为轻吊、拦吊和劈吊，其中每项都包括正手、头顶、反手等方法。

正手吊球：击球前动作同正手击高球，在击球的一刹那，前臂突然减速，用手腕的闪动向前下方切击球托的右侧后下部，关键是向前下方用力，使球越网后即下落。击球后，手臂随惯性自然回收到胸前，如图 8-8 所示。

图 8-8　吊球

3. 杀球

杀球是把高球用力向前下方重击、重按或重“点”击球，这种球速度快、力量大。比赛中，杀球可以直接得分，也可以使对方处于被动防守状态，这一技术是羽毛球进攻中的主要技术之一。扣杀球按击球点距身体的位置可分为正手扣杀、头顶扣杀和反手扣杀，按击球力量的大小分为大力杀、轻杀、劈杀、点杀、开网大力杀等。

微课
杀球

(1) 正手扣杀球。正手扣杀球准备姿势与正手击高球相似。不同之处是右脚起跳后，身体后仰成反弓后，收腹用力，靠腰腹带动大臂、大臂带动前臂、前臂带动手腕形成向下鞭打的力，球拍正面击球托的后部，无切击，使球沿直线向前下方快速飞行。击球后立即还原成准备姿势。

(2) 腾空突击扣杀。击球前，右脚稍前，左脚稍后，身体稍前倾、屈膝，重心落在右脚上，准备起跳。起跳后，身体向右后方腾起，上身右后仰呈反弓形，右臂右上抬，肩尽量后拉。击球时，前臂快速举起，手腕从后伸至前臂旋内，跟着屈收压腕鞭打高速向前下击球。杀球后，屈膝缓冲，以右脚右侧着地，身体重心在右脚前；左脚在左侧前着地，并迅速还原。

4. 放网前球

(1) 正手放网前球。当对方将球击至自己正手网前时，以正手握拍法，用球拍轻轻切、托，将球向上弹起恰好一过网就朝下坠落，其一般的动作要求为：侧身向球的方向移动，上身稍前倾，右手握拍于体前；步法移动的最后一步是右脚向来球方向，跨大弓箭步，身体重心要提高，前臂伸向来球，要往前上方举，稍上仰，斜对网；争取高点击球，握拍放松稍收腕，向球托斜侧提击或搓切；在击球过程中，左手要向后平举以协调动作；挥拍的力量、速度和拍面角度的大小主要取决于来球离网的远近与速度，来球离网远，速度快些，则放球时的力量要大些，反之则力量要小些；放网后，身体还原成准备姿势，如图 8-9 所示。

图 8-9　正手放网前球

(2) 反手放网前球。击球前的动作要领同正手放网前球动作，只是方向相反。反手握拍，反面迎球，击球时，主要靠小臂的前伸、外旋和手腕由内收至外展的合力轻托球的底部使球轻松过网。击球后，整个动作还原成下次击球的准备姿势。

5. 网前搓球

(1) 正手网前搓球。击球前，小臂稍外旋，手腕由后伸至稍内收闪动；击球时，在正手放网前球动作基础上，加快挥拍速度，搓切来球的右下部，使球旋转滚过网，如图 8-10 所示。

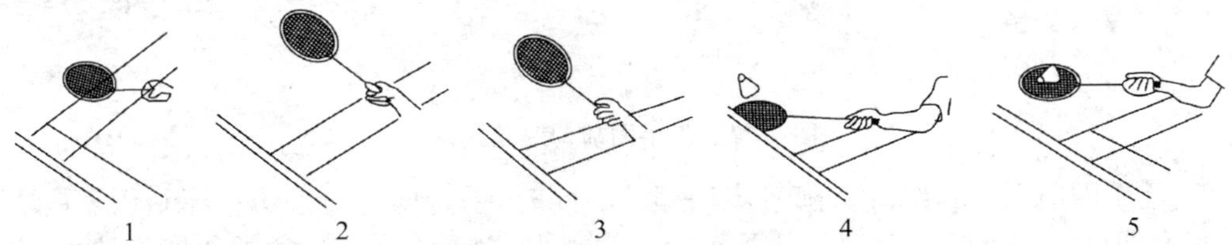

图 8-10　正手网前搓球

(2) 反手网前搓球。击球前，小臂前伸外旋，手腕由内收至外展状；搓击球的右侧后底部，使球侧旋滚动过网。另外，还可以小臂稍伸直，手腕由外展到内收，带动球拍向前切送，击球托的后底部，使球下旋滚动过网。

6. 网前推球

(1) 正手推直线球。站在网前，当球飞过来，球拍向右侧前上举，在肘关节微屈回收时，小臂稍外旋，手腕稍后伸，球拍也随着往右稍下后摆，使拍面正对来球。小指和无名指稍松开，使拍柄稍离开手掌鱼际肌。拇指和食指稍向外捻动拍柄，拍面改为后仰，如图 8-11 所示。

(2) 反手推直线球。在网前较高的击球点上，以反手握拍法，用推击的方法向对方底线击出弧度较平、速度较快的球。击球动作：用反手握拍法，前臂伸时稍外旋，手腕由外展至伸直闪腕，中指、无名指和小指突然握紧拍柄，拇指顶压球拍，往前挥拍，推击球托的左侧面。

(3) 正手推对角线球。推对角线球技术的准备姿势和击球前动作与推直线球相同，但是击球时击球点在右肩前，要推击球托的右侧后部，使球沿对角线方向飞出。这时，手腕控制拍面角度，闪腕时手臂不要完全伸直。

(4) 反手推对角线球。反手推对角线的击球动作基本与推直线相同，区别在击球一刹那要急速向右前方挥拍，推击球的左侧后部，使球沿对角线方向飞行。

图 8-11　正手推直线球

7. 网前勾球

(1) 正手网前勾对角线球。勾球一般采用并步加蹬跨步上网的步法。在步法移动的同时，球拍随着前臂往右前上方举起。前臂在前伸的同时稍有外旋。手腕微后伸，这时的握拍稍有变化——将拍柄稍向外捻动，使拇指贴在拍柄的宽面上，食指的第二指节贴在与其相对的另一个宽面上，拍柄不触及掌心。击球时，靠前臂稍有内旋往左拉收，手腕由稍后伸至内收。用球拍拨击球托的右侧下部，由手腕和手指控制拍面角度，击球后，将球拍回收至胸前，如图 8-12 所示。

图 8-12 正手网前勾对角线球

(2) 反手网前勾对角线球。随着步法移动的同时，手臂向左侧前方平举(注意手臂不要伸直，稍弯即可)。击球时，随着肘部下沉，在前臂回收外旋的同时，食指和拇指协调用力捻动拍柄，使拍面拨击球托的左侧后部，将球沿对角线飞越过网。击球后，球拍回收至胸前，为下次的来球做积极的准备。

8. 扑球

扑球是当来球在网顶上方时，能以最快的速度上网扑压来球的技术动作。扑球可分为正手扑球和反手扑球两种，其路线有直线、对角线和扑随身球三种。扑球在网前进攻技术中是威胁较大的一种技术。扑球的关键在于快，一是判断快，一经做出判断，即要求起动快并采用蹬跨步或跳步上网；二是出手快，抓住来球在网顶的最高点机会出手，以迅雷不及掩耳之势将球扑杀到对方场区。

(1) 正手网前扑球。在身体腾空跃起或右脚蹬跨的同时，前臂往前上方举起，球拍正对来球方向。击球时，随着手臂由屈至伸，手腕由后伸至向前闪动，再结合手指的顶压，将球扑下。其中，手腕是控制力量的关键，挥拍距离短，动作小，爆发力强，扑击的球才会具有一定的威胁。如果球离网顶较近，就采用滑动式扑球方式，用手腕从右向左将球扑压下去，这样可以避免球拍触网犯规。扑球后，注意腿的缓冲，控制身体重心，以免身体触网，如图 8-13 所示。

图 8-13 正手网前扑球

(2) 反手网前扑球。反手握拍，持于左侧身前。当身体跃起或蹬跨上网时，球拍随前臂前伸而举起，手腕微屈，将拇指顶压在拍柄宽面上，其他四指自然并拢，使拍面正对来球。击球时，手臂由屈至伸，手腕由微屈至后伸并用力闪动，拇指顶压，加速挥拍扑击。击球后，球拍随手臂回收至体前。

9. 挑球

(1) 正手网前挑球。其准备动作同正手放网前球动作。击球前，前臂充分外旋，手腕尽量后伸。击球时，从右下向右前方至左前方挥拍击球。在此基础上，若球拍向右前上方挥动，挑出的则是直线高球；若球拍向左前方挥动，挑出的则是对角高球，如图 8-14 所示。

图 8-14　正手网前挑球

(2) 反手网前挑球。其准备姿势同反手放网前球动作。击球前,右臂往后拉,抬肘引拍。击球时,前臂充分内旋,手腕由屈至后伸闪动挥拍击球。若球拍由左下向左前上方挥动,则球向直线方向飞行;若球拍由左下向右前上方挥动,则球向对角线方向飞行。

10. 挡直线网前球

该技术多用于接对方杀球。接球前用接杀球的步法移至右场边线,身体右倾,手臂右转,前臂外旋,手腕外展。击球时,前臂内旋稍翻腕带动球拍由右下向前上方推送击球,把球挡向直线网前;也可以在击球时前臂由外旋到内收,带动球拍由右向前切送挡向直线网前。击球后,身体左转成正面对网,然后右脚上前一步,将球拍随身体向左转收至体前。

11. 抽球

(1) 正手平抽球。两脚平行站立稍宽于肩,右脚稍向右侧迈出一小步,同时上体稍往右侧倾,右臂向右侧上摆,球拍随着上举,肘关节保持一定角度,击球前肘关节前摆,前臂稍往后且外旋,手腕稍外展至后伸,引拍至体后。击球时前臂内旋,手腕伸直闪动,手指抓紧拍柄,球拍由右后方往右前方高速平扫来球。

(2) 反手平抽球。右脚前交叉在左侧前,身体重心移在左脚上,右手反手握拍在左侧体前。击球前,肘部稍上抬,前臂内旋,手腕外展,引拍至左侧。击球时,在髋的右转带动下,前臂外旋,手腕由外展到伸直闪动,挥拍击球托的底部。击球后,球拍随身体的回动收回到右侧前。

12. 快打技术

(1) 正手快打。两脚分开,右脚稍前,左脚在后,两膝弯曲成半蹲式,正手握拍,举起球拍,将球拍上举经过头顶,往头后引至右后侧下方,手握拍较松。当判断来球是在头顶上方时,身体稍往前移,同时左脚往前跨一小步,右脚稍微伸直,呈左弓箭步,把击球点选在右肩的前上方。上臂向前上方抬起时弯曲,前臂稍后摆带有外旋,引拍于头后。击球时,前臂向前,手腕由后伸至前屈闪动挥拍击球托的后部,使球平直、急速地飞向对方中场区的附近。击球后,球拍随势前盖,右脚往左前方迈一步,站在中线两侧稍偏后的位置上,球拍由左下回举至前上方,准备迎击下一次的来球。

(2) 反手快打。反手快打的准备姿势和击球动作同反手平抽球。

第三节　羽毛球运动的基本战术

无论是进行有规则的羽毛球比赛还是进行一般性的健身活动,都要在场地上不停地进行脚步移动、跳跃、转体和挥拍,合理地运用各种击球技术和步法将球在场上往返对击,对运动员的体力要求负荷较大。

一、单打战术

1. 逼反手

由于生理解剖结构的限制，对所有的运动员而言，后场的反手击球总是或多或少地弱于正手击球，进攻性相对不强，球路也较简单，有的运动员还不能在后场用反手把球打到对方端线，所以对于对方的反手要毫不放松地加以攻击。

2. 平高球压底线

用快速、准确的平高球打到对方后场两角，在对方不能拦截的前提下尽量降低球的飞行弧线，把对方紧压在底线，当对方回击半场高球时，就可以扣杀进攻。使用平高球压底线时，若配合劈吊和劈杀，可增加平高球的战术效果。一般情况下，平高球的落点和杀、吊的落点拉得越开，效果越好。

3. 拉、吊结合杀球

此战术是把球准确地打到对方场区的 4 个角上，使对方每次击球都要在场上来回奔跑。使用这种战术时，对不同特点的对手要采用不同的拉、吊方法：对后退步法慢的对手，可以多打前后场；对盲目跑动满场飞的对手，可使用重复球和假动作；对灵活性差的对手，应多打对角线，尽量使其多转身；对后场反手差的对手，仍通过拉开后攻反手；对体力不好的对手，可用多拍拉、吊来消耗其体力，然后将其战胜。

4. 吊、杀上网

先在后场以轻杀、点杀、劈杀配合吊球把球下压，落点要选择在场地两边，使对方被动回球。对方还击网前球时，迅速上网以贴网的搓球或勾对角或快速平推创造半场扣杀机会；若对方在网前挑高球，可在其向后退的过程中把球直接杀向对方身上。

二、双打战术

双打比单打每方增加一名队员，而场地宽度仅增加 92 cm，接发球区比单打缩短了 76 cm。因此，双打从发球开始就形成短兵相接的局面。由于进攻和防守都加强了，这就更加要求运动员技术全面，能攻善守，反应灵敏，特别是对发球、接发球、平抽、挡、封网、扑、连续扣杀、接杀挑高球及防守反击等诸多技术要求更高。两名队员配合默契，相互信任，打法上攻守衔接及站位轮转协调一致，是打好双打的关键。

1. 攻人

攻人是双打中常用的一种战术，就是以人为攻击目标。对付两名技术水平高低不一的对手时，一般采用这种战术；对付两名实力相当的对手时，也可采用这一战术。集中攻势于对方的一名队员，常能起到“集中优势兵力打歼灭战”的作用；在另一队员过来协助时，又会暴露出空当，可在其仓促接应、立足不稳时偷袭。

2. 攻中路

攻中路的战术包括以下两个方面：

(1) 守方左右站位时，把球打在两人的中间。这种战术可以造成守方两人抢接一球或同时让球，彼此难以协调；限制对手在接杀球时挑大角度高球调动攻方；有利于攻方的封网，由于打对方中路，对方回球的角度也小，网前队员封网的难度就小了。

(2) 守方前后站位时，把球下压或轻推在边线半场处。这种战术多半是在接发网前球和守中反攻抢网时运用。对这种球，守方前场队员拦截不到，后场队员只能以下手击球放网或挑高球，后场两角便会露出很大的空当，因而有隙可乘，攻击对方的空当或身体位。

3. 攻后场

攻后场战术常用来对付后场扣杀能力较差的对手，把对方的弱者调动到后场后也可以使用。此战术是多采用平高球、平推球、挑底线把对方一人紧逼在底线，使其在底线两角移动击球，在其还击出半场高球或网前高球时即可大力扣杀，取得该球的胜利或主动。若在逼底线两角时对方同伴要后退支援，则可攻击网前空当或打后退者的追身球。

4. 后攻前封

后场队员积极大力扣杀创造机会，在对方接杀放网、挑高球或企图反击抽球时，前场队员以扑、搓、勾、推控制网前，或拦截吊点封住前半场，整个进攻连贯且有节奏变化，使对方防不胜防。

复习思考题

1. 简述羽毛球运动的产生与发展。
2. 羽毛球运动的特点有哪些？
3. 羽毛球运动的基本技术和战术分别有哪些？

第九章 乒乓球运动

第一节 乒乓球运动概述

乒乓球运动是参赛双方在长 2.74 m、宽 1.525 m、高 0.76 m 的标准球台上，隔网相互对抗，进行击球的一项运动项目。比赛时，双方分处各自半场，根据规则使用球拍，运用发球、接发球、推挡球、攻球、搓球、削球等基本技战术将球隔网击入对方球台，以球落地或迫使对方回球时将球击出球台为胜。

乒乓球运动具有丰富的文化底蕴，有着雄厚的群众基础和物质基础。当前，乒乓球运动的意义已不再仅仅局限于体育和游戏的范畴中，而是被越来越多地融入社会文化之中，其中蕴含着人与工具、群体与个体、交往与沟通、竞争与协作、控制与反控制、应变与创新等诸多社会文化因素，凸显了社会文化的深层内涵和真实写照，在张扬人的个性、实现人的自由发展、塑造人格精神、展现社会人的人格魅力和内在精神品质上得到了充分体现与彰显。

一、乒乓球运动的产生与发展

乒乓球运动于 19 世纪末由英国人的一种休闲娱乐方式演变而来。他们在室内以餐桌做球台，书做球网，采用软木或橡胶做成球，以羔皮纸做球拍，在台子上来回推打游戏，并称此为“弗利姆·弗拉姆”。1926 年，德国柏林首次举行国际乒乓球邀请赛，乒乓球才逐渐引起人们的关注和重视，并在欧亚各国迅速发展起来。同年，国际乒乓球联合会在英国伦敦成立。随着人类社会的进步和文明程度的提高，乒乓球运动已逐渐从餐桌上的游戏发展演变为一种内涵丰富、技巧精湛、对抗激烈、充满智慧和激情的现代体育运动项目。

现代乒乓球运动则是 1904 年由日本传入我国上海，并在全国推广普及开来的。伴随中国在第 28 届世界乒乓球锦标赛上全面胜利，国际舆论开始宣称中国为“世界头号乒乓国家”，并将乒乓球誉为中国的“国球”。几十年来，乒乓球运动深深扎根于全国人民心中，成为人们的一种精神寄托和爱国情结。

国际和国内重大的乒乓球赛事主要有世界乒乓球锦标赛、世界杯乒乓球赛、奥运会乒乓球赛、世界明星巡回赛和全运会乒乓球赛。

二、乒乓球运动的特点

乒乓球运动是结合速度、爆发力、灵敏、协调等多项身体素质的有氧代谢和非周期性运动项目，以智能为主，智能、技能和体能三者有机结合、密不可分，属于隔网比赛项目。乒乓球运动集健身性、竞技性和娱乐性于一体。

运动员每挥打一拍、击一次球都包含速度、旋转、力量、弧线和落点等竞技要素，具有速度快、变化多、技巧性强、趣味性高、设备较简单、条件限制小、运动量可调节等特点。

三、乒乓球运动的功能

1. 健身健心功能

乒乓球运动特有的快速度、多变化等运动特点决定其能促进速度素质、力量素质和身体的灵敏性及协调性等的发展，可增强中枢神经系统与其他器官系统的调节功能，从而提高人的反应灵敏性。“乒乓球是对头脑的最佳运动”。相关研究指出，少儿乒乓球运动员的心理素质水平明显优于其他儿童，表现为智力水平较高，实际操作能力较强，情绪稳定，自信心、自持力、独立性、思维能力均较强。

2. 休闲娱乐功能

群众性乒乓球活动具有很强的休闲功能，能促进人的生理、心理和人的社会性等多方面的发展，是对自由时间的合理利用。它既可促进身心的全面休息和恢复，又有良好的娱乐功能。

3. 人文教育功能

乒乓球运动中蕴含丰富的人文价值理念。作为当代竞技运动项目之一，经过100多年的发展，它已形成了自身独特的文化价值体系。例如，其中体现的以人为本的终极价值观，突出强调以发展人的精神和身体为核心，认为运动能促进人的身体健康、塑造完美和谐的人格。

4. 审美功能

乒乓球运动动作舒展优美，接发球充满智慧，对抗充满悬念，扣杀富含激情。在比赛过程中，运动员将旋转与速度、发力与控制、凶狠与稳健、进攻与防守完美地结合在一起，观看一场比赛像欣赏一场激情四射、酣畅淋漓的艺术表演赛。

5. 政治外交功能

“乒乓外交”为中国的外交事业做出了不可磨灭的历史性贡献。乒乓球运动在提高国际声望、增进与世界各国人民的友谊、促进世界和平等方面发挥着巨大作用，尤其是在特定时期、特定环境下的特定历史作用，成为体育与政治相得益彰的最佳诠释和注解。

第二节　乒乓球运动的基本技术

对于乒乓球初学者来说，应首先学习握拍姿势和步法的移动方法，将步法与手法结合运用，并了解每种技术的击球时间、击球点，然后学习各种技术和战术的运用。

一、握拍方法

握拍方法即单手持球拍的方法。世界上流行着直式和横式两种握拍方法，两者各有千秋，实践时应因人而异、扬长避短。

1. 直式握拍法

拇指第一指节和食指第二指节在正面握拍，拍柄压住虎口（两指间距离适中），中指、无名指和小指自然弯曲斜形重叠在背面，中指第一指节顶住球拍的后上部使球拍保持平稳，如图9-1所示。

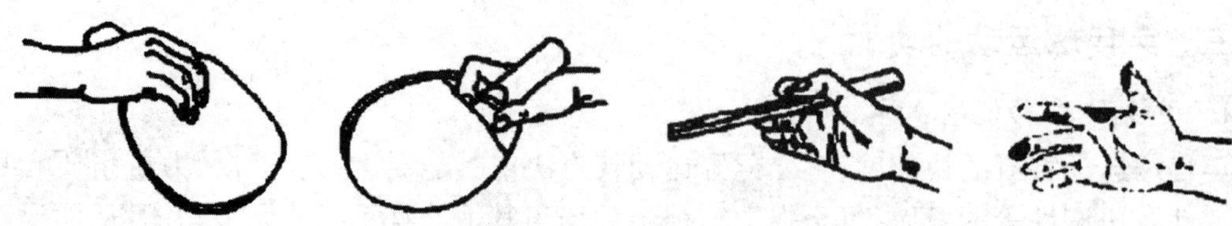

图 9-1 直式握拍法

2. 横式握拍法

中指、无名指和小指自然地握住拍柄，拇指在球拍正面轻贴在中指的旁边，食指自然伸直后斜放于球拍的背面，虎口轻微贴拍，击球时拇指和食指帮助手腕调节拍形与加力挥拍作用。正手攻球时食指向上移动，反手攻球时拇指向球拍中部移动，帮助手腕下压来加大击球力量，如图 9-2 所示。

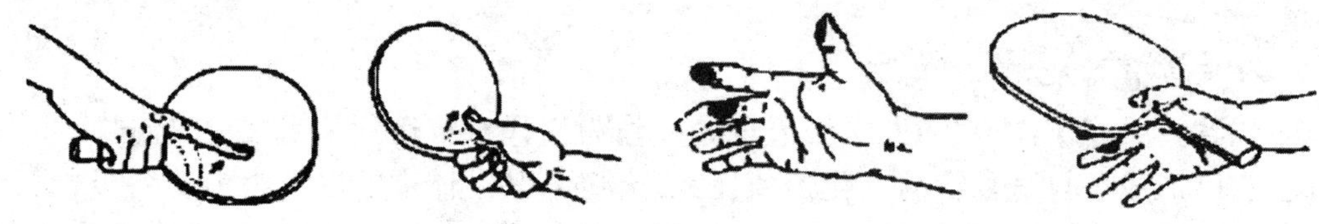

图 9-2 横式握拍法

二、准备姿势

准备姿势是指击球员准备击球或还击球时的身体各部位姿势。合理的姿势有利于脚、腿蹬地用力和腰、躯干各部位的协调配合与迅速起动，提高击球的命中率，制造出最大的击球力。

准备姿势动作要点如下：

(1) 下肢。两脚左右开立，约与肩同宽。身体稍向右侧，面向球台。两膝自然弯曲，提踵，将身体重心置于两脚之间。

(2) 躯干。含胸收腹，上体略前倾，下颌微收，两眼注视来球。

(3) 上肢。持拍手和非持拍手均应自然弯曲置于身体前侧方，保持相对的平衡态，如图 9-3 所示。

图 9-3 准备姿势

三、发球技术

发球动作由两部分组成：一只手的上抛动作，上抛高度大于等于 16 cm，上抛动作要在球台端线外、高于台面且需垂直上抛；另一只手的挥拍动作，按照新规则，要高于台面，并且要使两侧居中的裁判和对方运动员能看清动作。

1. 平击发球

(1) 动作特点。平击发球是一种一般上旋、一般速度的发球。平击发球是初学者最基本的发球方法，也是掌握其他复杂发球的基础。

(2) 动作要点。当球从高点下降至稍高于球网时，击球的中上部向左前方发力，击球后第一落点在球台中央。

2. 正手发奔球

(1) 动作特点。球速急、落点长、冲力大，将球发至对方右大角或中左位置，对对方威胁较大。

(2) 动作要点。抛球不宜太高，提高击球瞬间的挥拍速度，第一落点要靠近本方台面的端线，击球点与网同高或稍低于网，如图 9-4 所示。

图 9-4　正手发奔球

3. 反手发急球

(1) 动作特点。球速快、弧线低、前冲大，迫使对方后退接球，有利于抢攻，常与发急下旋球配合使用。

(2) 动作要点。击球点应在身体的左前侧，与网同高或比网稍低；注意手腕的抖动发力；第一落点在本方台区的端线附近，如图 9-5 所示。

图 9-5　反手发急球

4. 发短球

(1) 动作特点。击球动作小，出手快，球落到对方台面后的第二跳下不出台，使对方不易发力抢拉、冲或抢攻。

(2) 动作要点。抛球不宜太高；击球时，手腕的力量大于前臂的力量；发球的第一落点在球台中区，不要离网太近；发球动作尽可能与发长球相似，使对方不易判断。

5. 正手发转与不转球

(1) 动作特点。球速较慢，前冲力小，主要用相似的发球动作制造旋转变化去迷惑对方，造成对方接发球失误或为自己抢攻创造机会。

（2）动作要点。抛球不宜太高；发转球时，拍面稍后仰，切球的中下部，越是加转球，越应注意手臂的前送动作；发不转球时，在击球瞬间减小拍面后仰角度，增加前推的力量，如图9-6所示。

图 9-6　正手发转与不转球

6．正手发左侧上（下）旋球

（1）动作特点。左侧上（下）旋转力较强，球被对方挡时向其右侧上（下）方反弹，一般站在中线偏左位置或侧身发球。

（2）动作要点。发球时要收腹，击球点不可远离身体；尽量加大由右向左挥动的幅度和弧线，以增强侧旋强度；发左侧上旋球时，在击球瞬间，手腕快速内收，将球拍从球的正中向左上方摩擦；发左侧下旋球时，拍面稍后仰，使球拍从球的中下部向左下方摩擦，如图9-7所示。

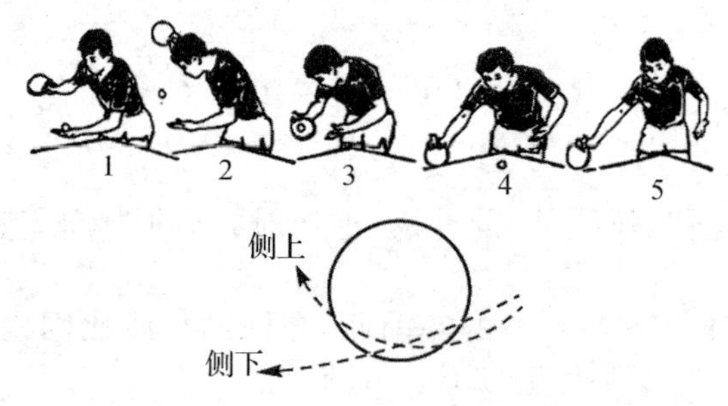

图 9-7　正手发左侧上（下）旋球

7．反手发右侧上（下）旋球

（1）动作特点。右侧上（下）旋转力强，被对方挡住后，球向其左侧上（下）方反弹，发球落点以左方斜线长球配合中右近网短球为佳。

（2）动作要点。注意收腹和转腰动作；充分利用手腕转动配合前臂发力；发右侧上旋球时，在击球瞬间，将球拍从球的中部向右上方摩擦，手腕有一个上勾动作；发右侧下旋球时，拍面稍后仰，在击球瞬间，使球拍从球的中下部向右侧下方摩擦，如图9-8所示。

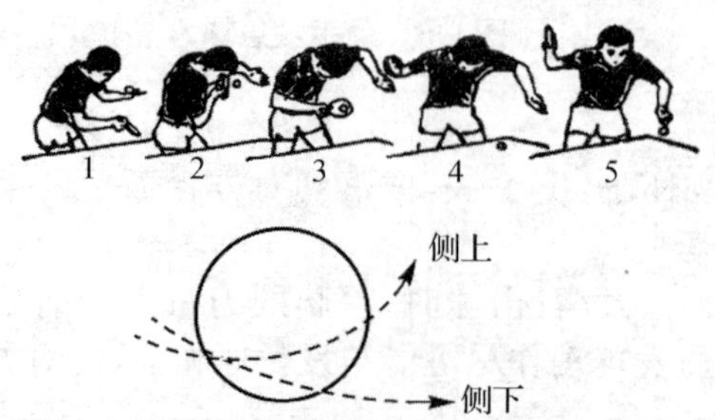

图 9-8　反手发右侧上（下）旋球

8. 下蹲发球

(1) 动作特点。下蹲发球属于上手类发球,我国运动员早在20世纪50年代就开始使用。横拍选手发下蹲球比直拍选手方便些,直拍选手发球时需变化握拍方法,即将食指移放到球拍的背面。下蹲发球可以发出左侧旋和右侧旋,在对方不适应的情况下威胁很大,在关键时候发出高质量的球往往能直接得分。

(2) 动作要点。注意抛球和挥拍击球动作的配合,掌握好击球时间;发球要有质量,发球动作要利落,以防在还未完全站起时已被对方抢攻。发下蹲右侧上、下旋球时,左脚稍前,身体略向右偏转,挥拍路线为从左后方向右前方。拍触球中部向右侧上方摩擦为右侧上旋,从球的中下方向右侧下摩擦为右侧下旋。发下蹲左侧上、下旋球时,站位稍平,身体基本正对球台,挥拍路线为从右后方向左前方。拍触球右中方向左上方摩擦为左侧上旋,从球中部向左下方摩擦为左侧下旋。发左(右)侧上、下旋球时,要特别注意快速做半圆形摩擦球的动作,如图9-9所示。

图 9-9 下蹲发球

9. 正手高抛发球

(1) 动作特点。最显著的特点是抛球高,增大了球下降时对拍的正压力;发出的球速度快,冲力大,旋转变化多,着台后拐弯飞行。但高抛发球动作复杂,有一定的难度。

(2) 动作要点。抛球勿离台及身体太远;击球点与网同高或比网稍低,在近腰的中右处(15 cm)为好;尽量加大向内摆动的幅度和弧线;发左侧上、下旋球与低抛发球同;触球后,附加一个向右前方的回收动作,可增加对方的判断(结合发右侧旋球,会更有威力)。

四、接发球技术

接发球是一个回合中的第二板球,同时也是接发球方的第一板球。接发球技术的作用首先是破除发球的威胁,使回球不易被对手进攻,然后在可能的情况下采取战术打乱对方的比赛节奏或直接得分。接发球的难度很大,接发球方要在极短的时间内准确判断对方发球的旋转、落点等情况,从而选择合适的接发球技术。如果接发球技术不好,运动员不仅会直接失分,还会影响自己的发挥,造成心理上的紧张和畏惧,最终导致满盘皆输。因此,不断提高接发球能力,把所掌握的技术合理地运用到接发球中是运动员提高比赛能力的关键。

各种旋转发球的接发球方法如下:

(1) 接平击发球。运动员可在球刚刚弹起时用反手推挡、反手攻或正手攻技术回接,借来球之力将球击回;也可以借力为主,多做向前的动作。

(2) 接侧下旋长球。运动员可采用拉球和搓球回接。用拉球回接时,将拍形前倾,摩擦球的中上部;用搓球回接时,将拍形后仰,摩擦球的中下部。

(3) 接侧下旋短球。运动员可采用摆短、撇长、挑打等技术。其中,运用挑打技术可以增大回球的威胁性。

(4) 接侧上旋球。侧上旋球有左、右两个方向,运动员一般可使用攻球和推挡等技术。运动员在推挡时拍面要稍前倾,击球的中上部,发力向前以抵消球的旋转与力量;而采用反手攻或正手攻技术时，就要注意加大力量来抵消球的旋转。

五、攻球技术

(一) 正手快攻

(1) 动作特点。站位近、动作小、速度快，在比赛中能以攻守对付对方进攻，是近台快攻打法使用最多的一种攻球技术。

(2) 动作要点。判断来球，选好站位，引拍于身体右侧方。击球时，右脚蹬地，转腰，并向前移动身体重心至左脚。同时，上臂带动前臂向前、向左上方挥拍，手腕配合前臂旋内转动做内收，在来球的上升期击球的中上部。击球后，执拍手及身体各部位迅速放松，随势挥拍至前额，立即还原。

(3) 提示。应用60%左右的力量击球。

(二) 反手快攻

(1) 动作特点。动作特点同正手快攻，它是横拍打法常用技术之一。

(2) 动作要点。站位近台偏左，两脚平行站立，身体前倾，上臂自然地靠近身体，前臂迅速伸入台内迎球。击球前，肘关节自然弯曲，引拍至腹部左侧前，拍柄稍向下。击球时，前臂旋外并稍加用力带动手腕向右前方挥动，肘略往后，拍形稍前倾，在来球的上升期击球的中上部。拨球后，球拍随势前送迅速还原。

(3) 提示。击球时，手腕应使拍面角度相对固定，多借力、少发力。

(三) 搓球

(1) 技术特点。搓球是近台和台内回击下旋球的一种比较稳定的技术。它与削球的主要区别是站位近、动作小，由于具有旋转、速度和落点的变化，常用于接发球或搓球过渡，为进攻创造机会。

(2) 动作特点。动作较大，击球节奏和球速较慢，带下旋，较为稳定。

(3) 动作要点。站位偏左台，两脚左右开立。反(正)手搓时，向左(右)上方引拍，拍形稍后仰。正手搓时，身体稍向右转。击球时，前臂做旋内转动，手腕配合用力，由上向前下方挥拍，在来球的下降前期或高点期摩擦球的中下部或中部偏下，同时身体重心应向前移动。击球后，手臂立即放松，随势前送、迅速还原。

(4) 提示。根据长短落点不同，应向前、后移动，保持在下降期击球。

(四) 弧圈球

技术特点：弧圈球是以旋转为主要特征的进攻性技术；它弧线曲度大，落台后前冲力大，攻击力强，是乒乓球比赛中进攻得分的主要手段之一。

弧圈球可分为正手拉弧圈球和反手拉弧圈球。根据旋转特征，可将弧圈球分为加转弧圈球、前冲弧圈球和侧旋弧圈球。

1. 正手拉弧圈球

(1) 动作特点。站位稍远，动作大，速度稍慢，弧线曲度大，落台后前冲并向下滑落。一般用于拉下旋球。

(2) 动作要点。两脚左右开立，稍大于攻球时距离，右脚在后，身体重心较低。执拍手沉肩垂臂，引拍至身体后下方，拍面稍前倾，身体重心移至右脚。大臂带动前臂向前上方挥拍，逐渐加快挥拍速度。根据来球旋转程度控制好拍形角度并找准击球时机。身体重心向左脚移动。拍触球时，右脚蹬地转体向左侧转动，迅速收缩前臂，发力要以腰、手为主，在来球下降期击球的中部或中上部。拉球后，球拍随势挥至头部高度，身体重心移至左脚。

（3）提示。拉加转弧圈球要调整好身体重心，以便于下一次进攻。拉前冲弧圈球的发力方向是以向前为主略带向上，击球时，拍面的前倾角度比拉加转弧圈球大。

2. 反手拉弧圈球

（1）动作特点。动作小，突然性强，具有一定的攻击力，是主动上手的有效技术。

（2）动作要点。两脚平行或左脚稍后，准备击球时，身体重心下降，右肩下沉，球拍向下后方引至大腿内侧，球拍适当前倾，肘关节略向前顶出，持拍手要适当放松，手腕稍外展。球拍向上前方挥动，击球点在腹前方。触球时，身体向前方顶起，前臂以肘关节为轴，快速发力带动手腕的扭动发力。摩擦球的中下部，拉球的高点，迅速还原。

（3）提示。重视两脚蹬踏用力和身体迎前击球动作。加强手臂、腰、腿间的协调发力，尤其是前臂的快速收缩。此外，要加强中台和中远台反手拉的相持能力。

（五）削球

技术特点：削球是削攻型打法的一项主要技术，它通过旋转的变化和落点的变化来控制对方，使对方直接失误或为自己制造进攻机会。旋转的差别是削球攻型打法争取主动的关键，削扣杀球、追身球和弧圈球是削球手应该掌握的重要技术。

削球主要包括正、反手削加转弧圈球和削前冲弧圈球。

1. 正、反手削加转弧圈球

（1）动作要点。判断来球，降低身体重心，移动好削球的位置。正手削球时左脚稍前，反手削球时右脚稍前，以将球的击球点选在左右腹前为宜。正手削球时，身体向右后转并向右后上方引拍，动作幅度稍大些，使球拍与击球点之间有适当的挥拍加速距离。反手削球时，身体向左后转并引拍向左后上方，动作幅度略小于正手引拍。正手挥拍动作由右后上方向左前下方挥拍，反手削球挥拍动作由左后上方向右前下方。拍触球时，以大臂带动前臂发力为主，拍形稍立一些。手臂的发力顺序是先压后削再送，即以先向下用力为主、向前为辅。击球后，继续向前下方挥拍，并迅速还原。

（2）提示。击球时，手腕不要太放松，手腕要相对固定。

2. 削前冲弧圈球

（1）动作要点。左脚在前，右脚稍后，两脚间距离比快攻时略大，两膝微屈，身体重心约在前脚掌内侧，手臂自然下垂伸直，拍略前倾。当来球从台面弹起时，左脚稍蹬地右转，身体重心落到右脚上，右肩下沉，右手随之引拍至身体右后方。右脚蹬地，挺髋，腰部向左上方转动，在肩部带动下，大臂带动前臂向左前上方加速挥动。在击球瞬间，整个身体的动量传递到手腕，加速度达到最大。击球点在来球的下降前期，摩擦球的中部。击球后，身体重心移至左脚，随势挥拍后注意尽快还原。

（2）提示。削球时，拍前倾幅度不要过大。

复习思考题

1. 简述乒乓球运动的产生与发展。
2. 乒乓球运动的特点有哪些？
3. 乒乓球运动的基本技术有哪些？

第十章 网球运动

第一节 网球运动概述

网球运动是比赛双方隔网相互进行击球对抗的一项球类运动项目。网球运动作为一项深受大众喜爱的热门运动逐渐进入现代人的文化生活中，不仅在政治、经济、文化等领域发挥着巨大功能，还在现实生活中潜移默化地影响着现代人。网球文化已逐渐介入并渗透现代人的心理层面，并不断影响着其生活方式。

一、网球运动的产生与发展

网球作为世界第二大球类运动，目前在全世界特别是在欧美地区非常盛行。它源于一种徒手打球式的法国宫廷游戏，后来改用球拍打球，并在对打双方中间增加了球网。14 世纪，网球运动传入英国。1873 年，英国少校温菲尔德改进了古式网球的打法，将场地从室内移至室外，并制定了现代网球打法，规定了球场大小和球网高低。1913 年，国际网球联合会在法国巴黎成立，使网球运动得到广泛普及和全面发展，此后网球各级赛事不断兴起，为网球运动的职业化和商业化发展开辟了道路。以澳网、法网、温网、美网为代表的四大公开赛已风靡全球。

网球于 19 世纪末由欧美等国的传教士传入我国。最初网球运动只在一些教会学校的传教士中开展，参加比赛的也仅限于外国人，直至 1910 年，旧中国首届全运会将男子网球列为正式比赛项目。自改革开放以来，我国的网球运动也获得广泛开展，运动水平取得了很大的提高，尤其是女子网球运动水平逐渐向世界水平靠近，先后涌现出李婷和孙甜甜、郑洁和晏紫等双打组合，更有李娜、彭帅等优秀女子单打运动员征战于世界各级网球赛事并取得了好成绩。

二、网球运动的特点

1. 易行普及性

网球运动的开展没有年龄、性别、场地、身份、阶层等方面的限制，只要个人喜欢都可参与；网球运动不似篮球、足球运动身体对抗冲撞激烈，它没有身体上的接触，不会因受到冲撞而导致身体上的直接伤害。

2. 休闲娱乐性

网球运动以“贵族绅士运动”的身份登上体育的历史舞台并备受追捧，更有人将其誉为运动芭蕾。选手在运动中体会的不仅是运动带来的身心上的放松与快乐，更是一种艺术上的舒心享受；暂时摆脱工作、学习上的紧张与束缚，享受浑然天成的舒心与惬意。

3. 全面发展性

运动员除了需具备良好的灵敏性、反应能力、爆发力和心理素质外，还要有快速起动、急停和变向速度能力，以适应在场地上前后左右奔跑、急停、变向等的需要。因此，网球运动是一项集灵活性、速度和爆发力等多项身体素质于一体的综合性运动项目。

三、网球运动的功能

1. 强身健体功能

网球运动作为一项体育活动项目，能改善血液循环系统机能，消耗体内多余能量，有效提高心肺功能，增强人体免疫能力，提高对抗疾病能力，达到增进健康、增强体质、强壮身心的目的；网球运动还可作为疏松缓解精神压力，调整生活节奏，积极休息，调节免疫机能等的手段。网球运动具有较强的娱乐性、刺激性和健身性，有着其他运动项目不可比拟的价值和魅力。

2. 社会功能

网球运动是全面、协调、完善发展个人素质的一种运动项目。它注重运用自身智慧取胜，适合现代文明社会的高雅格调。网球运动张弛有度的节奏变换不仅是对参与者自身运动能力的一种考验，更是训练快速敏捷的反应能力的有效方法，还能提高参与者的自信心，促进其社会化的完美展现。

3. 教育功能

网球运动对人的身体、心理素质和道德品质的培养具有重要影响。经常从事网球运动能改善人的心理、生理机能，增强体质，培养果敢、顽强、拼搏向上的意志品质，更能陶冶情操。作为一种时尚的体育运动，网球运动非常适合现在的都市人群。

4. 审美功能

网球运动将力量美和艺术美、形体美和体态美、服饰美和环境美、比赛竞争中的激烈争夺和文明道德有机结合在一起，是融竞争性、文化性、观赏性和参与性为一体的极具魅力的体育项目。

第二节 网球运动的基本技术

一、握拍方法、准备姿势和步法

（一）握拍方法

1. 大陆式握拍

大陆式握拍法还被称为“榔头”式握拍法。因为采用这种握拍方法时，食指根部压在与拍面水平的那个平面上，拍面的角度几乎与地面垂直，所以仿佛在用拍框的侧面钉钉子一样。大陆式握拍法适合用来击打任何类型的球，但在发球、打截击球、打过顶球、削球及防守球时采用这种握拍效果更好，如图 10-1 所示。

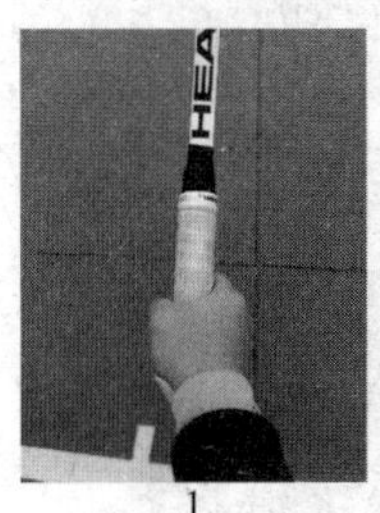

1

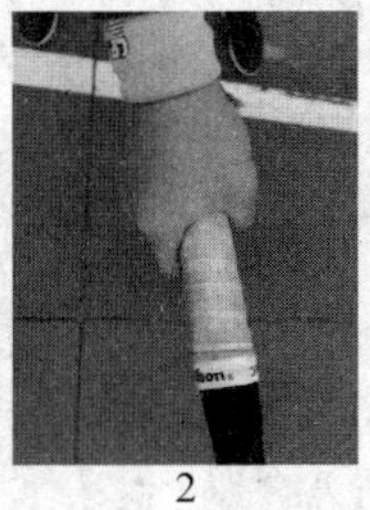
2

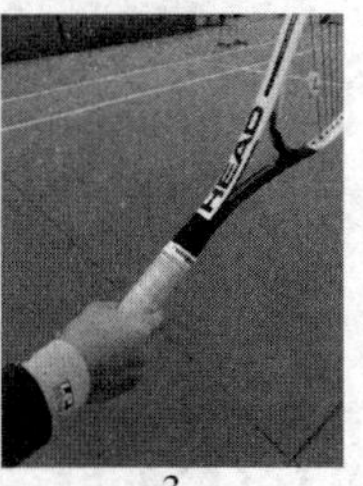

3

图 10-1 大陆式握拍

(1) 优势。运用大陆式握拍法能使在发球或打过顶球时手臂自然下压,这样不但攻击的效果最好,而且给手臂的压力最小。由于在打正手球和反手球时不需要调整握拍法,因此大陆式握拍法也是打网前截击球的最佳选择,因为采用这种握拍法可以使攻防转换十分迅速。同时,它还适合在防守时击打已到达身体侧面、击球点较晚的球。

(2) 劣势。用大陆式握拍法很难打出带上旋的击球,这就意味着击球点必须要比球网高,由于球在这一点停留的时间非常短暂,因而击球时间很短。另外,这种握拍不容易处理高速的落地球。

2. 东方式握拍

这里介绍一个正确采用东方式握拍的小窍门:将手平放在拍弦上,然后下滑到拍柄根部抓握;或者把球拍平放在桌面上,闭上眼,将球拍拿起。从技术的角度讲,东方式正手握拍就是先以大陆式握拍法持拍,然后逆时针方向旋转球拍(左手握拍则需顺时针方向旋转球拍),直到食指的根部压到下一个接触的斜面为止,如图 10-2 所示。

1

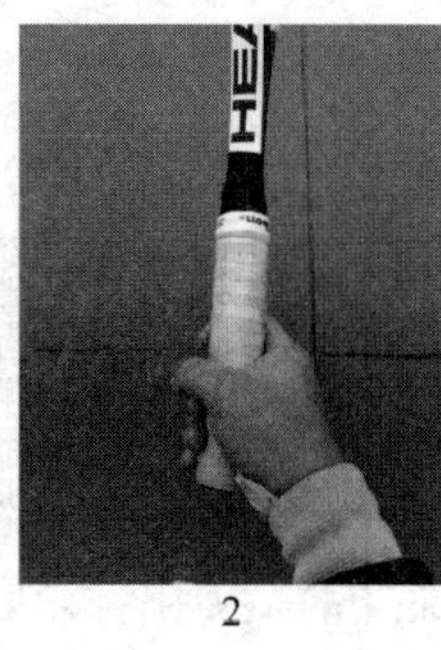

2

3

图 10-2 东方式握拍

(1) 优势。东方式正手握拍法也被称为“万能握拍法”。采用这种握拍法,拍面可以通过摩擦球的后部击出上旋球,还可以打出有很大力量和穿透性的平击球。同时,东方式握拍很容易转换到其他握拍方式。

(2) 劣势。与大陆式握拍相比,尽管东方式握拍的击球点在身体前部更高更远一些,但它仍不适用于打高球。虽然东方式握拍击出的球比较有力量和穿透性,但更多的是平击球,这就导致稳定性差一些,因此很难适应多回合的打法。因此,东方式握拍不适用于那些希望打出更多上旋球的选手。

3. 西方式正手握拍

以东方式握拍法握拍,然后逆时针方向旋转球拍(左手握拍则顺时针方向旋转球拍),使食指根部压在下一条拍棱上。底线力量型选手多采用这种握拍方式,如图 10-3 所示。

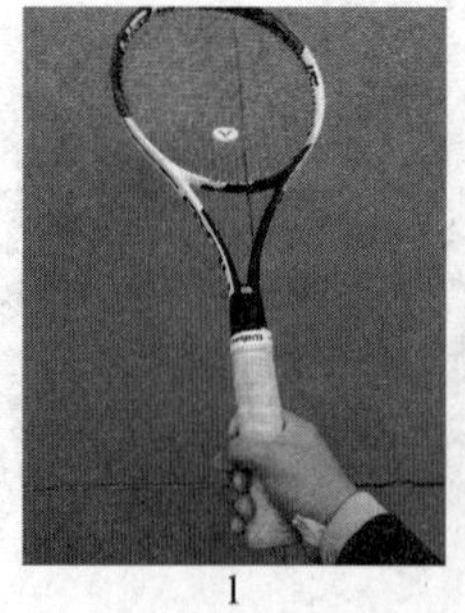
1

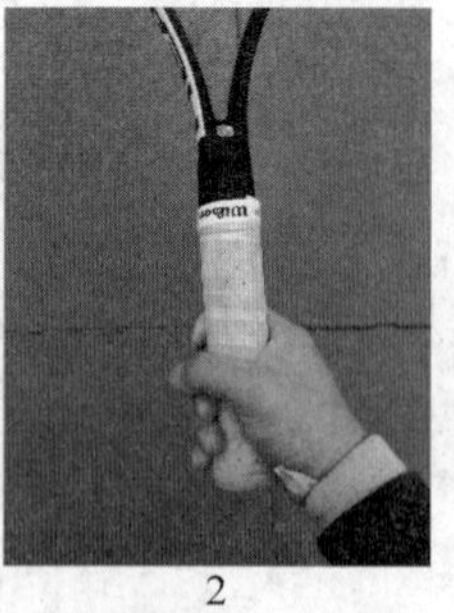
2

图 10-3 西方式正手握拍

（1）优势。相对于东方式握拍，这种握拍可以打出更多的上旋球，使球更容易过网，也更好控制线路。因此，它很适合打上旋高球和小角度的击球，而且可以打出更深远的平击球，还适合大幅度地引拍，而且强烈的上旋有助于把更多的球打在场内。这种握拍在身体前部的击球点比东方式握拍更高、更远，可以更有利于控制高球。

（2）劣势。西方式握拍不适合回击低球。因为采用这种握拍时，拍面自然地呈关闭状态，这样迫使选手必须打球的下部然后向上挑，于是容易给对手留下进攻机会。另外，从这种握拍转换到大陆式握拍需要做很大的调整，因此，多数底线力量型选手在攻打上网时就很不舒服。

（二）准备姿势

正确的准备姿势是打好网球的前提。面向球网，两脚开立稍比肩宽，双膝微屈，上身略前倾。右手持拍，左手托拍颈，拍头向上，与胸同高。身体重心在两脚前脚掌间，两眼注视对方或来球，做好随时起动的准备。重要的是肩部和握拍要放松，如果过于紧张就无法顺利进入挥拍动作，如图 10-4 所示。

（三）步法

网球击球时，其脚步主要采用关闭式和开放式两种方法。

（1）关闭式步法以前脚掌为轴，另一只脚向侧上方跨出，形成两脚交叉步法。这种步法在底线正反手击球和网前截击球中被大量运用。初学者应首先学习这种步法，如图 10-5 所示。

（2）采用开放式步法击球时，两脚平行站立，以前脚掌为轴，转胯、转体形成击球步法。通常在有一定技术基础的前提下运用这种步法。

图 10-4　准备姿势

图 10-5　步法

二、发球

发球是进攻的开始，是场上唯一不受对手影响的技术。掌握大力、凶猛和旋转多变的发球，可直接得分，或者造成对方接球困难，为网前截击和其他制胜手段创造机会。

1. 平击发球

平击发球俗称“炮弹式发球”，出球力量大，速度快，落点深，极具威胁性。其缺点是命中率较低，体力消耗大，一般用作第一次发球。

（1）发球前，运动员侧对球网站位，双手（一只手握拍，另一只手持球）贴近体前，高度齐腰。挥拍时，持拍手臂向后上方摆动，当肘关节摆至肩高可超过肩时，手臂在头后绕环，此时屈肘放松手腕，使拍框在头后下垂。与此同时，持球手以拇指、食指和中指的指尖把球轻轻托起，随握拍手下摆，持球手下摆至前腿处，握拍手在身后上摆时，持球手上举，当上举到头前上方时，球离手抛到空中，然后球拍向上挥起，手腕由后屈向前抖甩，手臂尽可能向上伸展，前臂、手腕和球拍几乎成一条直线。击球后，手臂随惯性继续向前下方摆动。

（2）发球时还应注意身体的摆动和身体重心的移动。准备时，身体重心在前脚，球拍后挥，身体重心后移到后脚；击球时，身体由后仰向前摆，同时重心移向前脚，如图 10-6 所示。

图 10-6 平击发球

2. 切削发球

切削发球出球旋转性强，沿弧线飞行，容易控制落点，落地后球向对方场地一侧的角上跳动，可拉开对方，造成接球困难。在比赛中，它常用作第二次发球，缺点是易被对方抽杀。这种发球主要是最后击球时，拍面与球形成一定的角度，球拍在球的后方横挥而过，在击球的瞬间劈向球的侧面，使之产生侧旋。切削发球的抛球应抛在身体的右上方。

微课
发球技术动作

3. 上旋发球

发球时站立的位置与切削发球相同。抛出球的位置在头后偏左的上方。拍面的触球点在球的中部偏下方。击球时身体成弓形，利用杠杆力量对球施加旋转，球拍快速从左向右挥动，并从下向上擦击球的背面，使球产生右侧上旋。击球后，球拍随挥至体前靠右侧结束。

4. 发球练习方法

（1）徒手练习方法。

方法一：碰背挥拍练习，即持拍手肘关节向上并弯曲，使拍头在背后下垂，拍边碰背，然后向前上方挥拍，以体会挥拍动作。

方法二：辅助挥拍练习，即在同伴的帮助下进行挥拍练习。

方法三：对墙挥拍练习，即沿墙挥拍练习以体会击球时的运动路线、击球时拍面的位置和方向。

（2）固定球练习方法。

方法一：握拍颈挥拍击球练习，即练习者站在网前，侧身对网，挥拍击球，以体会击球时拍面触球部分。

方法二：跪姿挥拍击球练习，即练习者半跪在中场，先抬肘并弯曲使拍头碰背，然后抛球挥拍将球击过网。

方法三：站立挥拍击球练习，即练习者站在后场，先抬肘并弯曲使拍头碰背，然后抛球挥拍将球击过网。

(3) 完整动作练习方法。

方法一：对墙发球练习，即练习者站在离墙约 12 m 处，以完整的发球动作对墙发球，以体会完整的发球动作。

方法二：发球区发球练习，即练习者站在底线一侧，以完整的发球动作将球发至对场另一侧发球区，以体会发球的动作和目标。

方法三：连续发球练习，即练习者站在底线一侧，用一种发球方法连续发球练习，以巩固发球动作。

三、正手击球

微课
正手击球握拍

1. 技术动作方法

正手击球是指在握拍手同侧于后场击对方反弹来球的技术动作，这种击球方法通常用于接对方发球和反弹来球。正手击球动作由准备姿势、后摆引拍、挥拍击球和随挥跟进四个技术环节组成，如图 10-7 所示。

1

2

3

4

图 10-7 正手击球

(1) 准备姿势。面对球网，两脚自然开立成稍蹲姿势，身体重心落在前脚掌上，身体稍向前倾。左手扶住拍颈，拍面与地面垂直，拍头指向对方，注意对方来球，做好击球准备。

(2) 后摆引拍。当判断来球需要用正拍回击时，以右脚为轴，左脚向右前方跨出呈“关闭式”击球步法，同时转动身体并使右臂沿直线向后上方快速引拍，球拍指向球场后端的挡网，拍头向上稍高于手腕，尽量保持侧身迎击球，左手随着侧身转体而指向前面的来球。

(3) 挥拍击球。当球接近身体时，身体重心前移，以肩关节为轴，大臂带动小臂向前挥拍，手腕固定，向前挥拍时带动身体转动。击球时，拍面垂直于地面并沿着来球的方向挥出，击球点应在左脚脚尖身体右侧方约与腰部同高的位置上。

(4) 随挥跟进。击球后，球拍沿着球飞行的方向继续向上挥动，然后肘关节顺势弯曲，使右臂自然接触下巴，拍头随挥至左肩上方，并用左手扶住拍颈，右脚停留在身后，脚尖触地面结束动作，恢复至准备姿势。

2. 正手击球技术

微课
正手击球动作

(1) 正手平击球。后摆引拍时，手腕稍上翘使拍头高于手腕，并引拍至头部同高。挥拍时，手腕相对固定握拍，以减少拍面挥动过程中的变化。击球时，拍面与地面保持垂直并以同样拍面继续前挥。在引拍和挥拍击球的整个过程中保持拍头不能下垂。击球后，球拍向前挥动于左肩上方自然收拍。

(2) 正手上旋击球。后摆引拍时，拍头稍下垂，手腕翻转与手背形成角度。挥拍时，球拍从上向下再向前上方做环形挥拍动作。击球时，拍面斜向下盖住球并做向上提拉动作，同时加大腰部的转动。击球后，柔软地使用手腕，将球拍挥至身体内侧。在挥拍击球过程中，拍面是一直变化着的。

(3) 正手削球(下旋球)。后摆引拍时,沿直线将球拍引至身体后侧,动作较小。挥拍时,手腕固定握拍,使拍面斜向地面稳定前挥。击球时,用斜向地面的拍面以切削动作在身体侧前方击球。击球后,球拍随球前送,并在身体前方以左手扶拍结束动作。在后摆引拍和挥拍击球过程中保持拍面相对稳定。

3. 正手击球练习方法

(1) 徒手练习方法。

方法一:后摆引拍练习,即练习者站在障碍物前 1～5 m 处,做后摆引拍动作,使拍头前端触及障碍物,以体会后摆引拍的伸展程度。

方法二:挥拍击球练习,即练习者站在障碍物前约 1 m 处,做挥拍击球动作,使拍面触及障碍物,并观察拍面是否与障碍物平行,以体会挥拍击球时拍面的角度。

方法三:完整动作练习,即以准备姿势动作站立,结合"关闭式"步法做后摆引拍、挥拍击球和随挥动作练习,重点体会整个动作过程及收拍动作。

(2) 定位球练习方法。

方法一:自抛击球练习,即以后摆引拍姿势站立,左手握球前伸,使球自由下落反弹至腰部,同时右手挥拍击球。

方法二:击抛球练习,即以准备姿势站立,结合"关闭式"步法,击他人短距离抛来的定点球(这两项练习最好选择在挡网或挡墙前练习,以便捡球)。

方法三:击对方前场抛球练习,即练习者站在发球线后约 1 m 处,迎击对场网前抛来的球。

(3) 移动击球练习方法。

方法一:两人对墙练习,即两人分别站于挡墙约 6 m 处,以底线正手击球方法连续迎击同伴打过来的反弹球。

方法二:底线击对方前场来球,即由他人在对方前场送球,练习者在底线迎击来球。

方法三:两人底线正手击球,即两人分别站立在两底线,以中等力量迎击对方来球,要求击球时动作顺畅完整。

四、反手击球

1. 技术动作方法

反手击球是指在握拍手的异侧于后场击对方反弹来球的技术动作。这种击球方法通常用于接对方发球和反弹来球,如图 10-8 所示。

1

2

3

图 10-8 反手击球

微课
反手击球握拍

反手击球动作由准备姿势、后摆引拍、挥拍击球和随挥跟进四个技术环节组成。

(1) 准备姿势。反手击球的准备姿势动作方法与正手击球相同。

(2) 后摆引拍。当判断对方来球朝你的反手方向飞来时，扶住拍颈的左手应迅速帮助右手变换为反手握拍，右脚向左前方跨出成“关闭式”击球步法，身体重心在右脚上，同时转动身体带动球拍向左后方摆动，将球拍指向球场后端的挡网，后摆时手臂相对伸直，手腕用力使拍头稍翘起，以右肩对着来球。反手后摆动作较正手后摆动作完成得更早些。在后摆引拍整个过程中，左手始终扶住拍颈，直到开始做前挥动作为止。

(3) 挥拍击球。当球接近身体时，将球拍由后向前上方挥出，前挥时手臂仍保持伸直，身体重心在右脚上，击球时手腕绷紧使拍面与地面保持垂直，击球点在右脚左前方膝与腰之间的高度上，结合转体和转肩的动作将球击出。

(4) 随挥跟进。击球后，球拍沿着球飞行的方向继续向右前上方挥动，单手握拍流畅、舒展，随挥至右外侧；双手握拍挥拍至右肩上方结束；左脚保持留在身后，以脚尖触地。

2. 底线反手击球技术

微课
反手击球动作

(1) 反手平击球。这种击球方法适合单手反手击球的初学者。反手平击球一般使用东方式反手握拍方法。其特点是球速快，球的飞行路线比较平直，球落地后的前冲力量大。

技术要点：后摆引拍时，右脚向左侧前方跨出并用力踏地，屈膝降低身体重心。击球时手腕绷紧，使球拍与地面垂直。挥拍击球的路线是从后向前上方比较平缓地挥击，同时左臂自然展开留在身后，保持身体的平衡。击球后，球拍应随着惯性挥至右肩上方，持拍手臂挥直。

(2) 反手上旋击球。这种击球方法适合有一定技术基础的人。

技术要点：后摆引拍时，持拍手肘关节微屈并稍靠近身体。击球时，拍面稍向后倾斜，在利用球拍向上摩擦球体使球产生运动的过程中，前肩应该像一个卷曲的弹簧被放开一样平滑地转动，这个放开动作产生了拍头出去的速度，并把力量作用于击球。击球完成后，球拍不要停止，应继续向右前上方挥动。

(3) 反手削球(下旋球)。这种击球方法较为简单易学，且比较安全，适合于初学者。

技术要点：后摆引拍时，拍头要比反手上旋击球起得高，球拍要相对远离身体，手腕上翘，使拍头高于手腕，拍面稍斜向地面。向前挥拍时肘关节外展，手臂伸直，保持拍面稳定。击球时手腕绷紧，拍面微开，球拍由后上方向前下方做切削动作，击球点比反手上旋击球稍前。击球后，球拍的随挥动作由下稍向上成弧形前挥至肩部或头部高度。

(4) 双手反手击球。这种击球方法由于双手握拍，拍面容易稳定，初学者易于学习和掌握。

技术要点：当判断需要用双手反击球时，右手立即换成东方式反手握拍法，左手顺着拍柄向下滑，直到双手相接，左手掌贴在拍柄背面，以东方式正手握拍法握拍。后摆引拍时，右脚向左前方跨出，身体重心在右脚上，侧身转肩背朝网，双臂相对靠近身体，沿直线向后充分引拍。挥拍时回身转腰，球拍由后下方向前上方挥出，在挥拍过程中尽量保持拍面与地面垂直，击球点位于身体左前体侧与腰部同高处。击球后，将球拍充分向右前上方挥动，环绕至右肩上方收拍，收拍时左臂不能挡住脸部，挥拍结束时右脚留在身后并与地面接触，如图 10-9 所示。

1　2　3

图 10-9　双手反手击球

3. 反手击球练习方法

(1) 徒手练习方法。

方法一:挥拍动作练习,即练习者左手持固定物于身后,右手持拍做挥拍徒手练习,体会挥拍时两手臂展开、保持身体平衡的感觉。

方法二:挥拍击球练习,具体练习方法上文已叙述,此处不再赘述。

方法三:对镜挥拍动作练习,即练习者站立于镜子前挥拍练习,检验与纠正自己的挥拍动作。

(2) 固定球练习方法。

方法一:自抛击球练习,即练习者原地面对挡墙或挡网站立,进行反手的自抛击球练习。

方法二:多球自抛击球练习,即练习者站在底线后,用多球连续进行自抛击球过网练习,体会整个动作过程及人与场地的关系。

方法三:击对方前场抛球练习,具体练习方法上文已叙述,此处不再赘述。

(3) 移动击球练习方法。

方法一:对墙击球练习,即练习者站于挡墙约 6 m 处,以单手反手握拍或双手反手握拍方法对墙连续击球。

方法二:底线击对方前场来球,即由他人在对方前场送球,练习者在底线以反手削球动作方法迎击来球。

方法三:双手反手移动击球,即练习者站立于底线中间,以双手反手握拍方法移动迎击对方前场送于左侧的来球。击球后返回原来位置,准备迎击下一个来球。要求判断球的落点,迅速移动到位,及时后摆引拍。

五、截击球

1. 技术动作方法

截击球是指凌空击对方来球的技术动作,即在球落地之前将来球击回对方场区,可以在网前截击空中球,也可以在场内任何地方截击空中球。截击球以网前截击为主。截击球的特点是缩短了击球距离,扩大了击球的角度,加快了回球速度,在网球比赛中是一种主要的打法和进攻手段。截击球动作由以下四个技术环节组成:

(1) 准备姿势与站位。准备姿势的基本方法与底线击球相同,因为来球速度快、距离短,所以要集中注意力。眼睛注视来球,将身体重心稍降低并落在前脚掌上,上体前倾,做好更充分的击球准备。网前截击的一般站位应该在离网 2～3 m 的位置上,单打应位于前场中间,双打则位于距同侧边线约 2 m 处。截击球以大陆式握拍为主。

(2) 后摆引拍。当判断来球需要截击时,异侧脚向反方向前侧跨出呈"关闭式"步法,同时以肩带动转体后摆引拍,引拍时手腕锁紧球拍使拍面固定,要保持球拍与肩平行,拍头高于手腕且稍高于肩膀,眼睛紧盯着来球。迅速、简单、幅度小是截击后摆引拍动作的特点。

(3) 挥拍击球。向前挥拍时，手腕固定，保持适度开放的拍面，结合"关闭式"步法，将身体重心前移，带动紧张、固定的右肩膀顺势向前挥拍。击球时，手腕紧固，击球点保持在体前，主动上前迎击球，充分利用身体前冲的力量，以短促的动作向前、向下切削来球。

(4) 随挥跟进。截击球的随挥动作一般短促有力，击球后，随惯性球拍向前下方做随挥动作，送出 30 cm 左右即停止。

2. 截击球技术

(1) 正手截击球。后摆引拍时，左脚立即向右前方跨出，同时转肩，带动球拍向后引，拍头要高于握拍手，绷紧手腕，握紧球拍。截击球的动作有点像挡击或撞击，在拍面短促向前撞击的同时微微向下做切削球的动作，击球时保持拍头微翘，拍面稍向后仰。击球后有一个小幅度向前的随挥动作，在随挥过程中手腕仍紧握拍，如图 10-10 所示。

1

2

3

微课
正手网前截击

图 10-10 正手截击球

(2) 反手截击球。对大多数参加网球运动的人来说，反拍截击比正拍截击更容易，因为它更符合人体解剖学肌肉用力结构的特点，如图 10-11 所示。

1

2

3

图 10-11 反手截击球

(3) 截击高球。后摆引拍时，加大后摆引拍的幅度，手腕上翘使拍头竖起。击球时，将球拍对准球做高位切削动作，身体重心前移，然后做简短的随挥动作。反手截击高球时，扶拍手帮助球拍向后引拍，同时控制好拍面，球拍后摆引拍幅度不要太大，拍头朝上，于体前击球。

(4) 截击低球。截击低于网的来球时，首先要降低身体重心，屈膝至来球的适宜高度，移动时若采用前弓步，后膝盖甚至可触及地面，所以截击低球通常被称为"膝盖打球"。击球时，拍头略低于手腕，拍面开放，在身体前面击球时，击球动作和随挥动作更为短促。

3. 截击球练习方法

(1) 徒手练习方法。

方法一：后摆引拍练习，即背对挡墙或挡网 0.5 m 处站立，做后摆引拍动作练习，以体会短距离引拍。

方法二：单个动作徒手练习，即连续正手或反手徒手截击球动作练习。

方法三：正反手徒手练习，即结合步法，交替进行正反手徒手练习。

(2) 固定球练习方法。

方法一：短距离击抛球，即两人一组，相距约 4 m，一人准确抛球，另一人以半跪姿势撞击来球，体会击球时拍面的角度。

方法二：网前短拍截击练习，即两人一组，隔网站立，一人送球，另一人先用手掌接对方来球，然后以短拍截击对方来球，体会击球动作。

方法三：网前截击练习，即练习者站在网前，连续用正手或反手截击对方固定来球。

(3) 移动击球练习方法。

方法一：正反手截击练习，即结合步法，于网前交替以正反手动作截击对方中场送来的球。

方法二：移动截击球练习，即练习者站在网前一侧边线处准备，移动着连续截击对方3个不同位置的来球，以体会移动击球动作。

方法三：截击高球练习，即练习者站在发球线中间，判断对方来球后，以截击高球的动作截击对方来球。

六、其他技术

1. 高压球

高压球的动作和发球差不多，后引拍动作比发球简短，直接引拍下垂在肩后。击球点在右肩前上方，击球的后上部，利用身体的前俯带动肩臂向前挥拍，无须切削或旋转动作。有时来球过高，还可跳起来打高压球，起跳与引拍应同时进行，空中击球后落地。高压球适用于击高于头的来球，也可直接击落地的高球。

2. 挑高球

持拍自下方后引，直接自右下方向前挥拍，用球拍击球的后下部或下部，把球高高地打入上空，落在对方后场区。若球拍有向后上方提拉的动作，可使球产生强烈的上旋。挑高球的目的在于迫使对方后退，赢得时间回到有利的位置。

3. 放短球

放短球多用手腕动作，小臂带动手腕持拍向下切，沿球的下部快速滑动，缓冲来球力量，使球后旋，落入对方网前。放短球适用于对方在底线往复跑动时，出其不意地突放一网前短球，造成对方来不及上网而失误。

复习思考题

1. 简述网球运动的产生与发展。
2. 网球运动的特点有哪些？
3. 网球运动的基本技术有哪些？

第十一章　气排球运动

第一节　气排球运动概述

气排球运动是一项集运动、休闲、娱乐为一体的群众性体育项目。作为一项新的体育运动项目，气排球由于运动适量、不激烈，男女都可以混合进场参与，适合各个年龄层次的人而受到青睐。

一、气排球及其运动的特点

(1) 球质软。气排球富有弹性，手感舒适，不易伤人。

(2) 运动量适宜。气排球活动有跑、跳、蹲、转身，使脑、眼、手、腰、脚等都活动，但活动量不大，有利于健身强体。

(3) 集体性极强。气排球运动必须协调配合，有利于团结奋进和展现高尚的道德风范。

(4) 规则宽。人体任何部位触球都可以，有时候为了救球，在手来不及的情况下，可以用脚踢，只要按规则要求将球打到对方场内地面上空即为有效。

二、气排球比赛规则

1. 气排球比赛场地

(1) 气排球的比赛场地长 12 m，宽 6 m，球网高度为男子组 2.1 m、女子组 1.9 m。

(2) 每个场区有一条距离中心线 2 m 并与边线连接的平行线，称为限制线。中线与限制线以内的地区为前场区，限制线与端线间为后场区。

2. 气排球的特征

(1) 气排球是圆形的，由软塑胶制成。

(2) 颜色为黄色、白色或彩色。

(3) 球的质量为 100～120 g。

3. 比赛队

(1) 一个球队队员最少 6 名，最多 8 名。领队、教练各一名。领队可以兼运动员。

(2) 只有登记在记录表上的队员才可以参加比赛。另外，运动服胸前需要有明显的号码标志。

4. 教练员和队员

(1) 教练员和队员应了解并遵守规则，以良好的体育道德作风服从裁判员的判定。如有疑问，只有场上队长可向裁判员请求解决，教练员不得对判定提出异议或要求解释。

(2) 教练员和队员必须尊重裁判员与对方队员。不得以任何行为影响裁判员的判断，不得以任何行动表现拖延死球时间或被认为有意延误比赛。

(3) 教练员在赛前应将本队队员姓名、号码登记在记录表上并签字。在每局比赛开始前，应填写上场队员的位置表交第二裁判员。

(4) 比赛结束时双方队长须在记录表上签字，承认比赛结果。

5. 队员场上位置

(1) 双方队员各分为前排 3 名，后排 2 名。前排左边为 4 号位，中间为 3 号位，右边为 2 号位，后排左边为 5 号位，右边为 1 号位。每局比赛开始，场上队员必须按位置表排定的次序站位，在该局中不得调换。发球时场上队员位置不能调整，前排队员可以站在限制线以外，但后排队员不能站在前排队员前面。队员的位置是根据其脚的着地部位来判定的，每名前排队员至少有一只脚的一部分比后排队员的双脚距中线更近，每名右边(左边)队员至少有一只脚的一部分比同排中间队员的双脚距场地的右(左)边线更近。在发球队员击球的一刹那，场上队员脚的着地部位必须符合其位置要求。在发球后，队员可以在本场区和无障碍区的任何位置上。

(2) 发球队员可在本场区端线外任意地方发球。当发球队员击球后，双方队员在场内可随意换位，即队员可以在本场区内的任何位置上，不受上述限制。

(3) 在新的一局，每个队上场队员的位置可重新安排。登记在记录表上的队员都可被列入新的上场阵容。

6. 暂停

(1) 每局比赛中，每个队可请求两次暂停，每次暂停时间为 1 min。只有成死球时经教练员或场上队长向裁判员请求后才准暂停。第一裁判员鸣哨后，比赛应立即继续进行。

(2) 如果某队请求第三次暂停，应予拒绝，并提出警告。在同一局中若再次发生则判该队失发球权或对方得分。

(3) 暂停时队员可离开场区接受教练员的指导。

7. 换人

(1) 每局每队最多可替换 6 人次，一下一上为一次，一次可替换一人或多人。某队换人时应由教练员或场上队长在死球时向裁判员提出请求，并说明替换人数和队员的号码，经记录员登记完毕，比赛继续进行。

(2) 换人时，不得进行指导。同一个队已请求换人而未经过比赛过程，则不准再次请求换人。

(3) 替补队员每局只有一次上场机会，他可以替换任何一个开始上场的队员。同局中，他只能由被他替换下场的队员替换。

8. 发球

(1) 发球时球必须清晰地离手，抛出后用一只手或手臂击球，并使球由两标志杆内直接越过球网或球角网落入对方场地即为好球，发球方得 1 分；如果球未过网或触及两标志杆则应判违例，接球方得 1 分。

(2) 第一局和决胜局经抽签由取得发球权的队的 1 号位队员首先发球，第二局由前一局未首先发球的队发球。

(3) 发球队胜一球或接发球队取得发球权时，该队队员必须按顺时针方向轮转一个位置，由轮转到 1 号位的队员发球，如果没有按发球次序轮转发球，则为轮转错误，必须立即纠正，否则判失去发球权。

(4) 发球队员必须在端线发球区内发球。他可以自由移动或起跳。但他击球时不得踏线或超越发球区，击球后可落在场内。

(5) 发球队员必须在第一裁判员鸣哨发球后 8 s 内将球发出。球被抛起而发球队员未击球,球也未触及发球队员而落地,第一裁判员应再次鸣哨继续发球,若发生第二次则视为违例。

(6) 发球队的队员不得以任何方式阻挡对方观察发球队员和球的飞行路线。

(7) 队员直接向对方击球即为进攻球,他把球接住或把球顺势缓冲至停留后再把球送出即为持球,则判犯规。

9. 击球

(1) 每队最多击球三次(拦网除外),并将球回击过网进入对方场区。每名队员不得连续击球两次。

(2) 队员身体的任何部位都允许触球。球可以同时触及身体的不同部位,但必须是一次发力、一个动作。

(3) 队员采用各种动作将球击出。如把球接住或把球顺势缓冲至停留后再将球送出,则应判违例犯规。

(4) 本队二三名队员同时击球只计 1 次,触到球的队员不能再去击球。

(5) 双方队员在球网上空同时击球,球落在某方,某方仍可击球 3 次,若球落在界外则判对方击球出界。

(6) 双方队员在球网上沿将球按住则判双方犯规,该球应重新进行。

(7) 一个队连续击球 4 次(拦网除外),应判 4 次击球犯规。

10. 拦网

(1) 对方进攻时,前排三名队员可以进行单人或集体的拦网。球可迅速而连续地触及一名或多名拦网队员,拦网后的队员仍可击球。

(2) 拦网时,球可以触及拦网队员的手及身体任何部位。

(3) 拦网队员不得将手或手臂伸过球网进行拦网。

(4) 拦网不算一次击球,还可以再击球三次。

(5) 后排两名队员不准到网前进行拦网,当参加拦网并起到拦网作用时应判犯规。

(6) 不得拦对方的发球。

第二节　气排球运动的基本技术

气排球运动的基本技术包括准备姿势与移动、发球、垫球、传球、扣球和拦网。一般来说,首先学习准备姿势和移动,熟练掌握各种移动步法;然后学习传接、接球、发球技术,掌握一定技术后就可以进行简单的比赛;在此基础上学习扣球、拦网技术,方可在比赛中组织简单的进攻和防守战术。

一、准备姿势与移动

准备姿势与移动是完成各项技术的基础和前提,任何一个动作的运用与效果在很大程度上取决于是否做好了准备姿势,以及做出快速的反应和移动。在运动中,很多的失误球是准备不好、反应慢和移动不及时所造成的。气排球在运行中的情况错综复杂,来球方向、轨迹、力量等都变化不定。因此,运动员在场上必须高度集中注意力,随时保持正确的准备姿势,加强预判,以便根据来球做出快速的反应和移动,完成和提高各项技术的效果。

（一）准备姿势

（1）半蹲准备姿势。两脚左右开立比肩稍宽，脚尖稍稍内收，两膝弯曲呈半蹲姿势，脚跟稍提起，身体重心稍前倾，手臂放松且自然弯曲，双手置于两膝上方，目视来球方向，如图 11-1 所示。

（2）低蹲准备姿势。两脚左右、前后开立的距离比半蹲准备姿势更宽一些，两膝的弯曲程度更大一些，身体重心更低，两手置胸腹之间，如图 11-2 所示。

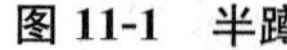

图 11-1　半蹲

图 11-2　低蹲

（二）移动

移动是接好球的重要条件。不论是一传、二传还是后排防守，都必须判断好来球的轨迹、来球的方向，移动到位或取好位置，争取做到“球到动作到”。常用的移动步法有滑步、交叉步、跨步、跑步、综合步法等。

（三）准备姿势和移动技术的练习方法

1. 无球练习

（1）原地做模仿练习，即两人一组，一人做准备姿势和移动练习，另一人纠正动作。

（2）看手势做向前、向后、向左或向右的一步和两步移动。

（3）两人一组，一人做向各个方向的移动，另一人跟随做相同方向的移动。

（4）围场地慢跑，当看到手势或听到声音即停，做好准备姿势。

（5）准备姿势与移动相结合练习。

2. 有球练习

（1）两人一组，一人用一个或两个球向前、后、左、右各个方向抛出，另一人移动后用双手把球接住和抛回。

（2）单人在场地内连续接各种抛球，要求抛球人抛出高低、远近不同的球。

（四）易犯错误

（1）动作过于僵硬，直腿弯腰。

（2）移动时身体起伏，身体重心过高。

（3）臀部后坐，以全脚掌着地。

（五）纠正方法

（1）准备姿势要自然放松，便于及时起动和移动。

（2）移动步法要轻松自然，身体重心不能起伏过大，以免影响移动速度。

(3) 准备姿势的身体重心要靠前，双膝投影要超过脚尖。

(4) 前脚掌触地，脚跟提起，两脚前后分开距离稍宽。

二、发球技术

发球在气排球运动中是进攻手段的首要环节，有威力的发球可起到先发制人，争取主动的作用。所以，发球既要有攻击性，又要有准确性。在气排球发球技术中，女子常用的有正面下手发球、侧面下手发球，男子常用的有正面上手发飘球、正面上手发侧旋球、横向助跑单脚起跳发飘球。其基本的动作要求必须做到抛球稳、击球准、挥臂快、力量大、手法正确。

1. 正面下手发球

这种发球动作简单易学，发球的失误率较小，准确性高。但是其速度慢、力量小、攻击性差，适合初学者。

(1) 准备姿势。面对球网，两脚前后站立，左脚在前，两膝弯曲，上体前倾，身体重心偏后脚，左手持球于腹前，右臂自然下垂。

(2) 抛球。左手将球平稳地抛在体前左侧，抛起高度为 20～30 cm。

(3) 击球。在抛球的同时，右臂伸直，以肩关节为轴向后摆动，击球时右腿蹬地，身体重心随着右手的向前摆动前移，在腹前用掌根击球的后下部，身体重心随击球动作前移，迅速进场比赛。正面下手发球动作如图 11-3 所示。

图 11-3　正面下手发球

2. 侧面下手发球

这种发球是利用身体的转动发力，使球在空中飞行时产生前旋，因此具有一定的攻击性。

(1) 准备姿势。以左肩对网站立，两脚左右分开与肩同宽，两膝微屈，上体前倾，左手持球置于右前方。

(2) 抛球。将球平稳地在体前抛起，球被抛起高度为 20～30 cm。

(3) 击球。在将球抛起的同时，借助身体向左转的力量，右臂同时向前上方摆动，用手掌击球的后中下部(也可以带有一定的搓球动作，使击出的球在空中向前旋转)。

3. 正面上手发球

正面上手发球包括发左右飘球、侧旋球、前旋球和后旋球。这种发球方法是根据气排球的性能和流体力学的理论，通过力与速度、气流阻力的关系，选择不同的击球部位和击球手法，使发出的球在空中产生飘浮、旋转。因此，它具有一定的攻击性和威胁性。

(1) 准备姿势。面向球网，两脚自然站立，左脚在前，身体重心落在右脚上，左手持球于体前。

(2) 抛球。左手将球平稳地垂直抛向右肩上方，高度适中，同时右臂抬起向后上方引臂，手掌自然张开，上体稍向右侧转动，抬头、挺胸、展体，身体重心移到右脚上。

(3) 击球。蹬地转体，迅速收腹带动手臂向前上方挥动，伸直手臂在右肩前上方的最高点用全手掌击球的后中部，在手触球时自然张开手指与球吻合，手腕要迅速向前做推压动作使击出的球呈上旋飞行，身体重心前移，迅速进场比赛。正面上手发球如图 11-4 所示。

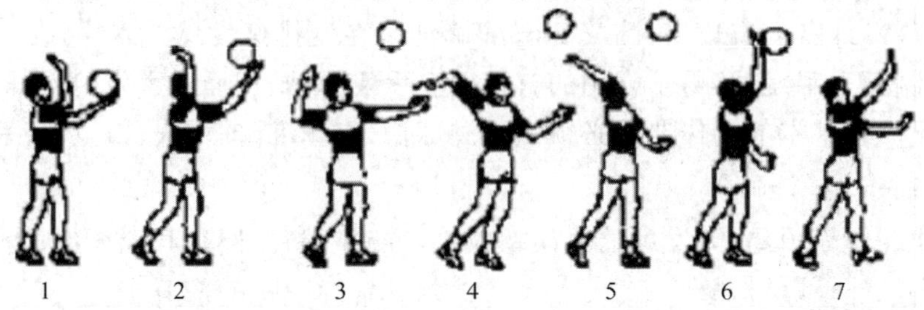

图 11-4 正面上手发球

4. 发球技术的练习方法

(1) 徒手模仿发球动作练习。

(2) 抛球练习，要求平稳、垂直地将球向上抛，抛出的球不旋转，每次抛出球的高度能一致。

(3) 击固定球，即两人一组，一人持球举至击球点高度，另一人挥臂击球，体会击球点和挥臂动作。

(4) 面对墙壁或球网近距离发球，体会抛球和挥臂击球动作的配合。

(5) 在场地发球区发球练习，掌握好击球的力量和球的落点。

5. 易犯错误

(1) 抛球时有屈腕动作，抛出的球不平稳。

(2) 抛球的高度、位置不准确。

(3) 击球时触球部位错误，做不出推压带腕动作。

6. 纠正方法

(1) 反复平抛物体，并使之不旋转，做平托上送抛球练习。

(2) 徒手挥臂练习，即对墙壁或球网距离 5～6 m，用掌根轻击球，体会击球手法。

(3) 持球反复练习，抛球、挥臂、击球结合练习，在发球准确的基础上加强发球的力量，使其更有攻击性。

三、垫球技术

垫球是接发球和后排防守的主要技术，是组织进攻的基础环节。因此，提高垫球技术的熟练程度和运用能力，是争取得分或减少失误的重要条件。在气排球运动中，常见的垫球方法有正面双手垫球、体侧双(单)手垫球和背垫球。

1. 正面双手垫球

正面双手垫球手型如图 11-5 所示。

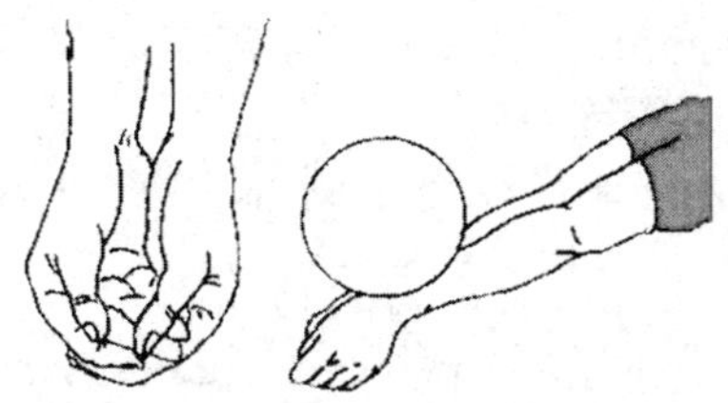

图 11-5　正面双手垫球手型

（1）准备姿势。正面对正来球方向，两脚前后开立略宽于肩，脚跟提起，前脚掌着地，两膝微屈内收，身体重心稍前倾，双臂自然弯曲置于腹前。

（2）击球点和触球部位。当球接近腹前时，两手重叠，掌根靠拢，合掌互握，两拇指平行朝前，手臂伸直，手腕下压，用前臂旋外形成的夹角靠近手腕的部分击球的后下方。击球时两臂形成一个平面，身体和两臂要有自然的随球伴送动作，以便控制球的落点和方向。

2. 体侧垫球

当来球速度快且落点在身体的两侧时，可运用体侧垫球。体侧垫球的手型和技术要领与正面双手垫球基本一样，不同点是：双手向两侧伸出迎球，这时两臂是一上一下伸直夹紧。体侧垫球如图 11-6 所示。

1

2

3

4

图 11-6　体侧垫球

3. 背垫球

背垫球的运用有两种形式：一是当来球的落点在向体后上方且高于头，同时来不及移动时，利用转身迎球，并将球垫到适当的位置；二是当来球低于胸部时，有意识地将球向后垫击从而有效地组织进攻。背垫球如图 11-7 所示。

图 11-7　背垫球

4. 单手垫击球

单手垫击球一般是瞬间反应（也称本能意识）或者“救球”时做出的一种垫球动作。击球时可用全掌或掌根（当来球高于胸部时）击球的后下部。

5. 垫球技术的练习方法

(1) 原地做徒手模仿垫球动作练习。

(2) 垫固定球,即两人一组,一人持球于腹前,另一人用垫球动作击球,体会击球的动作。

(3) 原地(行进间)垫抛来球,即两人一组,一人抛球,另一人垫球。

(4) 自己垫球,体会挥臂动作。

(5) 两人相距 7~8 m,一人发球,另一人垫球。

(6) 三人一组,三角连续垫球。

6. 易犯错误

(1) 身体动作不协调,上肢、下肢动作脱节。

(2) 垫球时手臂伸不直,并不拢,两手臂高低不平。

(3) 触球时没抬臂,身体向上拱,动作僵硬。

7. 纠正方法

(1) 两手并拢用绳子绑住,臂与胸之间夹一个球,然后垫击固定球、垫抛球或垫扣球。

(2) 两手手指交叉轻握,垫固定球或垫抛球,多做徒手模仿练习。

(3) 反复练习原地或行进间向上自垫球。

四、传球技术

传球是气排球运动中最基本、最重要的一项技术。传球的主要作用是把抛起的球传给前排队员予以进攻,也称二传。传球的好坏直接影响全队的战术配合质量。

1. 正面上手传球

(1) 准备姿势。判断来球,迅速移动到球的落点,对正来球,两脚左右开立,约同肩宽,左脚稍前,后脚脚跟稍提起,两膝微屈,上体稍前倾。两臂弯曲置于胸前,两肘自然下垂,两手呈传球手型,眼睛注视来球方向。

(2) 击球点。击球点在额头前上方约一球距离处。

(3) 传球手型。当手触球时,手腕稍后仰,两手自然张开,手指微屈呈关球状,两拇指相对呈"一"字形或"八"字形,两拇指间的距离不能过大,以防漏球。正面上手传球手型如图 11-8 所示。

图 11-8 正面上手传球手型

(4) 击球用力。当来球接近额前时,开始蹬地,伸膝、伸臂,两手微张迎球,以拇指内侧,食指全部,中指的第二、第三指节触球的后下部,无名指和小指触球两侧,触球时指腕保持适当紧张,以承担球的压力,用手指的弹力、手臂和身体协调的力量将球传出。正面上手传球击球如图 11-9 所示。

图 11-9　正面上手传球击球

2. 背传

背传指二传队员向后上方传球。背传的准备姿势比正传时稍直立，身体重心在两脚之间，不要前倾，双手自然抬起，纵置于脸前。当判断一传来球之后，迅速移动到球下，双手抬起，当手触球时，手腕适当后仰，掌心向上，在额上方击球的下部，如图 11-10 所示。

图 11-10　背传

3. 跳传

在空中传球称为跳传。跳传的起跳最好是向上垂直起跳，要掌握好起跳的时间，起跳过早或过晚都会影响传球的质量。应根据一传球的高低及时起跳。两手放在脸前，当身体上升到最高点时，靠伸臂动作和手指手腕的弹击力将球传出，由于在空中无支撑点，用不上蹬地力量，只有靠伸臂动作将球传出，因此必须在身体下降前传球出手，才能控制传球力量。

4. 传球技术的练习方法

（1）原地或行进间做徒手模仿传球技术练习。

（2）传固定球练习，即两人一组，一人按传球手型持球于额前，另一人用手压住球，传球者按传球用力方向向前上方伸展，体会传球手型和身体的协调用力。

（3）近距离传球练习，即两人一组（可面对墙壁），传球的距离要逐渐加大，体会腿蹬地的用力动作。

（4）传抛来球练习，即两人一组，一人抛球，另一人传球，要求抛球准确，距离由近到远。

（5）移动传球练习，即两人一组，一人抛球，一人前后、左右移动传球，要求抛球人将球抛在距传球人一二步远的距离。

（6）三人传球练习，即三人一组三角传球。

5. 易犯错误

(1) 移动速度慢，判断不准确，没选择好球的落点位置，没对准来球。

(2) 击球点太靠前或过高，传球时手臂伸得太直。

(3) 拇指朝前，手指、手腕过于紧张，缺乏弹击力，传球时有后打动作。

(4) 传球时上体后仰，全身用力不协调。

6. 纠正方法

(1) 徒手做向各个方向移动步法练习，移动接传各种来球。

(2) 一人抛球，另一人用传球手型在额前将球接住，或者坐着自抛自传、向远处传球。

(3) 多看正确的动作示范，多做传球的模仿练习，用拇指、食指对墙壁近距离传球。

(4) 两人近距离传接足球或篮球。

(5) 多做无球或有球练习。

五、扣球技术

扣球是进攻的最基本、最主要的手段，是气排球基本技术中攻击性最强的一项技术，在比赛中占有重要地位，是得分的主要手段，也是进攻中最积极的武器。扣球攻击力的强弱往往取决于扣球的水平和扣球的多变性。

1. 扣球技术的动作要领

(1) 准备姿势。站在离网 3～4 m 处，两脚自然开立，两膝微屈，上体前倾，两臂自然下垂，观察二传来球，随时准备向各个方向助跑起跳。

(2) 助跑。目的是获得一定的水平速度，增加弹跳高度，并选择适当的起跳点，注意助跑的时机、方向、步法、速度和节奏。

(3) 起跳。在助跑跨出最后一步的同时，两臂绕体侧向后引，在左脚落地制动的过程中，两臂自后积极向前摆动，随着双腿蹬地向上起跳，两臂配合用力上摆。扣球起跳姿势如图 11-11 所示。

图 11-11 扣球起跳姿势

(4) 空中击球。起跳后，挺胸展体，上体稍向右转，右臂向后上方抬起，挥臂时以迅速转体、收腹动作发力，带动肩、肘、腕各部位关节成鞭甩动作向前上方挥动，击球时五指微张呈勺形并保持紧张，用全手掌包满球，以掌心为击球中心击球的后中部，同时主动用力屈腕屈指向前推压，使扣出的球加速上旋，击球点在起跳和手臂伸直最高点的前上方。空中击球如图 11-12 所示。

图 11-12　空中击球

(5) 落地。于空中完成击球动作后，身体自然下落，为了避免腿部负担过重，应该用双脚的前掌先着地，同时顺势屈膝，缓冲身体下落的力量。

2. 扣球技术的练习方法

(1) 原地双脚步练习，要求两脚用力蹬地，两臂画弧摆动配合起跳，在空中扣球手臂抬起并后引成扣球前的动作，落地要双脚前脚掌着地，屈膝缓冲。

(2) 移步助跑起跳练习，要求手脚配合协调。

(3) 网前助跑起跳练习，掌握助跑起跳步法。

(4) 徒手挥臂甩腕练习，体会鞭甩动作。

(5) 两人一组，一人持球举至击球点位置，另一人挥臂击固定球，体会击球点和手型。

(6) 网上扣固定球，体会网上扣球击球点和手型。

(7) 面对墙壁连续扣球，体会挥臂动作和击球手法。

3. 易犯错误

(1) 助跑起跳动作不协调，起跳点不准确，起跳时间不合适。

(2) 击球手法不正确，全掌包不住球，扣球不在区域范围内。

(3) 挥臂动作不正确，不能保持在最高点击球。

4. 纠正方法

(1) 在地上画出起跳点和落点，按标记做助跑起跳练习，以信号限制助跑起动时间。

(2) 低网原地自抛自扣或反复做扣固定球练习。

(3) 在低网前做原地直臂扣球过网练习，熟练后将网升至队员起跳后能扣过球的高度进行练习。

六、拦网技术

拦网是防守的第一道防线，是反攻的重要环节，是得分的手段之一。拦网分为单人拦网、双人拦网和三人拦网。

1. 站位和准备姿势

当本方发球时，前排队员应近网站立，并预判对方所采取的进攻战术和进攻点，即对方在哪个位置下球。拦网站位和准备姿势如图 11-13 所示。

图 11-13 拦网站位和准备姿势

2. 起跳和空中击球

要尽量靠近对方的攻击点或来球路线起跳，双手伸直并稍伸过网(不能触网)，张开手指，同时手腕稍下压，把对方的扣球或来球拦下。空中击球动作如图 11-14 所示。

图 11-14 空中击球动作

拦网时，要尽可能地组织起多人拦网，提高拦网的效果。双人拦网和三人拦网如图 11-15 所示。

图 11-15 双人拦网和三人拦网

3. 拦网技术的练习方法

(1) 降低球网原地做徒手伸臂拦网动作练习。

(2) 两人一组在低网前隔网站立，一人将球举在网上，另一人原地做拦网动作，体会拦网手型。

（3）在网前做徒手原地、行进间步法起跳拦网练习。

（4）两人一组隔网站立，一人在网前抛高球，另一人起跳拦网，体会起跳时间和压腕动作。

（5）两人一组隔网站立，一人扣球，另一人拦网。

4. 易犯错误

（1）判断时机不准确，拦网起跳过早或过晚。

（2）拦网起跳时，脚过中线或身体触网。

（3）拦网时手离网较远，球从手与网之间漏下。

（4）对来球路线、速度判断不准确。

5. 纠正方法

（1）分析各种扣球的起跳时机，运用信号刺激提高起跳时机判断的准确性，在练习中反复体会拦网的正确起跳时间。

（2）反复练习提肩压腕的拦球动作，反复做徒手模仿拦网练习。

（3）起跳后在空中要含胸收腹，判断信号，做原地或快速移动起跳拦网练习，学会最后一步制动和垂直起跳。

（4）结合扣球练习网前起跳、手臂伸过网的动作。

（5）判断扣球人助跑路线和挥臂动作，选择正确的起跳点，随时准备变换拦击路线。

第三节　气排球特有技术

气排球体积较大，质量较轻，在空中飞行的速度较慢，特别容易受到气流的影响，重心很不稳定。只有通过加大击球面积，才能克服球的稳定性差的状况。在长期的实战过程中，气排球运动者们发明了抱、捧、托等技术动作，有效地解决了防守击球时球体稳定性差的问题。室内六人排球中的垫球技术在气排球中主要用于接重球。

一、双手插托击球

双手插托击球是指面对来球，在腰部以下空间高度接球的技术。它的明显特征是：一只手掌心朝上，五指朝前，另一只手掌心朝前，五指朝侧，两手在球的后下方形成一个与球相吻合的弧形。双手插托击球用于接发球和接各种攻击过网的球，它是气排球中特有的一项技术动作，如图 11-16 所示。

1

2

3

图 11-16　双手插托击球

1. 动作方法（以左手下右手上为例）

（1）准备姿势。面对来球，两脚开列与肩同宽，根据来球的速度和力量呈半蹲或稍蹲姿势站立。

(2) 迎球动作。当来球接近体前时,开始蹬地、伸膝,手指张开从腹前迎球。全身各部位动作应协调一致。

(3) 击球手型、击球部位与击球点。双手型成一个与球体相吻合的弧形,一只手在球下,称为托球手;另一只手在球后,称为护球手。触球时,两肘弯曲,托球手五指分开,掌心朝前上方且手指朝前呈勺形(手心空出不触球),用手指、指根触及球的后下部,护球手五指分开,掌心朝向来球的方向且手指朝侧呈勺形,手指触球的后方。

(4) 用力方法。在迎球动作的基础上,在手和球即将接触前,手腕和手指要有顺势后下展的动作,击球时,托球手手掌、手指给球体以撩拨动作,手掌、手指的撩拨用力从球体重心的后下方通过,使球在向前上方抛起的同时产生上旋。护球手同时翻顶球的中后部,利用托、翻、抬的合力将球传出。

2. 技术分析

(1) 准备姿势的运用要根据不同情况而有所变化。接一般的轻球,身体重心可稍高。接扣球和吊球时,应采用半蹲或低蹲准备姿势,两膝的弯曲度与身体重心的高低应根据来球的高度和角度及腿部力量大小而定,在不影响快速起动的前提下适当降低身体重心,这样有利于手快速插入球下接低球。

(2) 抱送球时,球离身体不宜太远或太近。击球点位置应使托球手保持大小臂自然弯曲于体侧,这样利于充分保证手臂运动的幅度和角度,从而控制出球的方向、高度和落点。

二、抱球

抱球是指将离身体较远的正面来球或低球接起的技术动作,如图 11-17 所示。它的明显特征是:双手掌心相对,手腕自然下垂,五指自然张开,形成一个与气排球大小相吻合的弧形。

1

2

3

图 11-17 抱球

1. 动作方法

(1) 准备姿势。面对来球,两脚开列约与肩同宽,根据来球的速度和力量呈半蹲或稍蹲姿势站立。

(2) 迎球动作。当来球接近体前时,开始蹬地、伸膝,手指张开从腹前迎出,全身各部位动作应协调一致。

(3) 击球手型。两肘弯曲,上臂与前臂夹角大于 90°,双手位于腹前,两手掌心斜相对,两个大拇指的距离大于小拇指的距离,十指张开,呈弧形。

(4) 击球部位与击球点。双手型成一个弧形(手心空出),以手指和指根部触击球,用左手击球的左后下部,右手击球的右后下部。

(5) 用力方法。在击球瞬间,两手托住来球的后下部,靠手腕的抖动、手指的弹拨及抬臂的力量将球击出。

2. 技术分析

当来球时，双手要向来球的方向伸出。在手和球即将接触前，有顺势迎球的动作且两手型成一个弧底形。在击球瞬间，两手托住来球的后下部，靠手腕的抖动、手指的弹拨、抬臂动作及全身的协调发力将球击出。

三、捧球

捧球主要用来处理速度较快的来球。其明显的动作特征是双手掌心朝上，十指张开且朝前，双手型成一个弧底形，如图 11-18 所示。

1

2

图 11-18　捧球

1. 动作方法

(1) 准备姿势。面对来球，两脚开列约与肩同宽，根据来球的速度和力量呈半蹲或稍蹲姿势站立，两肘弯曲，上臂与前臂夹角为 90°。

(2) 击球手型。来球时，双手掌心向上，手指张开，十指朝前，形成弧底形，手指、手腕与前臂基本形成一个平面。

(3) 击球部位与击球点。双手型成一个弧形，以全手掌迎击球的下部。

(4) 用力方法。双手捧球击球时，大臂夹紧身体，手指、手腕与前且在一个平面上，靠手指、手腕与前臂上托的瞬间发力动作将球击出，其动作幅度较小。

2. 技术分析

准备姿势应采用半蹲或低蹲准备姿势，要求在不影响快速起动的前提下适当降低身体重心，这样有利于双手快速插入球下。在击球瞬间，两掌心插到球后部捧住来球，上臂要夹紧身体，手指、手腕与前臂要保持一定的紧张度，靠前臂、手腕、手指的力量击球，击出点一般在身体腹部前方。气排球捧球技术特别适用于接对方速度快的追身球。

复习思考题

1. 气排球运动的特点有哪些？
2. 简述气排球运动的比赛规则。
3. 气排球运动的基本技术和特有技术分别有哪些？

第三篇　民族传统体育类

第十二章　武术套路

第十三章　太极拳运动

第十二章 武术套路

第一节 武术概述

一、武术的定义

武术是中国民族传统体育项目，在我国已有几千年的历史。它以技击动作为主要内容，以套路和格斗为主要运动形式。武术是一项具有健身价值和技击功能的传统体育项目，它既能强身健体，防身自卫，又能修身养性，陶冶情操，还能让人了解丰富的传统文化内容、武术特殊的价值功能，对维护社会秩序的稳定、保护人民利益、调节人际关系都有其特殊的作用。

二、武术的礼仪

古代习武者相见以抱拳为礼，此礼中有中国民俗和传统文化特色。习武者不以握手为礼，意在避免对方猜疑，同时也可避免对方暗藏杀机，如擒拿术中便有趁对方伸手相握之机擒住对方的手法。

自1986年起，武术竞赛规则中要求在比赛上场时实行抱拳礼，制定了统一的"抱拳礼"规则，赋予了其新的含义。

抱拳礼的规则是：右手握拳，左手拇指屈回，其余四指并拢，掩掌于右拳拳面上，拳掌距胸20～30 cm，两臂屈回与胸齐平。行抱拳礼时，要求两腿并步站立，头正身直，目视受礼者。

抱拳礼的含义：右手握拳喻"尚武""以武会友"，五湖存知己；以左手掌掩右拳喻"拳由你来"，表示对对方的尊重；屈左拇指喻不自大；左掌四指并拢，喻四海武林同道团结齐心，光大武术运动。所以，抱拳礼动作的完整意思是：来自五湖四海的各位同道、朋友请多指教、多帮助、多包涵，在下献丑了。这是一种谦虚的表达。

比赛时，若运动员手持器械，则应使器械与地面垂直，执器械之手五指屈拢，空手竖掌，向裁判长行抱拳礼。若运动员两手均执器械，则必须面向裁判长立正行注目礼。当检录员检查器械或裁判长要求检查器械时，若是短器械，运动员应使器械尖向下，将器械竖直，递给裁判人员；若是长器械，运动员应将尖向上，使器械垂直，递给裁判人员。

三、武术的特点

1. 技击性

武术最初作为军事训练手段而与古代军事斗争紧密相关，其技击的特性是显而易见的，其目的在于杀伤、制限对方，常常以最有效的技击方法迫使对方失去反抗能力。这些技击术至今仍在军队、警队中被运用。中国武术作为体育运动，在技术上不失攻防技击的特性，进而将技击寓于搏斗与套路运动中。

(1) 搏斗运动。搏斗运动集中体现了武术攻防格斗的特点，在技术上与实用技击基本上是一致的。但是从体育观念出发，武术受到竞赛规则的制约，规定以不伤害对方为原则。例如，在散手中对武术中的有些传统实用技击方法做了限制，而且严格规定了击打部位和保护护具，对短兵器具也做了相应的规定。推手则是在特殊技术规定下进行竞技对抗的。因此可以说，武术的搏斗运动具有很强的攻防技击性，但又与实用技击有所区别。

(2) 套路运动。套路运动是中国武术特有的表现形式，一些动作在技术规格、运动幅度等方面与技击的原形动作相比有所变化，但动作方法仍然保留了技击的特性。即使因连接贯串及演练技巧的需要穿插了一些不一定具有攻防技击意义的动作，但就整套技术而言，套路运动主要的动作仍以踢、打、摔、拿、击、刺为主，这是套路的技术核心。套路运动的攻防技击特性是通过一招一式来表现的，汇集百家，其技击方法极其丰富，在散手、短兵中不宜采用的技术方法在套路运动中仍有所体现。

2. 形神兼备

形体规范、精神传意、内外合一的整体观是中国武术的一大特色。所谓内，是指心、神、意等心志活动和气的总运行；所谓外，即手、眼、身、步等形体活动。内与外、形与神是相互联系的统一整体，不可分割。

3. 广泛的适应性

武术的练习形式和内容丰富多样，有竞技对抗性的散手、推手、短兵，有适合演练的各种拳术、器械和对练，还有与其相适应的各种练功方法。不同形式的长、短武术器械有数十种，不同风格的拳种也有200多种，流传的套路多达2 000个。不同的拳种与器械有不同的动作结构、技术要求、运动风格和运动量，分别适应不同年龄、性别、体质的人们的需求，人们可以根据自己的条件和兴趣爱好进行选择练习。同时，武术对场地、器材的要求较低，练习者可以根据场地的大小变化练习内容和方式，具有更为广泛的适应性。

第二节　武术的基本动作

武术基本动作是指武术运动项目中不可或缺的、典型的各种类型重要动作，它在发展难度动作的基础上，对学习同类动作起着引导、帮助作用。徒手基本动作练习的内容包括手型、手法、步形、步法、腿法、跳跃、平衡、跌扑滚翻动作等，是各单项动作的基本练法。通过人体各部单项动作的训练，可以增强各部的运动力量及灵活性，为学练武术各种功法打下良好基础。

一、手型

1. 拳

四指并拢握紧，拇指紧扣食指和中指的第二指节，如图12-1所示。

2. 掌

四指并拢伸直，拇指弯曲紧扣于虎口处，如图12-2所示。

3. 勾

屈腕，五指的第一指节捏拢在一起，如图12-3所示。

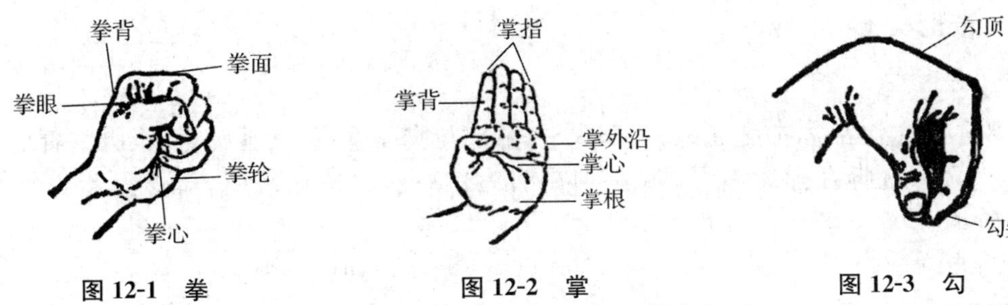

图 12-1 拳　　图 12-2 掌　　图 12-3 勾

二、手法

1. 冲拳

开步站立,拳心向上,两拳抱于腰间。右拳从腰间向前猛力冲出,转腰、顺肩,右拳向前内旋冲出,力达拳面。拳心向下称为平冲拳,拳眼向上称为立冲拳。两拳交替练习,如图 12-4 所示。

2. 推掌

开步站立,两拳拳心向上抱于腰间。前臂内旋,右拳变掌向前以立掌推出,力达掌根。两掌交替进行。先屈肘,掌面要平,拇指压于食指、中指的第二指节上,如图 12-5 所示。

图 12-4 冲拳　　图 12-5 推掌

3. 亮掌

开步站立,两拳拳心向上抱于腰间。右拳变掌,经体侧向右、向上画弧,举至头部右前方时抖腕亮掌,臂成弧形,掌心朝上。眼睛始终随右手动作转动,抖腕亮掌时,转头注视左方。两掌交替进行,如图 12-6 所示。

4. 架拳

开步站立,两拳拳心朝上,抱于腰间。右拳沿下、左、上的顺序经头前向右上方画弧架起,拳眼向下,转头,双眼注视左方。两拳交替进行,如图 12-7 所示。

图 12-6 亮掌　　图 12-7 架拳

三、步形

1. 弓步

两脚前后错步站立，前腿屈膝，大腿水平，膝部与脚面垂直，后腿蹬直，全脚掌着地，脚尖朝向斜前 45°。右脚在前为右弓步，左脚在前为左弓步。持久练习，可做弓步桩训练，如图 12-8 所示。

2. 马步

两脚左右开立，约为本人脚长的 3 倍，脚尖内扣正对前方，屈膝半蹲，大腿接近水平，膝部不超过脚尖，全脚掌着地。持久练习，可做马步桩训练，如图 12-9 所示。

3. 仆步

右腿屈膝全蹲，大腿和小腿靠紧，臀部接近右小腿，全脚着地，脚尖和膝稍外展；左腿挺直平伸，脚尖内扣，全脚掌着地，呈左仆步，如图 12-10 所示。右腿平伸呈右仆步。

图 12-8　弓步

图 12-9　马步

图 12-10　仆步

4. 虚步

两脚前后错步站立，后腿屈蹲，大腿水平，前腿微屈，脚尖虚点地面。左脚在前为左虚步，如图 12-11 所示；右脚在前为右虚步。持久练习，可做虚步桩训练。

5. 歇步

两腿交叉屈膝全蹲；左脚全脚掌着地，脚尖外展；右脚脚跟离地，臀部坐于小腿上，接近脚跟，呈左歇步，如图 12-12 所示。右脚在前为右歇步。

图 12-11　虚步

图 12-12　歇步

四、腿法

腿法是武术基本功中的重要组成部分，一名习武术者能否练成卓技，其腿法起着关键作用。拳谚说："练拳不练腿，到老冒失鬼。"腿法练习主要是增进腿部屈伸、摆动、扫转等运动能力。练习踢腿，可以增强腿部的柔韧性、灵敏性及控制力量。练踢腿的方法有正踢腿、侧踢腿、后踢腿、外摆腿、里合腿、弹腿、蹬腿、侧踹腿、前扫腿、后扫腿、拍脚等。

（一）直摆性腿法

1. 正踢腿

并步亮掌，目视前方。左脚向前迈半步，左腿伸直支撑，右脚脚跟提起。右腿伸直，脚尖勾紧向上踢起，踢腿过腰时迅猛加速。右脚保持适度紧张向下收落，脚面绷直轻落于地面，注意收腹、立腰、挺胸、脚尖勾起绷落或勾起勾落，如图 12-13 所示。

2. 侧踢腿

并步站立，立掌侧平撑；目视前方。右脚向前盖步，身体右转，左脚脚尖勾起向左耳部踢起；同时，右臂上举亮掌，左臂屈肘，左掌立于右胸前，右脚上步，脚尖外展；左脚脚跟稍提起，身体略右转，两臂后举。接着左腿勾脚向左耳际踢起，右臂上举亮掌，左臂立于右肩前，左脚快速下落，脚面绷平轻落于地面，左右交替练习。眼向前平视，如图 12-14 所示。

图 12-13　正踢腿　　图 12-14　侧踢腿

3. 外摆腿

并步站立，两掌侧平举，目视前方。右脚上步支撑，左脚脚尖绷直向右侧上方直腿踢摆，经头前向左侧上方踢摆，然后快速下落，呈预备姿势，同正踢腿，如图 12-15 所示。

4. 里合腿

并步站立，两掌侧平举。右脚向前半步，左脚脚尖勾起，向右侧上方直腿踢起，经头前向右侧上方直腿摆动，形如扇形，如图 12-16 所示；而后保持适度的紧张下落，以脚前掌轻着地面，左右两腿交替练习。

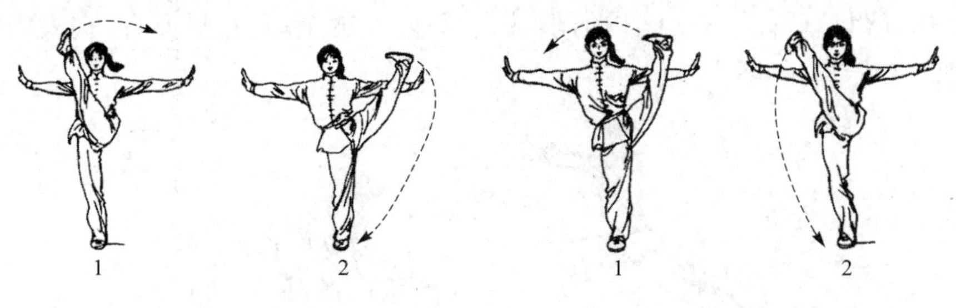

图 12-15　外摆腿　　图 12-16　里合腿

（二）屈伸性腿法

1. 弹腿

（1）预备姿势。同拍脚。

（2）动作说明。支撑腿直立或稍屈，另一条腿由屈到伸向前弹出。脚面绷平，力达脚尖，如图 12-17 所示。

2. 蹬腿

(1) 预备姿势。同弹腿。

(2) 动作说明。同弹腿,唯脚尖勾起,力达脚跟,如图 12-18 所示。

图 12-17　弹腿

图 12-18　蹬腿

3. 侧踹腿

(1) 预备姿势。呈插步。

(2) 动作说明。右腿伸直支撑,左腿由屈到伸,脚尖里扣,用脚掌猛力踹出,上体倾斜;目视左侧方,如图 12-19 所示。

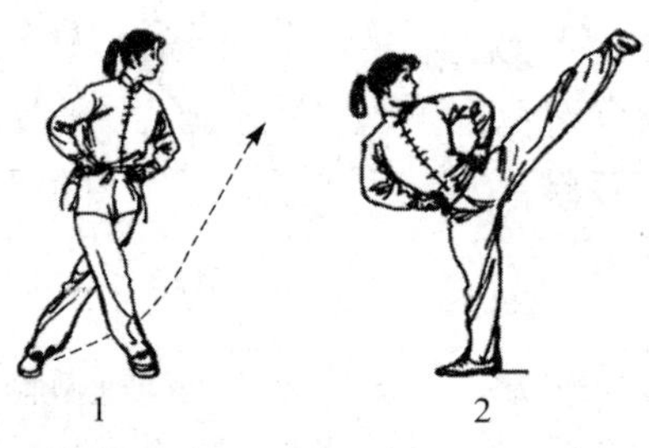

图 12-19　侧踹腿

(三) 扫转性腿法

1. 伏地后扫腿

(1) 预备姿势。呈左弓步,两掌向前推出。

(2) 动作说明。呈右仆步,上体前俯,两掌撑地,左腿全蹲;右腿伸直,脚尖内扣,以左脚掌为轴贴地后扫一周,如图 12-20 所示。

图 12-20　伏地后扫腿

(3) 要点。转体、俯身、撑地、扫转要连贯协调,一气呵成。

2. 前扫腿

并步站立,两臂垂于体侧,目视前方。左脚向右脚后侧插步,脚跟提起,右腿稍屈;同时两掌经体前向上、向前穿掌，右臂伸直，左臂屈肘，左掌置于右肩前，两掌指尖朝上；头向右转，目视右掌方向。身体左转 180°，同时两脚掌辗转，随转体，左掌经右臂上穿出架于头部左上方，右掌向后摆掌变勾手，勾尖朝上，然后身体快速向左侧拧转，随转体，左腿屈膝全蹲，左脚脚尖外摆，脚跟提起，以前脚掌为轴向左辗转；同时右腿伸直平仆，脚尖内扣，脚掌贴地向左侧扫转一周。要求穿掌、下蹲、转体、扫腿要连贯，以腰带腿贴地扫转，头颈上顶，目视右侧方向。

（四）击响性腿法

并步站立，两臂侧并举，目视前方。左脚向前上步，左腿支撑，右腿向上踢摆，右脚面绷平，同时右掌在额前击拍右脚面，左手变勾手或撑掌至左肩上方；然后右腿快速下落，以脚前掌着地，挺胸、立腰、收腹、收髋，击拍要准确、响亮。

（五）跳跃

跳跃是指一条腿或两条腿蹬地向上跳起，使身体腾空，在空中完成各种手法、腿法等动作。它对增强腿部力量、提高弹跳能力具有很好的作用，是基本动作练习的组成部分之一。武术跳跃动作的种类较多，主要包括直摆、屈伸跳跃、旋转跳跃、远蹿跳跃四类。直摆性动作主要有腾空飞脚、斜飞脚、双飞脚等。屈伸性动作主要有腾空箭弹、倒踢等。旋转性动作主要有旋风脚、摆莲腿、旋子等。远蹿性动作主要有大跃步前穿、摔滑车等。

腾空飞脚动作：高虚步上冲拳，助跑击步，右脚向前上步，膝关节稍弯曲，以脚跟着地，上体微后仰，同时右脚踏实用力蹬地向上跳起，左腿随之上摆，膝关节弯曲，同时两臂在体前交叉向上摆起，以右掌掌背碰击左掌心，目视前方。身体腾起，右腿伸直向前上方踢摆，脚面绷平，左腿屈膝，左脚收紧，同时左掌摆至头部左侧上方，右掌拍击右脚面，头颈上顶，两臂和摆动腿快速上摆，要求收髋、屈膝、屈髋缓冲落地，身体保持适度紧张。

第三节 长　　拳

长拳是中国汉族传统拳派之一，属于北派武术。一般将查拳、华拳、炮拳、洪拳等列入长拳。此外，中国古代也有专称长拳的拳种。中华人民共和国成立后，原国家体委把群众中流传广泛的查拳、华拳、炮拳、洪拳、弹腿、少林等拳种，根据其风格特点，经综合整理创编了长拳。长拳是以套路为主的拳术，既适合基础武术训练，又适合进行竞赛和提高技术水平。这类拳术的共同特点是姿势舒展、动作灵活、快速有力、节奏鲜明，并多起伏转折。长拳包括蹿蹦跳跃、跌扑滚翻等动作和技术。

一、长拳的技术要求

（1）姿势。头正，颈直，沉肩，挺胸，直腰，敛臀，上肢舒展挺拔，下肢稳定。

（2）动作。在做踢、打、摔、拿等技击动作时，起止点、路线和力点都要清晰。

（3）身法。要把躯干活动与吞、吐、闪、展、冲、撞、挤、靠等攻防变化紧密结合起来。

（4）眼法。要做到手眼相随，手到眼到，通过眼神把一招一式的内在意识充分表达出来。

（5）精神。要全神贯注，表现出勇敢、机敏、无所畏惧的气概。

（6）劲力。要有刚有柔、刚而不僵、柔而不松、刚柔相济，发劲时有爆发力；要以意识支配动作发力，并以气息配合，做到内外合一。

（7）呼吸。长拳的呼吸有提、托、聚、沉四种方法。跳跃时用提法，静止性动作用托法，刚劲性动作用聚法，由高到低的动作用沉法。

(8) 节奏性。在演练中，快与慢、动与静、刚与柔、起与伏等多种矛盾的对比越鲜明，矛盾越突出，节奏性越强。

长拳动作舒展，关节活动范围较大，对肌肉和韧带的柔韧性、弹性都有较高的要求。同时，由于长拳动作大多是用大肌肉群进行活动的，要求肌肉活动量大而且迅速，需氧量较大，因此对提高心肺功能也有良好的作用。

二、初级长拳第三路

1. 准备动作

并步站立，两手五指并拢贴靠于腿外侧，挺胸收腹，两眼平视，如图 12-21 所示。

(1) 虚步亮掌。右脚向右后撤步呈左弓步，右掌向右、向上、向前画弧，掌心向上，左掌提至腰间，掌心向上，眼视右掌；将身体重心后移，左掌经胸前从右臂上向前穿出伸直，右掌收至腰间，两掌心均向上，眼视左掌；左脚移至右脚前，以脚尖点地呈左虚步，左臂内旋向左、向后画弧成勾手，勾尖向上，右手继续向后，弯肘抖腕，至头前上方呈亮掌，掌心向上，向左转头，目视左方，如图 12-22 所示。

图 12-21　准备动作

图 12-22　虚步亮掌(一)

(2) 并步对拳。右腿直立，左腿提膝平衡，左脚向前落步，左勾手变掌经左肋前伸，右臂外旋向前下方落于左掌右侧，两掌同高，掌心均向上，眼视两掌，右脚向前上步，两臂继续向下后摆，左脚向右脚并步，两臂继续向上经胸前屈肘下按，两掌变拳，拳心向下，停于小腹前，向左转头，两眼平视，如图 12-23 所示。

图 12-23　并步对拳(一)

2. 第一段

(1) 弓步冲拳。体左转 90°，左脚向左上步，脚尖向斜前方；右腿微屈呈半马步。左臂屈肘向左格打，拳眼朝后，拳与肩平；右拳收抱于腰间，拳心向上，眼视左拳。右腿蹬直呈左弓步，左拳收抱于腰前，右拳向前冲出呈立拳，拳与肩平，眼视右拳，如图 12-24 所示。

(2) 弹腿冲拳。左腿微屈支撑，右腿提膝向前弹踢，脚与腰平，脚面绷直，右拳收抱于腰间，左拳向前冲出成立拳，拳与肩平，目视前方，如图 12-25 所示。

(3) 马步冲拳。右脚脚尖里扣向前落步，体左转 90°，两腿下蹲呈马步，左拳收抱于腰间，右拳向前冲出呈立拳，眼视右拳，如图 12-26 所示。

图 12-24 弓步冲拳(一)

图 12-25 弹腿冲拳(一)

图 12-26 马步冲拳(一)

(4) 弓步冲拳。体右转 90°，右脚脚尖外撇向斜前方呈半马步，右臂屈肘向右格打，拳眼朝后，拳与肩平，眼视右拳。左腿蹬直呈右弓步，右拳收抱于腰间，左拳向前冲出呈立拳，拳与肩平，眼视左拳，如图 12-27 所示。

图 12-27 弓步冲拳(二)

(5) 弹腿冲拳。右腿微屈支撑，左腿提膝向前弹踢，脚与腰平，脚面绷直，左拳收抱于腰间，右拳向前冲出呈立拳，眼视右拳，如图 12-28 所示。

图 12-28 弹腿冲拳(二)

(6) 大跃步前穿。左腿屈膝，右拳变掌内旋，以掌背向下挂至左膝外侧，上体前倾，眼视右掌。左脚向前落步，两腿微屈，右掌继续向后挂，左拳变掌，臂向后下方伸直，眼视右掌。右腿向前提膝，左腿蹬地向前跃出，两掌向前上方摆起，眼视左掌。右腿落地全蹲，左腿随即落地向前铲出呈左仆步，右掌握拳收抱于腰间，左掌由上向右下画弧呈立掌，停于右胸前，眼视左脚，如图 12-29 所示。

图 12-29　大跃步前穿

(7) 弓步击掌。右腿用力蹬直呈左弓步,左掌经左脚面向身后画弧呈勾手,左臂伸直,勾尖向上;右拳由腰侧变掌向前推出,掌指向上,掌外侧向前呈立掌,目视右掌,如图 12-30 所示。

(8) 马步架掌。体右转 90°,左脚脚尖里扣,两腿半蹲呈马步,右臂向左侧平摆稍屈肘,左勾手变掌由后经腰间从右臂内向前穿出,两掌心均向上,眼视左掌。右掌立于左胸前,左臂屈肘向头左上方抖腕亮掌,头向右转,眼平视,如图 12-31 所示。

图 12-30　弓步击掌(一)

图 12-31　马步架掌

3. 第二段

(1) 虚步栽拳。右脚蹬地屈膝提起,左腿伸直以前脚掌为轴向右后转体 180°,右掌随之向下经右腿外侧向后画弧呈勾手,左臂随体转外旋,掌心向上,眼视右手。右脚向右落步,右腿半蹲,左脚脚跟提起外展呈左虚步,左掌变拳下落在左膝上,拳眼向里,右勾手变掌屈肘架在头的右上方,眼向左平视,如图 12-32 所示。

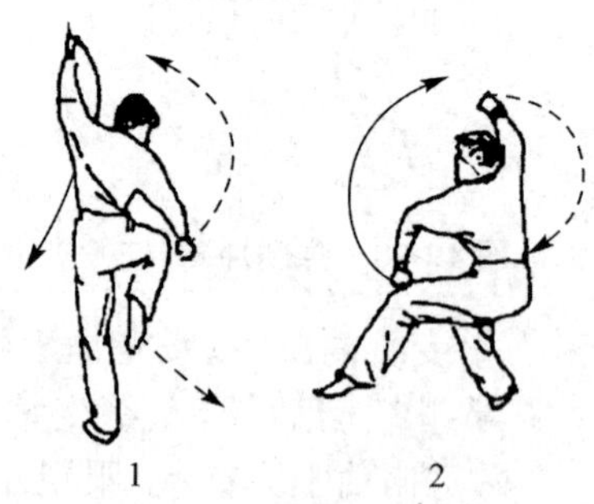

图 12-32　虚步栽拳

(2) 提膝穿掌。右腿稍伸直,右拳变掌收抱于腰间,掌心向上,左拳变掌由下向左、向上画弧盖压在头上方。右腿蹬直,左腿提膝平衡,同时右掌从左臂内向右前上方穿出,掌心向上,左掌收至右胸前呈立掌,眼视右掌,如图 12-33 所示。

(3) 仆步穿掌。右腿全蹲，左腿向左后方铲地呈左仆步，右臂不动，左掌沿左腿内侧向左脚面穿出，两掌心向里，眼视左掌，如图 12-34 所示。

图 12-33 提膝穿掌

图 12-34 仆步穿掌

(4) 虚步挑掌。右腿蹬直，身体重心前移呈左弓步，右掌稍下降，左掌随身体重心前移向前挑起。右腿向前上步呈右虚步，随之体左转 180°，同时左掌由前向上、向后画弧呈立掌，掌与头平，右掌由后向下、向前上挑起成立掌，掌与肩平，眼视右掌，如图 12-35 所示。

(5) 马步击掌。右脚脚尖外撇，身体重心右移，左掌握拳收抱于腰间，右掌俯掌向外搂手。左脚向前上步，体右后转 180°，两腿下蹲呈马步，左掌从右臂上面向左侧击出呈立掌，掌与肩平，右掌变拳收至腰侧，眼视左掌，如图 12-36 所示。

图 12-35 虚步挑掌 **图 12-36 马步击掌**

(6) 叉步双摆掌。身体重心向右移，同时两掌向下、向右摆，手指均向上，眼视右掌。右脚向左脚后叉步，以前脚掌着地，两臂继续由右向上、向左摆，停于身体左侧，均呈立掌，右掌停在左肘窝处，眼视双掌，如图 12-37 所示。

(7) 弓步击掌。左掌收抱于腰间，掌心向上，右掌向上、向右画弧，掌心向下。左腿后撤一步呈右弓步，右掌向下、向后伸直摆动呈勾手，勾尖向上，左掌向前击出呈立掌，眼视左掌，如图 12-38 所示。

图 12-37 叉步双摆掌 **图 12-38 弓步击掌(二)**

(8) 转身踢腿马步盘肘。两脚以前脚掌为轴向左后方转体 180°,同时左臂向上、向前和右臂向下、向后各画半个立圆。右臂继续由后向上、向前和左臂向前、向下、向后再各画半个立圆。右臂向下成反臂勾手,勾尖向上,左臂向上呈亮掌,左腿直立,右腿伸直脚尖勾起向额前踢腿。右脚脚尖里扣向前落步,右手不动,左臂屈肘下落至胸前,掌心向下,眼视左掌。体左转 90°,两腿下蹲成马步,同时左掌向左平搂握拳收抱于腰间,右勾手变拳,臂伸直由体后向左、向前平摆至体前屈肘,肘尖向前,肘与肩平,拳心向下,眼视肘尖,如图 12-39 所示。

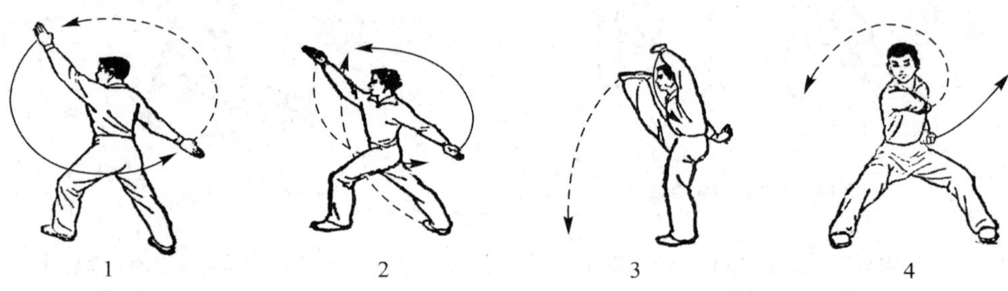

图 12-39 转身踢腿马步盘肘

4. 第三段

(1) 歇步抡砸拳。右脚脚尖外撇,右臂由胸前向上、向右抡直,左拳向下、向左使臂抡直,目视右拳,两脚以前脚掌为轴向右后转体 180°,右臂向下、向后抡摆,左臂向上、向前随身体转动,两腿全蹲呈右歇步,左臂微屈顺势向下砸拳,拳心向上,同时右臂向上举起,眼视左拳,如图 12-40 所示。

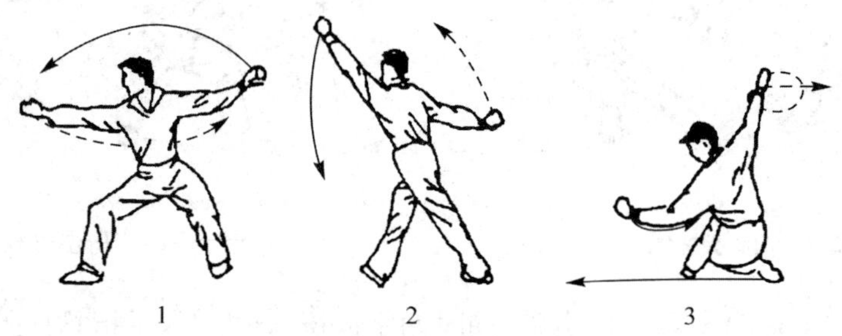

图 12-40 歇步抡砸拳

(2) 仆步亮拳。左脚由右腿后抽出前上一步,左腿蹬直,右腿半蹲呈右弓步,上体微向右转,左拳收抱于腰间,右拳变掌向下经胸前向右横击掌,掌心向下,眼视右掌,左腿直立支撑,右腿屈膝提起,体右转 90°,左拳变掌从右掌上向前穿出,掌心向上,右掌掌心上翻平收至左肘下,右脚向后落步屈膝全蹲,左腿伸直呈左仆步,左掌向下、向后画弧成勾手,勾尖向上,右掌向右、向上画弧抖腕亮掌,头随右手转动至亮掌时眼向左平视,如图 12-41 所示。

(3) 弓步劈拳。右脚蹬地起立,左腿收回并向左前方弧形上步,右掌握拳收抱于腰间,左勾手变掌由下向前上方经胸前向左搂手,右脚经左腿前向左绕上一步屈膝前弓,左腿蹬直呈右弓步,左手向左平搂后再向前挥摆,虎口朝前,同时右拳向后平摆并向前上抡劈拳,拳与耳平,拳心向上,左掌外旋接扶右前臂,目视右拳,如图 12-42 所示。

图 12-41 仆步亮拳

图 12-42 弓步劈拳

（4）换跳步弓步冲拳。右脚蹬地稍向后移，后腿支撑，右拳变掌，臂内旋以掌背向下画弧挂至右膝内侧，左掌背贴靠右肘外侧，目视右掌，右腿自然上抬，体稍向左扭转，右掌挂至体左侧，左掌伸向右腋下，眼随右掌转视；右脚用力向下震跺，左脚急速抬起，右手由左向上、向前搂盖并握拳收抱于腰间，左掌伸直向下、向上、向前下按时屈肘，掌心向下，体右转 90°，目视左掌，左脚向前落步呈左弓步，右拳向前冲出呈立拳，拳与肩平，左掌背贴于腋，目视右拳，如图 12-43 所示。

（5）马步冲拳。体右转 90°，两腿下蹲呈马步，左掌握拳向左冲出呈立拳，拳与肩平，右拳收抱于腰间，目视左拳，如图 12-44 所示。

图 12-43 换跳步弓步冲拳

图 12-44 马步冲拳（二）

（6）弓步下冲拳。体左转 90°，右腿蹬直呈左弓步，左掌经体前架在头左上方，右拳向左前斜下方冲出呈立拳，目视右拳，如图 12-45 所示。

（7）叉步亮掌侧踹腿。上体稍右转，右拳变掌，左掌由头上下落在右手腕上交叉呈十字，目视双掌，右脚向左脚后插步；前脚掌着地，左掌向下、向后画弧呈勾手，勾尖向上，右掌向右、向上画弧呈亮掌，目视左方，右腿支撑，左腿提膝向左上方蹬踹，目视左脚，如图 12-46 所示。

图 12-45　弓步下冲拳

图 12-46　叉步亮掌侧踹腿

(8) 虚步挑拳。左脚向左前方落步,两手变拳,右拳稍向后移,左拳向左上方挑起,拳背向上,体左转 90°,左拳继续上挑,右腿提膝,右拳向下、向前画弧挂于右膝外侧,目视右拳;右脚向左前方上步,脚尖点地呈右虚步,左掌向后画弧收抱于腰间,右拳向前屈臂挑出,拳眼斜向上,拳与嘴平,目视右拳,如图 12-47 所示。

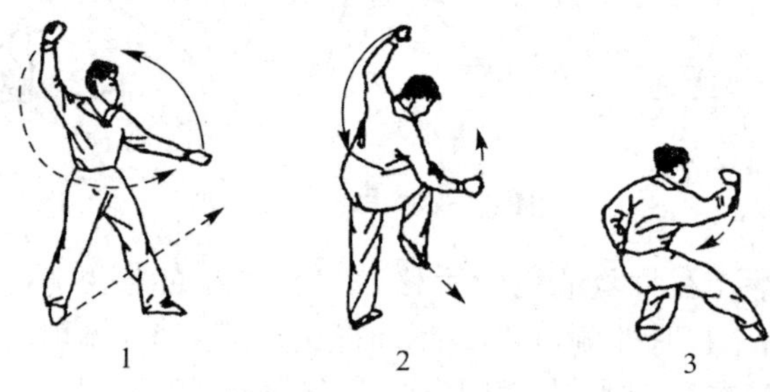

图 12-47　虚步挑拳

5. 第四段

(1) 弓步顶肘。右脚踏实,右臂内旋以拳背下挂于右膝内侧,目视前下方,左腿直立,右腿屈膝上抬,左拳变掌,两臂向上画弧摆起,眼随右拳转视,左脚蹬地起跳,身体腾空,两臂继续向头上方摆,右脚落地,右腿屈膝,左脚向前以前脚掌着地,同时两臂向右下方屈肘停于右胸前,右拳变掌,左掌变拳,右掌心贴靠左拳面,左脚向左上步呈左弓步,右掌推左拳,以左肘尖向左顶出,肘与肩平,目向左平视,如图 12-48 所示。

图 12-48　弓步顶肘

(2) 转身左拍脚。以两脚前脚掌为轴向右后转体 180°,随之右臂伸直向上、向右下抡摆,左臂伸直,左拳变掌向下、向后、向前抡摆,左腿向前上方摆踢,左掌握拳收抱于腰间,右掌由体后向前拍击左脚面,如图 12-49 所示。

(3) 右拍脚。左脚向前落步,左拳变掌向下后摆,右掌握拳收抱于腰间,右腿向前上方摆踢,左掌由后向前拍击右脚面,如图 12-50 所示。

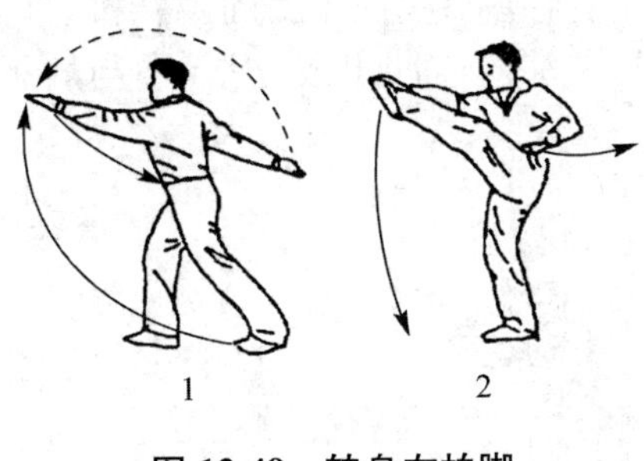

图 12-49 转身左拍脚

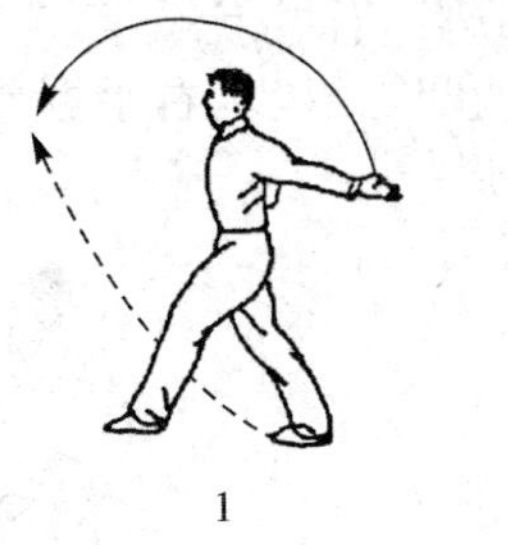

图 12-50 右拍脚

(4) 腾空飞脚。右脚向前落步,左脚向前摆起,右脚蹬地跳起,同时右拳变掌向前上方摆起,左掌先上摆而后下降拍击右掌背,右腿继续上摆,右手拍击右脚面,左掌由体前向后上举,掌心向下,目视右脚,如图 12-51 所示。

(5) 歇步下冲拳。左、右脚先后落地,左掌握拳收抱于腰间,体右转 90°,两腿交叉全蹲呈右歇步,右掌抓握外旋变拳收抱于腰间,左拳向前下方冲出成平拳,目视左拳,如图 12-52 所示。

图 12-51 腾空飞脚

图 12-52 歇步下冲拳

(6) 仆步抡劈拳。左臂随身体重心升高向上摆起,右臂向体后伸直,以右脚前脚掌为轴体左转 270°,左腿屈膝提起,左拳由前向后下方画立圆一周,右拳向后向下、向前上方画立圆一周,左腿向后落步屈膝全蹲,右腿伸直、脚尖里扣呈右仆步,左拳后上举,右拳由上向下抡劈成立拳,目视右拳,如图 12-53 所示。

(7) 提膝挑掌。身体重心前移成右弓步,同时右拳变掌由下向上抡摆,左拳变掌稍下落,右掌心向左,左掌心向右,左、右臂在垂直面上由前向后各画立圆一周,右臂停于头上挑掌,掌心向左,左臂停于身后呈勾手,勾尖向上,同时右腿提膝成左独立式平衡,两眼平视,如图 12-54 所示。

图 12-53 仆步抡劈拳

图 12-54 提膝挑掌

(8) 提膝劈掌弓步冲掌。右掌向下猛劈停于右小腿内侧，左勾手变掌屈臂停于右上臂内侧，目视右掌，右脚向右后方落步，体右转 90°，同时左掌握拳收抱于腰间，右臂内旋向右画弧做劈掌，左腿蹬直呈右弓步，右手握拳收抱于腰间，左拳向前冲出成立拳，拳与肩平，目视左拳，如图 12-55 所示。

图 12-55　提膝劈掌弓步冲掌

6. 结束动作

(1) 虚步亮掌。左腿直立，右脚提起扣于左膝后，两拳变掌，两臂向右上、左下屈肘并交叉于体左前方，目视右掌，右脚向右后方落步，右腿半蹲，上体稍右转，同时右掌向上、向右、向下画弧停于左腋下，左掌向左、向上画弧停于右臂上与左胸前，两掌心左下、右上，目视左掌，左脚稍向右移，脚尖点地呈左虚步，左手向左后方画弧成勾手，勾尖向上，右臂向下、向右上画弧抖腕亮掌，头向左转，目平视，如图 12-56 所示。

(2) 并步对拳。左腿后撤一步，同时两掌从腰间向前穿出，臂伸直、掌心向上，右腿后撤一步，同时两臂向体后下摆，左脚后退向右脚并步直立，同时两臂由后向上屈臂下按，两掌变拳停于腹前，拳面相对，头向左转，两眼平视，如图 12-57 所示。

(3) 还原。两臂自然下垂，头向前转，两眼平视，如图 12-58 所示。

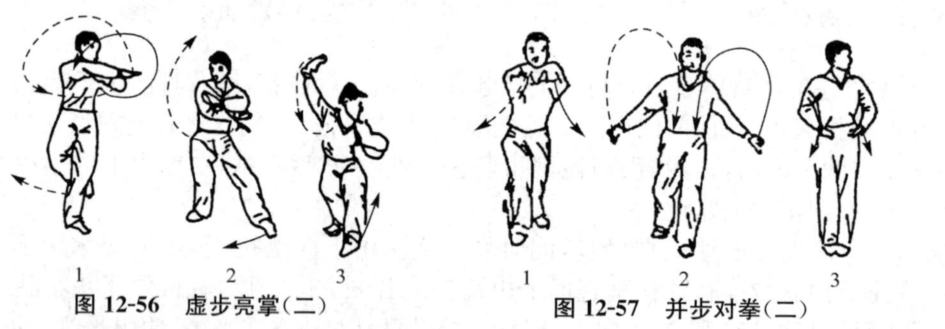

图 12-56　虚步亮掌(二)　　**图 12-57　并步对拳(二)**　　**图 12-58　还原**

复习思考题

1. 简述武术的定义和礼仪。
2. 武术的特点有哪些？
3. 武术的基本动作有哪些？
4. 初级长拳第三路的动作有哪些？

第十三章　太极拳运动

第一节　太极拳运动概述

太极拳源于中国，其动作刚柔相济，是既可技击防身，又能增强体质、防治疾病的传统拳术。太极拳历史悠久，流派众多，传播广泛，深受人们的喜爱。太极拳是中华民族辩证的理论思维与武术、艺术、气功引导术的完美结合，是高层次的人体文化。太极拳的运动特点是中正安舒、轻灵圆活、松柔慢匀、开合有序、刚柔相济，动如行云流水，连绵不断。太极拳运动既自然又高雅，可亲身体会到音乐的韵律、哲学的内涵、美的造型和诗的意境，在高级的享受中使疾病消失，使身心健康。

太极拳是国家级非物质文化遗产，是以中国传统儒、道哲学中的太极、阴阳辩证理念为核心思想，集颐养性情、强身健体、技击对抗等多种功能为一体，结合易学的阴阳五行之变化、中医经络学、古代的导引术和吐纳术形成的一种内外兼修、柔和、缓慢、轻灵、刚柔相济的汉族传统拳术。太极拳基于太极阴阳之理念，用意念统领全身，通过入静放松、以意导气、以气催形的反复习练，以进入妙手一运一太极、太极一运化乌有的境界，达到修身养性、陶冶情操、强身健体、益寿延年的目的。

太极拳有以下几个方面健身和防治疾病的功效：

(1) 锻炼神经系统，增强感官功能。坚持打太极拳，可以使大脑皮质神经细胞的兴奋与抑制得到调节，促进身体各部分组织的新陈代谢，使练习者气血逐渐旺盛，精神爽朗，反应灵敏，起到健身和防治疾病的效果。

(2) 增强心脏、血管和淋巴系统的功能。打太极拳，可促进血液循环，加强心肌营养，有助于保持心脏、血管和淋巴系统的健康。

(3) 增强呼吸机能，扩大肺活量。打太极拳一般采用腹式呼吸(所谓的“气沉丹田”)，要求气向下沉，与动作自然配合，呼吸深、长、细、缓、匀、柔，有助于保持肺组织的弹性，发展呼吸肌，增加肺活量。

(4) 促进消化功能和体内物质代谢。打太极拳，能起到自我“按摩”的作用，提高胃肠的张力、蠕动、消化和吸收的能力，增强肾上腺素的分泌功能，改善体内物质代谢。

(5) 加强肌肉、骨骼和关节的活动。太极拳螺旋式的弧形动作使全身各部分肌肉群和肌肉纤维都能参与其中，使关节周围的肌肉和韧带受到良好的锻炼，增强了关节的稳固性、柔韧性和灵活性。

综上所述，打太极拳是意识、动作、呼吸三者同时协调的运动。它要求的“以静御动”“虽动犹静”“动中求静”“气宜鼓荡”是合乎生理规律的。它不但适宜青壮年进行练习，还特别适宜中老年人、妇女、脑力劳动者及体弱有病者进行练习。对各种疾病(神经衰弱、神经痛、高血压、心脏病、肠胃炎、肾病、腰部劳损、风湿性关节炎、糖尿病、遗精、内痔等)都能起到治疗作用。

第二节　二十四式太极拳

二十四式太极拳也称简化太极拳，是国家体委(现为国家体育总局)于1956年组织太极拳专家汲取杨氏太极拳之精华创作而成的。尽管它只有24个动作，但相比传统的太极拳套路来讲，其内容更显精练，动作更显规范，并且能充分体现太极拳的运动特点。

二十四式太极拳全套共分为八组动作，4～6 min可完成。

二十四式太极拳套路动作依次包括起势—左右野马分鬃—白鹤亮翅—左右搂膝拗步—手挥琵琶—左右倒卷肱—左揽雀尾—右揽雀尾—单鞭—云手—再单鞭—高探马—右蹬脚—双峰贯耳—转身左蹬脚—左下势独立—右下势独立—左右穿梭—海底针—闪通臂—转身搬拦捶—如封似闭—十字手—收势。

一、第一组动作练习

1. 起势

动作要领：起势时左脚向左分开，成开立步；两臂慢慢向前平举，两手高与肩平，与肩同宽；接着两肩下沉，两肘松垂，手指自然微屈，同时屈膝松腰，臀部不可凸出，身体重心落于两腿之间，两脚脚尖正对前方。两臂下落的动作和身体下蹲的动作应协调一致。起势动作示意如图13-1所示。

图13-1　起势动作示意

2. 左右野马分鬃

动作要领：身体以腰为轴先微向右转，左脚收至右脚内侧，身体重心移至右腿，右肘稍抬，左手向右翻掌向上与右掌相对呈右抱球状；接着身体向左转动，左脚迈出呈左弓步，脚跟先着地，再过渡至全脚掌着地，脚尖向前，膝盖不超过脚尖，后腿自然伸直，前、后脚夹角呈45°～60°；在出脚的同时，左手向左上、右手向右下分开；后坐左转，同时翻左掌向下，其余动作同前，方向左右相反。左右野马分鬃动作示意如图13-2所示。

1

2

3

4

5

6

图 13-2　左右野马分鬃动作示意

3. 白鹤亮翅

动作要领：左手翻掌向下，右手向左上画弧，手心转向上，与左手呈抱球状；右脚上半步呈左虚步，同时上体微向左转，两手随转体慢慢向右上、左下分开，右手上提停于右额前，手心向左后方，左手落于左胯前，手心向下，指尖向前；两眼平视前方。白鹤亮翅动作示意如图 13-3 所示。

图 13-3　白鹤亮翅动作示意

二、第二组动作练习

1. 左右搂膝拗步

左右搂膝拗步由两个左搂膝拗步和一个右搂膝拗步组成。

动作要领：右手从体前下落，由下向后上方画弧举至右肩外侧，肘微屈，手与耳同高，手心斜向上；左手由左下向上、向右下方画弧至右胸前，手心斜向下；同时上体先微向左再向右转；右脚收至左脚内侧，脚尖点地，两眼注视右手。上体左转，左脚向前（偏左）迈出，呈左弓步；同时右手屈回由耳侧向前推出，高与鼻尖平，左手向下由左膝前搂过落于左胯旁，指尖向前；两眼注视右手。右腿慢慢屈膝，上体后坐，身体重心移至右腿，左脚尖翘起微向外撇，随后脚掌慢慢踏实，左腿前弓，身体左转，身体重心移至左腿，右脚收到左脚内侧，脚尖点地；同时左手向外翻掌由左后向上画弧至左肩外侧，肘微屈，手与耳同高，手心斜向上；右手随转体向上、向左下方画弧落于左脚前，手心斜向下，两眼注视左手。此为左搂膝拗步，后接一右搂膝拗步，动作与前面相同，方向相反。左右搂膝拗步动作示意如图 13-4 所示。

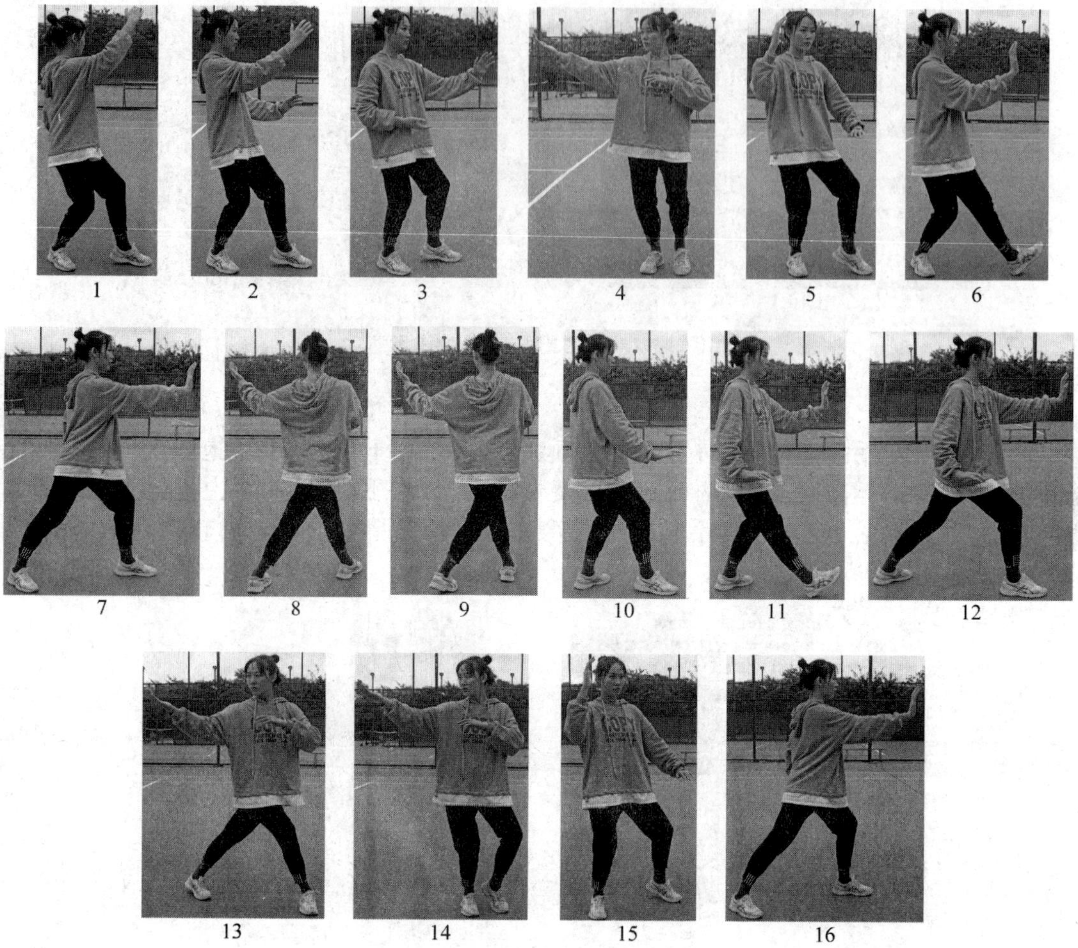

图 13-4　左右搂膝拗步动作示意

2. 手挥琵琶

动作要领：身体重心前移，右脚向前跟进半步；身体重心移至右腿，身体稍向右转，左脚轻轻抬起，同时左手向前上方挑掌，高与鼻平，掌心向右，右手收回于左肘内侧，掌心向左，上体微向左转；左脚跟落地，两眼注视前方。手挥琵琶动作示意如图 13-5 所示。

图 13-5　手挥琵琶动作示意

3. *左右倒卷肱*

动作要领：上体稍右转，右手向下、向右肩画弧，掌心向上；上体继续右转，右手继续向右斜后上方摆起，左手翻掌，掌心向上；左脚轻轻抬起，右掌屈回收至右耳侧；左脚向后撤步，上体稍向左转，右掌沿耳际上沿向前推出，高与鼻平，掌心向前，左掌向下、向左画弧，掌心向上，以上为左倒卷肱。右倒卷肱动作与左倒卷肱相同，但方向相反。本组动作顺序为左倒卷肱—右倒卷肱—左倒卷肱—右倒卷肱。左右倒卷肱动作示意如图 13-6 所示。

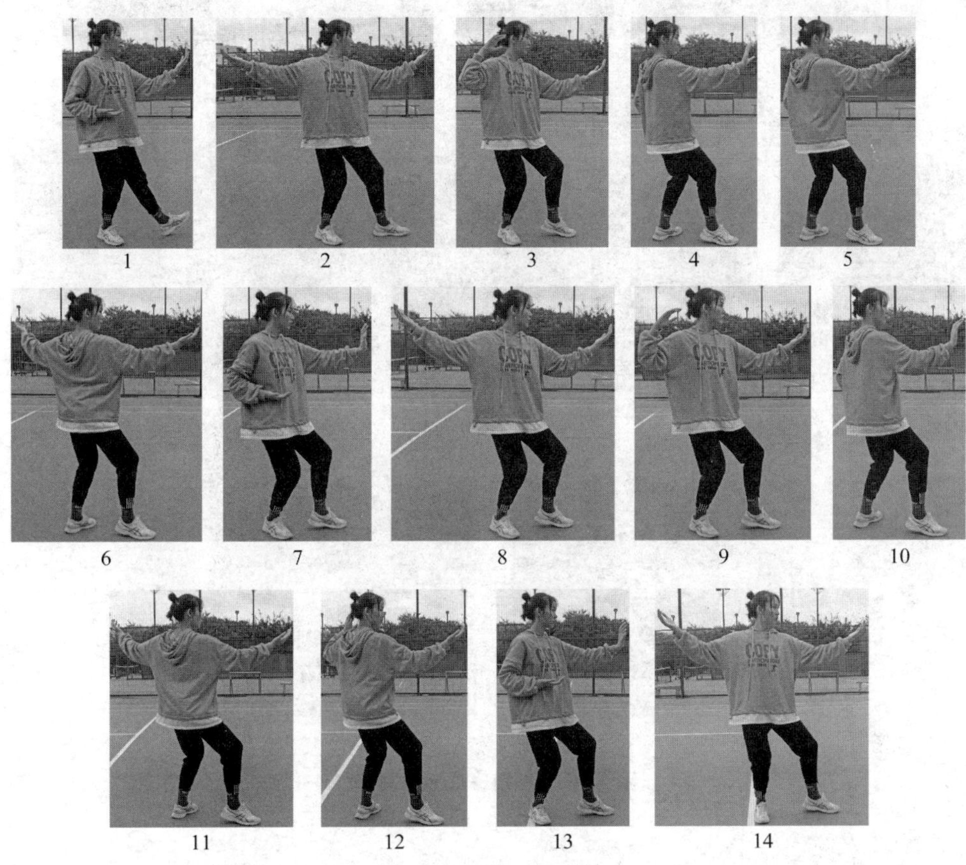

图 13-6 左右倒卷肱动作示意

三、第三组动作练习

1. *左揽雀尾*

(1) 掤。动作与左野马分鬃基本相同，但左肘圆屈。

(2) 捋。上体微向右转，左手随即前伸翻掌向下，右手翻掌向上，身体重心随即后移；身体重心移至右腿，身体随即右后转，右手随转体向右后上方弧形摆掌，左臂平屈收于右胸前，掌心向下，两眼注视右掌。

(3) 挤。上体左转，右手折回，向左手腕内侧挤，左手翻转，掌心向内。

(4) 两手右上左下交叉侧分，掌心向下，并随后以“假坐”的姿势勾回左脚，收掌至胸前，再向下、向前按推掌呈左弓步。

左揽雀尾动作示意如图 13-7 所示。

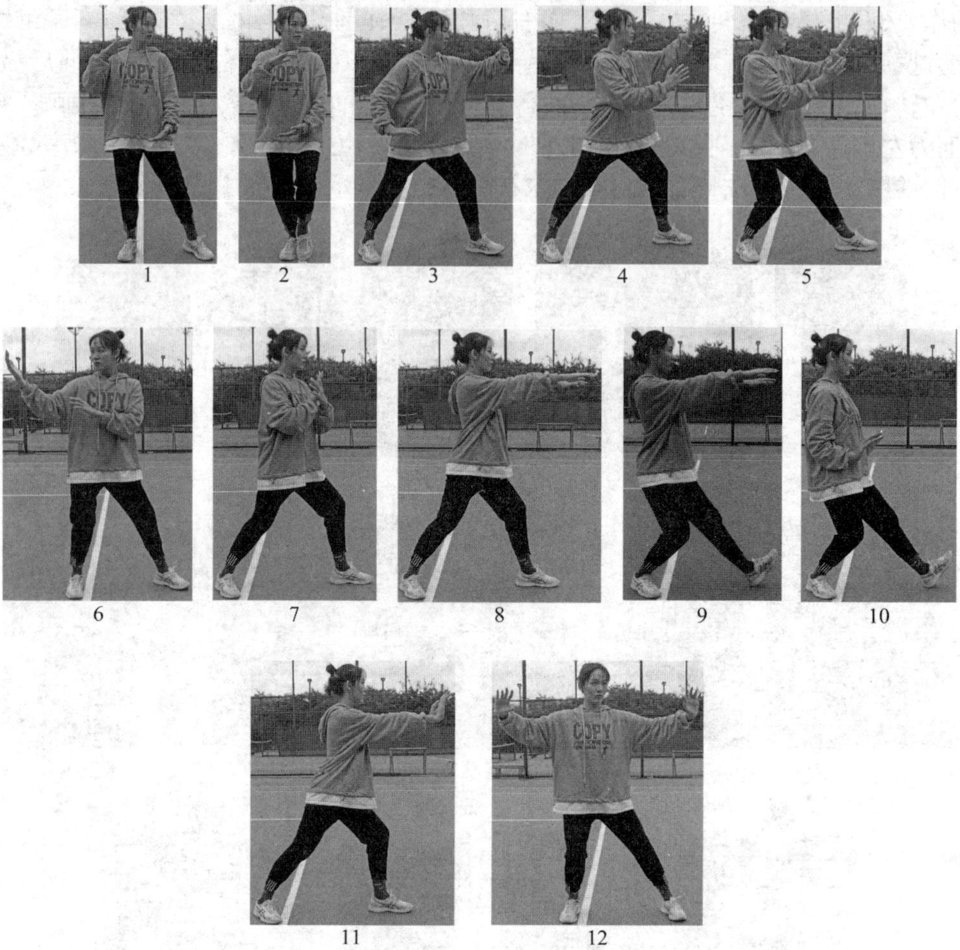
1
2
3
4
5
6
7
8
9
10
11
12

图 13-7　左揽雀尾动作示意

2. 右揽雀尾

动作要领：身体后坐右转扣左脚，同时右手向右画弧，除结束动作外，其余动作同左揽雀尾，但方向相反。右揽雀尾动作示意如图 13-8 所示，练习提示及攻防含义同左揽雀尾。

1
2
3
4
5

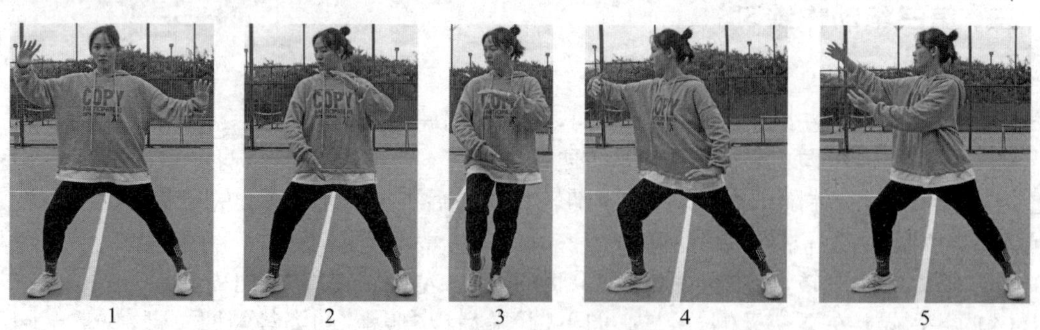

图 13-8　右揽雀尾动作示意

四、第四组动作练习

1. 单鞭

动作要领：上体后坐，右脚尖翘起，上体稍左转；上体继续左转，右脚尖内扣，身体重心左移，左手随转体向左画平弧，右手经腹前至左肋前，掌心向后上方，双眼注视左手；身体重心右移，上体右转，同时右手向右上方画弧，掌心由内转向外，左手向下至左腹前，掌心向上，双眼注视右手；身体重心继续移向右腿，左脚收于右脚内侧呈丁步，左手摆至右胸前，掌心向内，双眼注视右勾手；左脚向左前方上步，脚跟先着地，身体同时左转，左手向左前方平行画弧；身体重心前移，左脚落实，呈左弓步，左手翻掌向前推出，掌心向前，高与眼平，右勾手停于身体右侧斜后方，双眼注视前方。单鞭动作示意如图 13-9 所示。

图 13-9　单鞭动作示意

2. 云手

(1) 上体后坐，左脚内扣，身体稍向右转，同时左掌向下画弧至右肩前，右勾变掌。

(2) 收右脚成小开立步，同时左手向左上、右手向右下画立圆一周。

(3) 向左侧出左脚，将动作连做三次。

云手动作示意如图 13-10 所示。

1　2　3　4　5　6

7　8　9　10　11

12　13

图 13-10　云手动作示意

3. 再单鞭

动作要领：上体继续右转，右手向右画弧，左手经腹前向右上方画弧至右肋前，掌心向内，双眼注视右手前方，其余动作同第一个单鞭。再单鞭动作示意如图 13-11 所示。

图 13-11　再单鞭动作示意

五、第五组动作练习

1. 高探马

动作要领：身体重心前移，右脚向前跟进半步，重心再后移，左掌翻转，掌心向上，右勾手变掌，掌心斜向上；左脚向前，脚尖点地呈左虚步，右手经右耳旁向前推掌，掌心向前，手指与眼同高，左手收至左侧腰前，掌心向上，两眼注视前方。高探马动作示意如图 13-12 所示。

1

2

图 13-12　高探马动作示意

2. 右蹬脚

动作要领：左手前伸至右手手腕上方，掌心向上，两手相互交叉；随即两手分开，左手翻转，两手心斜向下，左脚轻轻抬起；左脚向左斜前方落步，身体微向左转，身体重心前移，两手分别向左、右两侧分开，之后继续向下画弧并由外向内翻转，至腹前交叉，同时右脚向左脚内侧靠拢，脚尖点地；两掌外翻左右画弧分开，同时右腿屈膝上提；两手继续分开平举，两肘下沉，两臂成弧形，同时右脚向右前方慢慢蹬出，两眼注视右手。右蹬脚动作示意如图 13-13 所示。

图 13-13　右蹬脚动作示意

3. 双峰贯耳

动作要领：右腿屈膝收回小腿，左手向前平摆至胸前，两掌心斜向上；两手继续于体前下落至右膝两侧，右脚向右前方落步，脚跟先着地，再全脚落实，两手收落于腰间，掌心斜向上；身体重心前移，呈右弓步，同时两掌变拳，分别从两侧向上、向前画弧至前方，高与耳齐，与头同宽，拳眼斜向下，两眼注视右拳。双峰贯耳动作示意如图 13-14 所示。

图 13-14　双峰贯耳动作示意

4. 转身左蹬脚

动作要领：上体后坐，右脚内扣，两手经体侧向下画弧合抱于胸前，左脚收点提膝，分掌左蹬脚，动作同右蹬脚，但方向相反。转身左蹬脚动作示意如图 13-15 所示，练习提示和攻防含义同右蹬脚。

图 13-15　转身左蹬脚动作示意

六、第六组动作练习

1. 左下势独立

动作要领：左腿收回提膝，右掌变勾，左掌收至右肩，顺左腿内侧前穿呈左仆步，接着右腿慢慢屈膝提起，呈左独立式；同时右勾变掌，由后下方顺右腿外侧向前弧形提起，屈臂立于右腿上方，肘膝相对，掌心向左；左手落于左胯旁，掌心向下，指尖向前，两眼注视右手前方。左下势独立动作示意如图 13-16 所示。

图 13-16　左下势独立动作示意

2. 右下势独立

动作要领：动作同左下势独立，方向相反，右提膝改为右脚落地左转，具体动作如图 13-17 所示。练习提示及攻防含义同左下势独立。

图 13-17　右下势独立动作示意

七、第七组动作练习

1. 左右穿梭

(1) 左穿梭：左脚向前落地，右脚收至左脚内侧，脚尖点地，之后向右前方上步呈右弓步，同时两手经左抱球至右手额上架掌，左手向右前方推掌。

(2) 右穿梭：动作与左穿梭相同，方向相反。

左右穿梭动作示意如图 13-18 所示。

图 13-18　左右穿梭动作示意

2. 海底针

动作要领：身体重心前移，右脚上半步，身体重心后移呈左虚步，同时右手经下后向上提，由右耳旁向前下斜插掌，掌心向左，指尖斜向下，左手收于左胯旁，两眼注视前下方。海底针动作示意如图 13-19 所示。

图 13-19　海底针动作示意

3. 闪通臂

动作要领：上体稍后移，直立，左脚轻轻抬起，同时右手向上提起，左手向上摆至右腕下；左脚向前上步，脚跟先着地再全脚掌落实，身体重心前移，呈左弓步，同时右手外翻，掌心斜向上，架于右额头斜上方，左手向前平推，高与鼻尖平，掌心向前，两眼注视前方。闪通臂动作示意如图 13-20 所示。

图 13-20　闪通臂动作示意

八、第八组动作练习

1. 转身搬拦捶

(1) 搬。身体重心后移，上体右转，左脚尖翘起后内扣，两手同时向上、向右转动，身体重心移向左腿，左手至头前，掌心向外，右手继续向右前下方画弧后握拳收至左胸前，拳心向下；上体继续右转，右脚轻轻抬起，脚尖外撇，右拳向前上方搬盖，拳心向上，左手落于左胯旁；身体重心前移，右脚落实，呈右弓步，同时右拳继续向前下方搬盖。

(2) 拦。身体重心前移，左脚向前迈一步，同时上体继续右转，左掌向前上方画弧拦出，掌心向右，右拳向右画弧后收至右腰间。

(3) 捶。身体重心前移呈左弓步，右拳向前打出，拳眼向上，高与胸平，左手附于右前臂内侧。

转身搬拦捶动作示意如图 13-21 所示。

图 13-21　转身搬拦捶动作示意

2. 如封似闭

动作要领：左手由右腕下向前伸出，右拳变掌，两手掌心翻转向上；身体重心后移，身体后坐，左脚脚尖向上翘起，两手左右分开并屈肘回收；两手在胸前向内翻转，向下至腹前，掌心斜向下；身体重心前移，左脚落实，呈左弓步，两手向上、向前推出，腕高与肩平，掌心向前。

如封似闭动作示意如图 13-22 所示。

图 13-22　如封似闭动作示意

3. 十字手

动作要领：身体重心后坐，左脚尖翘起，上体右转，左脚尖内扣；上体继续右转，右手向右画平弧，右脚尖外撇，身体重心移至右腿；右手向下画弧，身体重心左移，右脚尖内扣；右脚向左收回，两脚距离同肩宽，呈开立步，同时两手向下、向内交叉合抱于胸前，右手在外，掌心向后。十字手动作示意如图 13-23 所示。

图 13-23　十字手动作示意

4. 收势

动作要领：两手向外翻掌，手心向下，两臂慢慢下落，停于身体两侧，左脚慢慢收至右脚旁并步，两眼注视前方。收势动作示意如图 13-24 所示。

图 13-24　收势动作示意

复习思考题

1. 太极拳运动在健身和防治疾病方面有哪些功效？
2. 二十四式太极拳包括哪些动作？

第四篇　体育艺术类

第十四章 健 美 操

第一节 健美操概述

一、健美操的产生和发展

健美操最早可追溯到两千多年前。古希腊人对人体美的崇尚举世闻名，他们喜爱跑跳、投掷、柔软体操和健美舞蹈等各种体育项目进行人体美的锻炼；古印度很早就有瑜伽术，其中的一些姿势与当前流行的健美操所常用的基本姿势是一致的。由此可见，古代人对健身健美的追求是现代健美操形成与发展的基础。

现代健美操源于20世纪60年代末的美国，最早是由著名的医学博士库伯设计了一些动作，配上音乐作为训练宇航员体能的内容之一；20世纪70年代末，随着遍及全球的健身热和娱乐体育的发展，健美操以其强大的生命力风靡世界，其标志就是“简·方达健美操”的出现。美国对世界健美操的发展有着重要影响，自1985年开始，美国正式举办一年一度的健美操锦标赛，并确定了竞赛项目和规则，使健美操发展成为竞技性运动项目。

我国在20世纪30年代就出现了健美操雏形，但现代健美操运动则是在80年代后传入我国的，之后便奠定了广泛的群众基础。1986年4月，我国在广州举行了首届全国女子健美操邀请赛；1986年，北京体育大学编写的我国第一部《健美操试用教材》出版，并正式在北京体育大学本科学生中开设了健美操选修课。此后，一些大专院校也根据原国家教委对高校体育教学的要求，逐步开设了健美操普修或选修课，从而把健美操从社会引向了学校，使健美操成为一项重要的体育教学内容。1992年9月，在北京成立了中国健美操协会，这标志着我国健美操运动进入了一个崭新的发展阶段。

二、健美操的概念

健美操是以有氧运动为基础，以身体练习为基本手段，配合音乐节奏所进行的一项体育运动项目。它在健、力、美的特征之余，具有健身性、竞技性、娱乐性和观赏性的价值，这也是现代文明的重要组成，健美操在国外被称作“有氧体操”。它是在有氧供应充足的情况下，以有氧系统提供能量的一种运动形式，其是持续一定时间的、中低强度的有氧运动。健美操主要发展身体各部位的协调性和柔韧性，锻炼练习者的心肺功能，是进行有氧耐力训练的一种有效方式。经过长期的实践发展，健美操逐渐变成了一项独立的体育竞赛项目，在运动形式、动作技术特征及竞赛组织方法等方面有其自身特点。

三、健美操的特点

1. 集健美和健身于一体

健美操是以健身为基础，根据人体解剖学、运动生理学、体育美学等多学科理论，为使人体健康健美地发展而编排的。健美操动作讲究健美大方，强调力度和弹性，练习内容具有针对性和实效性，不仅能使身体各部位的关节、韧带、肌肉得到充分锻炼，使人体匀称和谐地发展，还能增强体质，培养健美的体形和风度，塑造健美的自我。

2. 鲜明的节奏感和韵律感

健美操是一种在音乐伴奏下进行的身体练习，音乐是健美操的灵魂。与艺术体操相比，健美操更强调动作的力度。因此，健美操的音乐节奏趋于鲜明强劲，风格更趋于热烈奔放。健美操音乐多取材于迪斯科、爵士、摇滚等现代音乐和具有上述特点的民族乐曲，而正是音乐中的高低、长短、强弱、快慢等有节奏的变化使健美操更富有一种鲜明的现代韵律感。

3. 动作的多变性和协调性

健美操成套动作的多变性不仅表现在动作的节奏和力度上，还表现在动作的组合性方面。其每节操很少是单个关节的局部动作，大多为多关节的同步运动。例如，在完成大幅度的上肢动作时，常伴有腰、膝、髋、踝和头部等的动作。这不仅可使身体各关节的活动次数成倍增长，还能有效地改善和提高人们身体的协调性。

4. 广泛的群众性

健美操是一项富有趣味性的运动，它能给人们带来热情奔放的情感体验，符合现代人追求健美、自娱自乐的需要，因此深受广大群众的喜爱。同时，由于健美操尤其是健身健美操，练习形式多样，运动负荷和难度可以自我调节，不同年龄、性别、形体、素质、个性、气质的练习者都可酌情择项参加锻炼，各种人群都能从健美操练习中找到适合自己的练习方式，并通过训练增强体质，弥补自身的某些不足，还可从中获得乐趣。因此，健美操是男女老幼所青睐的一项运动。此外，由于健美操不受气候的影响，对场地、器材条件的要求不高，练习起来简便安全，适合不同地区、不同条件的单位和部门开展。因此，这项运动具有广泛的群众性。

5. 创新性

人体结构复杂，动作多变，人情绪丰富，性格迥异，这些决定了健美操动作的丰富性。随着健美操运动的发展和变化，人们不断创编出新颖的、具有显著特征的健美操动作，这是健美操长盛不衰的显著特点。

四、健美操的锻炼价值

健美操是时代的产物，是基本体操艺术化、动力化和健身化趋势的反映，也是一项具有实用锻炼价值的运动项目。

1. 增强体质，增进健康

(1) 增强运动系统的功能。经常进行健美操锻炼可提高关节的灵活性，使肌肉力量增强、弹性提高；对于青少年而言，有助于促进骨骼与肌肉的生长。

(2) 促进心血管系统的功能。健美操是在供氧充足的情况下，以有氧氧化系统供能的一种运动形式，主要锻炼练习者的心肺功能。长期进行健美操锻炼可使心肌纤维增粗、心肌收缩能力增强、心排血量增加等。

(3) 增强呼吸系统的功能。人体在进行健美操运动时，肺通气量成倍增长，肺泡张开率提高，增大了肺部容积和吸氧量。

(4) 改善消化系统的功能。健美操运动可加强胃肠蠕动，改善消化系统的机能状态，有助于营养的吸收与利用。

2. 塑造健美形体，培养端正体态

健美操是动态的健美锻炼，动作频率较快，讲究力度，因而身体能量消耗较大，有利于消除体内多余脂肪，帮助塑造体形。此外，健美操运动还能矫正畸形，培养端庄体态。

3. 提高身体素质，培养艺术素养

健美操是一项要求力度和幅度的练习，可有效提高练习者的肌肉力量与弹性，从而有助于发展力量和柔韧素质。健身性健美操运动持续时间长，竞技健美操运动强度大，练习者需具备较好的耐力素质。此外，健美操运动还能有效发展练习者的身体协调性，提高神经系统的灵活性。

4. 焕发精神面貌，陶冶高雅情操

健美操是在音乐伴奏下进行的身体运动，动作充满青春活力。练习者在欢快的气氛中进行锻炼，心情愉悦，不易疲劳，同时还能使心灵和情操得到净化与陶冶。

第二节　健美操的基本动作

一、健美操基本动作的概念

基本动作是健美操中最核心的部分。健美操的基本动作包括基本手型、基本步法、上肢动作、躯干动作和头颈动作。健美操中所有动作的变化和创新都是在基本动作的基础上产生的，基本动作的正确与否直接影响着锻炼者的健身效果。因此，通过基本动作练习，不仅可以使肌肉得到均衡、全面的发展，改善关节的灵活性，培养动作的协调性，增强身体的平衡控制能力，还可以使动作优美、准确，养成正确的身体姿势及优雅的体态。在进行基本动作练习时，配以音乐伴奏，能更有效地提高练习者的节奏感和表现力。

二、基本动作练习应注意的事项

(1) 动作的规范性。练习时肢体的位置、方向及运动轨迹一定要准确，注意动作速度、肌肉力度和动作幅度的适宜度。

(2) 动作的弹性。练习时要控制肌肉的收缩和放松，在练习的过程中注意调整呼吸。

(3) 动作的节奏感。良好的节奏是肌肉控制能力的表现，要重视节奏感的培养。

(4) 动作的力度。动作的力度是指健美操运动动作的用力程度，通常以肢体的制动技术来体现力度。

(5) 动作的幅度。动作的幅度是指健美操运动动作展开的大小，一般来说，动作经过的轨迹越大，动作幅度越大。

(6) 动作的风格。动作的风格是指一套健美操动作表现出的主要艺术特色和思想特点。

三、健美操基本动作

(一) 基本手型

健美操手型的变化不仅可以使手臂动作更加丰富多彩和生动活泼，表现出美感，而且有助于加强动作的力量性。常用的手型有以下几种：

(1) 分掌。五指用力分开并伸直，手腕保持一定的紧张程度。

(2) 合掌。五指并拢伸直。

(3) 拳。五指弯曲紧握，拇指握四指。

(4) 西班牙舞手型。五指分开,小指内旋,拇指稍内收。

(5) 剑指。拇指与无名指、小指相叠,中指、食指并拢伸直。

(6) 响指。无名指与小指屈握,拇指与中指、食指摩擦后,中指击打大鱼际处产生响声。

(7) V 指。拇指与小指、无名指相叠,中指与食指伸直并尽力分开。

(8) 推掌。手掌用力上翘,五指自然弯曲。

(9) 芭蕾手势。五指微屈,后三指并拢,稍内收,拇指内扣。

(10) 一指式。握拳,食指伸直或拇指伸直。

(二) 头颈动作

头颈动作的方向主要是前、后、左、右四个方向,但左前、左后、右后、右前及左上方、右上方也经常用到。

1. 屈

动作做法:两脚开立,两手叉腰,前屈时下颌回收,低头下看;后屈时下颌朝上,头后仰;左屈、右屈时头向一侧屈,一耳对肩部,另一耳朝上,如图 14-1 所示。

2. 转(左转、右转)

动作做法:头沿垂直轴向左、右转 90°,如图 14-2 所示。

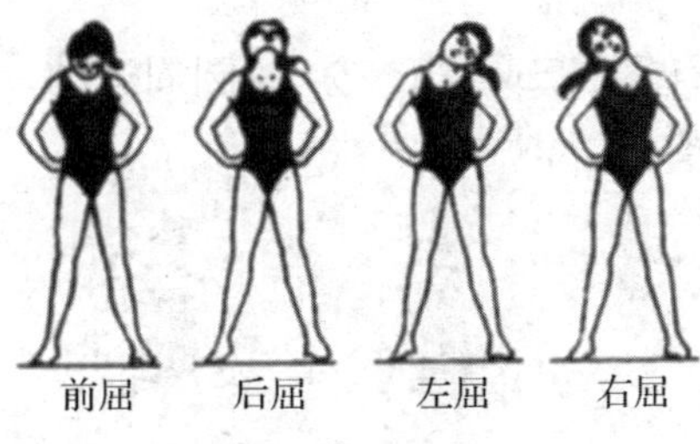

图 14-1 头颈屈

图 14-2 头颈转

3. 绕和绕环

动作做法:绕是指头从左侧上方经前屈绕至右侧上方或动作相反,包括左绕、右绕;绕环是指头从一侧屈经前向另一侧经后屈至还原的 360°绕旋动作,如图 14-3 所示。

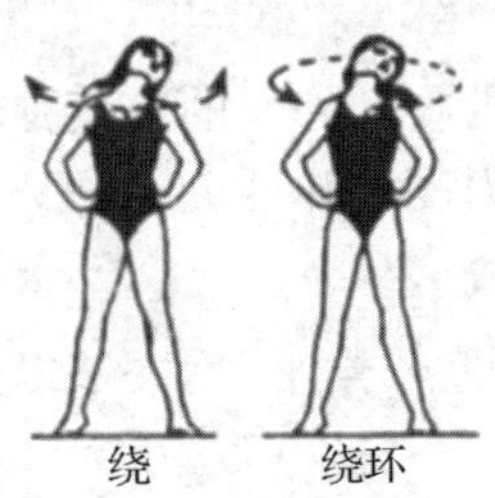

图 14-3 头颈绕和绕环

(三) 肩部动作

1. 提肩

动作做法:肩关节沿垂直轴做向上的运动,动作包括单肩、双肩的同时提和依次提,如图 14-4 所示。

2. 沉肩

动作做法：肩关节沿垂直轴做向下的运动，动作包括单肩、双肩的同时沉和依次沉。沉肩时尽力向下，动作幅度大而有力，如图 14-5 所示。

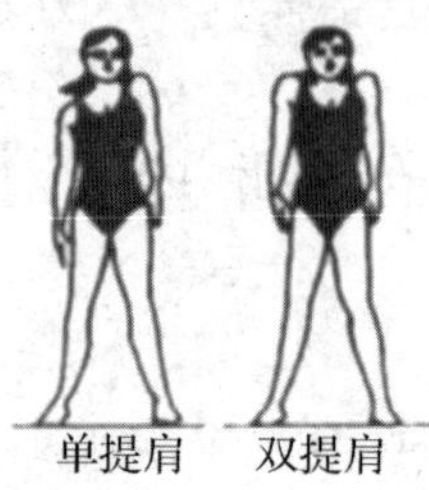

图 14-4　提肩

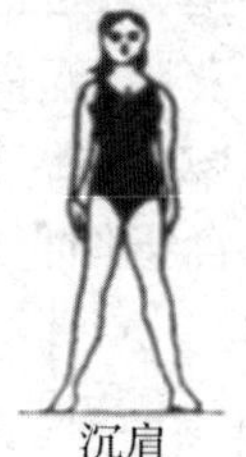

图 14-5　沉肩

3. 绕肩

动作做法：肩关节在矢状面内向前或向后做小于 360°的圆周运动，动作有单肩向前、后绕，双肩同时或依次向前、后绕。绕肩时，上体不能摆动，两臂放松，头颈不能前探，动作连贯，速度均匀，幅度大，如图 14-6 所示。

4. 肩绕环

动作做法：肩关节在矢状面内向前或向后做大于或等于 360°的圆周运动，动作有单肩向前、后绕环，双肩同时或依次向前、后绕环，如图 14-7 所示。

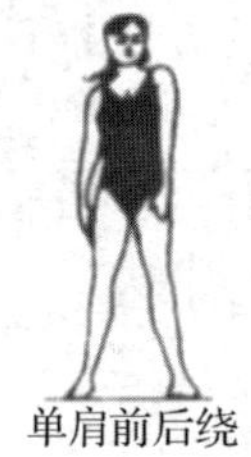

双肩前后绕

图 14-6　绕肩

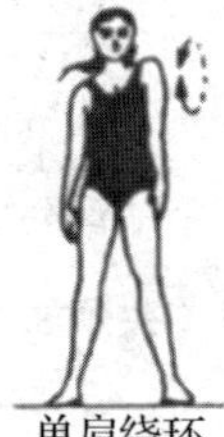

图 14-7　肩绕环

5. 振肩

动作做法：固定上体，两肩做由内收到外展的连续弹性动作，动作有双肩同时前、后振和依次前、后振。振肩动作要有速度、力度和弹性。

6. 旋肩

动作做法：分腿开立，两臂侧举，掌心向下，肩关节以冠状轴做前旋或后旋的动作。

（四）上肢动作

1. 举

动作做法：以肩为轴，臂的活动范围不超过 180°并停止在某一部位的动作，动作包括前举、后举、侧举、侧上举、侧下举和上举，如图 14-8 所示。要求动作到位，路线清晰有力。

图 14-8 上肢举

2. 屈

动作做法:肘关节由弯屈到伸直或由伸直到弯屈的动作,动作包括胸前屈、胸前平屈、肩侧屈、肩上侧屈、肩下侧屈、肩上前屈、腰间屈和头后屈,如图 14-9 所示。

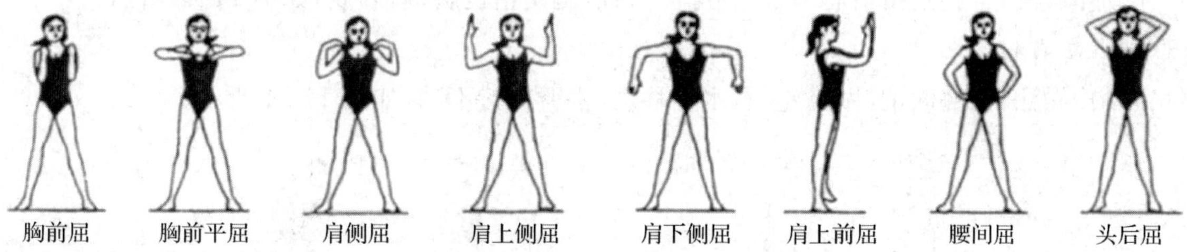

图 14-9 上肢屈

3. 绕和绕环

动作做法:绕是指双臂或单臂以肩关节为轴,向内、外、前、后做 180°以上、360°以下的弧形运动;绕环是指臂以肩为轴,单臂或双臂向不同方向做圆形运动,如图 14-10 所示。做绕和绕环动作时,要求路线清晰,起始和结束动作位置明确。

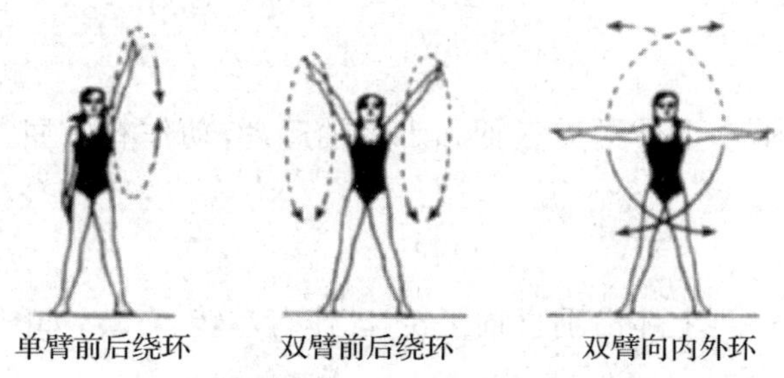

图 14-10 上肢绕和绕环

4. 振

动作做法:以肩为轴,臂做加速有力的弹动、摆动动作,动作包括侧举后振、上举后振和下举后振,如图 14-11 所示。

5. 旋

动作做法:以肩或肘为轴做臂的旋内或旋外动作,如图 14-12 所示。做上肢动作时,上体要保持正直,动作做到位,幅度准确。

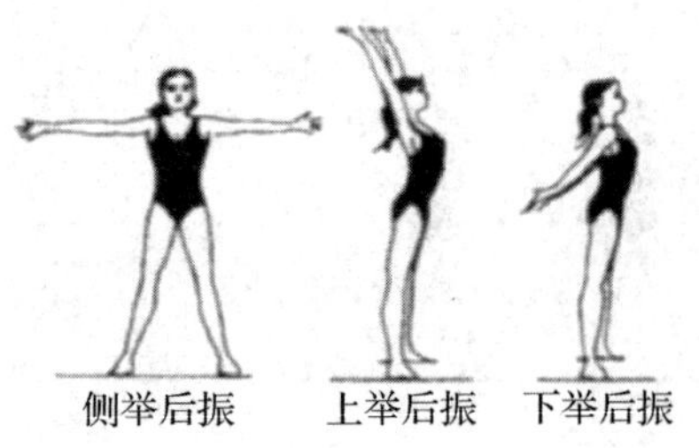

图 14-11　上肢振

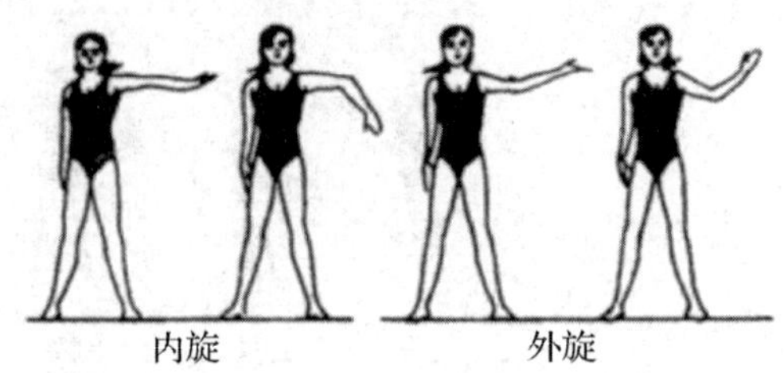

图 14-12　上肢旋

（五）胸部动作

1. *含胸和展胸*

动作做法：含胸是指两肩内合，胸廓内收；展胸是指挺胸、肩外展，如图 14-13 所示。

2. *左右移胸*

动作做法：髋部固定，做胸左、右水平移动，手臂保持不动，如图 14-14 所示。

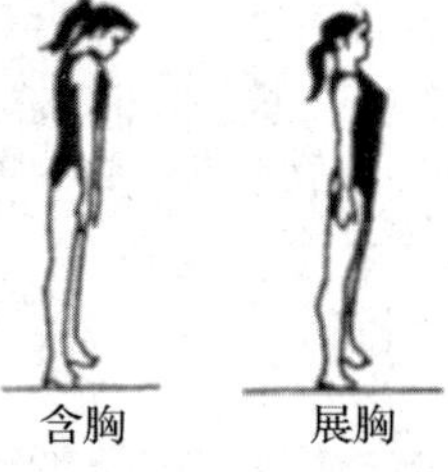

图 14-13　含胸和展胸

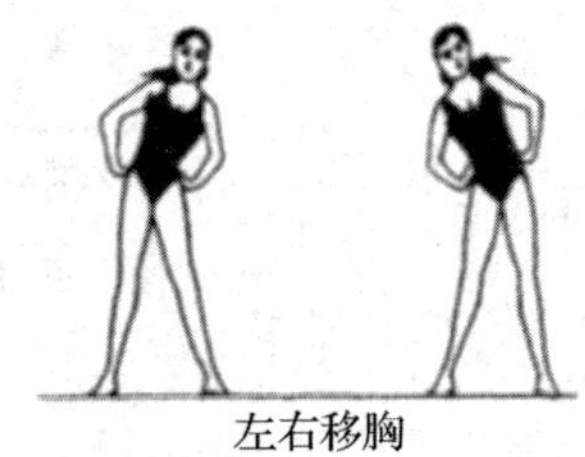

图 14-14　左右移胸

（六）腰部动作

1. 屈

动作做法：下肢固定，上体沿矢状轴和水平轴运动，动作有前屈、后屈、左侧屈、右侧屈，如图 14-15 所示。

2. 转

动作做法：下肢固定，上体沿垂直轴扭转，动作有左转、右转，如图 14-16 所示。

3. 绕和绕环

动作做法：下肢固定，上体沿垂直轴做弧形和圆形运动，动作有左、右绕和绕环，如图 14-17 所示。

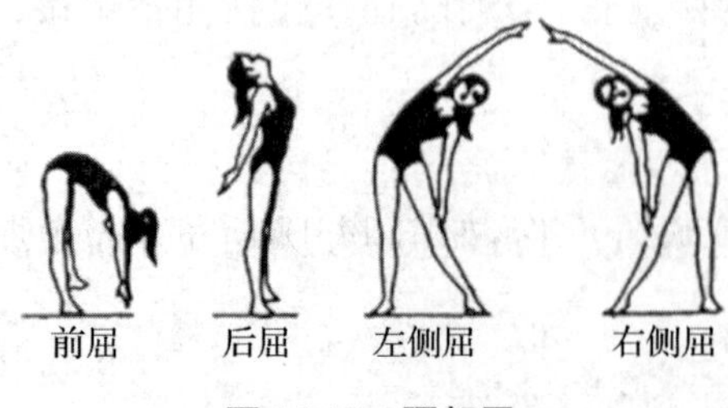

图 14-15　腰部屈

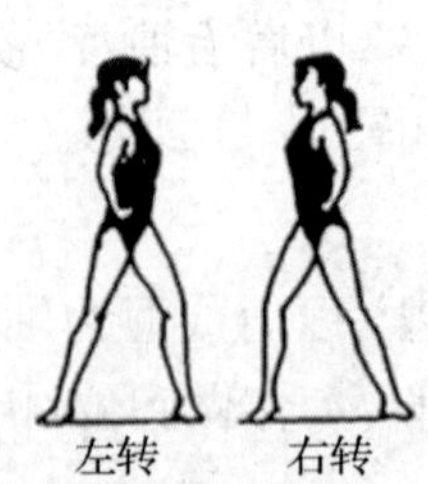

图 14-16　腰部转

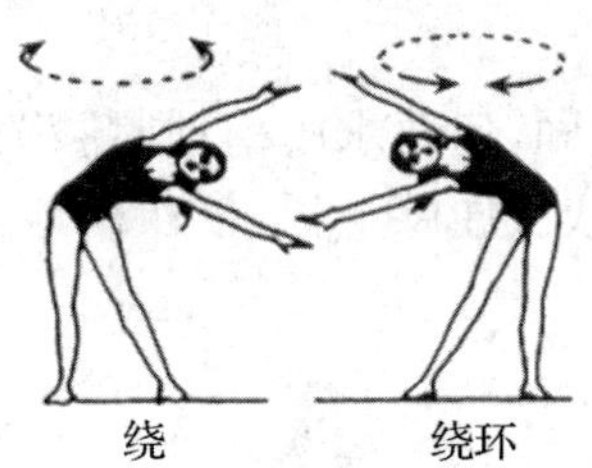

图 14-17 腰部绕和绕环

（七）髋部动作

1. 顶髋

动作做法：一侧腿支撑并伸直，另一侧腿屈膝内扣，上体保持正直，用力将髋顶出，动作有左、右、前、后顶髋，如图 14-18 所示。

2. 提髋

动作做法：髋关节做急速向一侧上提翻的动作，动作有左、右侧提髋，如图 14-19 所示。

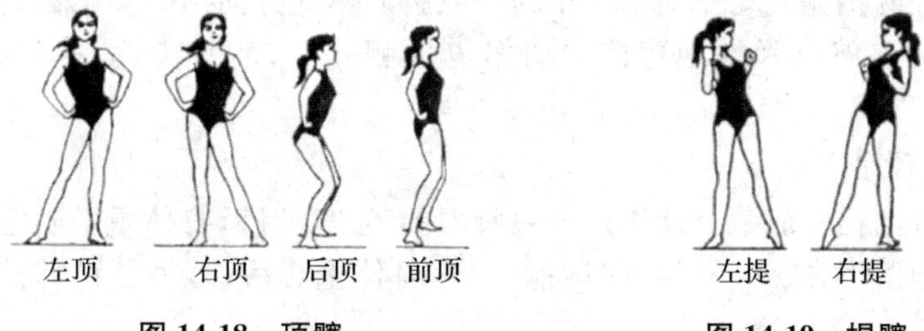

图 14-18 顶髋

图 14-19 提髋

3. 摆髋

动作做法：两腿微屈并拢，髋部做钟摆式的连续移动动作，同时有一定的腰部动作配合。动作有左、右侧摆和前、后摆。

4. 绕和绕环

动作做法：髋部做弧形、圆形移动，动作有左、右绕和绕环，如图 14-20 所示。

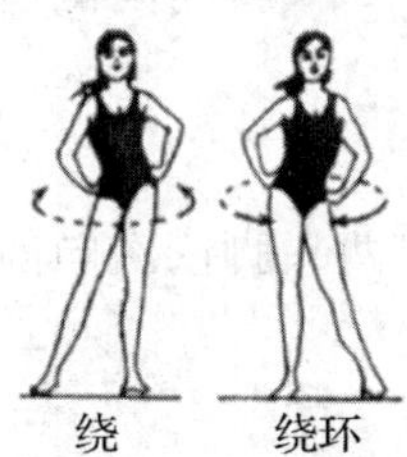

图 14-20 髋部绕和绕环

（八）基本步法

1. 滚动步

动作做法：两脚同时交替做由前脚掌至全掌依次落地动作，如图 14-21 所示。

2. 交叉步

动作做法：一只脚向另一只脚前或后交叉进行，动作包括连续交叉步、四步一交叉，如图 14-22 所示。

3. 踏步

动作做法：与队列踏步动作相同，但要求脚落地时膝关节自然弯曲、有弹性，由前脚掌过渡到全脚掌落地，然后两脚交替，依次屈膝上提，依次落地，动作包括原地踏步、踏步走、踏步走点地等动作，如图 14-23 所示。

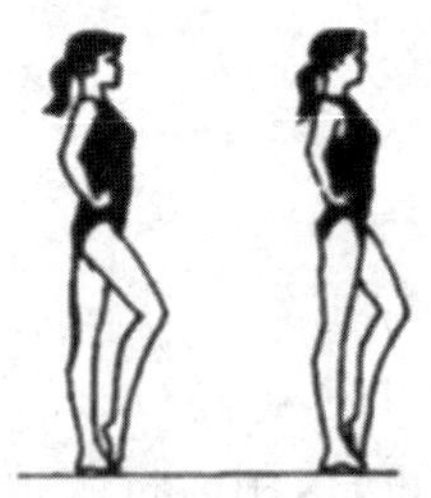
图 14-21　滚动步

图 14-22　交叉步

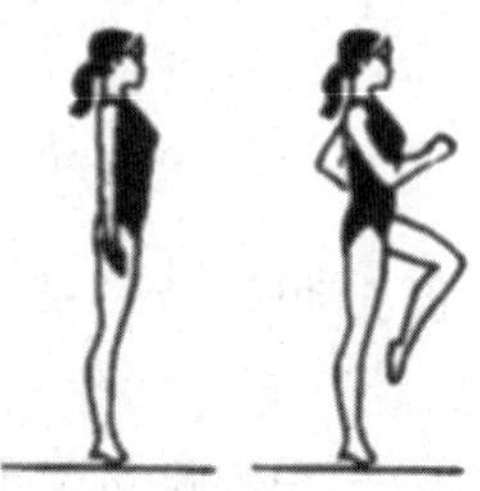
图 14-23　踏步

4. 并步

动作做法：分两拍完成动作。第一拍为一只脚向不同方向出一步，第二拍为另一只脚并于此脚，同时两腿自然有弹性地弯曲。动作包括侧并步、前并步、后并步、“L”并步、并两步等。

5. Mambo(漫步)

动作做法：分四拍完成一个动作。一只脚向前迈出，屈膝，身体重心随之前移，另一只脚稍抬起，然后原地落下；或者一只脚向后撤一步，身体重心后移，另一只脚稍抬起，然后原地落下。

6. “V”字步

动作做法：分四拍完成一个“V”字步。第一拍为左脚向左前侧迈一步；第二拍为右脚向右前方迈一步；第三拍为左脚后退一步至开始位置；第四拍为右脚并于左脚，完成一个“V”字步。两手臂可以做叉腰动作。

7. 迈步后腿屈

动作做法：分两拍完成一个动作。一只脚向同侧迈出一步，膝稍屈，另一条腿小腿后屈，然后向反方向迈步。

8. 一字步

动作做法：分四拍完成一个动作。两只脚依次向前迈一步，并拢，再依次退一步还原，同时每次落地时下肢关节依次顺势缓冲。

9. 点地步

动作做法：分两拍完成一个动作。一只脚用脚尖或脚跟点地，然后还原，动作包括前、后、左、右点地步。

10. 弓步

动作做法：两条腿前后或左右开立，一条腿屈膝，另一条腿绷直，屈腿的膝部与脚尖垂直，动作包括前弓步、侧弓步、后弓步。

11. 恰恰步

动作做法：分两拍完成一个动作。一只脚迈一步，后半拍为另一只脚在前一只脚的后方快速跟进一步或跳起并步，然后前一只脚再向前一步。

（九）基本跑跳步

1. 跑跳步

动作做法：两脚交替进行，跑后支撑阶段中有一次跳的过程，如图 14-24 所示。

2. 并腿跳

动作做法：两腿并拢，直膝或屈膝跳，如图 14-25 所示。

3. 钟摆腿跳

动作做法：单拍完成的动作。一条腿直腿向侧摆起，同时另一只脚起跳，下落时在一只脚着地的同时，另一条腿摆起，两条腿像钟摆一样来回摆动，如图 14-26 所示。

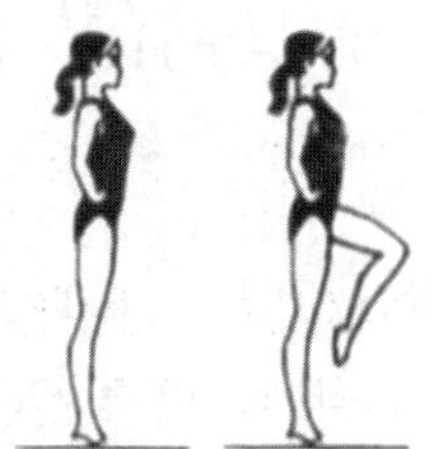

图 14-24　跑跳步

图 14-25　并腿跳

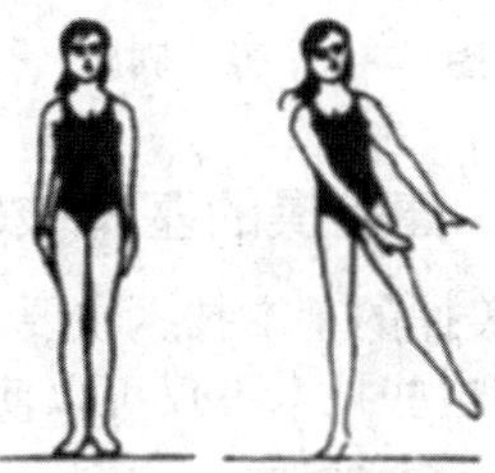

图 14-26　钟摆腿跳

4. 吸腿跳

动作做法：单拍完成动作。一条腿直腿跳起，同时另一条腿屈膝向前上提，也可以向侧上提，如图 14-27 所示。

5. 大踢腿跳

动作做法：单拍完成动作。一条腿跳起，同时另一条腿直腿向前上方踢起，也可以向侧上方踢起，如图 14-28 所示。

6. 后踢腿跳（后踢腿跑）

动作做法：两脚交替有短暂腾空过程，小腿叠于大腿向后屈跳起，如图 14-29 所示。

图 14-27　吸腿跳

图 14-28　大踢腿跳

图 14-29　后踢腿跳

7. 弹踢腿跳

动作做法：两拍完成一个动作。一只脚抬起后屈，在另一只脚起跳的同时，前一只脚伸直向前、侧踢出，如图 14-30 所示。

8. 开合跳

动作做法：两拍完成一个动作。两腿并拢屈膝向上跳起，落地后两腿呈开立姿势，然后向上跳起，并拢两腿还原落地，屈膝缓伸，如图 14-31 所示。

9. 弓步跳

动作做法：单拍完成一个动作。两腿并拢跳起，落地后变成一条腿在前、另一条腿在后的弓步或半侧面的弓步，如图 14-32 所示。

图 14-30 弹踢腿跳

图 14-31 开合跳

图 14-32 弓步跳

四、健美操的基本技术

健美操的基本技术主要有落地技术、弹动技术、半蹲技术、重心移动技术和身体控制技术，掌握这些技术不仅可以使健美操的动作更美观，而且可以预防运动损伤的发生。

(一) 落地技术

在健美操系统中，健身性健美操中的高冲击力动作对人体产生的冲击力很大，容易使关节、肌肉受到损伤，因此落地技术的正确与否很重要。具体来说，健美操运动的落地技术是一种滚动技术，即脚后跟先着地，然后过渡到全脚掌着地；或前脚掌先着地，过渡到全脚掌着地，紧接着屈膝屈髋缓冲，从而使冲击力减小。该技术的最后环节是全脚掌着地，这是因为，如果脚后跟长时间不着地，容易使小腿的肌肉负担过重而产生疲劳，严重时会引起肌肉过度疲劳或拉伤，甚至导致胫骨或腓骨骨膜炎。

(二) 弹动技术

弹动技术是健美操最重要的技术之一，是体现健美操的最基本特征、用以区别其他运动项目的重要因素之一。

健美操的弹动技术主要是依靠踝关节、膝关节、髋关节由下至上的缓冲产生的，所以要完成这个技术就要掌握缓冲。一方面，可以通过提踵练习来提高踝关节的屈伸能力，即双脚并拢，反复上提和下落脚后跟，这样可以提高踝关节的缓冲能力；另一方面，可以通过半蹲练习提高膝关节和髋关节的屈伸能力，即双脚分开，半蹲，髋关节稍屈。

健美操弹动技术的学练应注意在关节的缓冲能力得到提高的同时，加强相应肌肉的协调用力能力，这样才能使整个弹动技术流畅。此外，动作富有弹性是健美操的特点之一，动作的弹性所涉及的身体部位很多，因此练习时要注意控制肌肉的收缩与放松，使动作富有弹性，节奏均匀，避免动作过分僵硬和关节过度伸展。

(三) 半蹲技术

在健美操运动中，无论是落地技术还是弹动技术，都要求膝关节弯曲缓冲，从这个角度上可以说，它们都与半蹲技术有着紧密的联系。健美操的半蹲技术要求上体挺直，身体重心在两腿之间，臀部向后 45°，膝关节弯的角度不得超过 90°，两脚外开，膝盖与脚尖同方向，并且膝盖的垂线不超过脚尖。这一点在学练健美操技术的过程中尤其注意。

(四) 身体控制技术

1. 身体姿态的控制

身体姿态的控制是表现健美操“美”的关键。健美操的身体姿态是根据现代人的人体与行为美的标准而建立的，正确的身体姿态是头正直，向上顶，两眼平视，下颌略回收，两肩下沉，挺胸，收腹，立腰，提气。

一般来说，正确的健美操身体姿态是最基本的动力定型，是建立准确的本体感觉的第一步，也是建立良好健美操形体的基础。

2. 操化动作的控制

操化动作的控制是表现健美操“力”的关键。健美操运动者对操化动作的控制是指操化动作的肌肉发力与控制。在健美操的操化动作中，要求肢体迅速运动到准确的位置，并且肌肉用力将肢体瞬间控制在一定的位置上。

需要特别指出的是，健美操运动者对操化动作的控制应使动作有力而不僵硬，松弛而不松懈。

第三节　健身健美操成套动作

健身健美操是以健美操基本步伐为基础，配以上肢、髋部、躯干等部位动作组合而成，符合当前健美操发展的方向，对学生有重点地掌握健美操的基本动作，形成良好的身体姿态，发展有氧代谢的能力及协调、灵敏的素质均有较好的作用。

一、原地踏步走(4×8 拍)

1. 第一个 8 拍

动作做法：第 1—6 拍，左右脚交替开始原地踏步，两臂屈肘前后自然摆动；第 7—8 拍，继续踏步，同时两手于胸前连续击掌两次，如图 14-33 所示。

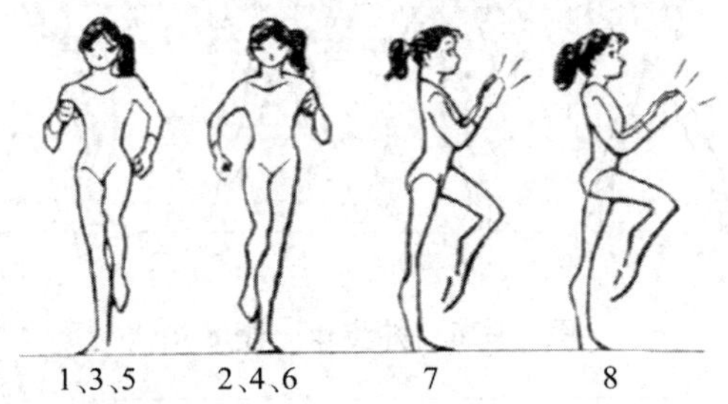

图 14-33　原地踏步走第一个 8 拍

2. 第二个 8 拍

动作做法：第 1—3 拍，左脚开始向前踏步走三步，两臂屈肘前后自然摆动(握拳，拳心向内)；第 4 拍，右脚并左脚，两臂自然放下；第 5—7 拍，左脚开始后退踏步走三步，同时两臂由前举交叉至侧举(五指分开，掌心向下)；第 8 拍，右脚并左脚，两臂置于体侧，如图 14-34 所示。

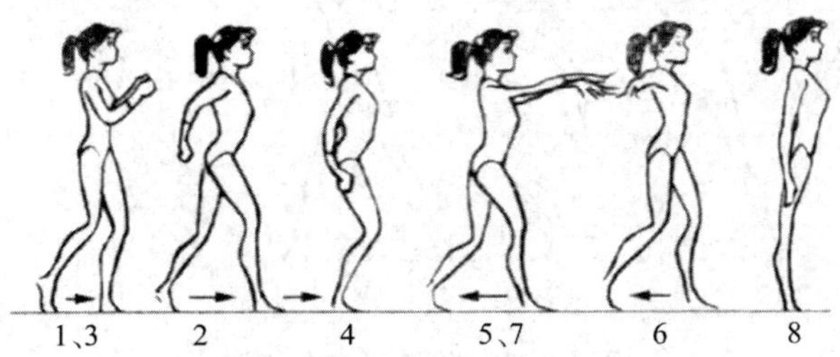

图 14-34　原地踏步走第二个 8 拍

3. 第三个 8 拍

动作做法：动作同第二个 8 拍。

4. 第四个 8 拍

动作做法：第 1—4 拍，左脚开始向左侧做后交叉步，同时两臂屈肘前后摆动；第 4 拍，两手于胸前击掌；第 5—8 拍同第 1—4 拍，但方向相反，如图 14-35 所示。

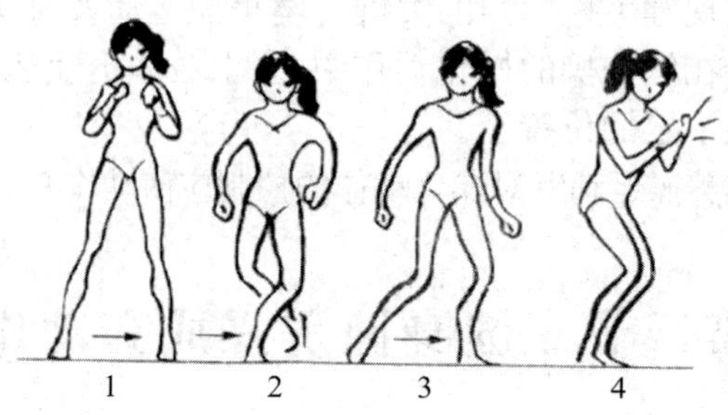

图 14-35　原地踏步走第四个 8 拍

二、并步（4×8 拍）

1. 第一个 8 拍

动作做法：第 1—4 拍，左脚开始完成一个左右侧并步，双手叉腰；第 5—8 拍的动作同第 1—4拍，如图 14-36 所示。

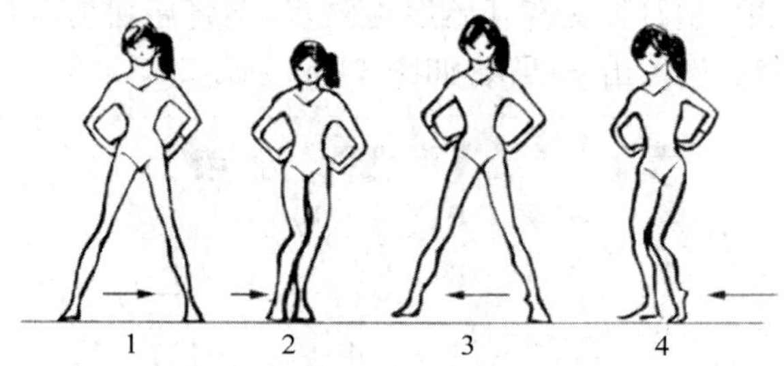

图 14-36　并步第一个 8 拍

2. 第二个 8 拍

动作做法：第 1 拍，左脚向左侧迈一步，同时两臂经屈肘（握拳）至侧上举（五指分开，掌心向前）；第 2 拍，两腿微屈，右脚点地于左脚内侧，同时两臂经屈肘（握拳）至体侧屈（拳心向内）；第 3—4 拍同第 1—2 拍，但方向相反；第 5—8 拍同第 1—4 拍，如图 14-37 所示。

图 14-37　并步第二个 8 拍

3. 第三个8拍

动作做法：第1—2拍，左脚左侧一步，然后右脚点地于左脚的内侧，同时左臂由胸前平屈（拳心向下）至下举（拳心向内）；第3—4拍，脚下动作同于第1—2拍，但手臂动作由左臂经侧上（拳心向外）至下举（拳心向内）；第5—8拍同第1—4拍，但方向相反，如图14-38所示。

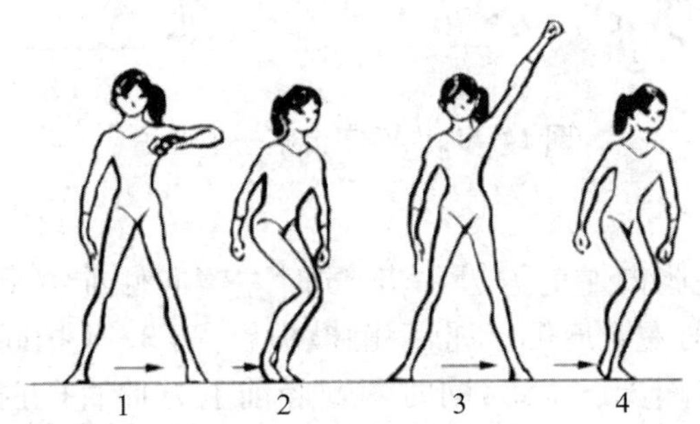

图14-38 并步第三个8拍

4. 第四个8拍

动作做法：第1—4拍脚下动作同第三个8拍；手臂动作，第1—2拍两臂经胸前平屈（拳心向下）至胸前屈（拳心向内），第3—4拍两臂经上举（拳心向前）至落于体侧（拳心向内），第5—8拍同第1—4拍，但方向相反，如图14-39所示。

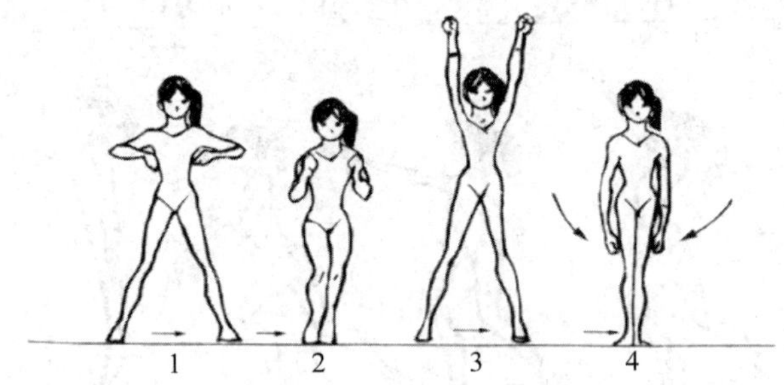

图14-39 并步第四个8拍

三、"V"字步（4×8拍）

1. 第一个8拍

动作做法：脚下动作，第1—4拍做向前的"V"形，第5—8拍做向后的"V"形。手臂动作，第1—2拍做前后自然摆动，第3拍做两手体前击掌，第4拍做两臂体侧自然弯曲，第5—8拍同第1—4拍，如图14-40所示。

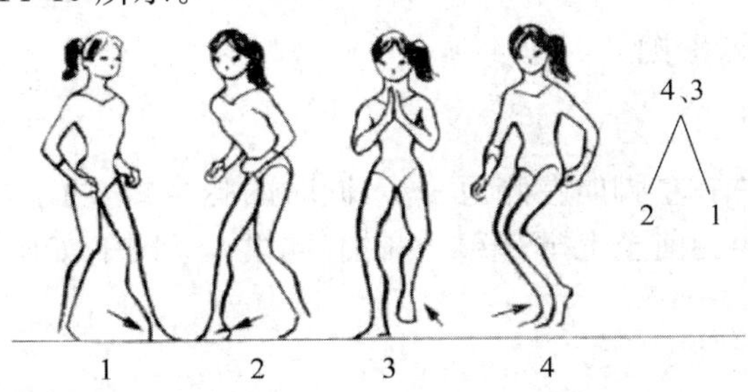

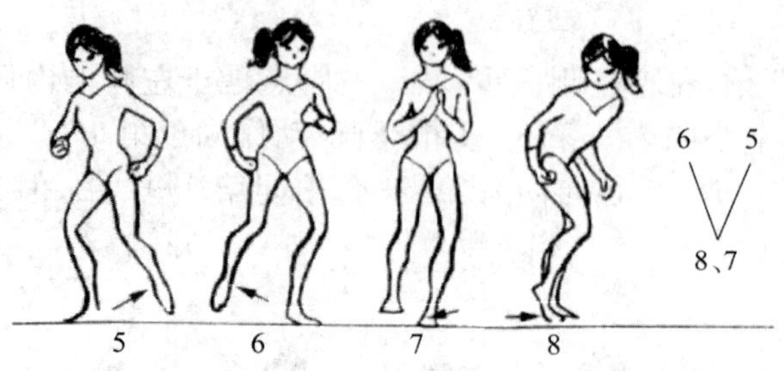

图 14-40　"V"字步第一个 8 拍

2. 第二个 8 拍

动作做法:第 1 拍,左脚向左前方迈一步,同时左臂向侧前方下举(掌心向下);第 2 拍,右脚点地于左脚内侧,同时左臂肩侧上屈,手触摸头后;第 3—4 拍同第 1—2 拍,但方向相反;第 5—7 拍,左脚开始后退踏步三步走,同时两臂经前上方伸直(五指分开,掌心向上),画弧形置于体侧;第 8 拍,右脚并左脚成直立姿势,如图 14-41 所示。

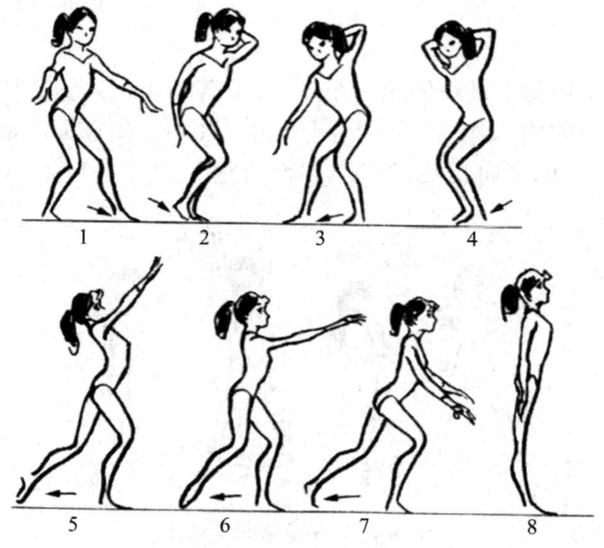

图 14-41　"V"字步第二个 8 拍

3. 第三个 8 拍

动作做法:第三个 8 拍动作同第一个 8 拍,但方向相反。

4. 第四个 8 拍

动作做法:第四个 8 拍动作同第二个 8 拍,但方向相反。

四、髋部动作(4×8 拍)

1. 第一个 8 拍

动作做法:第 1—2 拍,左脚向左侧迈一步,同时两腿半蹲,两手撑两髋;第 3—4 拍,右脚并左脚,同时两手合掌经胸前至上举;第 5—8 拍,同第 1—4 拍,如图 14-42 所示。

图 14-42 髋部动作第一个 8 拍

2. 第二个 8 拍

动作做法：第二个 8 拍动作同第一个 8 拍，但方向相反。

3. 第三个 8 拍

动作做法：第 1—2 拍，左脚侧出一步，同时右腿稍屈膝内扣，向左顶髋两次，两手撑于髋部；第 3—4 拍，同第 1—2 拍，但方向相反；第 5 拍，左顶髋，同时右臂左前举（五指分开，掌心向下）；第 6 拍，右顶髋，同时左臂右前举（五指分开，掌心向下）；第 7 拍，同第 5 拍，同时两手击打同侧大腿一次；第 8 拍，还原成直立姿势，如图 14-43 所示。

图 14-43 髋部动作第三个 8 拍

4. 第四个 8 拍

动作做法：第四个 8 拍动作同第三个 8 拍，但方向相反。

五、跑跳步（8×8 拍）

1. 第一个 8 拍

动作做法：脚的动作，第 1—4 拍为吸腿跳；第 5—8 拍为弓步跳。手臂动作，第 1 拍为左臂摆至侧平举（掌心向下），右臂摆至胸前平屈（拳心向下）；第 2 拍为两臂置于体侧；第 3—4 拍为同第 1—2 拍，但方向相反，同时向左转体 90°；第 5—6 拍为两臂胸前上屈（拳心向后）；第 7 拍为两臂向前于胸前推出（立掌，掌心向前）；第 8 拍为两臂还原至体侧，同时右转 90°还原，如图 14-44 所示。

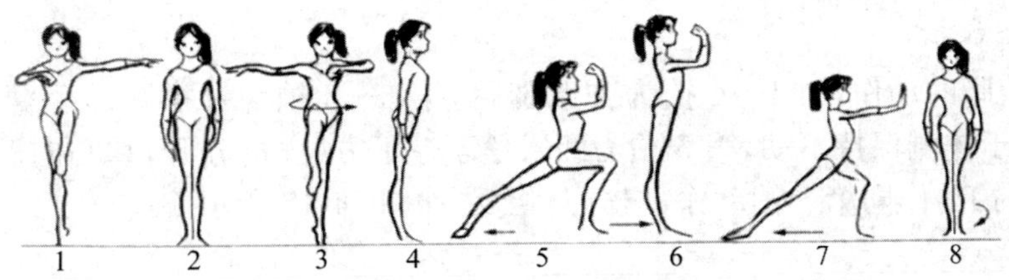

图 14-44 跑跳步第一个 8 拍

2. 第二个 8 拍

动作做法：第二个 8 拍动作同第一个 8 拍动作，但方向相反。

3. 第三个 8 拍

动作做法：第三个 8 拍动作同第一个 8 拍动作。

4. 第四个 8 拍

动作做法：第四个 8 拍动作同第二个 8 拍动作。

5. 第五个 8 拍

动作做法：脚的动作，第 1—4 拍为开合跳，第 5—8 拍为大踢腿跳。手臂动作，第 1 拍为两臂胸前平屈（拳心向下），第 2 拍为两臂还原至体侧，第 3 拍为两臂侧平举（掌心向下），第 4 拍动作同第 2 拍动作；第 5—8 拍为两臂保持还原姿势不变，如图 14-45 所示。

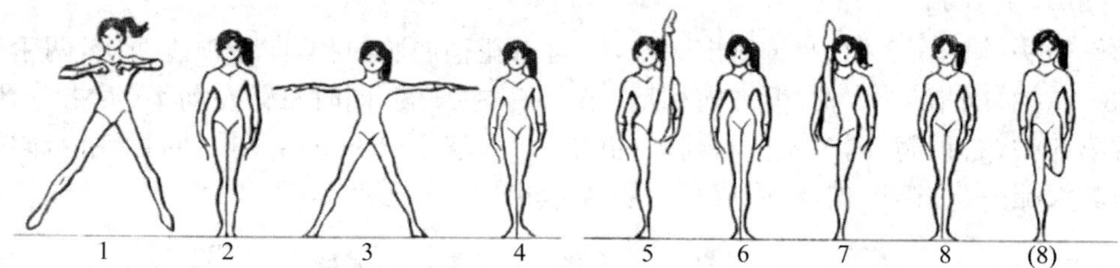

图 14-45　跑跳步第五个 8 拍

6. 第六个 8 拍

动作做法：第六个 8 拍动作同第五个 8 拍动作，但最后 1 拍左腿后屈。

7. 第七个 8 拍

动作做法：脚的动作，第 1—8 拍为弹踢腿跳，同时两手臂动作始终保持体侧下举（掌心向后），如图 14-46 所示。

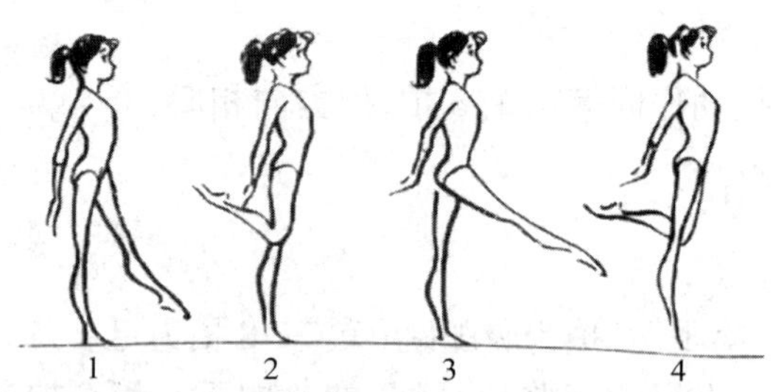

图 14-46　跑跳步第七个 8 拍

动作做法：脚的动作，第 1—8 拍为弹踢腿跳，同时两手臂动作始终保持体侧下举（掌心向后），如图 14-46 所示。

8. 第八个 8 拍

动作做法：脚的动作，第 1—4 拍为弹踢腿跳，第 5—8 拍为钟摆跳。手臂动作，第 1—4 拍为两手臂置于体侧保持不动，第 5 拍为两臂摆至左下方（五指分开，掌心向后），第 6 拍、第 8 拍还原，第 7 拍动作同第 5 拍动作，但方向相反，如图 14-47 所示。

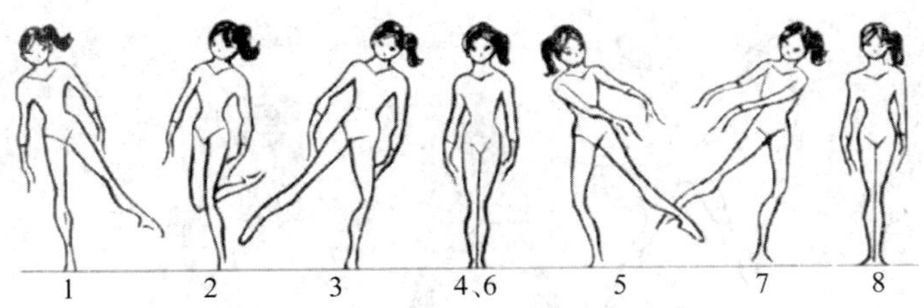

图 14-47 跑跳步第八个 8 拍

六、整理运动(4×8 拍)

1. 第一个 8 拍

动作做法:第 1—4 拍,左脚侧出点地,同时右臂经侧画弧至上举(掌心向外),抬头稍右转吸气,拉长身体右侧;第 5—6 拍,上体左屈,低头稍左转,右臂弯曲,抬至头上后左屈,手腕手指放松,继续拉长身体右侧;第 7—8 拍,收回左脚,还原成直立姿势,如图 14-48 所示。

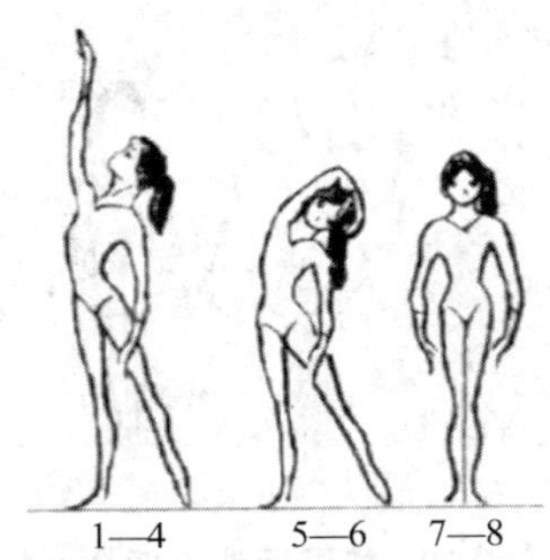

图 14-48 整理运动第一个 8 拍

2. 第二个 8 拍

动作做法:第二个 8 拍动作同第一个 8 拍动作,但方向相反,如图 14-49 所示。

图 14-49 整理运动第二个 8 拍

3. 第三个 8 拍

动作做法:第 1—4 拍,左脚侧出,变成开立姿势,同时两臂经腹部交叉后画弧向两侧分开至侧上举(掌心向外),抬头挺胸吸气;第 5—6 拍,两腿屈膝半蹲,同时两臂经侧画弧下落至体前交叉,稍低头呼气;第 7—8 拍,变成半蹲姿势,两臂外摆,撑于膝上,自然呼吸,如图 14-50 所示。

图 14-50　整理运动第三个 8 拍

4. 第四个 8 拍

动作做法：第 1—4 拍，两腿分开直立，同时两臂经体前交叉，然后向内绕至侧上举（两掌心相对），抬头挺胸呼气；第 5—8 拍，左脚收回，变成还原姿势，同时两臂经体侧下落至髋部两侧（两手翻掌向下），呼气，如图 14-51 所示。

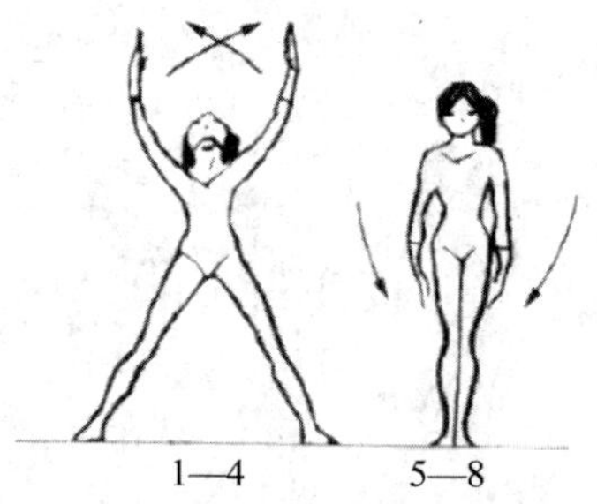

图 14-51　整理运动第四个 8 拍

复习思考题

1. 简述健美操的产生与发展。
2. 健美操的特点有哪些？
3. 健美操的基本动作和基本技术分别有哪些？

第十五章 啦 啦 操

第一节 啦啦操概述

啦啦操原名 cheer leading，cheer 有振奋精神、提振士气的意思。啦啦操源于早期部落社会的仪式。为激励外出打仗或打猎的人，族人通常会举行一种仪式，用欢呼、手舞足蹈的表演来鼓励他们，希望能胜利而归。啦啦操是体育运动中的一个新兴项目，源于美国，遍布美国的 NBA、橄榄球、棒球、游泳、田径、摔跤等比赛现场，至今已经有一百多年的历史。它最初为美式足球呐喊助威的活动，发展到现在成为世界范围内的一项体育运动，受到全世界人民的喜爱。

一、啦啦操的特点

1. 动感激情

啦啦操以团队形式展示健康向上的激情与活力，音乐气氛热烈，节奏强劲，参与者在动感十足的音乐带动下全身心地投入解放躯体束缚、宣泄情感和张扬个性的身体练习中。

2. 观赏价值高

啦啦操融体操、武术、技巧、杂技和各类舞蹈为一体，完美地将体育与艺术结合在一起，音乐元素丰富，服饰华丽多姿，动作表现形式多变，既体现了体育运动超越自我的竞技性，也蕴含了丰富的艺术内涵，使其充满了艺术观赏价值。

3. 应用广泛

啦啦操分舞蹈啦啦操与技巧啦啦操两大类，有表演性啦啦操、竞技性啦啦操与健身性啦啦操等多种形式，内容丰富，动作形式多样，可根据参与活动的目的、任务、性质、身体条件、场地设施等种种具体情况灵活选择这一项竞技体育运动项目，既可作为娱乐身心的健身手段，也可成为深受各种场合欢迎的表演节目。

二、啦啦操的锻炼价值

1. 全面增进健康水平

啦啦操动作刚健有力，速度快而变化大，对循环、呼吸、神经、运动各系统的锻炼价值高。经常参加啦啦操运动可有效地改善练习者的心肺功能水平，提高关节灵活性和肌肉、韧带弹性，提高神经系统的反应能力，促进身体协调性与灵敏性的改善。

2. 培养集体主义精神

啦啦操是一项团队配合十分紧密的集体项目，其核心理念是追求团队目标，要求参与者具备努力拼搏、坚忍不拔的意志品质，同时还要具备与他人团结合作的意识与能力。啦啦操在团队目标的激励下，队员们团结一心、众志成城，为追求共同目标通力合作，有效地培养了参与者的集体主义精神。

3. 娱乐身心

啦啦操有机地把体育与艺术结合为一体，优美激情的音乐旋律使练习者心旷神怡，出神入化的艺术主题使练习者的心绪在艺术的意境中遐想，丰富多彩的练习形式令练习者沉浸在快乐的身体运动中。通过啦啦操练习，练习者既锻炼了身体，提高了身体素质与运动技能，同时又迸发了激情，张扬了个性，释放了压力，娱乐了身心。

第二节　啦啦操基本技术

啦啦操运动分为舞蹈啦啦操和技巧啦啦操两大类，这里介绍舞蹈啦啦操（以下简称啦啦操）。舞蹈啦啦操以舞蹈动作为主，展示各种跳跃、转体、踢腿等舞蹈难度和舞蹈元素，分为花球、街舞、爵士、高踢腿等项目。

啦啦操动作由 37 个基本手位组成，基本手位可分为上举类、平举类、下举类、斜举类、冲拳类和屈臂类六大类。

一、上举类

上举类相关动作如图 15-1 至图 15-7 所示。

图 15-1　上 V 形举

图 15-2　上 A 形举

图 15-3　上 H 形举

图 15-4　上 L 形举

图 15-5　上 X 形举

图 15-6　X 形举

图 15-7　O 形举

二、平举类

平举类相关动作如图 15-8 至图 15-11 所示。

图 15-8　T 形举

图 15-9　前 X 形举

图 15-10　前 H（拳心相对）形举

图 15-11　前 H（拳心相对）形举

三、下举类

下举类相关动作如图 15-12 至图 15-16 所示。

图 15-12　下 V 形举

图 15-13　下 A 形举

图 15-14　下 H 形举

图 15-15　低 X 形举

图 15-16　倒 L 形举

四、斜举类

斜举类相关动作如图 15-17 至图 15-19 所示。

图 15-17 斜线形举

图 15-18 K 形举

图 15-19 侧 K 形举

五、冲拳类

冲拳类相关动作如图 15-20 至图 15-24 所示。

图 15-20 侧上冲拳

图 15-21 侧下冲拳

图 15-22 斜上冲拳

图 15-23 斜下冲拳

图 15-24 高冲拳

六、屈臂类

屈臂类相关动作如图 15-25 至图 15-37 所示。

图 15-25 R 形曲臂

图 15-26 W 形曲臂

图 15-27 短 T 形曲臂

图 15-28 短剑形曲臂

图 15-29 弓箭形曲臂

图 15-30 后 M 形曲臂

图 15-31 加油形曲臂

图 15-32 H 形曲臂

图 15-33 X 形曲臂

图 15-34 上 M 形曲臂

图 15-35 下 M 形曲臂

图 15-36 小 H 形曲臂

图 15-37 小弓箭形曲臂

第三节　啦啦操的竞赛与欣赏

一、场地器械

舞蹈啦啦操对场地的要求不高，在平坦的地板上便可练习，若有柔软且带弹性的地毯或塑胶场地设施更佳。技巧啦啦操练习应在具有一定厚度的柔软且带弹性的地毯或地胶上进行，以确保安全。

舞蹈啦啦操练习的服装、鞋子款式不限，以美观舒适、便于运动为准则。技巧啦啦操服装不宜过于肥大，有帽子、口袋等款式，避免服装上有亮片、金属、硬物、悬挂物等，不宜使用过滑布质，以免发生事故。

二、练习安全与注意事项

(1) 啦啦操动作难易程度不一，练习者应根据自身条件选择适合的练习动作。

(2) 练习应循序渐进，动作由简到难逐步过渡。

(3) 啦啦操动作发力快，速度变化大，对肌肉、关节和神经刺激强烈，需在练习前做好充分的准备活动。

(4) 技巧啦啦操动作相对较危险，练习者应注意检查场地设施的安全性，做好练习的保护与帮助工作。可通过分解动作教学、辅助练习等多种方式方法帮助练习者安全有效地掌握技术动作。

(5) 练习时要集中注意力，注意与队员间的协调配合。

三、组合练习

1. 基本技术动作组合

全套练习十组动作，每组 4×8 拍。

指掌运动—肘部运动—头部运动—肩部运动—膝部运动—胸部运动—胯部运动—全身运动—跳跃运动—整理运动。

2. 比赛与表演性成套动作元素组合

全套练习十组动作，每组 4×8 拍。

四肢练习—依次练习—地面练习—转体练习—跳跃练习—躯干练习—转体练习—跳转练习—空间练习—配合练习。

四、啦啦操竞赛

啦啦操竞赛分舞蹈啦啦操与技巧啦啦操两大类，运动员 4～30 名。比赛场地为 14 m×14 m，成套动作时间从音乐响起到结束为 2′15″～2′30″。比赛服装、化装和使用的道具须有利于运动员完成动作，有利于安全，有利于体现啦啦队朝气蓬勃、健康向上的特征。

比赛设有视线、检录裁判各 2 名，计时员、记录员、放音员、宣告员、裁判长各 1 名。各组裁判各尽其职，按照规则精神对成套动作进行评判。编排裁判负责对成套动作中与音乐选编、动作设计、服装与道具、主题与风格、场地与空间利用等编排相关因素的评判，根据编排情况给予相应分数。完成裁判根据运动员在场上完成动作出现的错误情况给予减分。难度

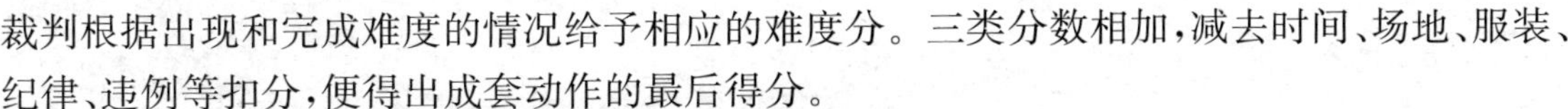

裁判根据出现和完成难度的情况给予相应的难度分。三类分数相加,减去时间、场地、服装、纪律、违例等扣分,便得出成套动作的最后得分。

1. 舞蹈啦啦操的竞赛与欣赏

现阶段舞蹈啦啦操竞赛有花球、爵士、街舞、高踢腿、道具等项目的比赛。要求体现一定的主题与风格,以舞蹈动作为主,可吸收芭蕾、现代舞、爵士舞、民族舞等多种舞蹈元素,形式不限。成套动作中须完成踢腿、跳跃、转体三类共15个难度以内的舞蹈技巧动作,不允许做翻腾、金字塔和抛接类动作。在舞蹈啦啦操竞赛欣赏中,重要的是看其是否符合规则规程的要求,在规则规程允许的范围内充分体现舞蹈啦啦队的风采与特色。艺术欣赏价值是衡量舞蹈啦啦操好坏的重要尺度,音乐的风格与特色,动作的美观与音乐的吻合程度,主题的标新立异与连接的流畅自如,还有空间面、方向、队形的巧妙变化及队员在场上完成动作的质量,吸引感染观众的能力等都是舞蹈啦啦队获得认可与成功必不可少的条件。

2. 技巧啦啦操的竞赛与欣赏

在技巧啦啦操比赛中,设翻腾、托举、金字塔、抛接4类难度,这4类难度在成套动作中至少各出现1次,共允许最多出现15个难度舞蹈技巧动作,根据其分值可获相应的难度分,审视技巧啦啦操成套动作编排的好坏首先看其是否符合啦啦队项目特征,体现啦啦队的团队精神,能否展示本队的风格与特色,动作的过渡与连接是否流畅连贯,并要求成套动作中至少出现一组4×8拍的手位组合、一个集中在后半段出现的6×8拍的个性舞蹈动作组合、一个2×8拍的分组依次动作和连续30 s体现本队特色的口号。对这些内容运用的创造性、巧妙性是影响成套动作编排价值的重要因素。

啦啦操是展示团队精神的项目,集体的凝聚力、战斗力是评价一个队伍有无能力取胜的重要条件。队员们在场上应通过自信、激情给观众展现出本队团结向上、朝气蓬勃的精神风貌,通过相互间的默契配合和高超的能力与技艺给观众展示一个个令人惊叹的难、新动作,通过巧妙艺术的创编和轻松自如、准确无误地完成呈现给观众一幅完美的动态艺术画面。

复习思考题

1. 啦啦操的特点有哪些?
2. 简述啦啦操的锻炼价值。
3. 简述啦啦操的基本动作。

第十六章　体育舞蹈

体育舞蹈是体育与艺术高度结合的一项新兴起的体育项目。它集娱乐、运动、艺术于一体，是文明社会里的一种高雅活动。

第一节　体育舞蹈概述

一、体育舞蹈发展概况

舞蹈是一种动态性的、非语言文字的人体文化。它产生于人类的生活、劳动和情感，源于民间自娱性舞蹈，随着社会的发展，舞蹈种类、功能随之增多，于是出现了以教育、增强体质和社会交往为目的的舞蹈——交际舞。交际舞又名交谊舞、舞厅舞或舞会舞，也有人称为社交舞。

最早的舞会舞蹈产生于14、15世纪的意大利，16、17世纪流传到法国，并在那里得到了很大的发展。19世纪中叶，华尔兹成为舞会的主要舞蹈。19世纪末20世纪初，北美和南美的交谊舞打破了欧美舞种独霸天下的局面，出现了布鲁斯、慢华尔兹、狐步舞。第一次世界大战之后又出现了伦巴、桑巴等交谊舞，这些交谊舞的一个明显特征就是受到了黑人传统音乐、舞蹈文化的深刻影响。第二次世界大战后，英国皇家舞蹈教师协会又整理了拉丁舞蹈（拉丁舞蹈源于拉丁美洲和非洲的民间舞蹈），并将它纳入国际舞范畴，列入正式比赛项目。至此，国际标准舞形成了包括10个舞种在内的现代舞系列和拉丁舞系列两大类，人们称之为当代国际标准舞。

二、体育舞蹈的特点

体育舞蹈是由属于文艺范畴的舞蹈演变而来的体育项目，兼有文艺和体育的特点，是介于文艺和体育之间的边缘项目，是以竞赛为目的，具有自娱性和表演观赏性的竞技舞蹈。它具有以下三个特点。

1. 严格的规范性

规范性首先表现在体育舞蹈是一个完整的舞蹈系统，如同中国古典舞和西方芭蕾舞一样，是经过数百年历史的锤炼、几代人的加工而成的；其次表现在技术的规范性上，它严格到多一分嫌多、少一点欠火的程度。

2. 表演观赏性

体育舞蹈融音乐、舞蹈、服装、风度、体态美于一体，既有观赏的价值又有参与的可能，被认为是一种“真正的艺术”。

3. 体育性

体育性一方面体现在竞技性上，即比成绩，拿冠军，为国争光；另一方面表现在锻炼价值上，即通过体育舞蹈的练习提高人体心肺功能的水平。

三、体育舞蹈的分类

从舞种起源来看，交谊舞可分为现代舞（摩登舞）和拉丁舞两大类。现代舞绝大多数起源于欧洲，舞种主要有华尔兹舞、维也纳华尔兹舞、快步舞、狐步舞、探戈舞，其特点是具有高贵典雅的绅士风度。拉丁舞源于拉丁美洲，舞种有伦巴、恰恰、桑巴、斗牛舞、牛仔舞，其特点是热情奔放，充满浪漫的情调。

从严格标准规范的角度来看，交谊舞又可分为国际标准舞和舞厅舞两大类。国际标准舞要求舞步、舞姿、跳法系统化和规范化，舞种为现代舞和拉丁舞各 5 种，具有表演性、体育性和竞技性。舞厅舞要求即兴发挥、自由化，舞种除现代舞、拉丁舞各 5 种外，还有迪斯科等，其特点为自娱性和社交性。

第二节　体育舞蹈的基本技术

一、基本舞步

学习体育舞蹈应从基本舞步开始。现代体育舞蹈有 4 种基本舞步，分别是走步、侧步、平衡步和摇摆步。学习时只要掌握好每只脚的移动轨迹，学会这些舞步就不困难。

跳交谊舞有一个约定俗成的规定，即男士第一步先出左脚，而女士第一步先出右脚。交谊舞中许多舞步的男女动作是相同的，只是动作方向相反，如男是进步，女则为退步（本章在叙述舞步的动作时，皆指男步。凡女步相同者，都不再专门说明；凡女步不同者，则另加以说明）。

1. 走步

立正站好。左脚开始向前走 3 步（1，2，3），右脚开始向后走 3 步，如图 16-1 所示。向前走时先用前脚掌触地，然后随着脚趾上抬过渡到脚跟擦地向前，着地后过渡到脚趾，身体重心从一只脚转移到另一只脚上。后退时先用脚掌触地，然后用脚尖擦地向后，脚趾着地后再过渡到脚跟。

2. 侧步

立正站好。左脚向左迈一步，右脚向左脚并拢。然后左脚再向左迈一步，然后右脚向右侧迈一步，左脚向右脚并拢，接着右脚再向右迈一步，如图 16-2 所示。

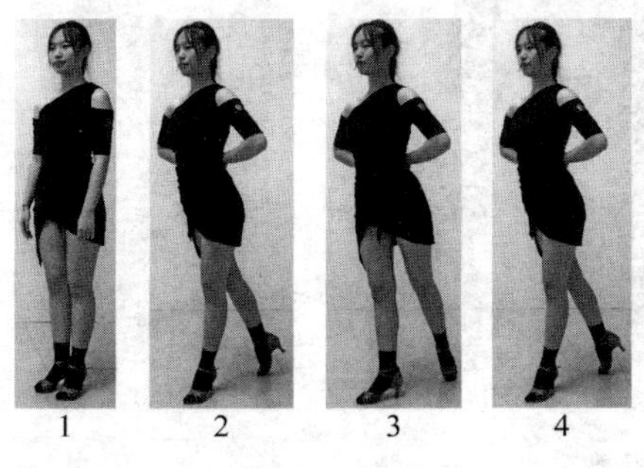

图 16-1　走步

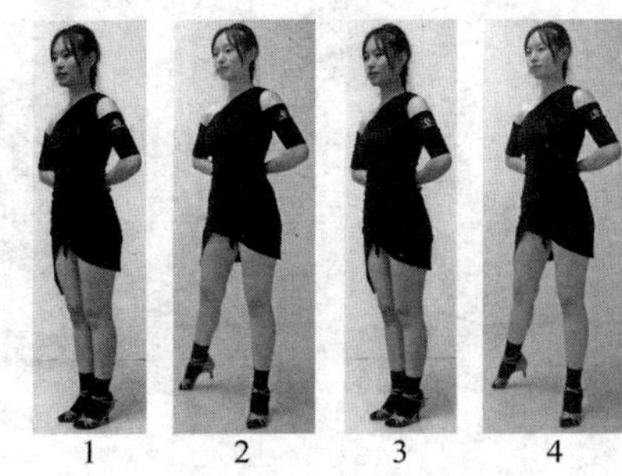

图 16-2　侧步

3. 平衡步

平衡步是由走步和踏步组成。

立正站好。左脚向前一步，右脚向前上步，用前脚掌踏在左脚侧；然后右脚向后退一步，左脚掌踏在右脚侧。

左脚向左侧一步，右脚向左脚并拢，用前脚掌踏在左脚侧；右脚再向右侧一步，左脚向右脚并拢，用前脚掌踏在右脚侧。平衡步根据运动方向分为前、后、左、右平衡步，如图 16-3 所示。

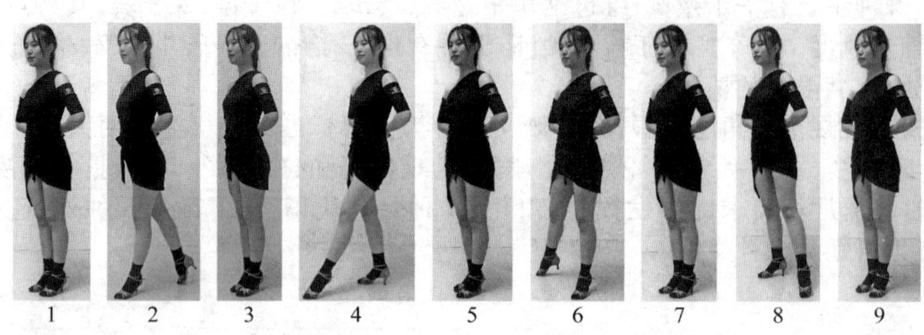

图 16-3　平衡步

4. 摇摆步

摇摆步是拉丁舞的基本步。

立正站好。左脚向前一步，身体重心随之前移，然后脚不动，身体重心再向后移，再移前，再移后，反复摇摆，这称为前后摇摆步。

立正站好。左脚向侧一步，身体重心向左移，再向右移，再向左移，再移右，反复摇摆，这称为左右摇摆步。

二、握抱姿势

初学体育舞蹈，必须学会正确的握手和抱腰姿势(简称握抱姿势)。

男女舞伴面对面站立。男伴左手四指并拢，女伴将右手放在男伴左手虎口处[图 16-4(1)]。男伴右手五指并拢放在女伴左肩胛骨下部，女伴将左手轻轻地放在男伴的右肩上，两人之间距离为 10 cm 左右[图 16-4(2)]。双方稍向左转，从对方的右肩向前看，这种握抱姿势称为闭式舞姿，如图 16-4(3)所示。

在闭式舞姿基础上，男伴将头和上体略向左转，女伴将头和上体略向右转，双方在身体的肩部形成一个“V”字形，这种舞姿称为“PP”舞姿，或者称为散式舞姿，如图 16-4(4)和图 16-4(5) 所示。

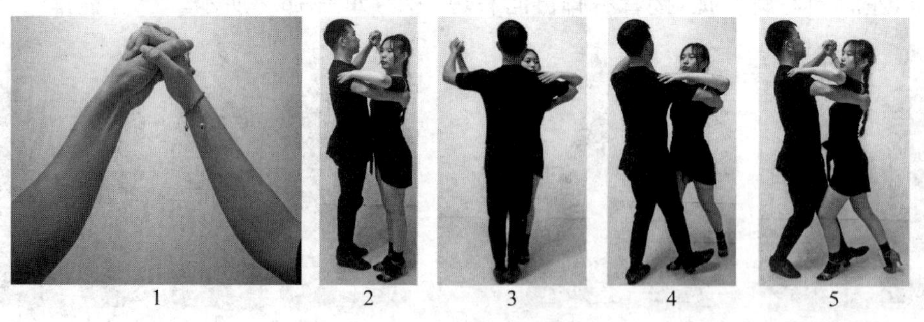

图 16-4　握抱姿势

在跳舞过程中，男伴上体一般都是直立的，但是不要过于僵硬，双肩保持稳定和放松。女伴自胸以上部位要自然后仰，下颌上扬，略呈仰视状。

三、基本舞步组合

掌握了基本舞步和握抱姿势，就可以学习基本舞步组合。

1. 方步

方步由走步和侧步组成。它因脚的6次移动构成一个正方形的图形而得名。

立正站好。左脚向前一步，右脚向侧前一步，左脚向右脚并拢；右脚向后一步，左脚向后侧一步，右脚向左脚并拢。每次两脚并拢时身体重心要转移到脚上。

2. 方步转体

方步转体，每次转体为90°，它是最简单的身体旋转，如图16-5所示。

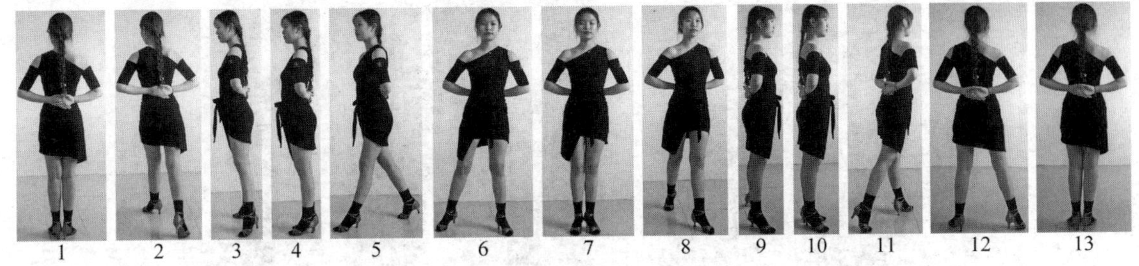

图16-5 方步转体

闭式舞姿站立如下：

(1) 左脚向前一步，在出脚的同时身体向左转。

(2) 右脚向侧一步，同时身体完成90°旋转。

(3) 左脚向右脚并拢，身体重心转移至左脚。

(4) 右脚后退一步，在退脚的同时身体向左转。

(5) 左脚向侧一步，同时身体完成90°旋转。

(6) 右脚向左脚并拢，身体重心转移至右脚。

后6步动作同前，做一个完整的方步转体，共走12步，转体360°。练习时应记住，第一个转体如果上左脚，下一个转体就要退右脚。

3. 交叉步

交叉步是由侧步和前后摇摆步组成，如图16-6所示。

闭式舞姿站立：左脚向侧一步，然后右脚交叉在左脚斜后方，用前脚掌点地，身体重心向后摇摆，再摇摆向前。右侧交叉同前，动作方向相反。

4. 并列行进步

闭式舞姿站立如下：

(1) 左脚向侧一步，同时上体左转呈闭式舞姿。

(2) 右脚向前一步，交叉在左脚前。

(3) 左脚向侧一步，同时向右转体。

(4) 右脚向左脚并拢，呈闭式舞姿。

并列行进时，两人头部均朝前，两人腰髋部可以相贴，如图16-7所示。

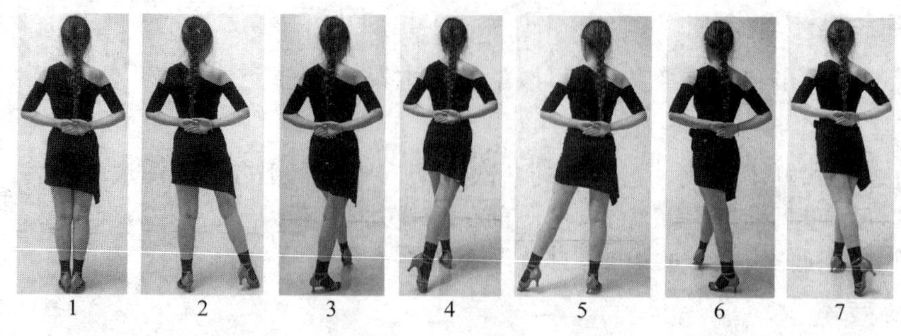

图 16-6 交叉步

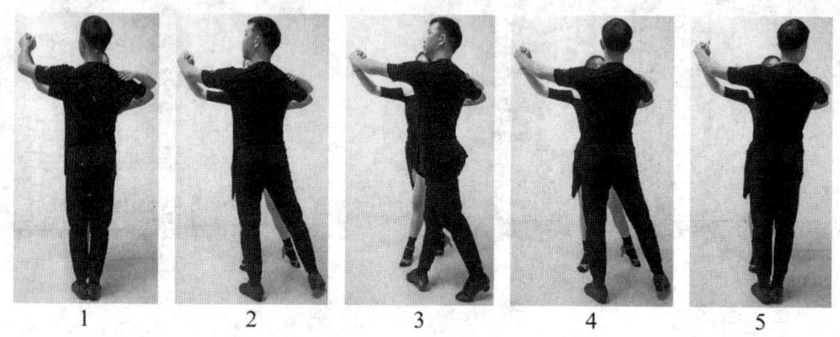

图 16-7 并列行进步

第三节 现 代 舞

一、华尔兹舞

华尔兹(Waltz)舞也称圆舞,是现代舞中历史最悠久、生命力最强的舞蹈形式。华尔兹舞的风格是典雅大方、动作流畅、旋转性强、华丽多彩,其动作高雅和谐、起伏多变,舞姿飘逸优美、文静柔和。

舞曲为 3/4 拍,每分钟 32 小节。其风格特点是起伏、飘荡、旋转、连绵不断、典雅华贵。其身体重心的升降规律一般为第一步最低,第二步升高,第三步时升至最高并开始下降。

握抱姿势:合对舞姿,如图 16-8 所示。

图 16-8 华尔兹舞握抱姿势

男女舞伴相对站立，双脚并拢，足尖向前，双方都偏向对方右侧 1/3，且右足尖对正对方双足的中线。

1. 方形步

方形步多用于左、右脚重心的转换和基本功练习，如图 16-9 所示。

准备姿势：合对舞姿。整个过程方向不变。

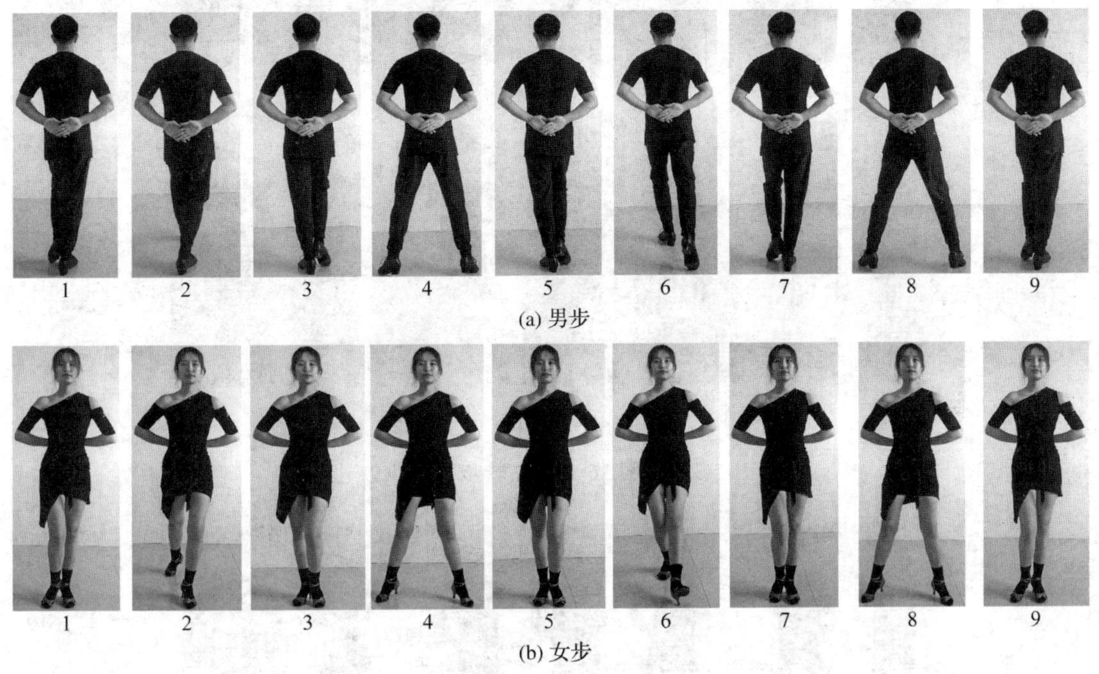

(a) 男步

(b) 女步

图 16-9 方形步

男子舞步：第 1 拍，左脚前进一步，脚跟落地滚动至脚掌着地。第 2 拍，右脚上步横开，脚掌落地支撑。第 3 拍，左脚并向右脚，方向不变，重心由双脚掌落至全脚。第 4 拍，右脚后退一步，脚掌落地滚动至全脚着地。第 5 拍，左脚跟上右脚后横开，以脚掌落地。第 6 拍，右脚向左脚并步，身体重心由双脚掌落至全脚。

女子舞步：女步的第 1,2,3,4,5,6 拍与男子舞步的第 4,5,6,1,2,3 拍相同。

2. 左转步

左转步由六步两个小节构成，每小节向左转 135°，共左转 270°，如图 16-10 所示。

准备姿势：合对舞姿。

3. 左足并换步

左足并换步由三步一个小节构成，主要用于左、右足重心的转换，方向不变。

准备姿势：合对舞姿。

男女舞步与方形步前三拍（第一小节）相同。

4. 右转步

右转步与左转步相对称，亦由六步两个小节构成，每小节右转体 135°，共完成转体 270°，如图 16-11 所示。

准备姿势：合对舞姿。

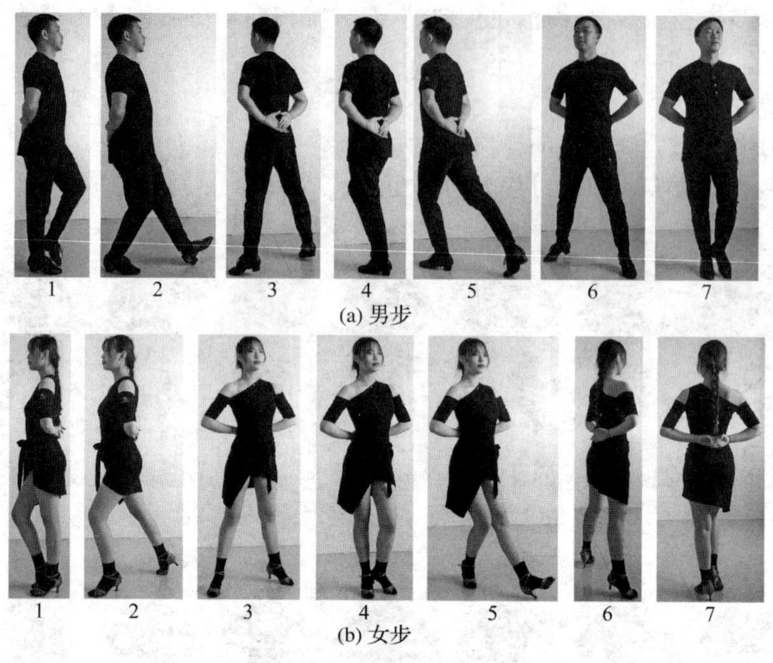

(a) 男步

(b) 女步

图 16-10　左转步

(a) 男步

(b) 女步

图 16-11　右转步

5. *右足并换步*

右足并换步由三步一个小节构成，主要用于左右足重心转换，方向不变，如图 16-12 所示。

准备姿势：合对舞姿。

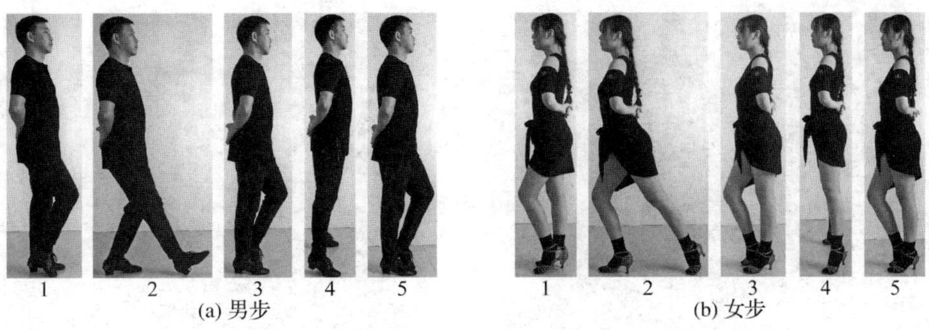

图 16-12 右足并换步

二、探戈舞

探戈(Tango)舞为现代舞的一种。探戈舞是最早被英国皇家舞蹈教师协会肯定并加以规范的四个标准舞之一。探戈舞舞步独树一帜,斜行横进,步步为营,俗称"蟹行猫步"。其动作刚劲锐利,欲进又退,欲退还前,动静快慢,错落有致,沉稳中见奔放,闪烁中显顿挫。探戈舞以其刚劲挺拔、潇洒豪放的风格和独有的魅力征服了舞坛,被誉为"舞中之王"。

探戈舞舞曲为 2/4 拍,每分钟为 33 小节,其基本节奏为慢(S)、慢(S)、快(Q)、快(Q)(S 为 slow 的缩写,Q 为 quick 的缩写)。其风格特点是沉稳扎实,刚劲锐利,动作棱角分明,步法有停顿,头随身体有摆动等。

握抱姿势:合对舞姿。

1. 常步分身

常步分身是探戈舞中常用的步法之一,一般作为连接步使用。其基本节奏为 S、S、Q、Q,如图 16-13 所示。

准备姿势:合对舞姿。

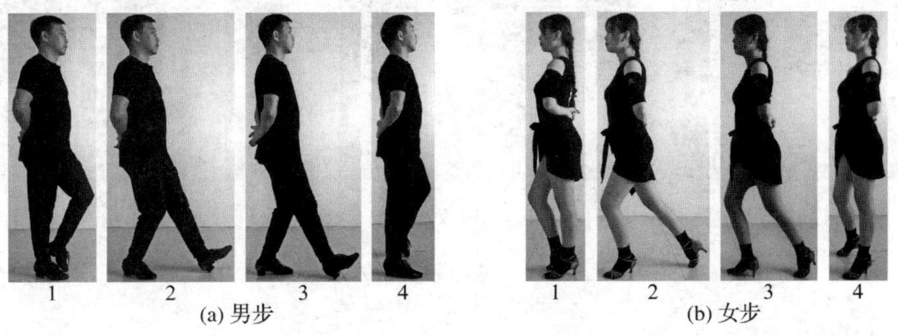

图 16-13 常步分身

2. 侧行并位

侧行并位从侧行位开始,结束时为合对舞姿,常用于各种分身开位舞步之后。其基本节奏为 S、Q、Q、S,如图 16-14 所示。

准备姿势:侧行舞姿。

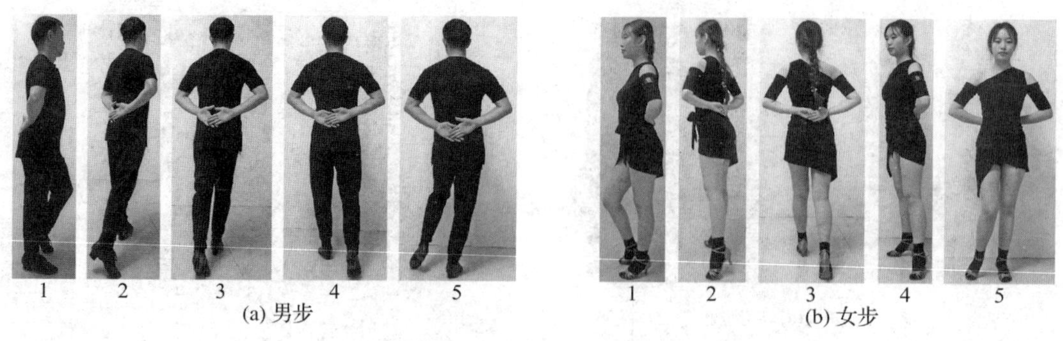

图 16-14　侧行并位

3. 常步接开式左转步

常步接开式左转步的基本节奏为 S、S、Q、Q、S、Q、Q、S，如图 16-15 所示。

准备姿势：合对舞姿。

图 16-15　常步接开式左转步

三、狐步舞

狐步舞(Fox-trot)源于美国黑人舞蹈，20 世纪初从美国逐渐流行于世界。其风格具有舒展流畅、轻盈飘逸、平稳大方、悠闲自在、从容恬适的韵味。

狐步舞的舞步轻柔、圆滑、流畅，方位多变且不并步，动作连接中呈现出降中有升、升中有降的线行流动状。狐步音乐为 4/4 拍，基本节奏与探戈舞相反，为快快慢(QQS)，每分钟为 30 小节左右。其基本步法有羽步、三直步、转步、波浪步和盘转交叉步等。

四、快步舞

快步(Quickstep)舞是从美国民间舞演变而来，吸收了快狐步舞动作，后又引入了芭蕾舞的小动作，使舞步更显轻快灵巧。

快步舞的风格特点是轻快活泼、富于激情，舞步洒脱自由，包含动力感和表现力。舞曲为4/4拍，每分钟为50～52小节，基本节奏是慢慢快快(SSQQ)、慢快快慢(SQQS)，一个慢相当于两拍，快相当于一拍。其基本步法有四分之一转、踌躇转步、直行追步、前进锁步、后退锁步、快步式转步和四快跑步等。

五、维也纳华尔兹舞

维也纳华尔兹(Viennese Waltz)舞是源于奥地利北部山区的农民舞，是历史最悠久的舞蹈。其风格特点是动作舒展大方，连绵起伏，节奏清晰，旋律活泼，动作优美，舞步轻快流畅，旋转性强。

维也纳华尔兹舞的音乐是3/4拍，每分钟为60小节。其基本步法有基本步、转步和后退换步等。

第四节　拉　丁　舞

拉丁舞源于非洲和拉丁美洲，具有热情奔放、浪漫风格的特点。拉丁舞舞蹈动作豪放粗犷，速度多变，手势和脚步内容丰富且充满激情，音乐节奏鲜明强烈，尤为中青年人所喜爱。拉丁舞主要包括伦巴舞、桑巴舞、恰恰舞、斗牛舞和牛仔舞等，这里主要介绍伦巴舞的舞蹈技术，其他舞蹈仅做简单介绍。

一、伦巴舞

伦巴(Rumba)舞源于古巴。其音乐缠绵浪漫，舞蹈风格柔媚、抒情，是表现爱情的舞蹈。伦巴舞与其他拉丁舞不同的特点是在舞步的运行中，髋部富有魅力地扭摆，上身自由舒展，在抑扬的韵律节奏下具有文静、含蓄、柔媚的风格，更展示女性的婀娜多姿。伦巴舞因在拉丁舞中历史悠久、舞型成熟和它那异国情调的独特风格被誉为“拉丁舞之魂”。

伦巴舞的音乐节拍为4/4拍，每分钟为27小节，基本节奏是蓬嚓嚓、嚓蓬、嚓蓬嚓。其动作特点是以身体的腰、胯、膝、踝等部位进行有机的配合，动作的膝部先是柔和地弯曲，使脚踝直提起，趾尖沿地面向前行进，随即向前移动身体重心，先是脚掌踏下，然后全脚着地，膝盖伸直，接着臀胯向后摆转，另一只脚则膝部放松，准备第二步的行进。因此，伦巴舞的每次走步都有两个动作：一是迈步，二是身体重心的移动。前脚落地时身体重心尚在后脚，在跨步时逐渐改变身体重心。

伦巴舞的舞步是在四拍中走三步，第一拍用在弹性扭胯动作上，在第二拍时迈第一步，所以练习伦巴舞时要数2,3,4,1。第2,3,4拍每拍走一步，第1拍只扭胯。握抱姿势：合对舞姿(只介绍一种)，如图16-16所示。

图16-16　伦巴舞握抱姿势

1. 基本步

该舞步是由前进走步、后退走步和横步组成，是伦巴舞的最基本舞步，如图16-17所示。

准备姿势：合对舞姿，两足分开站(比肩稍宽)。

2. 纽约步

准备姿势：分对舞姿(男左手拉女伴右手，距离稍拉开，其他姿势同合对舞姿)，如图16-18所示。

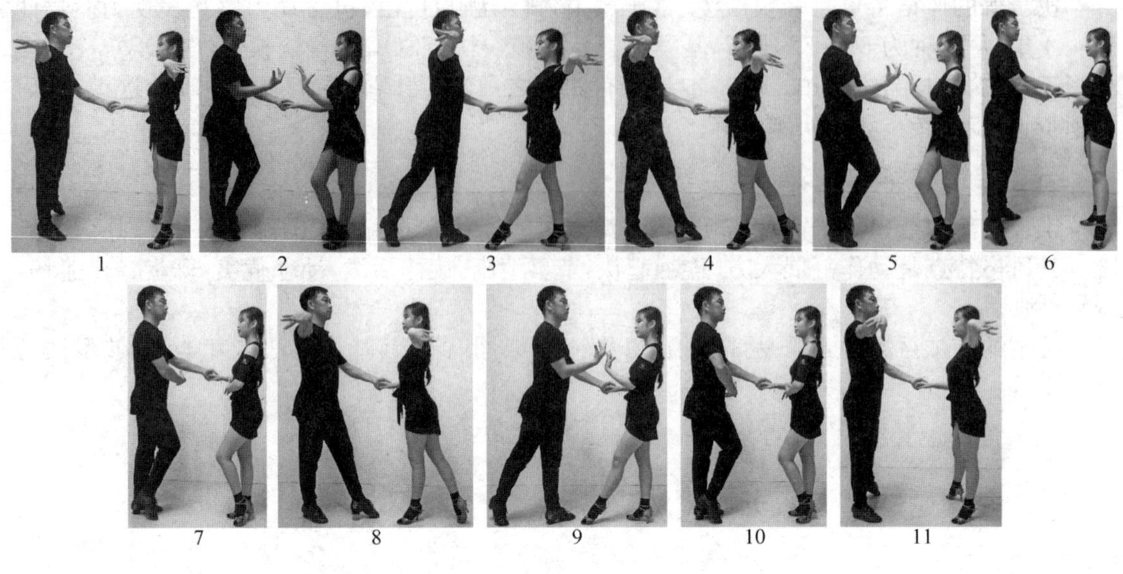

图 16-17　基本步

图 16-18　纽约步

二、桑巴舞

桑巴(Samba)舞源于巴西,是从巴西农村的摇摆桑巴舞传入都市演变而成的。桑巴舞的风格特点是动作粗犷,起伏强烈,舞步奔放、敏捷,富有强烈的感染力。由于它在移动时沿舞程线绕场进行,因此是拉丁舞中行进性的舞蹈。桑巴舞音乐为 2/4 或 4/4 拍,每分钟为 48～56 小节。在每小节中,舞步可以跳出二步(SS)、三步(SQQ 或 SAS)、四步(QQQQ)等多种步型。其基本步法有向左向右叉形步、博塔费戈、伏尔塔和辫子步等。

三、恰恰舞

恰恰(Cha-Cha-Cha)舞由非洲传入拉丁美洲后,在古巴获得很大发展,它是模仿企鹅姿态创编的舞蹈。其在动作编排上一反男子领舞的习惯,男女动作不求统一整齐,且多半是男子随后。恰恰舞由于名称动听，节奏欢快易记，乐鼓和沙球的咚咚沙沙声与动作相吻合，舞蹈诙谐、花哨，步法利落、紧凑的风格而备受欢迎，是拉丁舞中最受欢迎的舞蹈。恰恰舞的音乐为4/4拍，每分钟为29～32小节。其基本步法有交叉基本步、分展步、纽约步、古巴断步和曲棍步等。

四、斗牛舞

斗牛(Paso Doble)舞源于西班牙，是模仿西班牙斗牛士的动作，由西班牙风格的进行曲伴舞的一种拉丁舞。在舞蹈中，男士象征斗牛士，女士象征斗牛士的斗篷，因此舞蹈应表现出男子强壮英武和豪迈昂扬的气概。斗牛舞特色鲜明，风格迷人，音乐雄壮，舞态生动，步法强悍、振奋。音乐为2/4拍，每分钟为60小节。其基本步法有摇摆、抛掷、美式疾转、马鞭步、风车步和西班牙手臂步。

五、牛仔舞

牛仔(Jive，捷舞)舞源于美国西部。原来的牛仔舞节奏快速兴奋，动作粗犷，带有举持舞伴和甩动的技巧，是表现西部牛仔强健体魄和自由奔放情绪的舞蹈。牛仔舞后经规范进入社交界，成为社交舞和表演舞。牛仔舞舞态多姿，舞步丰富多变，其强烈的扭摆和连续快速的旋转，常使人眼花缭乱、亢奋热烈，舞步欢快，有跃动感。音乐为4/4拍，每分钟为44小节。

复习思考题

1. 简述体育舞蹈的发展概况。
2. 体育舞蹈的特点有哪些?
3. 体育舞蹈的基本技术有哪些?

第十七章 瑜伽运动

瑜伽一词已家喻户晓，成为养生与健身的同义词。从欧美到东南亚，年轻人都把它奉为都市生活的最佳减压之道。其实瑜伽是世界上公认最古老、最实效的亚洲式健身美体修炼术。练习瑜伽，不仅可以消除紧张、缓解压力，使人的精神与身体进入纯净的境界，更能有效地完美体形体态，焕发生命潜能。

第一节 瑜伽运动概述

一、瑜伽的起源

瑜伽源于印度，流行于世界。瑜伽是东方古老的强身术之一。它产生于公元前，是人类智慧的结晶。瑜伽也是印度先贤在最深沉的观想和静定状态下直觉领悟生命的认知。

传说在古印度高达 8 000 m 的圣母山上，有人修成圣人，亦有人成为修行者，他们将修炼秘密传授给有意追求者，因而沿传至今。瑜伽修持者开始只有少数人，一般在寺院、乡间小舍、喜马拉雅山洞穴和茂密森林的中心地带修持，由瑜伽师讲授给那些愿意接受的门徒，后来逐步在印度普通人中间流传开来。

瑜伽一词源于梵文音译，有结合、联系之意，这也是瑜伽的宗旨和目的，是为达到冥想而集中意识之义。那么，究竟是什么同什么"结合"呢？瑜伽是指明人类本能从较低到较高的"结合"，用同样的方式也可从较高到较低的"结合"或同自我结合。这也意味着与最高的宇宙万物之灵相同化，使自己从痛苦和灾难中获得解脱。修炼瑜伽能把散乱的精神集中并使之平静。瑜伽修炼首先着眼于身体的强健，然后要求身心融合为一。在此基础上，引导修持者进入无上完美的境界。在瑜伽修炼过程中，修持者逐渐深化自己的内在精神，从外到内，从感觉到精神、理性，而后到意识，最后使自我同内在的精神融合为一，达到天人合一。

二、健身瑜伽的现状

瑜伽是印度人民几千年来从实践中总结出的人体科学的修炼法，如今的瑜伽再也不是只限于少数隐居人的秘密。目前，瑜伽作为一种健身方法已在全世界广泛传播，是一套从肉体到精神极其完备的锻炼方法。它超越了哲学和宗教的范畴，具有更广泛的含义，是一项集健身、美容和健心于一体的时尚运动。瑜伽有多个门派，当今世界最盛行的是以呼吸法与体位法为中心的体动健身瑜伽。

健身瑜伽是由呼吸法、体位法、冥想法所构成的协调身心平衡的养身法则，通过深层的呼吸、筋骨的伸展及平静的心来探索及观看自己的身体，以达到身心平衡协调地发展。下面简要介绍当前经常采用的瑜伽练习方法。

1. 呼吸法

呼吸法是指有意识地延长吸气、屏气、呼气的时间。吸气是接受宇宙能量的动作，屏气是使宇宙能量活化，呼气是去除一切思考和情感，同时排除体内废气、浊气，使身心得到安定。练习呼吸法的时候，要求心情平静，注意力集中，抛开所有的烦恼与疲劳，全身心地投入呼吸中。

2. 体位法

体位法是姿势锻炼，它能净化身心，保护身心，治疗身心。体位法种类不可胜数，它们分别对肌肉、消化器官、腺体、神经系统和肉体的其他组织起良好的作用，不仅可以提高身体素质，还可以提高精神素质，使肉体、精神达到平衡。发明瑜伽体位法的灵感来自大自然的动物及天象。古代印度的瑜伽修行者常常在大自然中作息、静坐、调息、冥想，借此学会控制身体的活动及情绪，进而将自我与大自然融合为一体。在修行的过程中，他们观察各种动物在患病时医治自己的行为，从中领悟了大自然中动物的求生法则，更领悟了一套获得健康的人类健身方法。通过模仿动物活动、松弛、睡眠等本能的习性及动物生病时利用自然方法治疗疾病的动作（如蛇式、兔式），修行者创造了瑜伽体位法，因此瑜伽中有很多用动物名称命名的动作。例如，修行者发现猫科动物经常会有耸动肩膀或将胸部平贴地面的姿势，仔细推敲后发现这样的动作可以让身体伸展开来，同时因为牵扯的关系，按摩了肺、胃等内脏器官，无形中达到了对腰部神经、骨骼、肌肉的刺激，可以说是连环效应。

三、练习健身瑜伽的益处

瑜伽练习对一个人的肌肉系统、精神系统、内分泌系统、消化系统都非常有益。瑜伽练习可以使肌肉放松，帮助舒展肌肉线条；可以帮助人的体形变得更为匀称，线条优美；同时还有安静神经的功效，很多人练后会减少疲劳。重在练内的瑜伽还可以平衡身体中的各种腺体，使之从生理到心理都得到舒缓；瑜伽动作中大量的前弯、后仰、扭动、斜腹、挤压等动作可以按摩人的内脏器官，对消化是非常有益的。有些瑜伽姿势还可以治疗胆结石、腰肌劳损等疾病。

虽然没有强拉韧带，瑜伽对身体的柔韧性却很有帮助。不同年龄、性别的人只要常做瑜伽伸展，将它当成一种生活方式，数星期后就会发现身体的变化。除修身之外，瑜伽还讲究修心，对平和心境、增强生活耐力颇有帮助。

四、瑜伽练习的基本注意事项

瑜伽是一门内外兼修的锻炼方法，对练习时的心情、呼吸的方法与节奏都有要求。要想通过练习瑜伽达到极好的锻炼效果，应该注意以下几个事项：

(1) 认清目标，持之以恒。练习瑜伽的效果不是一蹴而就能体现出来的，只有持之以恒地练习，才能收到预期的成效。现代人生活紧张、杂事缠身，常为意外的牵绊而中断练习，然而练习的时间其实不在长，而在专一。每日进行一次，即使时间较短，也比每周进行一次有效得多。

(2) 不要勉强，不可急躁。练习瑜伽时，多数通过反关节姿势对腹部等身体部位起到按摩与刺激作用，所以做任何姿势都应该按部就班、顺其自然。特别是初学者，千万不要贪图快点进步，勉强达到某一种姿势，这样十分容易造成运动损伤。

(3) 加强自信,不可灰心。练习瑜伽是为养生健体,只要自己感觉好,今天比昨天有进步,就是胜利。

刚开始进行练习时,身体的柔软度绝对不如自己想象的好,应多给自己一些时间适应,不要轻易灰心,同时可以借助椅子、墙壁等外物支撑,经过一段时间的练习,逐渐达到平衡后再放弃辅助工具。

(4) 感觉不舒服,立即停止练习并休息片刻。练习瑜伽时,一旦感觉不舒服,就应立即停止,并静躺几分钟。

静躺时,全身尽量放松,双目闭合,双足分开与肩同宽,双手掌心向上,配合缓慢的深呼吸(运用"意识性呼吸法"先将气体引至丹田,然后吐气,切记吐气时间应比吸气时间长),直到感觉恢复正常,才可以继续练习,或经专业教师指导后再练习。

(5) 练习场地不宜太硬或太软。瑜伽涉及许多柔软动作,练习时难免有挤压肢体、肌肉的情况,所以应避免在坚硬的地板或太软的弹簧床上练习,否则容易造成擦伤或因失去重心而受伤,因此在家做瑜伽时最好是在地毯上进行,也可在地板上铺块毛毯或大毛巾。

(6) 不宜穿着太紧身的服饰练习瑜伽。练习瑜伽并没有固定的服装要求,较为宽松舒适、适合运动的衣服,如休闲服、运动装或韵律服等皆可。此外,练习瑜伽时不必穿鞋,且避免穿戴紧束的饰物,如腰带、皮带、手表、项链及耳环等。

第二节　健身瑜伽呼吸法

呼吸是人最重要的机能,人的身体状况在很大程度上依赖于呼吸的规律性,甚至呼吸方式可以高度反映出一个人的情绪情感。当人们心烦意乱的时候,如沮丧、悲痛或抑郁,呼吸就变得很慢和没有规律。而在狂怒、焦虑和紧张不安时,呼吸则变得迅速、表浅和混乱。连续不规律的呼吸不仅损害神经系统,而且妨碍内分泌系统的固有功能,最终使体质变得虚弱。在日常生活中,由于人为的因素,呼吸一般是任意和不规律的,大多数人呼吸浅短、缺乏规律,这样会使身体神经系统逐渐受损害,内分泌系统不能正常发挥作用,身体丧失力量和活力,从而产生经常性的疲劳和沮丧的感觉。

调整呼吸是人们生存的基本因素,也是健康的必要基础。呼吸通常有三种方式:胸式呼吸、腹式呼吸和有控制的呼吸。一般人都是胸式呼吸(浅短的呼吸),这种呼吸仅是一种胸部运动。腹式呼吸是横膈膜向下降的运动,应成为人们生存的方式。下面介绍两种瑜伽的呼吸方法。

一、横膈膜呼吸法

可取随意的姿势,仰卧、静坐、站立均可。卧或站,双脚适度分开,双眼轻闭,一只手置于胸部,另一只手置于腹部上方,以便感觉横膈膜及腹肌的活动。

首先以鼻腔缓慢、细长地吸气和呼气,不可出声振动或停息,然后加大正常呼吸的过程,当呼气时,尽量把气吐尽,分多次吐,然后有意使腹肌向内瘪,并温和地收缩肺部,将气呼出。再吸满气,使腹部恢复原状。吸气时会发觉腹壁和肋骨下部向外推出,胸部只有些微移动。这种呼吸是借助横膈膜的收缩和下压形成吸气动作。

二、循环呼吸法

将右手轻松放于大腿上，左手食指与中指置于印堂处，拇指放在左侧鼻孔处，无名指与小指放在右侧鼻孔处。然后，用无名指与小指将右侧鼻孔压紧，让气体缓慢从左鼻孔吸入。止息时，拇指、无名指和小指压紧两侧鼻孔。吐气时，拇指持续压紧，放开无名指和小指，使气体由右侧鼻孔缓慢吐出。

第三节 健身瑜伽体位法

一、健身瑜伽体位法

瑜伽体位法的梵文为Asana，其意为在某一个舒适的动作或姿势上维持一段时间。利用一些扭转、弯曲、伸展的静态动作，以及动作间的止息时间，刺激腺体，按摩内脏，有松弛神经、伸展肌肉、强化身体、镇静心灵的功效。

二、瑜伽体位法的命名

(1) 依动物的姿势模仿得来的体位法，如蛇式。

(2) 依动作的功效命名的体位法，如肩立式、弓式。

(3) 依姿势架构特性命名的体位法，如龟式。

(4) 依发明者命名动作的体位法，如扭转式。

三、瑜伽体位法的健身功能

(1) 瑜伽体位法对生理健康的影响。瑜伽体位法通过对腺体的影响，使练习者达到身体健康协调的发展。人的身体可以说完全受各种腺体的荷尔蒙分泌所控制，每个器官、细胞都直接受这些荷尔蒙的影响。所以，只有荷尔蒙分泌正常，人体才能正常成长，若有任何一种腺体分泌不平衡，就会引起身、心两方面不同程度的疾病。瑜伽动作能使各个腺体的分泌作用趋于平衡。瑜伽动作的扭转或弯曲姿势通常需维持相当一段时间，在这段时间中，所给腺体的压力正可以强化这些腺体，使其分泌正常，从而帮助去除疾病，使身体正常发展。瑜伽体位法还可以柔软筋骨，促进血液循环。

(2) 瑜伽体位法对心理健康的影响。当身心完全放松、专注于伸展肢体时，体内会产生一种让人心情愉快的物质——“内啡呔”。它可以安定心绪，使心神达到镇静与平和，逐步释放负面情绪，达到“身松心静”与“身心合一”的境界。

四、身体不同部位的塑身瑜伽体位法

练习瑜伽体位法对身体有很大的帮助，同时对心智的锻炼也有直接及间接的影响。

(一) 纤细手臂的塑身瑜伽体位法

1. 牛面式

牛面式如图17-1所示。其练习步骤如下：

(1) 慢慢将右手放在背部，右肘弯曲，右手背沿着背部向颈部上伸，将手背紧紧贴着脊柱，右手指朝上。做这个动作时，右手要用力。

图 17-1　牛面式

(2) 自右肘部弯曲右臂，向上抬起右肘，右手掌放在左肩上。然后，努力用左手指触到右手指，把两手伸到最大限度，并停留在这个位置上。两手指要略微弯曲相扣，手指勾紧牵拉在一起。

(3) 两手扣合之后，努力使右肘向上抬起。脊柱要保持正直、稳固，目视前方，正常呼吸。保持这一双手扣合的姿势 10 s。双手不能扣合者应尽量把手伸到最大限度，并保持这一姿势 5 s。这是双腿跪坐、两手扣合的姿势。

(4) 保持上述姿势 10 s 后，放松紧扣的手指，慢慢松开扣合的双手。然后逐渐把两手放在大腿上，做两次正常的呼吸，休息之后再按照上述方法，双手交替练习数遍(改左手放在背后，再抬起右手臂肘)。

2. 美臂式

美臂式如图 17-2 所示。其练习步骤如下：

(1) 跪坐，腰背挺直，做深呼吸。

(2) 吸气，双手合十往头上方伸直，同时慢慢将气体呼出，双手互握。

(3) 再次吸气，上体慢慢后仰，吐气，停留数秒。

(4) 缓慢还原成原姿势，调整好呼吸。

注意：美臂式的重点是在练习时可将意念力集中在双手臂上，当尽力伸直手臂时，可将注意力集中到后背。

图 17-2　美臂式

（二）健美胸部的塑身瑜伽体位法

1. 骆驼式

骆驼式如图 17-3 所示。美胸的重点是以扩胸姿势来伸展背肌，扩展胸部，锻炼胸大肌。

图 17-3 骆驼式

其练习步骤如下：

（1）双腿跪在地上，两大腿与双脚略分开，脚趾朝向后方。

（2）吸气，两手先后抓住脚跟，伸出下巴，尽量挺胸。在呼气的同时，将上体重心移至两臂，头部在脊柱的延长线上，颈部拉伸，双眼仰视后方，胸部高高挺起，当后仰到最大限度时，把气全部呼出，要感受到颈部、胸部和腹部慢慢地在伸展，腰部最大限度地在后弯。

（3）保持 30 s 后，头慢慢还原，调息 5 s 左右。

以上动作重复 3 次。

2. 猫式

猫式如图 17-4 和图 17-5 所示。

图 17-4 猫式（一）

图 17-5 猫式（二）

其练习步骤如下：

（1）跪撑于地面，慢慢吸气，同时慢慢拱背，腹部内收，下巴尽量靠近胸部。

（2）维持上述动作，闭气 8～16 s 后放松。

（3）慢慢将气呼出，同时从尾骶骨开始使脊柱一节一节地下沉，颈部在脊柱的延长线上，尽量将全部气体呼出来。

3. 鱼式

鱼式如图 17-6 所示。其练习步骤如下：

(1) 身体坐正，双脚并拢，上身慢慢平躺，调整好呼吸。

(2) 吸气，用双手的肘部顶住地板，上体离开地面，头尽量后仰，呼出气体，保持姿势做 3～5 次全腹式呼吸。

(3) 将上体缓慢还原成平躺姿势，然后调整好气息。

(4) 重复以上动作数次。

注意：当完成此式时，意念力可完全集中在颈部，感受颈部由下巴开始直到胸前肌肉有被拉紧的感觉，或者将意识集中于头顶处，感受头顶有被压迫、按摩的感觉。在练习过程中同时要注意保持顺畅的呼吸。

图 17-6　鱼式

（三）纤细腰部的塑身瑜伽体位法

1. 扭转式

扭转式如图 17-7 所示。

其练习步骤如下：

(1) 身体正坐，背部挺直，两脚向前伸直，弯曲右膝，将右脚脚跟放在左大腿根部。

(2) 右脚交叉跨过左腿成山形，置于左大腿侧方，脚掌着地。

(3) 左臂越过右腿膝盖内侧，并用右手握住左手手腕。

(4) 头部尽量往右转，向右后方看。调整呼吸保持姿势 30 s。

(5) 将头慢慢回转，身体放松，四肢恢复到起始动作。

(6) 左右换边，步骤同前，重复数次。

2. 三角伸展式

三角伸展式如图 17-8 所示。

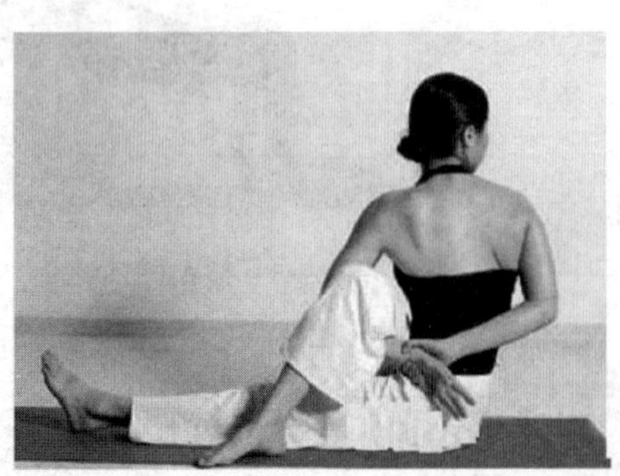

图 17-7　扭转式

图 17-8　三角伸展式

其练习步骤如下：

(1) 身体站立，两脚分开两倍肩宽，脚尖应略朝外。

（2）两臂侧平举，与地面平行，调整好呼吸。

（3）慢慢呼气，同时慢慢向左侧弯腰，在弯腰过程中要保持两臂与躯干呈 90°角，两臂形成一条直线。

（4）尽量向左侧弯腰，然后保持姿势 15 s 以上，要自然地呼吸。

（5）吸气，躯干慢慢回到正中。然后在右边重复同样姿势。

（四）平坦腹部的塑身瑜伽体位法

船式如图 17-9 所示。其练习步骤如下：

（1）身体仰卧平躺，两腿伸直，两臂平放体侧，掌心向下。

（2）吸气时，上体与下肢同时上抬 45°，同时要求头部、颈部、上身躯干在一条直线上，双臂前平举。屏住呼吸，尽量长久地保持这个姿势。

（3）一边逐渐把双腿和躯干放回地面，一边慢慢呼气，调整呼吸，放松全身。重复做这个练习数次。

（五）美化臀部的塑身瑜伽体位法

1．反弓式（弓式）

反弓式（弓式）如图 17-10 所示。

图 17-9　船式

图 17-10　反弓式（弓式）

其练习步骤如下：

（1）身体俯卧；腹部贴地平躺，双臂在身体两侧伸直，一侧面颊贴地，两腿和脚踝并拢。

（2）慢慢吸气，同时将两腿弯曲，脚跟接近臀部，两手分别向后抓住同侧脚踝或脚趾。

（3）双手尽量拉动双腿，使之靠近头部。同时要求胸部、颈部和头部向上抬起。目视天空，膝盖可以分开，屏住呼吸保持上述姿势 10 s。

（4）呼气，同时头和胸部向地面放下。

（5）头部接触地面，用一侧面颊贴地，放开脚踝，使其慢慢地还原到地面。调整呼吸，全身放松。

2．桥式

桥式如图 17-11 所示。其练习步骤如下：

（1）身体仰卧，双手放在体侧，做深呼吸。

（2）吸气，双膝弯曲，双手靠近腰部。

（3）吸气，将臀部慢慢向上推高，推到极限，吐气，同时将臀部肌肉收紧。停留数秒，调整呼吸，缓慢还原。

图 17-11 桥式

注意：当完成姿势时，要将意念力完全集中在臀部肌肉处，体会臀肌因受力而产生的酸痛感。

（六）修长双腿的塑身瑜伽体位法

1. 半月式

半月式如图 17-12 所示。其练习步骤如下：

（1）身体保持正直站立，目视前方，双手侧平举。

（2）慢慢呼气，同时将身体重心移到右脚，上体缓缓向右侧弯曲，与右腿呈 90°角。同时慢慢抬起左脚，使左腿尽量和地面平行，右手手指着地，注意保持平衡。

（3）头尽量往左手方向看，屏住呼吸，保持 6～8 s。

（4）慢慢恢复站立姿势，调整好呼吸。

（5）反方向重复上述动作。

图 17-12 半月式

2. 平衡式

平衡式如图 17-13 所示。其练习步骤如下：

（1）左腿保持站立，右腿自膝盖处弯曲，后抬右脚脚跟贴靠到臀部。

（2）右手抓住右脚脚趾，左手侧平举至缓慢向上举，上举时掌心朝向前方，身体保持正直。

（3）保持平衡姿势 10 s，按照下列步骤恢复到预备姿势：将抬起的手臂慢慢放下，手掌始终保持绷紧；然后放下右腿，着地。

（4）调整呼吸，反方向换腿练习，重复数次。

图 17-13　平衡式

（七）其他的塑身瑜伽体位法

1. 下犬式

下犬式如图 17-14 所示。其练习步骤如下：

（1）双膝跪地，脚尖点地，同时用两手撑地。

（2）吸气时，逐渐伸直双腿，升高臀部，保持脚跟着地。双臂、背部、颈部在一条直线上，与双腿形成一个三角形姿势。

（3）自然呼吸，保持此姿势 30 s，呼气时，尽量让双肩靠近地面，使背部得到充分的拉伸。

（4）收回双腿，恢复到站立姿势，调整好呼吸。

图 17-14　下犬式

2. 蛇式

蛇式如图 17-15 所示。其练习步骤如下：

（1）身体俯卧，双肘弯曲靠近身体，手掌撑地与肩齐，双脚脚跟并拢，脚趾平贴地面绷紧，调整呼吸。

（2）慢慢吸气，头部轻轻向后上方仰起，同时胸部向上抬起，且抬到最高位置，腹部保持贴地，两腿也保持贴地。

（3）仰望天空并保持姿势，屏住气息 6～8 s。

(4) 慢慢呼气，恢复到原来姿势，平静心情和呼吸。

图 17-15　蛇式

复习思考题

1. 简述瑜伽的起源和现状。
2. 瑜伽练习的益处和基本注意事项分别有哪些？
3. 健身瑜伽呼吸法有哪些？
4. 健身瑜伽体位法有哪些？

第十八章　软式曲棍球

第一节　软式曲棍球概述

一、软式曲棍球运动的起源和发展

软式曲棍球英文名为 Floorball，在国内被称为福乐球、地板球、旱地冰球。软式曲棍球最早出现在 20 世纪 50 年代，美国塑料制品工业发达地区的工人们在业余时间经常设计并制作出一种类似于曲棍球并带有拍头的塑料球杆。在休息时，工人们就使用这种球杆进行类似于冰球的体育活动，慢慢地，这种体育活动深受工人们的欢迎，工人们在游戏中不断积累经验并形成了相应的规则。为了方便推广这项运动，他们将这项运动命名为地板曲棍球，注册了 Cosom 品牌并生产出各式塑料球杆及与运动相关的产品。随后，在相当长的一段时间里，Cosom 地板曲棍球便在加拿大、瑞典和美国地区流行起来。

随着竞赛的不断举办，软式曲棍球项目的规程逐渐完善。1979 年，瑞典成立了世界上第一个软式曲棍球俱乐部；1986 年，国际软式曲棍球联合会（International Floorball Federation，IFF）成立，瑞典、芬兰、丹麦、挪威等国家相继加入国际软式曲棍球联合会；进入 20 世纪 90 年代，男、女软式曲棍球世锦赛陆续举行；2002 年，瑞典举办了第一届世界大学生软式曲棍球比赛；2011 年 7 月，国际软式曲棍球联合会正式获得国际奥林匹克委员会的认可。另外，国际软式曲棍球联合会也是体育联合协会（Association of IOC Recognised International Sports Federations，ARISF）和国际世界运动会协会（International World Games Association，IWGA）的成员。

软式曲棍球这一新兴现代体育运动项目出现在人们的视野中仅几十年时间，但是由于项目自身的特点——类似于冰球运动的激烈拼抢、速度快、刺激，它受到大众的喜爱，很快发展起来，截至 2020 年，全世界共有 80 多个国家加入了国际软式曲棍球联合会，注册软式曲棍球职业俱乐部近 5 000 家，注册的职业运动员有 30 多万人，业余选手达 300 多万人，国际软式曲棍球联合会每年举办大型赛事，如欧洲锦标赛、世界锦标赛及欧洲冠军杯。每奇数年举办世界男子 19 岁以下软式曲棍球锦标赛，每偶数年举办世界女子 19 岁以下软式曲棍球锦标赛。在几乎所有重要赛事中，瑞典、芬兰和瑞士三国仍然占据当今世界软式曲棍球运动的制高点，基本上垄断了各大赛事的冠军席位。特别是瑞典，世界上 65%的职业运动员来自瑞典。

二、我国软式曲棍球运动的发展

将软式曲棍球正式引入中国的是肖刚先生，他于 2006 年参加新加坡国际软式曲棍球联合会发展论坛和教练员培训，成为中国第一个获得 IFF 教练员证书的中国人。2007 年，国际软式曲棍球联合会主席托马斯·埃里克森、副主席勒纳托及秘书长约翰·里杰兰德对国家体育总局进行了访问并拜会时任国家体育总局局长助理晓敏，双方就共同推动软式曲棍球（当时是叫音译名福乐球）在中国的发展达成了共识，国家体育总局社会体育指导中心拟定和规划关于软式曲棍球项目在中国推广与发展的方案。

2007 年，在北大附中举办了中国首次大学体育教师软式曲棍球培训班，随后在上海、珠海、武汉、哈尔滨等地陆续开展软式曲棍球培训班。2016 年，中国正式成为国际软式曲棍球联合会成员国，同年 11 月在上海东华大学举办第一期国际软式曲棍球教练员、裁判员培训班。

2018 年 11 月，青少年软式曲棍运动技能等级标准和测试方法在上海理工大学发布，会上正式授权中国曲棍球协会将软式曲棍运动纳入业务指导范畴，并软式曲棍运动中文名正式确定为软式曲棍球，归入中国曲棍球协会统一管理。

2019 年 6 月，经外交部和国家体育总局批准，中国曲棍球协会软式曲棍球委员会（China Floorball Union，CFU）代表中国加入国际软式曲棍球联合会。同年 10 月，国际软式曲棍球联合会正式批准中国曲棍球协会软式曲棍球委员会为唯一合法在中国境内开展软式曲棍球业务的组织，唯一代表中国的国际软式曲棍球联合会会员和亚洲·大洋洲软式曲棍球联合会会员，代表中国参与国际软式曲棍球联合会举办的各项活动，并承接国际软式曲棍球联合会委托中国举办的活动。

2019 年 11 月 26—28 日，中国曲棍球协会软式曲棍球委员会第一届全国会员代表大会在上海体育学院交流中心召开，中国曲棍球协会软式曲棍球委员会正式成立。

第二节　软式曲棍球的基本技术

软式曲棍球的基本技术是运动员在进攻和防守过程中运用的各种方法的总称，结合进攻和防守又称为有球技术和无球技术，在比赛和训练中不断完善与发展。在软式曲棍球运动发展的几十年中，其各种技术也得到相应的发展，运动员激烈的拼抢建立在强大的基本技术上，需要通过不断的磨炼掌握这些基本技术，使比赛更具观赏性。

一、运球与运球过人

运球与运球过人是软式曲棍球运动员控球能力和在进攻端能力的综合体现，熟练掌握运球及运球过人的基本技术并在比赛中加以合理运用，对掌控软式曲棍球比赛节奏、丰富战术体系、寻找进攻突破口并最终形成射门都具有极高的实践意义。运球与运球过人是球员通过有目的地控制球并将球逐渐推进到对方阵营形成得分优势，与毫无目的地运球向前推进有不同的意义。在学习运球与运球过人的过程中，运动员需要熟悉每个动作的实际目的，通过不断地刻苦练习，最终掌握相应的技术动作，并在此基础上形成自己的风格。

（一）运球技术

运球技术主要分为原地运球和行进间运球两种。

1. 原地运球（正、反拍面）

原地运球的基本姿势：双脚自然开立，保持与肩同宽或略超过肩宽的距离，双膝微屈，将身体重心落在两腿之间，眼睛看着球（初学者可以眼睛跟随球的运动，之后逐渐过渡到用眼睛的余光观察球，主要靠手上的感觉控制球）。上身稍微前倾，将拍头放在身体前方侧面并与身体成三角形，如图 18-1 所示。

动作要领：运球时身体稍前倾，背部呈自然稍弯曲状，膝关节弯曲，将身体重心落在两腿上。双手握杆，眼睛盯住球（初学者），用拍头的中部（正、反面皆可）控制球并拨动球向左、右两侧移动。要迅速提杆换位阻挡球的运行并改变球的运行方向。拍头必须紧贴球并追随球的运行方向，当到达左、右两侧时，拍面稍倾斜压住球。

1

2

3

图 18-1 原地运球（正、反拍面）

2. 原地运球（球拍正手单面）

基本姿势：双脚前后分开，左脚在前（以右手杆为例），两脚间距保持髋关节左右宽度，双膝微曲，把球放在身体右侧靠近中间位置，依然与身体成三角形，如图 18-2 所示。

动作要领：运球时，身体重心稍下压，用拍头凹面向前运球，在运球即将结束时迅速将拍头竖起，停住球，然后继续向后做拉球动作，把球沿原路拉回，不断重复相同的动作。

1

2

3

图 18-2 原地运球（球拍正手单面）

3. 行进间运球

动作要领：在运球时，将身体重心下压，双脚前后分开，移动时身体自然放松，双手握杆，用拍头紧贴并推动球向斜前方移动，在移动过程中依然保持左右运球动作。

行进间运球大致可以分为直线运球、曲线运球、变向运球和运球转身四种。

（二）运球过人

1. 运球过人的动作分析

运球过人是球员在控制好球的基础上，根据战术需要及对手的防守位置和身体重心变化情况，利用速度、方向或身体变化等因素获得时间和空间位置上的优势，从而突破防守的一种技术。

2. 运球过人的技术方法

运球过人的技术方法多种多样、千变万化，最基础的技术原理就是通过运球队员的速度和运行方向的快速改变来完成突破防守。以下为几种常用的运球过人方法。

(1) 强行突破。强行突破是指控球队员突然运球启动，依靠自身的速度强行超越对手的过人方式。强行突破可以使用双手握杆运球突破，也可以使用单手握杆运球突破。运球队员启动速度快、爆发力强、移动速度快等特点是完成强行突破技术的关键。运球队员一般在防守队员犹豫不决时果断采取突破行为，可达到出其不意的效果。防守队员身后有较大的空当，运球队员突破后，其他队员不能及时补防，运球队员应将拍头推球距离放的稍远些，以便加快奔跑速度超越对手，如图 18-3 所示。

1

2

3

图 18-3　强行突破

(2) 运球假动作突破。运球队员利用身体、球杆的变化、虚晃、佯装射门或传球等动作迷惑对手，使其产生错误判断，从而乘机运球突破防守。采用运球假动作突破时应注意：在进行突破前，主要观察防守队员的反应和动作，握杆的手腕要灵活，保证球始终在控制范围，假动作要逼真，球杆和身体保持高度的一致性，做虚晃动作时要控制好身体重心，球速要快。

(3) 快速推、拉、扣球突破。运球队员双手紧握球杆快速推、拉、扣球，不断变换球的运行方向，使防守队员无法判断真实意图，通过不断地运球来寻找突破的空间进行快速突破。采用此运球方法应注意以下几点：熟练掌握运球的技巧，推、拉、转、扣等动作必须快速而准确；注意观察防守队员的反应，找到合适的突破时机；主要通过手腕的变化来改变球的运行方向；身体重心起伏不宜过大，球杆和身体要协调配合。

(4) 侧身掩护运球突破。运球队员双手紧握球杆侧身掩护球，利用运球速度的变化摆脱身体侧面的防守队员，采用此方法应注意以下几点：必须借助身体的掩护来保护球；双手紧握球杆，运球速度变化要突然且隐蔽；控球能力要强，能随时控制球的速度。

3. 运球过人时球杆和拍头的基本动作

运球过人时球杆和拍头的基本动作包括推球、正反面拨球、扣球、拉球、挑球等。

推、拨、扣、拉、挑等技术动作是最基本的、在日常训练中熟悉球性的行之有效的方法。在实际运用过程中，这些动作既可以单独使用，也可以有机地组合在一起使用，通过不断的练习，最终达到自如使用的程度。运球过人时球杆和拍头的基本动作如图 18-4 所示。

1　2　3

图 18-4　运球过人时球杆和拍头的基本动作

二、传球

传球是比赛得以顺利进行的重要环节，是所有技术中最基本、最重要的技术。它是组织全场进攻、贯彻战术意图、渗透突破、创造射门机会并得分的重要手段。传球的方法主要有正手长传球、正手短传球、反手长传球、反手短传球、空中球及单手正、反手传球等。

(一) 传球前的准备姿势(以右手杆为例)

双手紧握球杆，侧身且双脚前后站立，比肩稍宽，左脚在前，右脚在后。双膝微屈，将身体重心落在两腿之间，拍头触地置于体侧，目视传球方向。球放置在拍头中间，如图 18-5 所示。

图 18-5　传球前的准备姿势(以左手杆为例)

(二) 传球技术特点和动作要领(以右手杆为例)

1. 正手长传球

动作要领：传球时，球处于身体后侧，用拍头控制好球，使球从身体后侧往前移动，速度逐渐加快，目视传球方向；球在离开拍头前始终保持与拍头紧密接触；球在超过前脚时与拍头分离，此时速度达到峰值；拍头在移动过程中始终指向传球方向，拍头始终压住球，左手用力压住球杆，使球杆保持一定的弹性；保证足够的转体幅度和速度，从而保证一定的出球速度，从身体后方拖杆的距离越长，传球的准确度越高，如图 18-6 所示。

1

2

3

4

5

图 18-6　正手长传球

2. 反手长传球

动作要领：反手长传球的准备姿势基本同正手长传球，两脚之间距离更短。当主动将球从正手位拉至反手位时，左脚可以上步，形成左脚在前、右脚在后的姿势；双手握杆的方法保持不变，但双手之间的距离更近；身体微右转，在用反拍接停球时进行必要的缓冲将球停下。在从后往前移动过程中，拍头和球始终保持接触直至将球传出；传球时，身体重心逐渐前移，出球后没有随挥动作；当左脚在前时，传球动作同正手长传球，保持左手在下将球推送出，如图 18-7 所示。

1

2

图 18-7　反手长传球

3. 反手短传球

动作要领：身体基本没有转体动作，双手握杆，拍头朝身体后方做后引动作，传球力度由引拍动作幅度决定；传球时，拍头不可着地，直接与球接触并用拍头反面中部位置击打球；身体重心基本保持不变，目视传球方向，如图 18-8 所示。

1

2

图 18-8　反手短传球

4. 传空中球

动作要领：将身体重心稍下降，球杆略放平，拍头置于球的中下部；在击球瞬间，手腕发力，利用拍头的凹处将球挑向高处，以穿越防守队员的防线为最佳；目视传球方向，控制球杆的随挥动作，避免造成高杆犯规。

三、停球

（一）停球动作技术分析

在软式曲棍球比赛中，除守门员在守门员区域可以用身体的任何部位触球外，其他任何场上球员都不允许用手、头停球。除此之外，身体的其他部位几乎都可以用来作为停球的部位，但必须在身体与地面保持接触的情况下，若双脚离地则只允许用球杆触球。在对方球员使用球杆触碰球之前，可以用脚触球一次，脚部不得连续触球。

停球是利用球杆或身体允许部位将运动状态中的球控制住的过程，从软式曲棍球停球的动作结构来分析，一个完整的停球动作主要包括判断、准备、触球和后续动作四个环节。

触球是整个停球动作中最重要的环节，通过削落来球的冲击力降低球速，最终将球停下。而削落来球的冲击力通常可以采用缓冲或改变球的运行路线的方法。

缓冲和改变球的运行路线都可以降低来球的速度，从而减轻球的冲击力。一般而言，迎撤球的准备时间较长，拍面与球的接触时间长，通常在具有相对宽松的时间和空间情况下使用该动作

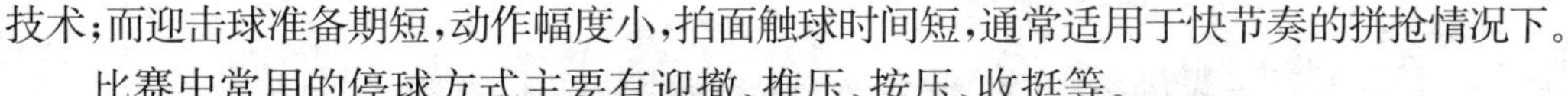

技术;而迎击球准备期短,动作幅度小,拍面触球时间短,通常适用于快节奏的拼抢情况下。

比赛中常用的停球方式主要有迎撤、推压、按压、收挺等。

（二）停球的技术特点和动作要领

软式曲棍球停球的部位主要分为拍面、胸部和大腿三大类。脚部也可以作为停球的部位,但是在对方球员触球前,只能用脚部触球一次。

1. 拍面停球

拍面停球是软式曲棍球竞赛中最常用、最重要的停球方法,它可分为正手正拍停球和反手反拍停球两种方式。

(1) 正手正拍迎撤式停球。正手正拍迎撤式停球主要有停地滚球、停空中球和停反弹球三种形式。

(2) 正手正拍压迫式停球。拍面置于地面,与地面成一定的夹角,双膝弯曲,身体重心稍往下;在停球前稍做迎球动作,在触球瞬间,拍面用力下压,将球夹在地面与拍面之间;停球后,球位于身体后侧方。

正手正拍迎撤式停球和压迫式停球如图 18-9 所示。

1

2

图 18-9 正手正拍迎撤式停球和压迫式停球

(3) 反手反拍迎撤式停球。目视来球方向,判断来球速度和路线;将身体重心稍前移,将拍头置于地面,凸面朝向来球方向;在触球瞬间,拍面迅速后撤以缓冲来球的冲击力,随后将球控制;其他动作要领同正手正拍迎撤式停球技术动作,如图 18-10 所示。

1

2

图 18-10 反手反拍迎撤式停球

2. 胸部停球

在软式曲棍球比赛中,主要的停球方式是通过球杆完成,身体部位停球只是停空中球,如图 18-11 所示。

3. 大腿停球

大腿停球是接有一定弧度的高球，用大腿积极下撤来缓冲球，然后用球杆控制球，如图 18-12 所示。

图 18-11　胸部停球

图 18-12　大腿停球

四、射门

软式曲棍球是以双方进球数决定胜负的对抗性体育项目，而射门直接决定进球数的多少。比赛中所有进攻与防守变化的最终目的都是形成射门并取得进球。软式曲棍球的射门是指球员运用球杆将球击打进对方球门的技术动作。比赛中射门的技术动作多种多样，要想在对方严密的防守和拼抢情况下有效地完成射门，必须有强烈的射门欲望，善于把握射门时机，选择正确的射门方法。

（一）射门动作的技术分析

射门是指球员利用球杆拍头的某一部位将球击向预定目标的技术动作。射门的基本技术类似于传球，其完整的动作过程包括引拍、击球及随挥动作。

（二）各种射门技术的特点与动作要领

射门为了取得进球，因此在出球时应尽可能地让球速更快、更有力。根据不同的情况，射门的方法也有所不同，主要的射门方法有正手长杆手腕发力射门、正手短杆手腕发力射门、正手抽射、正手拖杆射门、正手拉杆射门、背身射门、反手射门、空中球、转身射门等。

1. 正手长杆手腕发力射门

动作要领：双脚前后分开站立，双膝微屈，将身体重心落在后脚上；球杆后引，拍头着地，在控制好球的情况下将球置于后脚附近；保持拍头与地面接触，从后往前逐渐加速挥杆，同时双手逐渐加力，将球杆下压，充分利用球杆的弹性增加出球的速度和力量；转体，将身体重心逐渐前移，使出球点在体前或超越前脚的位置，在出球瞬间，手腕发力将球射出，并控制好拍头使之指向出球方向；出球后，身体重心在前脚，抬头，目视射门方向，如图 18-13 所示。

1

2

3

4

图 18-13　正手长杆手腕发力射门

2. 正手短杆手腕发力射门

动作要领：双脚前后分开站立，将身体重心落在双脚之间，胸部朝向射门方向；双手握杆距离稍近，引杆动作小，将球置于两腿之间，出球点在体前或超越前脚的位置；稍转体，手腕发力，控制好拍头将球射出。

3. 正手抽射

动作要领：双脚分开前后站立，充分利用转体的力量；将球稍远离身体，置于体前或前脚前方，大幅度后引拍，但高度不可超过腰部；在触球前，拍头不与地面接触，保持拍头运行轨迹平直；双手握杆距离较近，转体，用拍头的中下部击球，出球后控制球杆随挥的高度，如图 18-14 所示。

1

2

3

图 18-14　正手抽射

4. 正手拖杆射门

动作要领：双脚分开前后站立，双膝微屈，将身体重心稍靠后；双手紧握球杆，拍头着地，球杆呈弧线向后引拍，球位于前脚附近；转体，将身体重心逐渐前移，目视射门方向，拍头着地，快速向前挥杆并逐渐加压，将击球瞬间的速度和力量达到峰值；全程始终保持目视射门方向，出球后，拍头指向出球方向，控制球杆随挥高度，如图 18-15 所示。

1

2

图 18-15　正手拖杆射门

5. 正手拉杆射门

动作要领：双脚分开前后站立，双膝微屈，将身体重心落在前脚；双手分开距离稍大并紧握球杆，向后方做大幅度引拍动作；逐渐加快挥杆速度，从后往前挥杆，拍头不触地。在击球前瞬间，拍头短暂触地，双手下压使球杆弯曲，充分利用球杆的弹力；击球点及拍头的弧度决定了出球的高度，要控制球杆的随挥高度；全程保持目视射门方向，如图 18-16 所示。

1

2

3

图 18-16　正手拉杆射门

6. 背身射门

动作要领：双脚分开，前后或左右站立，将身体重心落在两腿中间，持球背对射门方向；球位于两腿中间或靠近正手位置，双脚不动，转体，使用手腕发力、拖杆、拉杆或抽击等射门方法将球击出；出球后，目视射门方向，如图 18-17 所示。

1

2

3

图 18-17　背身射门

7. 反手射门

动作要领：双脚前后开立，肩部指向射门位置；双手靠近握紧球杆（也可使用单手握杆法），将球置于反手体侧靠近前脚位置；身体稍右转，用反手位向后引杆，大臂后摆，随即身体重心前移向前挥杆击球，拍头保持在空中运行，不可触地；击球后，控制球杆随挥高度。

五、守门员技术

守门员是球场上重要的球员之一，是防止对方球队射门得分的最后一道屏障。一旦守门员被突破，对手即可得分。守门员在场上的位置决定了其与场上其他队员在技术、战术、活动方式和心理方面都有极大的区别。守门员的主要职责是控制守门员区域，确保球门安全。守门员在守门员区域主要用手完成技术动作，实现防守任务。现代旱地比赛不仅要求守门员守住球门不失球，还需要协助其他队员扩大防守区域，充分利用规则赋予的特权封锁和控制本方守门员区域的空间。因此，守门员往往是本队防守的组织者、协调者，又是进攻的始发者，对比赛胜负起举足轻重的作用。

1. 守门员的装备

由于软式曲棍球比赛的特殊性，当将球击打到面部时，没有通过安全认证的头盔也可能无法起到保护作用，从而造成不可挽回的后果。守门员膝部位置如果不加上衬托也将无法对膝盖起到保护作用，造成膝部严重的运动损伤。因此，在正式比赛中，守门员必须穿戴一整套完整且通过国际软式曲棍球联合会认证的专业守门员装备才能上场比赛，主要包括手套、头盔、专用衣服和鞋。

2. 守门员技术分析

守门员技术是指守门员围绕球门所采取的有效防御性动作和组织发动进攻时所采用的动作方法的总称。其主要的表现形式是用手进行接球、挡球、扑救、传球及用身体阻挡球等。

守门员在运用各种技术时大致经历观察预判、移动选位、扑救准备姿势及接球后动作等阶段。

第三节　软式曲棍球的基本战术

一、个人进攻战术

个人进攻战术是指在比赛中为了获取进攻优势而采取的一切技术，个人进攻战术的水平直接影响局部进攻战术和整体进攻战术的实施，包括传球、运球突破、穿插跑位、射门等环节。

1. 传球

传球是实施个人进攻战术的主要环节。传球球员通过扎实的控球技术在同伴之间不断传接以摆脱防守队员的抢断，完成最终射门的技术过程。传球是比赛和训练中的重要技术与战术，在实施传球的过程中需要注意培养队员良好的传球意识，积极主动地通过传球巧妙地摆脱防守队员紧逼，同时要注意隐藏传球意识。给防守队员造成意想不到的传球路线也是获得战术胜利的关键，队员个人控球能力和传球的准确性是实施传球战术的关键，需要在训练中不断练习，把握传球的有利时机，提高传球的成功率。

2. 运球突破

球员运用良好的个人控球能力成功摆脱防守队员的紧逼，实施自己的传球、射门等战术，完成队员之间的配合，从而为本队进攻射门争取更多的机会。一般来说，控球队员在防守队员紧逼的情况下无法将球传给队员或者完成射门动作时采取假动作等方式骗过防守队员实施运球突破战术，在控球队员临近对方球门且防守队员不多的情况下也可以采取这种突破战术，但控球队员在本方半场时不适宜用这种战术，防止被防守队员抢断，造成不利局面。控球队员在实施运球突破时要果断、迅速，干扰防守队员的判断，保护好球，力争将运球突破技术一气呵成。

3. 穿插跑位

穿插跑位是球员在场上通过敏锐观察和判断为同伴创造机会实施进攻战术的行为。穿插跑位的目的是通过不停地进行传球来阻挡防守队员的抢断，为本方提供更有利的射门机会。穿插跑位首先需要队员之间多练习、多磨合才能够达到默契的程度，才能够在场上运用自如，提高队员的战术素养，培养摆脱、抢位、插上、包抄、接应等方面的能力。

4. 射门

射门是所有战术的最终体现和目标，射门的成功率直接关系到比赛的胜利，也是所有个人战术、集体战术配合的结果，首先要培养队员强烈的射门欲望，但是要把握好射门时机，珍惜每次控球机会，不做没有把握的射门，应在具备射门条件的情况下通过快速、有力的射门赢得比赛。

二、个人防守战术

个人防守战术是软式曲棍球的主要防守战术，是指个人在无球状态下的防守技术。防守队员首先保持正确的身体姿势，两腿微屈，手持杆干扰运球队员或无球队员，提早判断进攻方的进攻意识，然后通过快速移动、抢位等方式实施拦截，干扰运球配合，阻止实施射门。个人防守战术的实施要经过团队协作完成，临场队员要严格按照计划完成各环节的配合，主要的战术有防守选位与盯人、断球、抢球。

1. 防守选位与盯人

防守选位是防守队员根据场上的情况选择有利于防守的合理站位。盯人是指防守队员紧逼进攻队员，利用球杆或者身体对进攻队员造成威胁，破坏进攻队员的进攻意图的行为。一般防守队员之间保持三角形更有利于防守战术的实施，抢断球后更有利于转移对手的注意力，牵动对手，确保防守质量。

2. 断球

断球是防守队员个人或与队友配合在对方传球途中截获球的行为，或者未截获球，但是对对方传球造成威胁，变被动为主动的行为。防守队员首先要对传球队员的线路进行正确判断，然后抢在接球队员之前快速到达接球地最佳位置实施拦截，拦截成功后迅速摆脱接球队员，观察场上情况，运球或适时将球传出，发起反攻。

3. 抢球

抢球是指防守队员通过球杆或身体站位等方式，在规则允许的范围内将控球方的球抢夺过来或破坏控球的行为。防守队员要正确判断控球队员的战术意识，然后快速做出选择，防止控球队员以假动作等形式干扰抢球，把握正确出杆时机，保持好身体重心，果断、迅速抢球并快速发起进攻。

三、局部进攻战术

局部进攻战术是指在攻防双方完成进攻任务的情况下，通过两人或多人相互配合完成进攻的战术。局部进攻战术是整体进攻战术的基础，包括传切配合、交叉掩护配合、二过一配合。

1. 传切配合

传切配合是有球队员将球传给切入队员的进攻配合方式，是局部进攻战术配合的主要方式之一，分为小范围传切配合、长传转移传切配合，整个传切配合过程要求有球队员在传球时把握好传球时机、传球力量、传球方向等，与切入队员的跑位、移动速度、接球安全性等相对应，实现传切配合。

2. 交叉掩护配合

交叉掩护配合是两名球员在运球过程中通过身体掩护，在交叉换位时实现运球突破防守队员的战术配合方式。运球队员利用自己的身体将球保护住，阻止防守队员把球传给本队队员，同时接球队员主动跑向同伴，利用交叉距离贴近同伴身体掩护接球继续进行快速运球。

3. 二过一配合

二过一配合俗称二打一，即两名队员在传球进攻过程中，通过两人之间不断的连续传接球摆脱一名防守队员的配合方法。二过一配合结合传球和跑位的线路可以分为直传斜插二过一、斜传直插二过一、斜传斜插二过一和回传反插二过一。如何判断和运用二过一配合是实施此项配合的关键，一般以短距离传球为主，传球力量要适当，传球队员要不断观察同伴

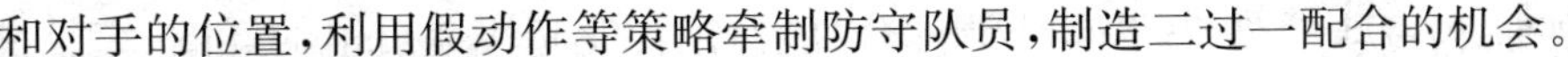

和对手的位置，利用假动作等策略牵制防守队员，制造二过一配合的机会。

四、局部防守战术

局部防守战术是指两个或两个以上防守队员之间配合完成防守战术的行为，主要有保护、补位和围抢三种。

1. 保护

防守队员之间互相掩护，给抢断球队员创造更大的空间，同时给同伴心理上的支持，一旦抢断球失败，保护队员赶紧补位，而一旦抢断球成功，保护队员协助同伴完成攻防转换。保护队员与抢断球队员之间保持合适的距离、位置，在实施保护过程中可以不断地进行语言提示和事先布置好的战术配合口令等，对抢断球队员起到适时的保护作用。

2. 补位

补位是指防守队员在同伴失去对进攻队员位置的控制，防守失败的情况下，对防守漏洞有效进行跟进的行为。在比赛中，防守队员通过队员之间的互相补位可以弥补防守位置漏洞，控制对方进攻，应该选择离自己最近的两个防守队员进行补位，注意不要出现防守漏洞。

3. 围抢

围抢是指两名以上的防守球员从多个角度和位置同时对进攻队员进行夹击，以达到抢断球的目的，或者破坏控球队员的战术配合的行为。围抢的时机在控球队员还未完全控制好球的时候为最佳。当控球队员的位置处于没有接应队员、没有更好的传球路线等情况时，要注意围抢避免犯规。

五、整体进攻战术

整体进攻战术是指为了赢得比赛实现战术目标而采取的整体配合的总称。控球队员通过传球开始发动进攻即为发动进攻阶段，通过全队队员的配合如跑位、穿插、传接等行为向对方球门移动即为推进阶段，最终通过巧妙配合、运球突破、射门等行为完成进攻即为射门阶段，这三个阶段构成了整体进攻战术的全部。结合进攻的区域可以将整体进攻战术分为边路和底线进攻、中路进攻、转移拉扯进攻、快速反击、层层推进和破密集防守。

1. 边路和底线进攻

边路进攻是指全体队员进入对方半场，在靠近守门员区域的两侧边线和球门后方的区域开展进攻战术，最终完成射门的战术方法。边路和底线进攻的最终目的是牵制对方防守，扰乱对方的防守攻略，创造机会，传中配合进行射门并得分。

2. 中路进攻

中路进攻是指全体队员进入对方半场，以中间区域为主要进攻路线，配合各种传切、突破等技术最终形成射门的战术方法。中路防守较严密，进攻的难度较大，一般采取个人技术突破防守射门、二过一配合、传切配合等战术突破防守进行射门。

3. 转移拉扯进攻

转移拉扯进攻是指通过传接球将进攻路线由一个区域转移至另一个区域，常见的有由中路转移至边路、由边路转至中路等方式；其目的是牵制对方防线，让对方在移动过程中出现失误，寻找机会进行进攻反击。

4. 快速反击

快速反击是指防守队员通过拼抢获得控球权，此时，对方防守还未及时跟进，利用这一时差进行快速进攻的行为。快速反击直接体现队员的个人技术、反应能力等素质，一般在实施此战略时传球速度快、传球距离长，队员协调配合，能够领会发起快速反击的意图，完成快速反击；如果在对方半场获得快速反击的机会，一般选择个人突破进行进攻射门。

5. 层层推进

层层推进是指有组织、有步骤地逐步将球通过队员之间的有效传接配合等向对方球门推进，创造机会进行射门的进攻方式。层层推进战术要求队员有较好的个人技术和较强的战术配合意识，以及对战术的理解和灵活运用能力。

6. 破密集防守

破密集防守是指进攻方在对方进行全场收缩或仅仅将防线设在自己半场，防守队员较密集的情况下进行的进攻战术方法。进攻方通过带球跑动、牵扯对方防线和充分利用场地的空间将球快速传出密集防守区域造成空挡，寻找机会射门。

六、整体防守战术

整体防守战术是指全队在进行防守时所采取的防守配合的战术总称，常用的整体防守战术分为以下三种。

1. 全场人盯人防守

全场人盯人防守是指在比赛中，每名球员都有一名指定的防守对象，对防守对象实行全场紧逼式的防守。其优点是防守的效果好，不容易出现防守失误；缺点是对防守队员体能消耗较大，而且如果一旦被进攻队员摆脱也会造成盯人失误，需要同伴及时补位。

2. 区域防守

区域防守是指防守队员按照事先划定的区域进行防守。进攻队员进入该区域后进行防守，当球离开该区域一般不跟着球满场跑，以节省体力，防守效果较好。但是，相邻区域之间的防守要互相补位，而且区域的交界处容易形成防守漏洞，要确保防守无死角。

3. 混合盯人防守

混合盯人防守是全场人盯人防守和区域防守联合运用的防守方法。队员要结合场上的实际情况随时更换防守方法，做到全场人盯人防守和区域防守随时切换。队员之间要默契配合，准确判断和熟练运用战术，自如切换战术，提高整体防守效果。

第四节　软式曲棍球的基本规则

软式曲棍球运动是运动员穿着普通运动鞋，手持球杆在同伴的配合下通过合理的战术配合和优秀的个人技术将球打入对方球门的一项体育运动。这项运动类似于冰球运动，具有冰球运动的速度、拼抢、激烈、换人频率高等特点，但是比冰球运动容易很多，因为不需要穿着冰刀鞋，只需穿着普通的运动鞋，所以深受人们喜爱，同时可以结合情况在校园、公司等场合进行男女混合比赛。

一、场地

软式曲棍球正式比赛场地的规格为 40 m×20 m，由四角为弧形的矩形封闭式挡板围成，挡板高为 50 cm，场地两端放置球门，正式比赛专用球门规格为 115 cm×160 cm，球门前分别设有大禁区、小禁区，用来限制守门员和对方球员，如图 18-18 所示。软式曲棍球非正式比赛场地可结合实际情况调整挡板的大小，确保比赛和训练顺利进行。

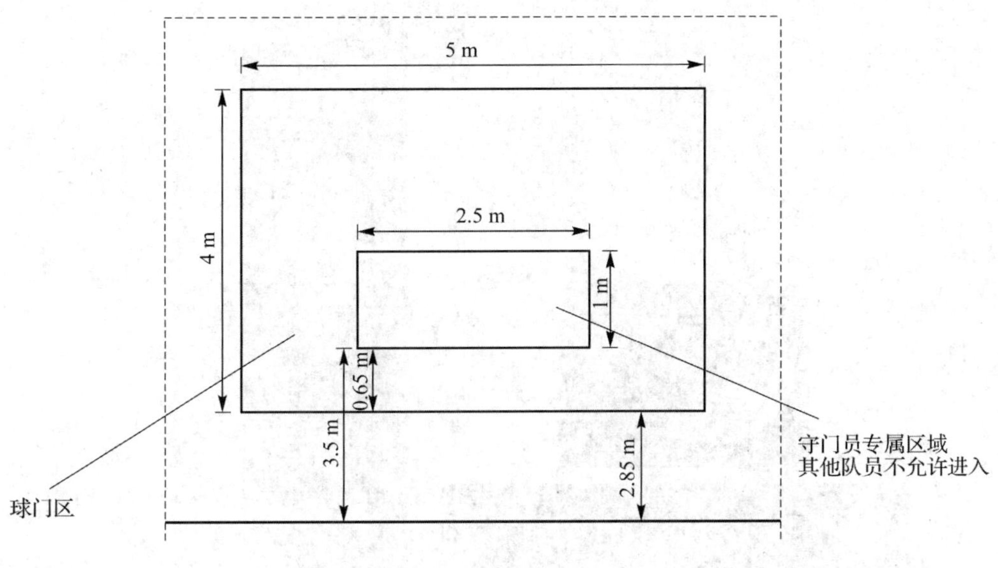

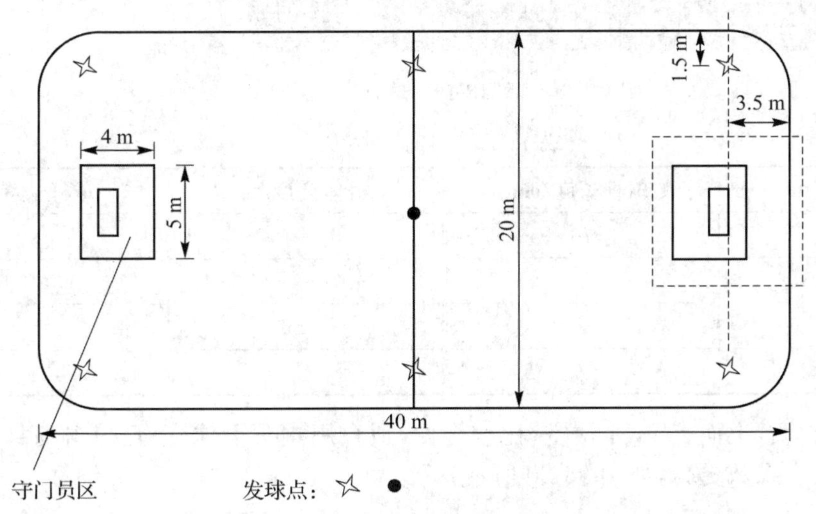

图 18-18 软式曲棍球运动的场地

二、器材

球杆和球是软式曲棍球必备的器材。球杆由手柄、杆体和拍头三部分构成(图 18-19)，采用碳纤维材料制成，质量通常为 250～300 g，特点是较轻便和具有一定的弹性与韧性，适合抗击攻防双方在拼抢球时球杆发生冲撞，手柄上端缠有手胶，防止运动员在运动过程中手掌出汗导致手湿滑而握不住球杆，手胶大约包裹住杆体一半的长度。球杆的尺寸可结合表 18-1 进行选择，一般以在直立的情况下将球杆的顶端垂直放置在地面上，拍头的位置在肚脐或肚脐上 5 cm 处为最佳。拍头为塑料镂空材质，带有一定的弧度，将球杆置于体侧，拍头的凹部朝向左脚即为左手杆，反之则为右手杆。参加正规比赛的球杆必须通过 IFF 认证，确保球杆的安全性。

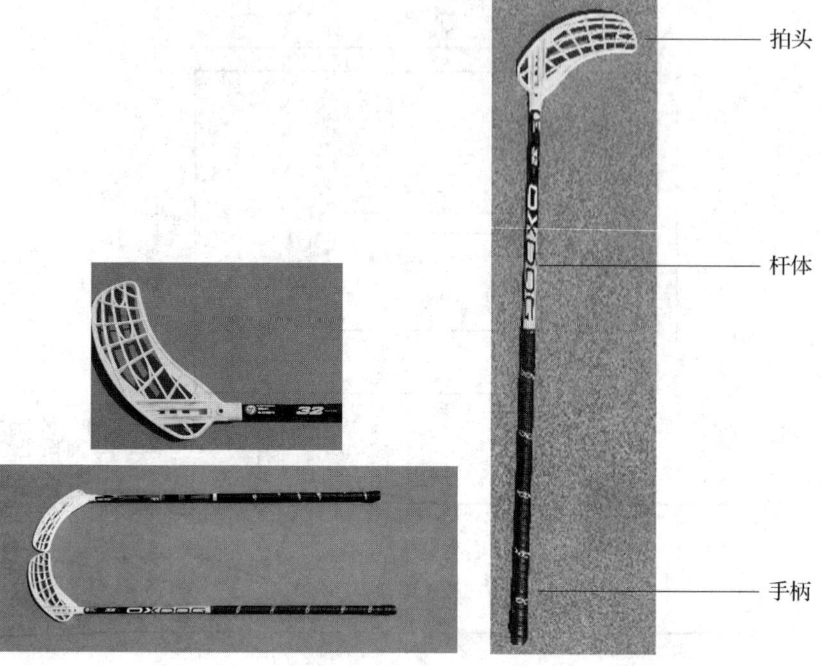

图 18-19　球杆

表 18-1　球杆长度对比

身体高度/m	球杆长度/cm	身体高度/m	球杆长度/cm
小于 1.3	70	1.65～1.75	92
1.3～1.45	75	1.75～1.95	95～100
1.45～1.55	80	＞1.95	100
1.55～1.65	87		

球为塑料材质，上面有 26 个镂空，比较轻便，适合用拍头运球，一旦撞击到身体不会造成大的伤害，安全系数更高，如图 18-20 所示。

图 18-20　球

三、基本规则

软式曲棍球的特点是上手快，初学者只要掌握挥拍时拍头不能超过腰部、击球时拍头不能超过膝关节这两个基本规则就可以简单操作，这样可有效地限制拍头的高度，减少挥拍过高给身体带来的不必要损伤。

(1) 在正规比赛场上，每队有队员 6 名，其中 1 名守门员不持球杆，其余 5 人必须手持球杆。报名队员为 6～20 名，也可以结合实际情况进行 5∨5、4∨4、3∨3 等形式的迷你比赛，迷你比赛一般不设专门的守门员。

(2) 正规比赛时间为 1 h,分 3 节,每节为 20 min,每节中间休息 10 min。在比赛期间,双方各有一次要求暂停的权利,暂停时间为 30 s。也可采用改制的迷你赛,每节比赛时间为 3～4 min。

(3) 小禁区又称球门区,宽 1 m,长 2.5 m。这个区域只允许守门员进入,其他任何球员不得进入,但允许球杆伸入小禁区触球,若无守门员,可使用小型球门。

(4) 大禁区又称守门员区,长 5 m,宽 4 m。这个长方形区域是守门员正常活动的范围。在此区域,守门员可以行使守门员权力(包括标志线),但守门员不得使用球杆。

(5) 守门员持球不得超过 3 s,球出手后的第一落点必须在本方半场,不得超过中线,软式曲棍球比赛中无越位。

(6) 在球越过挡板出界后,对方队员可在出界点(球场内距挡板 1.5 m)处发界外球。如果球从球门线及其延长线越过端挡板,则由对方球队在底线附近的开球点进行发球。

(7) 在罚任意球时,防守球员必须退至离球 3 m 之外(包括所持球杆在内)。

(8) 球员可以用脚进行传球,但在对方球员触球之前只可用脚触球一次。如果脚踢球造成进球,则进球无效,不得用手或头击球。

(9) 在击球前的引拍和击球后的挥拍动作中,球拍必须始终保持在腰部以下,可在膝部以下凌空击球。

(10) 不得以任何形式击打、阻挡或抬起对方队员的球杆,不得以任何形式推挤、阻挡对方球员或发生肢体冲撞,但肩对肩的方式除外。

(11) 打球时不允许双脚离地,打球时不允许单手触地或双膝同时触地,允许单膝着地。

(12) 在出现下列行为时,将被判罚任意球或被禁赛 2 min:高杆、击打对手的球杆、用头或手触球、抓住对手、推挤对手、阻挡对手、绊倒对手、扔杆、罚任意球时不撤离至少 3 m 的距离。

第五节 软式曲棍球的组织

一、成立竞赛委员会

每次正规比赛都需要成立竞赛委员会,确定主办方与协办方,商议制定比赛期间的场地安排、赛程编排、交通食宿、医疗保证、人员调配、安保措施、新闻媒体、市场策划、赛事冠名赞助、志愿服务等方面的事宜。

(1) 赛前组建竞赛委员会。

(2) 通知各参赛队相关事宜,如报名时间、竞赛时间、地点、日常安排、赛事交通食宿、联系方式等。

(3) 竞赛办公室负责各类相关赛事信息发布、统计、打印、存档等工作。

(4) 选择满足比赛需求的标准场地,还应安排相应的训练场地,配有替补席、记录台、更衣室、医务室、新闻媒体、停车场等。

(5) 每场比赛有 2 名临场裁判员,记录台处的 5 人负责记录、计时等。

(6) 播音员与音响师负责播报比赛情况,赛前、赛中间歇播放音乐,以活跃赛场气氛。

(7) 举办颁奖仪式。

二、编排赛程

软式曲棍球比赛采取循环赛、淘汰赛、混合赛等。

（1）循环赛，如单循环、双循环和分组循环。

（2）淘汰赛，如单淘汰赛、混合赛（先淘汰后循环或先循环后淘汰）。

三、比赛服装

各参赛队员要统一着装，穿短袖、短裤和及膝长袜，上衣胸前和背后印有鲜明号码。守门员需穿专门服装，佩戴手套和头盔、面罩；队长佩戴袖标。裁判员穿黑色短裤和及膝黑色袜子。

四、判定胜负

比赛最终以进球多少判定胜负，每场比赛进球多的队获胜，在规定时间结束双方比分持平时则采取加时赛或点球决定胜负。

复习思考题

1. 简述软式曲棍球的起源和发展
2. 软式曲棍球的基本技术有哪些？
3. 软式曲棍球的基本战术有哪些？

第五篇　休闲健身类

第十九章　健美运动

第二十章　跆拳道运动

第二十一章　花样跳绳

第二十二章　定向运动

第二十三章　台球运动

第二十四章　轮滑运动

第二十五章　游泳运动

第二十六章　极限飞盘运动

第二十七章　自行车运动

第十九章 健美运动

第一节 健美运动概述

健美是指人的健康、强壮的身体所显现出的审美属性，是人们追求人体美的一个综合标准。健美指肌肉、骨骼、血液、肤色充满着生命的活力，无论是其外部形式还是内部结构都是匀称、协调、充满生机的，任何行动都能显示出全身各部分的协调和谐、自然舒展、生机盎然和神采奕奕。

健美是与人的形体美密切相连的，健美是形体美的基础。人体有对称的造型、均衡的比例、流畅的线条、坚强的骨骼、匀称的四肢、丰满的躯体、弹性的肌肉和健康的肤色，这是形体美不可或缺的条件。健美还要求具有充沛的精神、愉快的情绪、青春的活力。

美的人体应该是健、力、美的结合。美的人体应该是健康的，没有健康的身体，就没有人的形体美。只有健康、匀称的人体形象，才能表现出富有生命力的美，显示出生机勃勃和充沛的精力，健美才能成为人的本质力量的承载体。要造就健美的体形，应积极参加体育锻炼和适当的体力劳动，因为健美可以通过后天锻炼获得。人的身体结构是十分完善的，具有极大的可塑性。必要的营养，经常参加劳动，坚持体育锻炼是促进健美的条件。健美能使肢体各个部位得到匀称的发展，肌肉会结实而富有弹性，关节灵活，体形完美，面色红润。

一、健美运动的产生与发展

早在古希腊时代的运动健将就用举重物来锻炼身体，并得到强壮健美的体形，这些健美的运动员被雕塑家"记录"下来并留存至今。这是健美运动的早期萌芽。

健美（展示肌肉的艺术）在 19 世纪之前并没有真正出现过，直到 19 世纪晚期，普鲁士人尤金·山道(Eugen Sandow)开始推广这项运动，他被称为"现代健美之父"。他由于让观众在"肌肉展示表演"中欣赏他的体格而被誉为该项运动的先驱。尽管观众在看到一个塑造完美的体形时感到了震撼，但一般只把身体展示作为力量展示和摔跤比赛的一部分而已。山道通过他的经纪人弗洛伦茨·齐格菲尔德(Florenz Ziegfeld)在这些展示和赛事周围搭建了可以展示体形的舞台，并获得极大的成功。

现代健美运动是 20 世纪 30 年代由欧美传入我国并逐渐发展起来的。赵竹光是我国现代健美运动的开拓者，是我国的"健美之父"。20 世纪 30 年代初期，他在上海沪江大学读书时，受美国体育期刊中的健美函授广告的指引，参加了美国的健美函授学习和锻炼，经过一年苦练，身体强壮了，以致吸引了很多人跟他锻炼。于是，他就创立了我国最早的健美组织——"沪江大学健美会"，并于 1934 年和 1937 年先后翻译出版了《肌肉发达法》和《力之秘诀》两本健身著作，并主办《健力美》杂志，积极介绍和推广健美运动。1940 年 5 月，他又创办了上海健身学院，当时的校训是"健全的身体，健全的人格，健全的头脑，健全的灵魂"。

二、人体健美的标准

我国体育美学工作者在人体健美方面做了大量的研究工作，综合古今中外美学专家对人体健美的理解，结合我国民族体质和体形现状，归纳出人体健美的基本标准。

（一）基本标准

（1）骨骼发育正常，关节不显得粗大凸出。

（2）肌肉发达均匀，皮下有适当的脂肪。

（3）五官端正，与头部比例配合协调。

（4）双肩对称，男宽女圆。

（5）脊柱正视垂直，侧视曲度正常。

（6）胸廓隆起，正、背面都略呈倒放的三角形；女子乳部丰满而不下垂，侧看有明显曲线。

（7）女子腰略细而结实，微呈圆柱形，腹部扁平；男子腹肌垒块隐现。

（8）臀部圆满适度。

（9）腿长，大腿线条柔和，小腿后面的腓肠肌稍凸出。

（10）足弓较高。

（二）标准体重

中国男子标准体重计算公式为

标准体重(kg)＝身高(cm)－105

标准体重(kg)＝身高(cm)－100－(身高－150)÷4

中国女子标准体重计算公式为

标准体重(kg)＝[身高(cm)－100]×0.85

标准体重(kg)＝身高(cm)－100－(身高－150)÷2

无论男女，体重超过一定的限度即属于肥胖，具体分为三度：超过标准体重20%～30%为轻度肥胖，超过标准体重30%～50%为中度肥胖，超过标准体重50%为重度肥胖。

（三）身高和各部位围度的比例

1. 身高和主要部位围度的比例

根据表19-1中指数推算出不同身高者身体主要部位的标准围度，计算方法是：围度(cm)＝身高(cm)×指数。

表19-1　标准围度指数

性　别	比　例		
	胸围/身高	上臂围/身高	大腿围/身高
男性	0.53	0.17	0.30
女性	0.51	0.15	0.30

2. 男子颈、臂、腿围的比例

健美的男性，其颈、臂(屈肘时上臂围)、小腿的围度应是相等的。

3. 女子身高与其他围度的比例

（1）上、下身比例以肚脐为界应为5∶8。

(2) 颈围和小腿围相等。

(3) 腰围(cm)＝胸围(cm)－20。

(4) 小腿围(cm)＝大腿围(cm)－20。

第二节 健美方法和动作

一、颈部动作

1. 自我抱头抗力

作用:主要发达胸锁乳突肌、斜方肌。

要领:

(1) 身体直立,两手手指交叉握抱头后,然后臂、颈同时用力,使头慢慢上抬后仰。

(2) 坐凳上,用一块毛巾固在额头上或头后,然后臂、颈同时用力,使头慢慢下低或上抬。

2. 颈屈伸(图 19-1)

作用:主要发达斜方肌。

要领:上体稍前屈,两手扶腿,头上套一皮带圈,系重物,做颈屈伸运动。

图 19-1 颈屈伸

二、肩部动作

1. 颈后推举(图 19-2)

作用:主要发达斜方肌、三角肌、肱三头肌。

要领:身体直立,挺胸收腹,将杠铃从颈后推起至两臂完全伸直。可坐着练习,也可采用各种握距练习。

2. 实力推举(图 19-3)

作用:主要发达斜方肌、三角肌、肱三头肌。

要领:身体直立,挺胸收腹,将杠铃从胸前推至两臂完全伸直。

3. 交替上举(图 19-4)

作用:主要发达三角肌、肱三头肌、斜方肌。

要领:身体直立,两手各持一哑铃于体侧肩旁,然后做交替上举。可坐着练习。

图 19-2 颈后推举

图 19-3 实力推举

图 19-4 交替上举

4. 前上推举(图 19-5)

作用:主要发达三角肌、斜方肌。

要领:身体直立,正握杠铃,然后直臂前上举至头两侧。也可用哑铃等其他器械练习。

5. 肘提拉(图 19-6)

作用:主要发达斜方肌、三角肌及肱二头肌。

要领:身体直立,正握杠铃,然后提肘将杠铃贴身向上拉至近下颌,稍停,再还原。可采用各种器械和各种握距练习。

图 19-5 前上推举

图 19-6 肘提拉

三、上肢动作

1. 颈后臂屈伸(图 19-7)

作用:主要发达肱三头肌、旋前圆肌、肱桡肌等。

要领:身体直立,两手正握或反握杠铃,上臂固定在头侧,然后做肘屈伸动作将杠铃向头后放低与向上举起。可坐着或采用其他器械练习。做时要保持肘向上。

2. 仰卧臂屈伸(图 19-8)

作用:主要发达肱三头肌、旋前圆肌、肱桡肌等。

要领:仰卧在凳上,正握或反握杠铃,然后做前臂屈伸,将杠铃向头后放低与向上举起。上臂夹紧,杠铃上举不超过垂直线。

3. 俯身臂屈伸(图 19-9)

作用:主要发达肱三头肌、肱桡肌。

要领:上体前屈与地面平行,一只手扶凳,另一只手持哑铃,上臂固定在体侧,然后做前臂伸将哑铃放低与向上举,在前臂伸直的同时翻腕。

图 19-7 颈后臂屈伸

图 19-8 仰卧臂屈伸

图 19-9 俯身臂屈伸

4. 法式臂屈伸(图 19-10)

作用:主要发达肱三头肌、大圆肌、小圆肌、背阔肌。

要领:身体直立,反握杠铃于体后,然后上拉至最高点,稍停顿,再还原。上体固定,可坐着或半蹲着练习。

5. 仰卧撑(图 19-11)

作用:主要发达肱三头肌、大圆肌等。

要领:仰卧在支撑凳上,前臂屈伸,使身体下降与撑起,身体成一条直线可上与下。

6. 站姿、坐姿弯举(图 19-12)

作用:主要发达肱二头肌、肱肌、肱桡肌等。

要领:身体直立,正握或反握杠铃,然后屈前臂将杠铃举至胸前。可坐着练习,也可采用哑铃等其他器械练习。

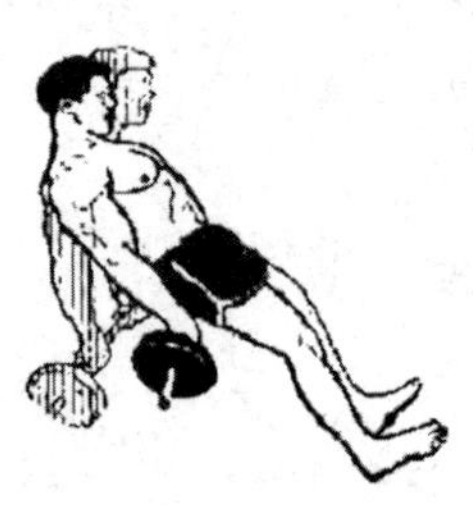
图 19-10 法式臂屈伸

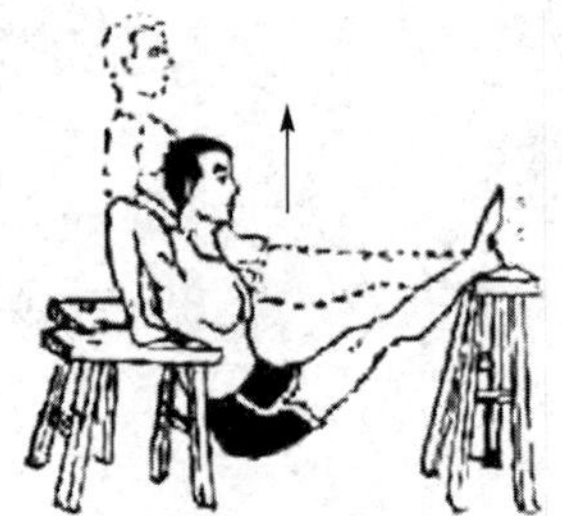
图 19-11 仰卧撑

图 19-12 站姿弯举

四、胸部背部动作

1. 卧推(图 19-13)

作用:主要发达胸大肌、肱三头肌及三角肌。

要领:仰卧在凳上,两手正握杠铃与肩同宽。先屈臂将杠铃置于胸部,再将杠铃从胸上推起至两臂完全伸直。上推路线要垂直,放回胸部时慢些,最好有同伴保护。可选用不同仰卧斜度与不同握距练习。

2. 俯卧撑(图 19-14)

作用:主要发达胸大肌、肱三头肌、三角肌。

要领:俯撑在平地上或俯卧架上,然后屈臂将身体下降至最低限度,再伸直两臂将身体撑起。伸臂时两肘夹紧,人体始终挺直上、下。初练者可用头高脚低的姿势练习,力量大者可用脚高头低或背上加重练习。两手可采用较窄或较宽的距离支撑。

3. 仰卧飞鸟(图 19-15)

作用:主要发达胸大肌、三角肌。

要领:仰卧在凳上,两手各持一哑铃做向体侧放低与上举动作。放低时可稍屈肘,充分扩胸;上举时臂伸直。可采用不同斜度练习。

图 19-13 卧推

图 19-14 俯卧撑

图 19-15 仰卧飞鸟

4. 双杠臂屈伸(图 19-16)

作用:主要发达胸大肌、背阔肌、肱三头肌。

要领:支撑在双杠上做臂屈伸,将身体降低与撑起。屈臂时尽量降低身体,撑起时臂要完全伸直。腰上可吊着重物练习。

5. 仰卧头后拉(图 19-17)

作用:主要发达胸大肌、背阔肌、三角肌。

要领:仰卧在凳上,两足固定,两臂伸直或稍屈,然后将杠铃从头后向上拉起。可采用各种斜度练习和其他器械练习。

6. 俯身划船(图 19-18)

作用:主要发达背阔肌、斜方肌、三角肌。

要领:上体前屈近 90°,抬头,正握杠铃。然后两臂从垂直姿势开始,屈臂将杠铃拉近小腹后还原。上拉时,肘靠近体侧,上体固定,不屈腕。可采用各种握距练习,也可采用各种器械练习。

图 19-16 双杠臂屈伸

图 19-17 仰卧头后拉

图 19-18 俯身划船

五、腰腹部位动作

1. 仰卧起坐(图 19-19)

作用:主要发达腹直肌、髂腰肌。

要领:仰卧在凳上或斜板上,两足固定,两手抱头,然后屈上体坐起,再还原。腹肌力量差者可平卧,两臂靠近体侧或抱胸练习。腹肌力量强者可头后加重练习。

2. 斜卧转体起坐(图 19-20)

作用:主要发达腹直肌,腹内、腹外斜肌。

要领:俯卧在斜板上,两足固定,在屈上体的同时左转或右转至肘部触异侧腿,还原。

3. 斜卧举腿(图 19-21)

作用:主要发达腹直肌、髂腰肌。

要领:仰卧在斜板上,两手抱凳,然后两腿伸直或稍屈向上举至垂直。可在单杠上做。

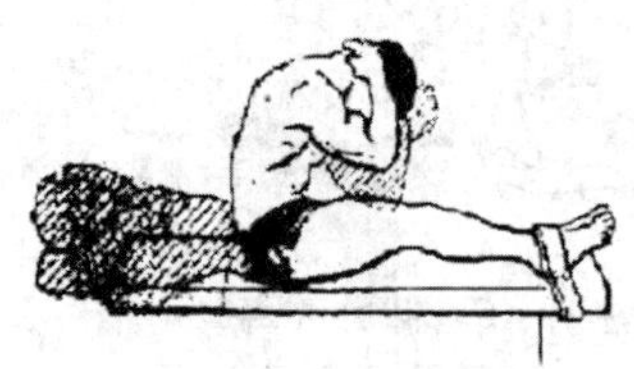

图 19-19 仰卧起坐

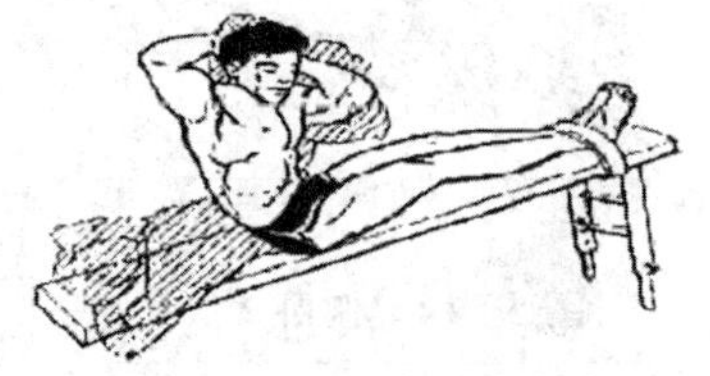

图 19-20 斜卧转体起坐

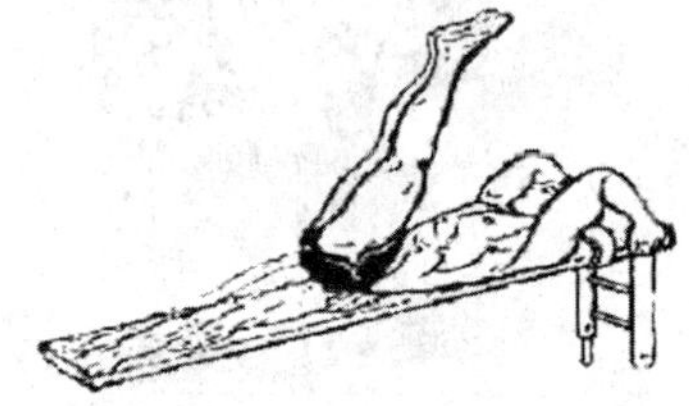

图 19-21 斜卧举腿

4. 坐姿举腿(图 19-22)

作用:主要发达髂腰肌、腹直肌及股四头肌。

要领:坐在凳上,两手在体后扶凳,然后两腿并拢上举至极限。上体不后仰。

5. 俯卧挺身(图 19-23)

作用:主要发达骶棘肌,以及臀大肌、股二头肌。

要领:俯卧在凳上,上体前屈,两足固定,两手抱头,然后挺身展上体至最高点,稍停顿再还原。

6. 直腿硬拉(图 19-24)

作用:主要发达骶棘肌及臀大肌。

要领:身体直立,正反握杠铃,膝伸直,然后屈上体将杠铃放低与挺身拉起。可屈膝做,也可采用壶铃等其他器械练习。

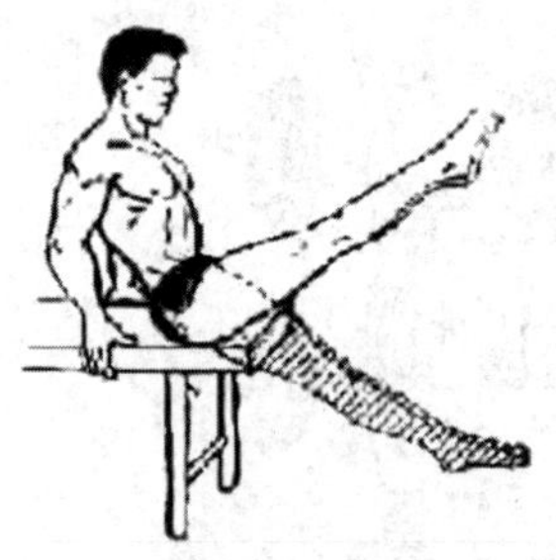

图 19-22 坐姿举腿

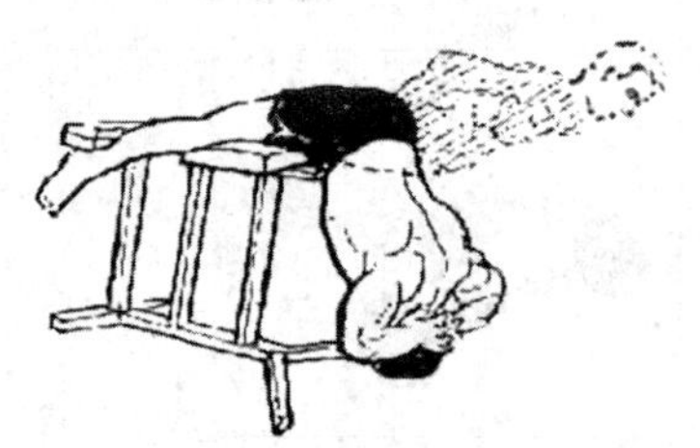

图 19-23 俯卧挺身

图 19-24 直腿硬拉

六、下肢动作

1. 深蹲(图 19-25)

作用:主要发达股四头肌及臀大肌。

要领:身体直立,挺胸收腹,颈后或胸上负杠铃做下蹲起立,可做各种角度的半蹲。

2. 箭步蹲(图 19-26)

作用:主要发达股四头肌、股二头肌及小腿三头肌。

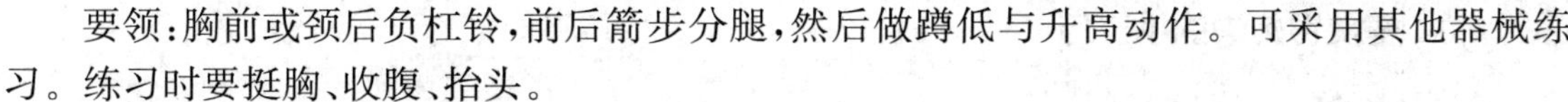

要领：胸前或颈后负杠铃，前后箭步分腿，然后做蹲低与升高动作。可采用其他器械练习。练习时要挺胸、收腹、抬头。

3. 侧蹲（图 19-27）

作用：主要发达股四头肌、臀大肌。

要领：颈后负杠铃，挺胸收腹，两腿“八”字开，然后一条腿做屈膝下蹲，另一条腿向侧伸直，还原。两腿交替练习。

图 19-25　深蹲

图 19-26　箭步蹲

图 19-27　侧蹲

七、健美运动的注意事项

（一）准备活动

在健美锻炼前，要进行一番准备活动才能转入正式练习。准备活动的目的是使机体从平静的抑制状态逐渐过渡到活动的兴奋状态，促使心肺功能逐渐加强，使血液循环和气体交换得到改善，新陈代谢旺盛，防止发生伤害事故，以更好地适应锻炼时的生理要求。

（二）健美锻炼要循序渐进

正确的锻炼方法应该是运动量由小到大，动作由简单到复杂。练完一个运动进入另一个动作时也应该从轻负荷开始，这样才能使肌肉和韧带对新的动作刺激有一个适应过程。

（三）健美锻炼要持之以恒

运动医学研究表明，每锻炼一次，大脑皮层和身体其他器官的功能就能增强一些。这种良好的状态能保持两天左右，如果一次接一次地锻炼，所产生的效果就会积累起来，不仅增强了体质，还提高了身体的抵抗力，使身体更加健美。可见，只有持之以恒，才能持久地保持健美的体形。

（四）注意放松

放松运动可使静脉血液较快地回流到心脏，以使心脏的功能较快地恢复到正常状态，从而促进体力恢复。另外，锻炼后肌肉虽然停止了激烈运动，但神经系统、心血管系统还没有恢复到原来状态，而放松活动正好符合这一生理特点，使机体慢慢地平静下来。

（五）注意掌握正确的呼吸方法

锻炼时应掌握正确的呼吸方法，否则就会造成体内供氧不足，容易引起疲劳。所谓正确的呼吸方法即用力时吸气，肌肉放松或还原时呼气；用鼻吸气，用嘴呼气。呼吸时要自然、彻底，不要快慢不匀，更不能过长时间憋气。

（六）健美锻炼中的小技巧

1. 多组数

什么时候想起来要锻炼了，就做2～3组，这其实是浪费时间，根本不能增长肌肉。必须专门抽出60～90 min时间集中锻炼某个肌肉群，每个部位都要做9～15组，每个动作都做3～6组，才能充分刺激肌肉，同时肌肉需要的恢复时间越长。一直做到肌肉饱和为止，“饱和度”要自我感受，其适度的标准是：酸、胀、发麻、坚实、饱满、扩张，以及肌肉外形上明显粗壮等。

2. 长位移

不管是划船、卧推还是推举、弯举，都要首先把哑铃放得尽量低，以充分拉伸肌肉，再举得尽量高。这与“持续紧张”有时会矛盾，解决方法是快速地通过“锁定”状态。不过，并不否认大重量半程运动的作用。

3. 慢速度

慢慢地举起，再慢慢地放下，对肌肉的刺激更深。特别是在放下哑铃时，要控制好速度，做退让性练习，能够充分刺激肌肉。很多人忽视了退让性练习，把哑铃举起来就算完成了任务，于是很快地放下，浪费了增大肌肉的大好时机。

4. 高密度

“密度”指的是两组动作之间的休息时间，只休息1分钟或更少时间称为高密度。要使肌肉块迅速增大，就要少休息，频繁地刺激肌肉。“多组数”也是建立在“高密度”的基础上的。锻炼时，要像打仗一样，全神贯注地投入训练，不去想别的事。

5. 念动一致

肌肉的工作是受神经支配的，注意力密度集中就能动员更多的肌纤维参加工作。练某一动作时，就应有意识地使意念和动作一致起来，即练什么就想什么肌肉工作。例如，练立式弯举，就要低头用双眼注视自己的双臂，看肱二头肌慢慢地收缩。

6. 顶峰收缩

顶峰收缩是使肌肉线条练得十分明显的一项主要法则。它要求当某个动作做到肌肉收缩最紧张的位置时，保持一下这种收缩最紧张的状态，做静力性练习，然后慢慢回复到动作的开始位置。一般的方法是在感觉肌肉最紧张时数几个数，然后放松。

7. 持续紧张

应在整个一组动作中保持肌肉持续紧张，不论是在动作的开头还是在动作的结尾，都不要让它松弛（不处于“锁定”状态），总是达到彻底力竭。

8. 组间放松

每做完一组动作都要伸展放松，这样不仅能增加肌肉的血流量，还有助于排除沉积在肌肉里的废物，加快肌肉的恢复，迅速补充营养。

9. 多练大肌群

多练胸、背、腰臀、腿部的大肌群，不仅能使身体强壮，还能够促进其他部位肌肉的生长。有的人为了把胳膊练粗，只练胳膊而不练其他部位，反而会使肱二头肌的生长十分缓慢。建议安排一些使用大重量的大型复合动作练习，如大重量的深蹲练习，以促进所有部位肌肉的生长。这一点极其重要，但是有90%的人没有足够重视这点，以致不能达到期望的效果。因

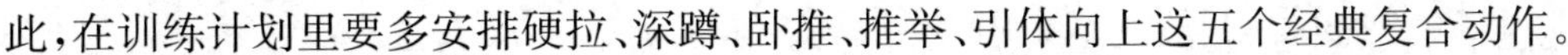

此，在训练计划里要多安排硬拉、深蹲、卧推、推举、引体向上这五个经典复合动作。

10. 训练后进食蛋白质

在训练后的30～90 min，蛋白质的需求达到高峰期，此时补充蛋白质效果最佳。但不要训练完马上吃东西，至少要隔20 min。

11. 休息48 h

局部肌肉训练一次后需要休息48～72 h才能进行第二次训练。如果进行高强度力量训练，则局部肌肉两次训练的时间间隔即使72 h也不够，尤其是大肌肉块。不过腹肌例外，腹肌不同于其他肌群，必须经常对其进行刺激，每周至少要练4次，每次约15 min；选三个对你最有效的练习，只做3组，每组20～25次，均做到力竭；每组间隔时间要短，不能超过1 min。

12. 宁轻毋假

宁轻毋假是一个不是秘诀的秘诀。许多初学健美的人特别重视练习重量和动作次数，不太注意动作是否变形。健美训练的效果不仅取决于负的重量和动作次数，还看所练肌肉是否直接受力和受刺激的程度。如果动作变形或不到位，要练的肌肉没有或只是部分受力，训练效果就不好，甚至出偏差。事实上，在所有的法则中，动作的正确性永远是第一重要的。宁可用正确的动作举起比较轻的重量，也不要用不标准的动作举起更重的重量。

复习思考题

1. 简述健美运动的产生与发展。
2. 人体健美的标准有哪些？
3. 发达肌肉的练习方法有哪些？

第二十章 跆拳道运动

第一节 跆拳道运动概述

跆拳道运动是一项以手脚技术为进攻武器，以技击格斗为核心，充满对抗性的现代竞技体育运动。

一、跆拳道释义

跆拳道的本意由三个方面组成：跆是指以脚踢，以身体摔撞（现代竞技跆拳道已取消这类动作）；拳是指以拳头或上肢击打；道是一种精巧的艺术方法，同时也是对练习者在道德修养方面的要求。它是以脚法为主的搏击功夫，其脚法占70%，甚至更多。传统的跆拳道包括套路、兵器、擒拿、摔锁、对拆自卫术和其他基本功夫。现代竞技跆拳道只是传统跆拳道的一部分，它技术动作简单、实用、易学，寓搏击、规范、教育于一身。

跆拳道比赛分为男女各8个体重级别，运动员上场须身着专用的白色跆拳道道服，腰系代表不同段位的腰带，同时还必须穿戴专用的头盔、护胸、护腿、护臂等保护用具，赤脚在11.2 m×11.2 m的正方形垫子上进行比赛。

跆拳道运动实行段位制，其段位分为初级的十级至一级和高级的一段至九段，九段最高。跆拳道的升段考试非常严格，其考试内容除了技术水平和从事跆拳道学习训练的年限外，还有跆拳道理论、历史、道德修养和文化知识方面的内容。

二、跆拳道运动的起源和发展

跆拳道源于两千多年前的朝鲜半岛，其前身是朝鲜民间的各种技击术。在其漫长的历史发展演变中，跆拳道糅合了中国的武术、日本的空手道等东亚武术的精华，经过几代人的艰辛努力与探索，逐步形成了今日风靡世界的跆拳道运动。

目前跆拳道在世界上非常流行，全世界有数以亿计的人从事跆拳道的学习和训练；在第27届悉尼奥运会上，跆拳道成为正式比赛项目；我国开展此项运动尽管才二十余年的时间，但发展很快，深受青少年的喜爱。

三、跆拳道运动的礼节、特点与作用

（一）跆拳道运动的礼节

进行严格的礼仪、精神和行为规范的教育是跆拳道运动重要而必修的内容，是跆拳道精神的基本体现，也是所有跆拳道练习者发自内心地对跆拳道的尊崇与敬意。

“以礼始，以礼终”贯穿于跆拳道的整个训练过程。跆拳道训练可培养练习者勇猛善战、敢打敢拼的意志品质，坚韧向上的作风，讲究礼仪修养及健康完善的人格。练习前向国旗敬

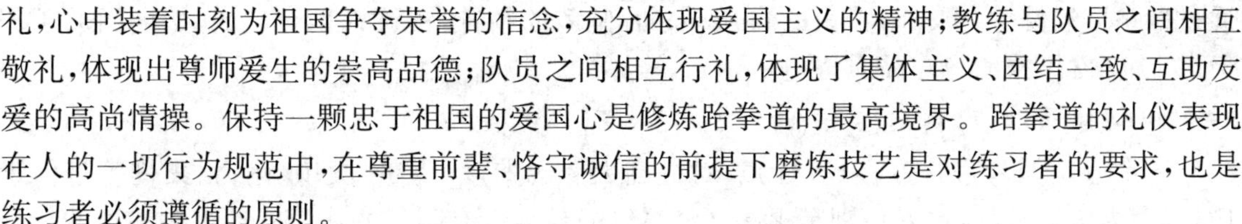

礼，心中装着时刻为祖国争夺荣誉的信念，充分体现爱国主义的精神；教练与队员之间相互敬礼，体现出尊师爱生的崇高品德；队员之间相互行礼，体现了集体主义、团结一致、互助友爱的高尚情操。保持一颗忠于祖国的爱国心是修炼跆拳道的最高境界。跆拳道的礼仪表现在人的一切行为规范中，在尊重前辈、恪守诚信的前提下磨炼技艺是对练习者的要求，也是练习者必须遵循的原则。

（二）跆拳道运动的特点

1. 手脚并用，以腿为主

跆拳道运动是以腿法为主的搏击对抗性项目。跆拳道理论认为，在人体四肢中，腿的力量远大于上肢力量，而且腿法攻击路线长、威力大，还能使自己易遭受攻击的部位（如头、躯干）远离对手的攻击范围；同时，跆拳道运动的竞赛规则也对腿法的使用有着积极的倡导和鼓励作用（如限制拳法的使用种类和攻击部位）；腿法是跆拳道运动最主要的得分手段与方法。因此，跆拳道以其灵活多变、丰富精妙的腿法著称于世。

2. 直来直往，以刚制刚

在跆拳道比赛中，极少采用闪躲的防守方法，而多以拳、掌、臂格挡防守，以刚制刚，直接接触，方法简练硬朗。进攻或反击时，多采用直线的连续攻击，以快速连贯的腿法组合击打对手，注重击打的实效性，令人防不胜防。

3. 功力测试，方法独特

功力测试已是跆拳道训练、晋级考试、表演、比赛的一个重要内容，成为其固有的特点之一。

4. 发声扬威，以气催力

在跆拳道运动中，无论是品势练习，还是训练比赛，都要求修炼者具有威武磅礴的气势。洪亮且具有威慑力的发声正是显示自身能力的表现形式。发声，可以提高自己的兴奋性，增强注意力，使自己全身心地投入训练比赛中；发声，增强身体的爆发力，达到以气催力、提高攻击杀伤力的目的；发声，可以提高自身斗志，从气势上压倒对手，给对手造成巨大的心理压力，还可配合进攻动作来提高击打效果，赢得裁判员的认可，达到得分的目的。

5. 内外兼修，身心合一

跆拳道运动不仅注重身体的外在训练，更注重心智的内在修炼，它要求内外同修，身心合一。无论是品势练习还是实战比赛，动作都只是一种形式，它承载的是跆拳道所蕴含的文化、精神与意念，反映了修炼者对跆拳道的认识、理解程度。同时，在练习中强调内力与外力的协调统一，以意引力，以气催力，才能使动作发出无坚不摧的威力。

6. 礼始礼终，谦和恭让

礼是跆拳道重要的训练内容，贯穿于整个训练过程。它强调一切训练都以礼开始、以礼结束，通过行礼表现出自己内心对师长、队友的尊敬、感激之情；同时，时时刻刻培养自己谦虚、谨慎、和蔼、忍让等良好的行为规范和礼仪习惯。

（三）跆拳道运动的作用

1. 修身养性，完善人格

跆拳道推崇“以礼始，以礼终”的尚武精神，其宗旨是“礼义廉耻，忍耐克己，百折不屈”。

通过跆拳道的修炼，可以培养人的顽强、果断、坚毅的精神，锤炼人摒弃软弱、怯懦而敢于积极向上、坚忍不拔的意志品质。

2. 健体防身，磨炼意志

跆拳道运动紧张激烈，对抗性强，对提高人体的速度、力量、灵敏、耐力、柔韧等身体素质，提高内脏器官的机能，特别是提高神经系统的灵活性有明显的作用。通过跆拳道的攻防训练，可以学习、掌握一定的格斗技术，提高应变能力，达到防身自卫的目的。在训练过程中，大强度的训练除需要良好的体能外，还应具备顽强拼搏的精神和坚忍不拔的意志。

3. 娱乐欣赏，陶冶情操

跆拳道运动是一项对抗性很强的运动，比赛中的双方选手不仅较力斗勇，而且更讲究较技斗智，尤其是跆拳道高超精妙的腿法，具有极高的欣赏价值。人们在观看跆拳道比赛时可以欣赏到一种击打艺术的美；同时，它可以激发人们的斗志，鼓励人们奋发向上的精神，在欢声笑语中陶冶了人们的高尚情操。

第二节　跆拳道运动的基本技术

跆拳道运动的基本技术简单实用，包括运用手、足、指、臂、腿、拳、掌等动作作为攻防的手段。在比赛实践中，这些单个技术需要根据时机、距离、战术和运动员的自身条件加以变形才能有效地使用。

一、跆拳道运动的实战姿势

实战姿势是使自己的身体处于最有利于进攻和防守的一种姿势。其作用是使身体随时处于攻防的最佳状态，保护自己，快速进攻与反击。在实战姿势中，左脚在前称为左势，右脚在前称为右势。本章均以左势为例。

（一）标准实战姿势

（1）动作要领。两脚前后开立略同肩宽，前脚脚尖内扣 45°斜向右前方，后脚脚跟提起，双膝关节微屈，身体重心落在两腿之间，上体自然直立成 45°斜向右前方，双手握拳，拳心相对，两臂弯曲，左拳略前伸与鼻同高，右拳置于胸前，两肘自然下垂，头部直立向前，目视前方。

（2）易犯错误及纠正方法。身体重心偏前或后移，双脚全脚掌着地，双膝僵直无弹性。纠正时，强调身体自然放松，身体重心保持在两腿之间，富有弹性。

（二）侧向实战姿势

侧向实战姿势的动作要领及要求同标准实战姿势，唯身体完全转向右侧，两脚前后开立在同一条直线上。这种姿势有利于转体进攻或由后攻击，如图 20-1 所示。

（三）低位实战姿势

低位实战姿势的动作要领及要求同标准实战姿势，唯加大双膝弯曲度，降低身体重心。其特点是有利于防守、反击和跳起攻击，如图 20-2 所示。

图 20-1　侧向实战姿势

图 20-2　低位实战姿势

（四）与对手的相关站位

1. 开式站位

开式站位就是与对手的站位呈开放型，即左势对右势，右势对左势，如图 20-3 所示。

2. 闭式站位

闭式站位即左势对左势，右势对右势，如图 20-4 所示。

图 20-3　开式站位

图 20-4　闭式站位

与对手的站位原则是有利于自己的技战术特长的发挥，同时尽可能地限制对手的长处。采用何种站位应酌情而定，灵活多变。不停地变换站位如同使用假动作，可使对手对你的技战术捉摸不定、犹豫不决，这时你应突然起动，抓住对手稍纵即逝的犹豫迅速攻击。但同时注意，变换站位要快速、敏捷，不要形成规律和习惯动作，以免给对手可乘之机。

二、跆拳道运动的基本步法

步法是维持身体重心平衡，配合拳法、腿法等攻防动作快速击打和防守时移动身体、调整距离的一种技术。其主要作用是保持进攻与防守的最佳距离位置。

（一）前进步

在实战姿势的基础上，后脚脚前掌支地，前脚先向前方滑进 30～50 cm，后脚迅速跟上一步，如图 20-5 所示。

（二）后退步

在实战姿势的基础上，前脚脚前掌支地，后脚先向后方滑撤 30～50 cm，前脚迅速后撤一步，如图 20-6 所示。

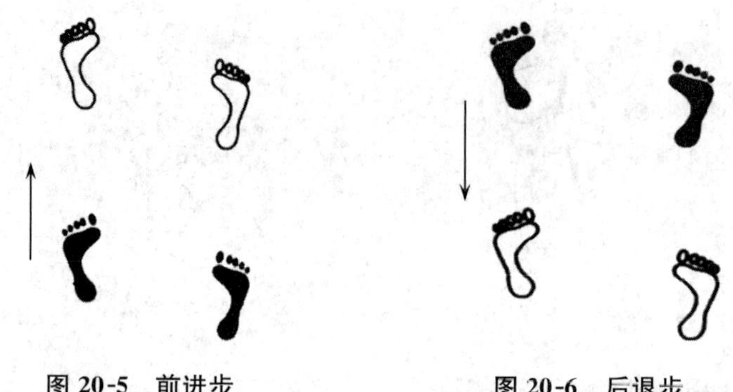

图 20-5 前进步　　　　图 20-6 后退步

（三）后撤步

在实战姿势的基础上，以后脚前脚掌为轴，前脚抬起经后脚内侧向后撤一步（约60 cm），形成和原来相反的实战姿势，如图 20-7 所示。

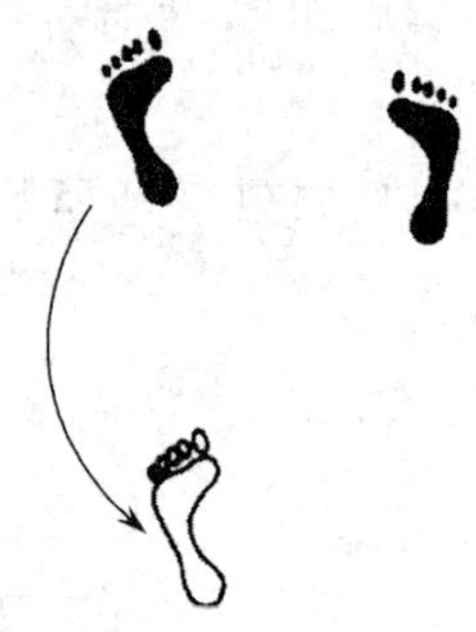

图 20-7 后撤步

（四）侧移步

在实战姿势的基础上，两脚前脚掌同时向左（右）侧蹬地，使身体向右（左）侧移动，离开原来的位置。向左移称为左移步，如图 20-8 所示；向右移称为右移步，如图 20-9 所示。

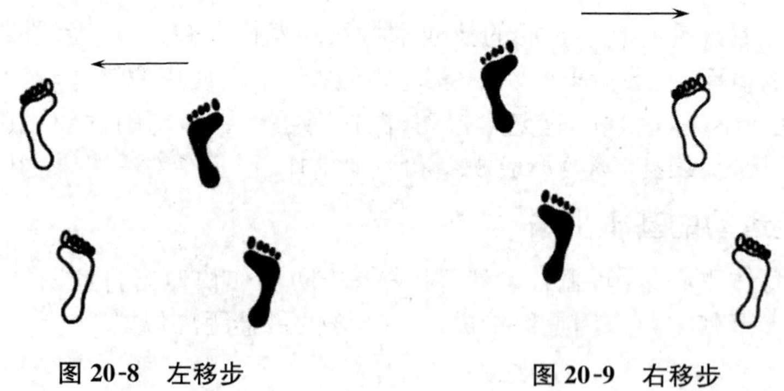

图 20-8 左移步　　　　图 20-9 右移步

（五）跳换步

在实战姿势的基础上，两脚同时蹬地使身体腾空，利用腰、髋的旋转力量在空中两脚前后交换，前脚变后脚，后脚变前脚，即左势变右势，右势变左势，如图 20-10 所示。

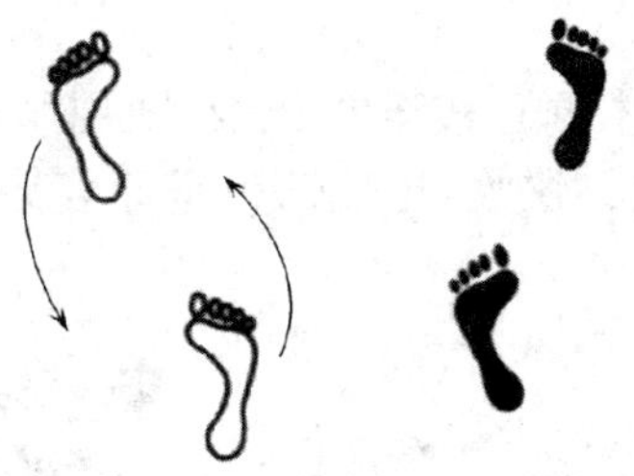

图 20-10　跳换步

（六）步法易犯错误及纠正方法

1. 易犯错误

（1）在步法移动过程中，身体重心起伏过大，忽前忽后，左右摇摆。

（2）以全脚掌着地，移动缺乏灵活性和敏捷性。

（3）移动时，步幅过大或过小。

（4）身体紧张，动作僵硬，协调性差。

2. 纠正方法

（1）两人相向练习，互相提示对方。

（2）在脚后跟底部用胶布粘上球形物品，使运动员在练习中保持脚前掌着地。

（3）在地上画出一定距离的线条，让运动员在规定的距离内进行步法练习，严格控制步幅的大小。

三、跆拳道运动的基本腿法

跆拳道以其变幻莫测、优美潇洒的腿法著称于世，被誉为“踢的艺术”。在比赛中，双方运动员采用踢、劈、旋、摆、蹬等各种腿法，并配合步法完成攻防转换，极具观赏性，充分展示了跆拳道的艺术美，是跆拳道运动有别于其他搏击项目的一个重要特点。

1. 前踢

在实战姿势的基础上，左脚支撑，右脚蹬地屈膝提起，髋前送，小腿快速由屈到伸向前弹击，力达脚背，然后迅速落下呈原姿势，如图 20-11 所示。

图 20-11　前踢

动作要领：在练习中，要注意膝关节夹紧不外翻；髋要前送，增加击打距离；击打时，小腿要放松，富有弹性，快打快收。易出现的问题是大小腿折叠不够，弹击时有直腿抛出的感觉，发力不充分。在不破坏动作结构的前提下，加强分解动作的练习可提高动作质量。

前踢的击打部位是下腭，在对手弯腰时也可击打其胸腹部或头部。

2. 侧踢

在实战姿势的基础上，将身体重心移至左腿，右腿屈膝提起，膝向左侧内扣，勾脚尖，快速向前方直线踹出，力达脚跟，快打快收，迅速落下呈原姿势，如图 20-12 所示。

图 20-12 侧踢

动作要领：提膝后大小腿完全折叠，收束成一团，踝、膝、髋三关节尽量保持在同一水平面，击打时三关节成一条直线，力达脚跟，快打快收。易出现的问题是击打时髋关节伸展不充分，发力不完整，影响动作效果；在练习中要提醒运动员击打的同时，支撑脚蹬地使支撑腿挺立，使身体各部位充分伸展，将全身之力汇集到脚跟。

侧踢的击打部位是头部、胸腹及两肋部。

3. 横踢

在实战姿势的基础上，右腿蹬地，屈膝向前提起，同时左脚以脚前掌为轴向左拧转 180°，右腿膝关节抬至接近水平时向左侧内扣，小腿由屈到伸快速向左侧踢出，同时拧腰转髋，增加击打力度，击打目标后自然放松，收回小腿迅速落下呈原姿势，如图 20-13 所示。

图 20-13 横踢

动作要领：在练习中要注意夹紧膝关节，面向对手屈膝提起，髋关节微向前送，在击打的时候，肩、髋、膝、踝各关节形成一条直线。重要的是支撑脚的拧转与拧髋、扣膝要同时进行，不可分解，击打的力量点应在正脚背。易犯的错误表现在踢击时腿的外摆幅度太大，大小腿折叠不够，从而影响击打力量和准确性。

横踢击打的部位是头部、胸腹部及两肋。

4. 下劈

在实战姿势的基础上，右脚上一步，身体重心移至左腿，左脚蹬地，右腿尽量上抬至对手头部上方(出腿方向在对手头部的左侧或右侧约 10 cm 处)，由上向前下方用力劈下，上体略后仰，同时向右侧拧髋前送，快速以脚掌击打目标，迅速落下呈原姿势，如图 20-14 所示。

图 20-14　下劈

动作要领:腿尽量抬高,要向上送髋,身体重心往高起;起腿要快速、果断,踝关节要放松;落地时可选择贴靠对手或后撤分开。易犯的错误为起腿不高;出腿太慢;直腿下劈时,出腿的方向在正前方,会出现对手身体的阻挡使腿无法提起或击打距离过远和时间较长,对手可轻易防守和反击。

下劈的击打部位是头部和胸部。

5. *后踢*

在实战姿势的基础上,左脚以脚前掌为轴向内旋转约 120°(背对或侧对对手),在旋转上体时将身体重心移至左腿,同时右腿屈膝抬起靠于左膝内侧,用力向后直线蹬出,力达脚跟,迅速落下呈原姿势,如图 20-15 所示。

图 20-15　后踢

动作要领:在练习中应与对手成直线面对,以支撑腿为重心瞄准对手的击打部位,以攻击腿的膝盖向下与地面垂直来控制击打方向,上体与大小腿折叠成一团,击打时攻击腿沿支撑腿所瞄准的方向迅速向后蹬出,身体与攻击腿形成一条直线,快打快收。后踢动作由于需要转体来完成,所需时间较长,因此转体、抬腿、出腿等动作应一次性连贯完成,不可停顿。易犯错误是腿在蹬出时膝关节外展,击打路线成弧线而旋转发力,同时上体跟着旋转,这样极易造成击打不准、攻击力量减弱和给对手以反击之机。

后踢的击打部位是头部、胸腹部及两肋。

6. *推踢*

在实战姿势的基础上,将身体重心移至左脚,并以脚前掌为轴外旋约 90°,右脚蹬地屈膝提起,由屈到伸向前方直线蹬出,力达脚跟或脚全掌,迅速落下呈原姿势,如图 20-16 所示。

图 20-16　推踢

动作要领：推踢动作的关键在于推，其主要用于两个动作之间的衔接或当作假动作使用；当双方相距较远时，运用推踢动作来调整距离。因此，在运用推踢动作时要送髋，身体重心向前平推，便于衔接下一个动作；上体不可后仰太多，以防身体重心后滞而破坏动作的连贯性。

推踢的击打部位是胸腹部及两肋。

7. 后旋踢

在实战姿势的基础上，左脚上前一步，将身体重心移至左腿，左脚以前掌为轴后旋，身体旋转 360°，同时右腿屈膝提起，向对手头部右侧蹬伸，在脚接近对手头部右侧的瞬间，用力向右侧屈膝勾小腿，以脚掌击打对手头部，迅速落下呈原姿势，如图 20-17 所示。

图 20-17　后旋踢

动作要领：转体、出腿快速果断，连贯流畅，一气呵成；旋转速度的快慢，身体重心稳定与否，直接影响后旋踢动作的准确性、实效性。因此，在训练中一定要加强旋转能力的培养，把握好旋转过程中的身体重心，提高动作速度，保证动作的完整性和连贯性。

后旋踢的击打部位是头部。

8. 摆踢

在实战姿势的基础上，将身体重心移至左腿，右脚蹬地屈膝提起，同时右脚以前掌为轴外旋，右腿向对手头部左蹬伸，在脚接近对手头部右侧的瞬间，用力向右侧屈膝勾小腿，以脚掌击打对手头部，迅速落下呈原姿势，如图 20-18 所示。

图 20-18　摆踢

动作要领：摆踢就是左右方向的横击动作，击打力量来自屈膝勾小腿；为了加大击打力量，在勾小腿击打的同时要挺髋，使髋关节充分展开，身体与大小腿成反弓形，以增加击打力量和击打范围。但要注意的是，在练习过程中，各部分动作的衔接不能分解，要一次性连贯完成，快速、果断。

摆踢的击打部位是头部。

9. 双飞踢

在实战姿势的基础上，先由右腿踢出一个横踢动作，当右横踢尚未完成时，左腿迅速再踢出一个横踢动作，迅速落下成原姿势，即左右横踢做腾空转髋连续动作，如图 20-19 所示。

动作要领：双飞踢的要求基本同横踢（主要指腿的动作），上体略后仰，身体重心应随腿的击打向前平行推移；当前一条腿完成动作的一半时，后一条腿迅速跟进踢出，衔接紧凑，快速果断；但是当双腿交换踢出时，髋与腰的左右拧转非常重要，它们的拧转速度越快，两腿交换频率就越快。

双飞踢的击打部位是头部、胸腹部及两肋部。

图 20-19　双飞踢

10. 腾空腿法

跳踢就是身体处在腾空状态下以腿击打的一类动作。它具有突然性、隐蔽性、击打力量大的特点。跳踢包括腾空前踢、腾空侧踢、腾空后踢等。其动作要领及动作过程基本上同原地的要求，只是动作在空中完成而已。

若想完成跳踢动作，首先要求具备娴熟、扎实的基本技术；其次要有良好的身体素质，如下肢的弹跳力、腰腹肌的力量、身体的协调性及灵敏性等；最后要具备良好的平衡能力，把握好空中及落地后的身体平衡，因为空中失衡将无法掌控击打的方向，使动作失去准确性。因此，加强基本技术对身体平衡能力的训练，全面提高身体素质，才能保证跳踢动作的顺利实施和获得良好的击打效果。

根据不同的动作，跳踢的击打部位有头部、躯干等。

第三节　跆拳道运动的基本战术

运动员在比赛中，根据双方临场的实际情况，充分发挥自己的特长，限制对手的长处，为战胜对手而采取的计策与方法，即为战术。

一、技术战术

技术战术是指在没有虚晃或假动作的掩护下，直接使用动作方法进攻对手。它要求运

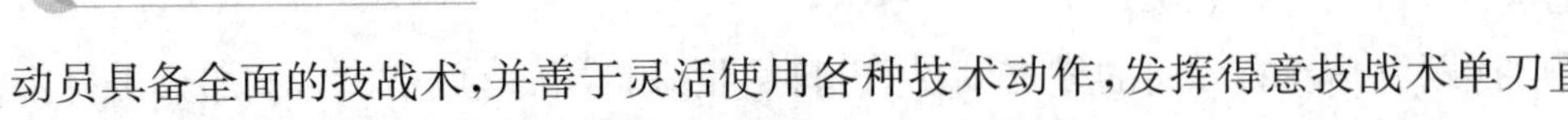

动员具备全面的技战术，并善于灵活使用各种技术动作，发挥得意技战术单刀直入，不给对手喘息的机会，牢牢地掌握比赛的主动权。

二、强攻战术

强攻战术是指使用动作硬性突破对手的防守后发起的进攻。采用强攻战术的目的在于扰乱与破坏对手的心理平衡、战术准备和距离感，于乱中得分取胜。但强攻战术的猛冲猛打并不是盲目蛮干，而是通过这一战术手段充分发挥自己的长处以实现击打对手的目的。

三、假动作战术

假动作战术是指有目的地造成对手的错觉，把对手引入歧途，实现真实进攻的一种方法与手段。其实质就是利用身体的、步法的、表情的假动作来迷惑对手，达到调动对手的目的，在对手的运动过程中寻找破绽予以攻击。一般将其分为以下几种动作。

1. 身体假动作

利用身体的动作来引诱、迷惑、调动对手。例如，故意暴露身体的某一部位，引诱对手进攻，而自己则采用预先设计好的动作迅速反击；利用身体前后、左右的虚晃动作来调动对手，促使对手产生某种反应，而自己却改变原有的防守姿势，果断攻击。

2. 步法假动作

利用步法的移动来调动对手，分散对手的注意力。例如，先使用后撤步来调出对手，引诱其向前进攻，自己则迅速予以踢迎击。

3. 表情假动作

利用眼神或面部表情来迷惑对手，使之受骗上当。例如，利用眼睛视左击右、视上击下等；故意抚摸身体某一部位，伪装受伤，骗其攻击，然后根据对手的不同反应采取相应的措施迅速予以反击。

四、反击战术

反击战术是待对手发出攻击动作后，在防守后及防守中给予对手反击，或不防守直接进行反击的战术行动。选择反击战术要在双方对峙中有充分的思想准备、正确的判断、敏捷的反应和快速果断的击打，这样才能确保反击质量，提高反击的成功率。

五、限制战术

每名运动员都拥有自己的技术特长和具备某一方面的优势。这种技术特长或身体优势是运动员得分取胜所依靠的重要手段。而限制战术是指采用相应的技战术方法限制对手技战术特长的发挥。

六、击弱战术

击弱战术是指集中力量专门针对对手的技战术弱点或身体部位的薄弱环节进行重点攻击的战术行动。

七、KO战术

KO战术是指在规则允许的范围内，使用合理的技术动作和较大力量击打对手，令其丧失继续比赛能力的战术行动。它能产生巨大的威慑力，令对手在身体上、心理上产生畏惧，丧失比赛信心。

八、边角战术

边角战术是指当对手临近边界线时，将对手逼打出界，使之被判犯规失分，或采取合理的技战术动作而得分的战术行动。

九、得意技战术

得意技战术是指自己掌握熟练、运用自如、成功率高且新颖独特的攻击技术动作。而得意技战术是指充分利用自己的得意技战术不断进攻而得分获胜的手段。

十、心理战术

心理战术是指通过某些特定的方式、措施，造成对手心理上的压力进而引发其技战术思维错乱，最终取得比赛胜利的方法。所有的战术形式或多或少都在不同程度上具有心理战术的因素，其目的就是在比赛中迫使对手产生紧张、急躁、恐惧、慌乱、气馁等不利于比赛的心理情绪，使之失去比赛信心，最终导致比赛失败。

跆拳道战术丰富多彩，在比赛中有时是以单一的战术形式出现，有时则是多种战术形式的综合运用，无论以哪一种战术形式出现，都要注意战术的实用性、有效性和灵活性，要遵守跆拳道技战术的规律和竞赛规则。

第四节 跆拳道运动的比赛规则

一、服装护具

跆拳道比赛时，参赛运动员必须穿由中国跆拳道协会规定的护具和道服，其道服上不得印有“中国”字样，也不允许外国国名出现在道服上。运动员应戴好护身、头盔、护臂、护裆、护阴、护腿后进入比赛场地，其护臂、护腿、护裆、护阴必须穿在道服里面。

比赛护具的颜色分为红色和蓝色两种。

二、比赛局数与时间

每场比赛为 3 局，每局比赛为 2 min，局间休息 1 min。青少年比赛时间可根据情况适当调整。

三、比赛级别设置

跆拳道比赛级别重量划分见表 20-1。

表 20-1 跆拳道比赛级别重量划分

级 别	男 子	女 子
fin(鳍量级)	54 kg 以下	47 kg 以下
fly(蝇量级)	54～58 kg	47～51 kg
bantam(雏量级)	58～62 kg	51～55 kg
feather(羽量级)	62～67 kg	55～59 kg
glight(轻量级)	67～72 kg	59～63 kg
welter(次中量级)	72～78 kg	63～67 kg

续表

级　　别	男　　子	女　　子
middle(中量级)	78～84 kg	67～72 kg
heavy(重量级)	84 kg 以上	72 kg 以上

奥运会跆拳道比赛级别重量划分见表 20-2。

表 20-2　奥运会跆拳道比赛级别重量划分

级　　别	男　　子	女　　子
fly(绳量级)	58 kg 以下	49 kg 以下
light(轻量级)	58～68 kg	49～57 kg
middle(中量级)	68～80 kg	57～67 kg
heavy(重量级)	80 kg 以上	67 kg 以上

复习思考题

1. 简述跆拳道运动的礼节、特点和作用。
2. 跆拳道运动的基本步法和基本腿法分别有哪些?
3. 简述跆拳道运动的战术形式。

第二十一章 花样跳绳

第一节 花样跳绳概述

一、花样跳绳的产生与发展

跳绳是我国民间流行的一项传统体育活动，迄今已有一千多年的悠久历史。在南北朝的《北齐书·幼主纪》中便有“游童戏者好以两手持绳，拂地而却上跳”的跳绳描述。宋代高承的《事物纪原》中有对跳百索的记载。清代的《乐陵县志》记载：“元宵期间，女子以跳绳为戏，名曰跳百索。”当时，跳绳是元宵节民间的一种“祛病延年”的游戏。之后，跳绳逐步发展成为群众性的绳技，是民间艺人庙会上表演的传统节目，民国时称为“跳绳”。这一时期，在城乡小学体育课内外普遍开展跳绳运动。

如今的跳绳运动，尤其是花样跳绳，在传统跳绳的基础上融合音乐、舞蹈、体操、武术等元素，增加了项目的观赏性和吸引力，使其具有跑步的健身功效、舞蹈的优美姿态、音乐的节奏旋律等，发展成为一项健身、竞技、表演皆可，老少皆宜的运动项目。

二、花样跳绳的特点

1. 开设条件便利

跳绳对场地和器材要求不高，不受场地、人数、时间、季节、性别、年龄等因素的限制，只要有一根携带方便的跳绳便可以在田径场、校园道路和广场等场地开展，甚至可以在宿舍和教室楼道等平整场地进行。

2. 安全性高

跳绳动作可难可易，节奏可快可慢，练习者可以根据自身体能状况在跳绳过程中进行难易快慢的调整，在兼顾安全的前提下达到理想的锻炼效果。

3. 锻炼功效突出

跳绳是一项极具健身价值的运动项目，被国外的医学专家称为“最完美的体育运动”，详见花样跳绳的健身价值。

三、花样跳绳的分类

花样跳绳根据不同的分类标准有不同的分类方法，根据跳绳技术特点和动作结构可以将花样跳绳分为以下几类。

1. 个人花样

个人花样是指一名跳绳者运用一根跳绳，在规定的时间内按照跳绳运动的基本规律，合理运用身体姿势的变化或人与绳之间的配合，将各种花样动作有机地融合在一起，全面展示个人绳项目的技巧性和艺术性。根据《2018—2021 年全国跳绳运动竞赛规则》，花样赛包括个人花样、个人绳团体花样(双人和四人)两个项目，分为初级、中级、高级、精英级四个等级，包含基本动作、交叉动作、多摇动作、力量动作、体操动作、放绳动作、缠绕和配合动作八个难度类别。

2. 朋友跳

朋友跳是指两人用一根绳子协同完成任何形式的跳绳动作，又叫作两人一绳花样跳。朋友跳动作多样，极具娱乐性和互动性，特别适合家庭、同事、同学、朋友等跳绳爱好者进行练习。

3. 车轮跳

车轮跳是花样跳绳的一大特色，是一种两人或两人以上相互配合轮流进行跳绳的新型跳绳方法。车轮跳由于是轮流进行跳绳，从侧面看就像车轮在转动，故得其名。世界跳绳联盟(International Ropeskipping Federation，FISAC-IRSF)比赛规则中称车轮跳为 Chinese Wheel。车轮跳花式繁多，但难度系数较低，难学易练，打破了传统跳绳的单性，跳起来活泼有趣，极具观赏性，是健身、减肥、塑身人士首选的有氧运动之一。

4. 交互绳

世界跳绳联盟比赛规则中这样描述交互绳，两名摇绳者分别握住两根绳子的末端，两根绳子向相同或相反方向依次打地，同时跳绳者在绳子中做出各种技巧，跳绳者和摇绳者可以相互转换，摇绳者和跳绳者都会被评分。现在，交互绳已成为一项国际赛事，世界上三大交互绳比赛分别是纽约交互绳大赛、日本交互绳大赛和比利时交互绳大赛。三大比赛会邀请世界上顶级的交互绳团队参加比赛，提高比赛的竞争性和观赏性，每年大约有 10 万名青少年参加交互绳比赛。交互绳花式难度非常高，融合了体操、街舞、健美操等元素，交互绳花式动作具有非常强的表演性和观赏性，也是世界跳绳比赛中关注度最高的一个比赛项目。

5. 长绳花样

长绳花样是需要绳具和人数最多的项目，跳绳时，单根长绳或多根长绳组合，一根或多根短绳与一根或多根长绳组合，绳中有绳，变化万千，精彩纷呈，是表演赛中最精彩的一部分。长绳跳属于集体项目，要求参加者动作协调统一，齐心协力，考验跳绳者之间的相互协作精神。跳长绳对于摇绳者的技术要求较高，如果摇绳者技术水平高，跳绳者会比较轻松。因此，要求摇绳人注意力集中，注意摇绳的速度、节奏，主动配合跳绳者。长绳花样可以分为单长绳花样、多长绳花样和长短绳花样。

第二节 花样跳绳的基本技术

一、个人花样

(一) 单摇跳

单摇跳也叫作单飞、单直摇等，属于基本花样的一种。

1. 动作方法

两手握住绳子的绳柄，将绳置于身后，由前向后摇动绳子，在将绳子摇至脚前瞬间，并脚跳过绳子。

2. 动作要领

从基本准备动作开始，两脚脚掌蹬地发力，跳起一定高度，提膝、收腹、稍含胸，大臂下

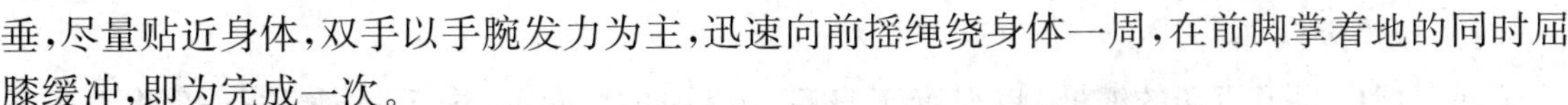

垂，尽量贴近身体，双手以手腕发力为主，迅速向前摇绳绕身体一周，在前脚掌着地的同时屈膝缓冲，即为完成一次。

3. 教学步骤与方法

(1) 原地无绳模拟摇跳练习，注意跳起和模拟摇绳的节奏配合。

(2) 双手摇绳练习，即双手拿双绳(同时在体侧摇绳)模拟单摇时的摇绳动作。

(3) 连续单摇跳练习，在能顺利完成单摇基本动作之后，逐渐降低跳起高度，加快摇绳速度，最终达到动作熟练的程度。

(二) 体前开合交叉跳

体前开合交叉跳也称为间隔交叉单跳、活花等，属于交叉花样的一种。

1. 动作方法

两手握住绳子两端的绳柄，将绳置于身后，由前向后摇动绳子，当绳子摇至头前上方时，两手交叉于腹前，双脚或单脚跳过绳子，绳通过脚下后立即打开，做一个直摇动作，直摇与交叉间隔练习。

2. 动作要领

从基本准备动作开始，同单直摇动作，两脚脚掌蹬地发力，跳起一定高度，提膝、收腹、稍含胸，大臂下垂，尽量贴近身体，双手以手腕发力为主，当绳子过身体一周后，两小臂迅速于体前交叉向前摇绳绕体一周，屈膝，以前脚掌着地，即为完成一个交叉动作。

3. 教学步骤与方法

(1) 原地无绳模拟摇跳练习，注意跳起和模拟摇绳的节奏配合。

(2) 双手摇绳练习，即双手拿双绳(同时在体侧摇绳)模拟单摇交叉时的摇绳动作。

(3) 连续单摇交叉跳练习，在能顺利完成交叉基本动作之后，逐渐加快摇绳速度最终达到动作熟练的程度。

(三) 直双摇

直双摇也称为双摇、双飞、双直摇等，属于多摇花样的一种。

1. 动作方法

两手握住绳子两端的绳柄，将绳置于身后，由前向后摇动绳子，跳起一次，绳跃过头顶通过脚下绕身体两周(720°)，两周都为直摇。

2. 动作要领

从基本准备动作开始，两脚脚掌蹬地发力，跳起一定高度(略高于单摇)，提膝、收腹、稍含胸，大臂下垂，尽量贴近身体，双手以手腕发力为主，迅速向前摇绳绕身体两周，屈膝，以前脚掌着地，即为完成一次。

3. 教学步骤与方法

(1) 原地无绳模拟摇跳练习，注意跳起和模拟摇绳的节奏配合。

(2) 双手摇绳练习，即双手拿双绳(同时在体侧摇绳)模拟双摇时的摇绳动作。

(3) 单个双摇跳练习，可采用两次单摇接一次双摇进行练习。

(4) 连续双摇跳练习，在能顺利完成双摇基本动作之后，逐渐降低跳起高度，加快摇绳速度，最终达到动作熟练的程度。

(四) 俯卧撑跳

俯卧撑跳也称为俯卧撑单摇跳等，属于力量花样的一种。

1. 动作方法

两手握住绳子两端的绳柄，将绳置于身后，由后向上、向前、向下摇动绳子，在将绳子摇至脚前瞬间，屈膝下蹲，双手掌根着地，大拇指和食指握紧绳柄；双脚同时向后伸出，前脚掌与手掌同时撑地，成俯卧撑静力姿势；双脚蹬地，双手向后摇动绳子，在绳过脚后顺势屈膝，手部继续摇动。

2. 动作要领

在绳子由上向前、向下运行时，上体要顺势前俯，降低身体重心后手再撑地，以减少撑地时的地面反冲力；在由俯卧撑静力姿势至过绳动作过程中，双腿蹬地后要收腿，腿部尽量向胸部抬起，同时协调腰部力量，双手向后拉绳，即可过绳。

3. 教学步骤与方法

(1) 原地无绳模拟俯卧撑单摇跳练习，注意跳起和模拟摇绳的节奏配合。

(2) 双手摇绳练习，即双手拿双绳模拟摇绳和俯卧撑动作。

(3) 完整俯卧撑单摇跳练习，在能顺利完成基本动作之后，逐渐降低跳起高度，加快摇绳速度，最终达到动作熟练的程度。

(五) 体前抛接绳

体前抛接绳也称为钓鱼，属于放绳花样的一种。

1. 动作方法

以右手握绳为例，当绳子由上向前运行时，左手放开绳柄，将其抛至体前，右手握住另一根绳柄；在绳体被拉直的瞬间，右手上提，带动另一手柄，使绳柄运行至体前空中，左手接住空中运行的绳柄。

2. 动作要领

抛绳时要顺着绳子的运动趋势，掌握好力度和时机，抛绳距离为绳体刚好被拉直；接绳时用前臂带动手腕发力抖动，尽量让空中绳柄运行至眼睛前方 20～30 cm 处接绳。

二、朋友跳

(一) 单人持绳带人跳

单人持绳带人跳也叫作一带一带跳等。

1. 动作特征

带人队员持一绳，两人配合，绳子同时过两人身体一周即为完成一个单摇动作。

2. 动作形式

单人持绳带人跳从摇绳方向上可以分正摇、反摇，从跳绳者协作方向上可以分面向、背向、同向。

(二) 双人持单绳跳

双人持单绳跳也叫作双人组合跳等。

1. 动作特征

甲乙两名队员共持一绳，两人配合完成跳绳动作。

2. 动作形式

双人持单绳跳从协作角度可以分为辅助摇绳、协同摇绳，从摇绳方向可以分为正摇、反摇，从协作方向可以分为同向、背向、面向，从摇绳过脚次数可以分单摇、双摇。

三、基本车轮跳

基本车轮跳也叫作两人车轮跳等。

1. 动作方法

两人并排站立，相近绳柄交叉相握，将绳置于身后；一绳先向前摇动，当摇至最高点时，另一绳开始向前摇动，两人依次跳跃过绳，两绳始终相隔180°，一上一下、一前一后，看上去像车轮在转动。

2. 动作要领

两人各持绳，同面相距约50 cm自然站立，内侧绳(靠近跳绳者的绳为内侧绳，远离跳绳者的绳为外侧绳)于体后结绳交叉，同侧手臂以车轮状由前向后协同配合摇绳，并依次轮流跳过绕体一周的绳子，即完成一个单脚车轮跳动作。

3. 教学步骤与方法

(1) 单人(两人)无绳手臂以车轮状进行空摇动作，下肢配合做跳起练习。

(2) 单人(两人)原地左、右手各持一绳进行两绳交错打地摇绳动作，下肢配合做跳起练习。

(3) 两人协同配合摇绳进行一个完整的车轮跳动作练习。

(4) 两人协同配合进行连续的车轮跳动作练习。

四、交互绳

(一) 摇绳者花样

1. 动作方法

两人手握两绳保持适当距离相对站立，两脚分开略宽于肩，屈膝微蹲，两手于腰部高度依次向内侧绕圈摇绳，两绳依次打地，间隔相同时间。

2. 动作要领

(1) 绳子开始摇动时，两人商定好哪根绳先摇，哪根绳后摇。

(2) 绳子中心位置依次打地，节奏明显且间隔相同时间。

(二) 基本进绳花样

1. 动作方法

跳绳者可站在绳外摇绳者任意一侧，以参照外侧绳进绳为例，跳绳者数外侧绳，当内侧绳向上过眼睛、外侧绳向下打地时开始起跳，内侧绳下落时跳进绳中。

2. 动作要领

(1) 在两绳打地处做一个标记，以便跳绳者和摇绳者确定中心位置。

(2) 进绳时采用“一步跳”，即上一步跳入绳中，跳跃高度5～10 cm即可。

(3) 节奏尽量快，比跳单长绳加快速度。

(4) 跳入绳中后，摇绳者要数节拍，帮助跳绳者找节奏。

五、长绳花样

(一) 长绳“8”字跳

长绳“8”字跳也叫作长绳绕“8”、长绳进出跳等。

1. 动作方法

两人持一长绳相对站立，其余跳绳者在一名摇绳者身侧站成一路纵队。第一个人进绳，跳跃一次后直线跑出，绕过另一个摇绳者，站在其体侧，准备再次进绳跳跃。第二个人进绳，同样跳一次后跑出，绕过另一个摇绳者排在第一个跳绳者身后，以此类推，一个接一个进绳、跳绳、跑出。

2. 动作要领

(1) 摇绳者保持适当距离，相对站立，两脚前后开立，上体侧身前倾，稍屈膝。摇绳时以肘为轴心，有节奏地摇动绳子。

(2) 跳绳者贴近摇绳者一侧站成一路纵队，首位跳绳者进绳后，后面同伴紧随前者依次进绳一起跳、出绳。跳绳者跑动路线和摇绳者之间的连线夹角尽量小。过绳动作一般采用“两步进出法”(一步进，一步跳出)，步子小、快，跳起高度低，单脚落地，迅速由跳转跑。

3. 教学步骤与方法

(1) 摇绳者原地持绳摇绳练习。

(2) 设置静止障碍，跳绳者进行进绳、出绳的“8”字路线跑练习。

(3) 摇绳者慢速摇绳，跳绳者依次进行进绳、出绳练习。

(4) 摇绳者以正常速度摇绳，跳绳者连贯地进行进绳、出绳练习。

(二) 长绳中跳短绳

长绳中跳短绳也叫作绳中绳等。

1. 动作方法

两名摇长绳者先摇起长绳；跳绳者手持短绳跳入长绳中，同方向摇起绳子。

2. 动作要领

摇绳时注意调整长绳、短绳摇动速度，使长、短绳保持同步摇动，节奏一致。跳绳者把握好起跳时机，跳起高度要适当，落地采用前脚掌着地，使长、短绳同时越过脚下。

3. 教学步骤与方法

(1) 摇长绳者持绳原地匀速、变速摇绳练习。

(2) 跳短绳者原地匀速、变速摇跳绳练习。

(3) 长、短绳节奏配合练习。

(4) 长、短绳摇跳配合练习。

第三节　花样跳绳的比赛规则

为促进中国跳绳运动的推广、普及与规范发展，弘扬民族传统体育文化，加快跳绳运动的国际化发展进程，推动全民健身、阳光体育运动的深入开展，全国跳绳运动推广中心组编、国家体育总局社会体育指导中心审定制定了《2018—2021 全国跳绳运动竞赛规则》，这是中国开展跳绳运动的规范性文件。以下摘录《2018—2021 全国跳绳运动竞赛规则》的一些条款，对花样跳绳的竞赛规则进行简要介绍。

一、竞赛项目

(一) 计数赛

计数赛项目有 30 s 单摇跳、30 s 双摇跳、3 min 单摇跳、连续三摇跳(12 周岁以上)、4×30 s 单摇接力、4×45 s 交互绳单摇接力、30 s 交互绳速度跳、3 min 10 人长绳“8”字跳、3 min

10 人长绳集体跳、30 s 一带一单摇跳、30 s 两人协同单摇跳、30 s 三人和谐单摇跳、30 s 间隔交叉单摇跳。

（二）花样赛

1. 个人花样

(1) 个人花样自选初级(2 级动作,45～75 s,固定音乐),仅限新手运动员。

(2) 个人花样自选中级(3 级动作,45～75 s,固定音乐)。

(3) 个人花样自选高级(4 级动作,45～75 s,自配音乐)。

(4) 个人花样自选精英级(国际标准,60～75 s,自配音乐)。

2. 两人同步花样(每人一绳)

(1) 两人同步花样自选初级(2 级动作,45～75 s,固定音乐),仅限新手运动员。

(2) 两人同步花样自选中级(3 级动作,45～75 s,固定音乐)。

(3) 两人同步花样自选高级(4 级动作,45～75 s,自配音乐)。

(4) 两人同步花样自选精英级(国际标准,60～75 s,自配音乐)。

3. 四人同步花样(每人一绳)

四人同步花样自选精英级(国际标准,60～75 s,自配音乐)。

4. 两人车轮跳花样

(1) 两人车轮跳花样自选初级(2 级动作,45～75 s,固定音乐),仅限新手运动员。

(2) 两人车轮跳花样自选中级(3 级动作,45～75 s,固定音乐)。

(3) 两人车轮跳花样自选高级(4 级动作,45～75 s,自配音乐)。

(4) 两人车轮跳花样自选精英级(60～75 s,自配音乐)。

5. 三人交互绳花样

(1) 三人交互绳花样自选初级(2 级动作,45～75 s,固定音乐),仅限新手运动员。

(2) 三人交互绳花样自选中级(3 级动作,45～75 s,固定音乐)。

(3) 三人交互绳花样自选高级(4 级动作,45～75 s,自配音乐)。

(4) 三人交互绳花样自选精英级(国际标准,60～75 s,自配音乐)。

6. 四人交互绳花样

四人交互绳花样自选精英级(国际标准,60～75 s,自配音乐)。

在计数赛、花样赛的基础上设置大师赛和团体赛,所有花样类项目只限精英级。项目列入大师赛、团体赛总分,大师赛为 30 s 单摇、3 min 单摇、个人花样,团体赛为 4×30 s 单摇接力、4×45 s 交互绳单摇接力、两人同步花样、四人同步花样、三人交互绳花样和四人交互绳花样。

（三）集体自编赛

(1) 小型集体自编:3～7 人,2.5～3 min,自配音乐。

(2) 大型集体自编:8～16 人,4～8 min,自配音乐。

（四）规定赛

规定赛项目主要有个人绳规定套路初级、个人绳规定套路中级、个人绳规定套路高级、车轮花样规定基础套路、车轮花样规定提高套路、交互绳花样规定基础套路、交互绳花样规定提高套路。

(五) 传统特色项目赛

传统特色项目赛主要有一对一对抗赛(杀刀)、广场绳舞规定套路。

(六) 跳绳强心积分挑战赛

跳绳强心积分挑战赛项目主要有800个计时赛、2 400个计时赛、4 800个计时赛。

二、评分办法

花样跳绳比赛项目众多,不同的比赛项目有不同的评分办法,下面以计数赛的30 s单摇和花样赛为例进行简要介绍,完整比赛规则请参阅《2018—2021全国跳绳运动竞赛规则》。

(一) 30 s单摇跳

1. 目标

按照规则的要求,运动员在30 s的时间内完成尽可能多的单摇跳。

2. 口令

裁判员准备—运动员准备—预备—跳(或哨音)—10—20—停(或哨音)。

3. 技术要求

(1) 运动员双手摇绳,双脚以轮换跳的方法跳绳,每跳起一次,绳体跃过头顶并通过脚下绕身体一周(360°),称作单摇跳。

(2) 运动员在指定场地内比赛为有效动作。

(3) 按口令要求人、绳都从静止开始起跳,抢跳将从应得数中扣除5次。

(4) 失误不扣分,但失误次数将被记录。一次失误之后,记录下一个失误之前绳子必须被至少成功跳过一次。

4. 计分方法

(1) 应得数。每个场地比赛由3名裁判员执裁,若3名裁判员计数不同时,以两个相同计数为准;若各不相同且最高值与最低值之间差值(X)$\leqslant 5$,采用对选手相对有利的计分方式,计算差值最小较高的两个成绩的平均值;若$5<X<7$,计算差值最小较高的两个成绩的平均值,且主裁判将向赛事主管以书面形式说明该情况;若每位裁判给出的速度跳或三摇跳最终成绩差异均大于3,$X>7$,则选手在竞赛委员会不能提供录像证据的情况下可要求重跳。如果选手选择重跳,那么记录重跳成绩。在重跳过程中,两名额外的速度跳裁判将介入以检查之前三位裁判的计数能力。如果选手不选择重跳,且竞赛委员会不能够提供视频证据,那么取差值最小较高的两个成绩的平均值作为成绩。若竞赛委员会能够提供视频证据,那么原来的三名裁判及两名额外裁判将会在比赛中或赛后根据视频判定最终成绩。

(2) 最终成绩。三名裁判计数的应得数为最终成绩的重要参考,减去主裁判判罚的犯规应扣次数,为运动员的最终成绩。

(3) 名次确定。比赛名次按最终成绩确定,次数多者名次列前,如果成绩相等,则名次并列。

(二) 个人花样

1. 目标

在规定的时间内按照跳绳运动的基本规律,合理运用身体姿势的变化或人与绳之间的配合,凭借选手的想象力和创造性将各种个人绳技术动作有机地融合在一起,全面展示个人绳项目的技巧性和艺术性。个人绳花样初级和中级比赛固定音乐,高级和精英级比赛自配

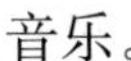

音乐。

2. 口令

裁判员准备—运动员准备—开始(音乐),计时员会在规定时间到达时宣告“时间到”。

3. 技术要求

(1) 每人只限一绳,不能添加其他器材或特殊装备。

(2) 运动员在指定的场地内比赛为有效动作。

(3) 小失误扣除 2.5 分/次,大失误扣除 5 分/次。一次失误之后,记录下一个失误之前必须完成一个难度动作,相同的失误不重复记录。失误累计最多扣 20 分,直至得分为零。

(4) 在一套花样中,重复花样不会再次评分。相同的花样以前摇绳或后摇绳做出将被视为不同的动作,将被再次评分,难度级别参照动作难度表。难度分值不到 25 分,只计总分,不计名次。

(5) 在两人(或以上)团体个人绳花样中,只有动作同步时才评判难度分,互动配合等特殊的动作编排除外。

4. 评分办法

(1) 评分元素及比例。个人绳花样评分元素由动作难度 50 分、创意编排 40 分和规定元素 10 分三部分构成,满分 100 分。

(2) 动作难度评分细则。动作难度占总成绩的 50%,满分为 50 分。

① 所有的难度动作必须动作方法正确且完成质量较高才给予认定;否则视为难度动作未完成,不予认定。

② 初、中、高级动作难度总分为 50 分,个人花样每个二级动作为 2 分,每个三级动作为 2.5 分,每个四级动作为 3 分。精英级难度比赛按精英组国际标准执行。

③ 个人绳动作难度由易到难分为 1～6 级难度,1 级最容易,6 级最难。精英级难度以下的比赛,高于所报级别的难度动作均按所报级别的动作来算。

④ 个人绳动作按项目分为个人花样、个人绳团体花样(双人和四人)。个人绳花样难度动作分为以下 8 个类别:基本动作、交叉动作、多摇动作、力量动作、体操动作、放绳动作、缠绕和配合动作。

(3) 创意编排评分细则。创意编排分占总成绩的 40%,满分为 40 分,最小评分单位为 0.5 分,包括音乐运用(10 分)、场地移动(5 分)、完成质量(10 分)、原创性(10 分),总体印象、娱乐价值(5 分)。

(4) 规定元素评分细则。规定元素分占总分的 10%,满分为 10 分,每完成一个得相应分值。规定元素作为比赛中必需要完成的动作,包括步法、多摇动作、力量动作、体操动作、放绳动作、缠绕和配合动作(团体个人绳),若有缺失,则相应减分。

复习思考题

1. 简述花样跳绳的产生与发展。

2. 根据跳绳技术特点和动作结构可以将花样跳绳分为哪几类?

3. 花样跳绳的基本技术有哪些?

第二十二章　定向运动

第一节　定向运动概述

一、定向运动的产生与发展

定向运动原指确定方向的奔跑。19世纪初引用瑞典语(Orienteering),指借助地图和指北针穿越未知地带,1886年在瑞典的定向运动推广活动中正式被启用。

指北针和地图是定向运动发展的基础,定向运动确定方向是探索未知地带的关键环节。我国战国时期制造的司南是世界上第一个指北针;而地图的鼻祖是公元前2070—公元前1600年古巴比伦人陶片上的地貌和我国九鼎上的山川,确定方向的技术和工具先是用于军事和风水占卜,继而用于航海,到工业革命后期用于户外休闲娱乐、野外旅行,同时促进地图、指北针及各种测量器具实际应用飞速发展。1897年10月31日,挪威举行的公开定向运动比赛成为定向运动的第一座里程碑,也是定向运动的元年;20世纪初,瑞典吉兰特少校把定向运动改造成大众化的运动形式。1912年,瑞典将定向运动列为竞技运动项目,吉兰特被尊称为"现代定向运动之父"。1961年,丹麦哥本哈根成立了国际定向运动联合会。1977年,国际奥委会认可了国际定向运动联合会。1998年,瑞典举行了3.9万人参加的最大型定向运动比赛。

定向运动于20世纪80年代初传入我国,先在军事院校广泛使用,结合教学实际举办各种定向越野比赛。1983年,北京测绘学会举办了青少年夏令营中小学生定向越野比赛,得到了普通民众对定向运动的认可。1991年12月,中国定向运动委员会成立。1994年9月,举办了首届全国定向运动锦标赛。1995年,中国定向运动协会成立。同年8月中国大学生国防体育协会成立。1998年3月,中国大学生定向运动培训中心成立。2000年,定向运动被列为学校体育课程。2004年,定向运动正式成为全国大学生运动会比赛项目。2005年,定向运动被列为全国普通高等学校高水平运动队建设项目。此后,定向运动演变为主要的休闲娱乐大众体育项目,深受民众喜爱。

二、定向运动的类型

定向运动分为点对点定向(传统的、最基本的定向形式)、积分定向(休闲、娱乐中常用的定向形式)、微型定向(非传统的点对点定向形式)和团队定向(强调团队协作的定向形式)。

1. 点对点定向

点对点定向是国际大型赛事和各国主要赛事采用的定向运动形式,其比赛线路包括一个起点(等边三角形)、一个终点(两个同心圆)和若干个标有序号的检查点(单圆圈),点与点之间是参赛者行进路线,从起点按检查点序号连接到终点,无漏打、错打检查点并以最快速度完成任务者为赢,漏打、错打检查点者将被取消比赛资格或宣布比赛成绩无效。定向运动中的特征指地图上和实地中用来定位的地貌、地物或其局部特性。定向运动检查点特征指地图检查点圆圈中心用于标定检查点实地位置的特征。定向运动导航特征指在运动过程中用于导航和定位的突出特征。定向运动检查点说明表指由国际定向运动联合会统一制定，用于精简说明检查点的符号体系。

2. 积分定向

积分定向指检查点无序号，按地形难易程度，起点与终点间的距离，各检查点间位置关系赋予不同分值，参赛者到访检查点获分高者为胜，若超时则按比赛规程扣减积分。积分定向运动对数学知识能力和逻辑分析能力要求高，在教学、训练、休闲娱乐活动中应用效果好。

3. 微型定向

微型定向运动是以中距离定向或以独立的比赛项目形式展现的。参赛者按规定的顺序到访检查点，是点对点定向的一种。微型定向检查点有序号无代码，附近有假检查点形成“检查点群”干扰参赛者。若参赛者漏打某个“检查点群”，则取消比赛资格。微型定向对参赛者有较高整体定向运动能力的要求。

4. 团队定向

在团队定向中，检查点分为所有成员必访的必经点和有人到访的自由点。团队成员分工合作到访所有检查点，按最后到达终点成员的成绩确定整个团队的成绩。团队定向运动竞技比赛必经点规定了序号，成员需按顺序到访必经点；团队定向运动休闲娱乐比赛按任意顺序到访必经点。团队定向用于教学和拓展培训活动。

三、定向运动的性质与特征

1. 定向运动的性质

(1) 借助地图和指北针导航。地图是定向运动的主要导航工具，指北针是辅助读图工具。借助地图导航是界定定向运动的唯一标准。

(2) 适应性和多变性。定向运动可在任何场地进行，对参赛者要求少，竞赛规则灵活，赛事组织简单。但定向运动活动地形复杂多变，竞技定向运动场地无法确定。定向运动的不确定性、挑战性、刺激性给参赛者和观看者带来更多体验与感受。

(3) 耐力性和策略性。定向运动具备耐力性强、能量消耗大、无氧运动强度大、认知技能高等运动特征。

(4) 个人体验性和团队协作性。参与才能体验定向运动乐趣和价值，团队协作是制胜法宝。

2. 定向运动的特征

定向运动是以体能和认知技能为主的个人体验性体育项目，它具有时间短、需迅速准确地找到最佳路线、快速决断、在自然地形奔跑的特征。定向运动的体能分中程耐力和长程耐力。定向运动的认知技能指运动思维的认知技能。定向运动过程是认知过程和奔跑过程统一、协作的过程。

第二节　定向运动的练习与训练

定向运动的独特性是体能与认知的结合，在奔跑中进行导航。定向运动的训练要结合体能与认知能力，提高运动员在奔跑中的导航能力。

一、定向运动练习与训练的基本理论

定向运动训练的内容包括体能、战技能力、心理能力和智能等训练。这里从定向运动训

练的基本原理、定向运动训练计划、定向运动员选材来阐述定向运动基本理论。

1. 定向运动训练的基本原理

定向运动训练的基本原理包括竞技需求与定向发展原理、机动激励与有效控制原理、体能训练与认知能力训练相结合原理、一般训练与专项训练相结合原理、系统训练与周期安排相结合原理、集群组训与区别对待原理、适宜负荷与适时恢复原理。

2. 定向运动训练计划

定向运动训练计划包括训练基本过程、训练计划类型、年训练计划、周训练计划。

3. 定向运动员选材

定向运动员选材包括定向运动员选材要求(形态特征、体能要求、个性特征、认知特征)、定向运动员选材程序(体能选材、遗传与家族调查、意志品质、个性特征测量、认知特征、认知能力测试、健康检查和视野测试、试训)。

二、定向运动专项体能练习与训练

(一) 定向运动的耐力训练方法

1. 有氧耐力训练方法

有氧耐力训练方法包括结合专项技术训练持续跑、法特莱克跑、定时跑、定时定距跑、变速跑、重复跑、越野跑、水中定时游泳、5 min 以上不间断篮球运球跑、30 min 以上足球游戏、15 min 以上跳绳、5 min 以上的循环练习。

2. 无氧耐力训练方法

无氧耐力训练方法包括间歇训练法、原地间歇高抬腿跑、高抬腿跑转加速跑、原地或行进间间歇的车轮跑、反复跑、5 000 m 重复计时跑、反复加速跑、变速跑。

3. 力量耐力训练方法

力量耐力训练方法包括 1 min 立俯撑,连续跑台阶,原地高抬腿,后蹬跑,长距离多级跳,连续深蹲跳,双摇跳绳,跨、攀越障碍。

4. 速度耐力训练方法

速度耐力训练方法包括比赛计时法、距离持续时间法、间歇训练法、重复训练法。

(二) 定向运动的柔韧性训练

柔韧性是指人体关节活动的幅度,肌肉和韧带的伸展能力。影响柔韧性素质的因素包括肌肉和韧带组织的弹性、关节的骨结构和周围组织体积大小、心理紧张程度、外部环境温度、疲劳程度。柔韧性素质通常采用伸展练习法来提升。

(三) 定向运动灵敏性与协调性训练

(1) 定向运动灵敏性指在突变状态下运动员及时改变身体运动状况,适应新状态的能力。其影响因素有平衡能力、速度、力量和协调能力。灵敏性训练是条件反射过程,要求意识、动作反应快。

(2) 定向运动协调能力指肌体不同系统、不同部位、不同器官协同完成动作或技战术活动的能力。协调性训练要求速度、时间和动作密切配合,越复杂运动效果越好。协调性训练方法有纵跳、前后跳、侧跳、方形跳、转向跳、跳跃转向、侧向交叉步、手脚反向动作、站蹲撑立。

三、定向运动专项技术练习与训练

定向运动技术分基础技术、中高级技术和综合技术。定向运动技术训练按技术要点、练习方法、练习提示进行。

（一）定向运动基础技术训练

（1）定向运动基础技术要领有标定地图、行进方向、折叠地图、拇指辅行。

（2）定向运动基础技术训练包括练习目的、练习方法、练习提示。

（二）定向运动中高级技术训练

1. 读图

读图技术要领有简化、提取、记忆地图信息，概略读图和精确读图，运动中读图技能，读图时机把控。读图技能训练包括单点练习、记图跑练习、规定路线越野记图跑练习。

2. 路线选择

路线选择是定向运动的核心。路线选择原则是最适合自己的路线、提前选择、逆向选择。路线选择注意事项是简单、距离短、速度快、安全。路线选择技术有导航特征、攻击点、偏向瞄准、沿等高线行进、直线穿越、综合比较。路线选择技能训练包括图上导航特征选择练习、图上路线选择练习、沿等高线走、选择最适合自己路线走。

3. 打卡流程

打卡流程是检查点捕捉技术的核心内容，包括发现点标旗、到达检查点、核查检查点代码、打卡、迅速离开检查点。

4. 方向感和距离感

方向感是运动员对方向的感知程度，距离感是运动员对站立点到目标点距离的判断和已跑实际距离的估算。方向感与距离感的训练方法有步测技能训练、方向感与距离感综合训练。

5. 重新定位

重新定位指丢失站立点后重新定位找回站立点的过程。重新定位技能训练方法有单一检查点重新定位练习、全路段重新定位练习、跟随领头人练习。

（三）定向运动综合技术训练

1. 专线定向

专线定向训练提高准确执行路线选择能力和搜集导航特征能力。

2. 走廊定向

走廊定向训练可提高直线穿越、抓住主要特征、利用指北针导航行进能力。

3. 窗口定向

窗口定向训练可提高指北针精确导航、距离判断、检查点附近的重新定位能力。

4. 博格维克跑

博格维克跑训练是由瑞士博格维克定向俱乐部发明的训练方法，可提高路线选择和精确确定检查点位置的能力。

5. 积分定向

积分定向训练可提高综合识图能力、选择路线能力、压力应变能力。

6. 放点训练

放点训练可提高精确定位能力，提升心理素养。

7. 星形接力

星形接力训练可培养团队协同能力。

四、定向运动专项战术练习与训练

比赛战术按进程分为赛前战术、赛中战术、赛后战术。赛前战术涉及训练计划，赛中战术涉及竞赛因素综合应用，赛后战术涉及赛后分析。

（一）定向运动个人赛战术

（1）赛前战术包括赛前信息分析、比赛目标设置、合理的训练计划制订。

（2）赛中战术包括开始赛段战术、中间赛段战术、结束赛段战术（指完成比赛前最后1～2个路段）。

（二）接力赛战术

在接力赛中，结合比赛实际状况有效组合、安排参赛运动员参赛顺序。

（三）模拟比赛训练

模拟比赛训练是依据已有比赛条件创建近似比赛技术参数（地形、路线长度、检查点数量、气候等），提前在模拟比赛场景中训练。

（四）赛后分析

1. 赛后分析的意义

赛后分析是赛后战术的主体部分，能了解自身短处，学习他人长处，提升读图记图、实地记忆、图地关联的有效措施，是改进实战技能和解决问题的手段。

2. 赛后分析的原则

赛后分析的原则有客观性原则、及时性原则、全面性原则。

3. 赛后分析的主要内容

赛后分析的主要内容包括比赛实际路线描绘、比赛各路段选用策略、战术运用、心理状况、实际问题、各路段用时、队友对比等。

4. 赛后分析的方法与途径

赛后分析的方法与途径包括自我分析、小组讨论、比赛成绩数据分析、高科技手段辅助分析。

五、定向运动专项心理技能练习与训练

心理能力是运动员的个性心理特征，是影响竞技实力发挥的重要因素。运动员心理技能训练包括一般心理训练和专门心理训练。心理训练是提高竞技能力和运动员水平的有效途径。

1. 心理技能训练的主要方法和过程

（1）心理技能训练主要方法有表象训练、注意力集中训练、放松训练、模拟训练。

（2）心理技能训练主要过程有学习阶段、应用阶段。

2. 表象训练

表象训练是指在暗示语的引导下，头脑中反复想象运动动作或运动情景，提高运动技能和情绪控制能力的方法。

（1）表象训练的操作程序和要求是选择安静舒适的训练环境、心神放松、态度积极、想象技术动作、按时序视觉化操作过程和操作结果。

（2）表象训练应用时机为训练前后、比赛前后、伤病康复期。

（3）表象训练效果影响因素有视觉、表象的清晰度和可控性、运动技能熟练度、表象化的类型、放松程度。

3. 赛前心理准备

比赛心理准备是指赛前在心理上对比赛的目标、定位、情绪状态、参赛信心等做好准备

的过程。最佳赛前心理是赛前准备的重点。

比赛心理净化程序是规划和控制赛前心理活动，减免干扰带来心理异常。关注时间节点为比赛前一天、准备活动过程、就位区、待发区、百米定向的两轮间。比赛行为活动流程是规划和控制赛前行为，减少额外能量消耗。比赛思维活动流程是规划和控制赛前思维活动，保持赛前良性思维稳定。

六、定向运动特殊条件下的练习与训练

肌体在炎热、寒冷、高原等异常环境中训练会出现应激反应，导致运动能力下降，但在适应新的训练环境后运动能力会恢复或提升。

（一）热环境下的定向运动训练

1. 热应激与热适应

热应激是在热环境下训练，代谢产热和环境热使肌体产生的热应激状态。热适应是在高温与热辐射反复作用下肌体适应热环境的过程。热环境训练加快热适应，热适应所需时间受运动强度和训练环境的影响。

2. 热病及其预防

热病包括脱水、热痉挛、热衰竭、中暑。热病的预防是合理补液。

（二）冷环境下的定向运动训练

冷应激反应是肌体在冷环境下通过寒战产热和收缩外周血管减少热量散失，肌体产热和散热平衡被打破，肌体温度降低而出现的冷应激。冷环境越严重，冷应激对肌体运动能力影响越明显。冷环境训练需防止上呼吸道感染。

（三）高原环境下的定向运动训练

低气压、低氧、低湿度、低温、日照长、温差大、辐射强的高原训练产生的应激反应叫作高原应激。低氧刺激反应体征是摄氧量减少、肺通气量增加、心血管反应增速、运动能力下降，反应激烈的会患上高原反应症。

在高原地带停留会提高人体低氧环境耐受力，在 2 300 m 处需 2 周适应时间，以后每增高 610 m 增加 1 周适应时间。高原强化训练使运动性缺氧负荷和高原性缺氧负荷叠加，能挖掘人体潜力。

高原训练类型有重大比赛前的高原训练、提高有氧能力的高原训练、比赛后的高原训练、适应高原比赛的高原训练。

高原训练的要素是高原训练要选适宜的海拔高度、适宜的训练强度、适宜的训练持续时长。

高原训练方法和手段有高住低练法、间歇性低氧训练法。

（四）女子经期的定向运动训练

月经周期是女子特有的生理现象，月经周期女子雌性激素规律性波动，肌体的运动能力变化个体差异明显。按变化规律安排训练负荷，能提高训练效果和比赛成绩。

复习思考题

1. 简述定向运动的产生与发展。
2. 定向运动的性质和特征分别有哪些？
3. 定向运动专项体能训练方法有哪些？

第二十三章　台球运动

第一节　台球运动概述

台球在有些地方也被称为桌球、撞球，是一项在国际上广泛流行的室内体育运动，是一种用球杆在台上击球，依靠计算得分确定比赛胜负的室内娱乐体育项目。

据说，台球活动最初是在户外地面上挖洞，把球用木棒打进洞内的一种玩法，后来从室外改在室内桌子上活动。台球从出现至今已有几百年的历史，在长期流传中经过人们的不断改进，已达到了比较完善的程度。开始在室内桌子上玩球时，在桌子中心开了一个圆洞，后来又在桌子四角开了四个洞，在增加洞的同时也激发了人们的玩球兴趣，直到在桌子上开了六个圆洞，才演变成了今天落袋式台球球台的雏形。在球台的发展过程中还有过八角形球桌，在桌的每边都开洞，共有八个洞，洞增多了，一盘球可以多容纳几个人来参加。

到了19世纪初期，台球运动开始走向成熟阶段，在提高技术的同时，设备用具也随之发展，许多大大小小的改进和发明创造不断涌现。21世纪初，各类台球在中国再度兴起，并得到长足的发展，由街头台球向健康、娱乐型运动迅速发展；中国顶尖球手在世界顶级比赛中也取得越来越好的成绩；中国制造的台球产品走向世界，逐渐成为世界顶级赛事的指定用品；台球的创新发明不断涌现，其中较突出的是中式斯诺克台球，它将当时较为主流的美式台球、英式台球及花式九球各自的优势特点融合为一体，以以和为贵的中国文化为主旨且赋予了更多的娱乐与智慧元素，将台球的八大元素等进行全面的改进。由于其结合了世界各国的文化，并对结构进行创新及在规则中引入博弈理念，精彩路线较多及持续刺激程度较强，因此很快就迅速发展并风靡流行起来。

第二节　台球运动的基本技术

一、台球杆法

1. 高杆

高杆，顾名思义就是击打主球中点上方，使主球击打到目标球后继续向前移动。

2. 缩杆

缩杆又称拉杆、低杆，就是击打主球中点下方，使主球接触目标球后向后移动。要注意的是，击球的力是向下的，而不是水平的。

3. 跳球

跳球是指利用短杆（跳球杆）从主球下方击球，使主球产生跳跃来躲避障碍。

4. 刹车球

刹车球即击打主球中点下方，使主球向后旋转一定距离后再向前滚动，击打到目标球后产生刹车(定球)效果。

5. 偏缩

和加旋转高杆一样，在缩杆或高杆的基础上，利用旋转改变主球移动路线，以达到走位的目的。

6. 弧线球

弧线球类似于跳球，但用力方法和击球角度不同，而且在这基础上加了旋转技巧(偏枪)。

7. 加塞

塞是由英文单词“side”得来的，也就是边的意思。通俗地说，就是打主球的边，使主球向前移动时自身旋转，击中台案边或其他球后改变移动路线。旋转球在击打目标球前会有一定的变线，变线因力度、旋转大小的不同而不同，虽然有公式计算变线的弧度，但是想打准目标球还需要锻炼球感。

正确的说法是，用一个平面把主球从正中间切开得到平均的两半，枪头打在面对的这条切开的切线上的任何一点都不叫作加塞，击打面对的这条切线之外的任何一点都叫作加塞。加塞是为了让主球带有旋转力度，从而让它在撞到库边后获得更大的偏转角度。加塞后主球要撞击到库边，才能达到加塞的效果。

二、握杆姿势

无论是右手握杆还是左手握杆，握杆的位置都很重要，握得合适能轻松自如地平稳击球。这是打台球的第一个重要因素，不可轻视。

首先要找到球杆的重心，方法是将手的拇指和食指捏在一起，做成一个圆圈或一个钩，把球杆插在圆圈里，然后左右推动球杆调整直至平衡为止，套在球杆上的手指位置就是这支球杆的重心。再从这个重心向杆尾移动 20～30 cm，这个部位便是一般握杆的合适位置。遇有特殊打法需要，还可以前后移动调整握杆位置。

握杆时，不能握得太紧，否则手和手腕肌肉紧张，手臂僵硬，不能平顺滑动出杆击球。右手握杆时，拇指和食指在虎口处轻轻夹住球杆，好像一个吊环，握住球杆的是手的前部，即拇指、食指和中指，另外两根手指虚握，小指包绕在球杆底部，主要配合控制球杆的平衡稳定，使球杆保持直线运动。

三、杆架手势

用手为球做成的各种支架称为手杆架或手架。在台球运动中，人们往往忽视了它的重要作用。要保证击球的准确性，必须有自然而稳定的杆架来支承，它可以准确地引导球杆进行击球动作。

1. 平背式杆架手势

先把左手掌伸直，手心向下按在球台台面上，五指尽量分开并紧抓台布，形成一个宽而有力的稳定杆架基部，然后掌心稍微拱起，拇指紧贴食指翘起，食指与拇指之间便出现一个凹槽，便可以将球杆放在凹槽上自如活动。需要调整高低时，可以使手指伸平来降低手掌高度，手掌拱起来升高高度，以适应击球需要。这种杆架高度低，适用于球径较小的落袋式台球。

2. 凤眼式杆架手势

为了容易理解，方便练习，现把凤眼式杆架手势分解成单项动作加以说明。

(1) 将左手平放在球台台面上，手心向下，从手腕到指尖向内侧稍微转个小弯。

(2) 小手指、无名指和中指一齐向内侧转动拱起，手掌左边压在台面上，三个手指形成支撑的手势。

(3) 当左手与球杆方向接近直角时，左手拇指和食指指尖向一起捏。

(4) 拇指和食指形成一个圆圈后，便可以把球杆插入圈内来支撑球杆击球。如果需要调整高低，可伸展或拱起中指来调整。因这种杆架高，故多用于球径大的开伦台球。

3. "V"形杆架手势

如果在主球后面有一个球而造成击球障碍，为了不碰这个阻挡球，必须将球杆抬高，主球和阻挡球越近，打好主球的难度就越大；如果主球紧靠阻挡球，做杆架的手应更近些，角度更陡些，以便打中主球，相对的可击部分就很小，打不好就要滑杆。

把四个手指竖起来，支在阻挡球后面，尽量把大拇指翘起，把球杆架在由拇指和食指形成的"V"形槽里，击球时，球杆顺着槽滑动。必要时，球杆柄还可以抬高。这是不太舒服的一种杆架，但又非常重要，不会是不行的，应该经常练习支撑的手指，直到能平稳而有力地支起球杆为止。

四、基本动作

1. 架杆

(1) 培养正确的架杆和守备姿势，手臂自然伸长而僵直，如此便于锁定目标球。

(2) 经常练习拇指与四指之间的手架高低姿势与位置，力求能够放松、扎实而稳定，因为其对出杆的准确性有绝对影响。

(3) 不要仅用指尖握杆，更不可使用手腕力量紧握球杆，轻提球杆方式最正确。

(4) 主球与目标球接近时，应缩短架杆距离，而握杆位置也需适度配合前移，反之则向后移。

2. 瞄准

(1) 持杆的水平角度越小，撞击的准度越精确。

(2) 握杆的肩膀线(中心线)要对准目标球的方向，肩膀点在双脚重心点正上方。

(3) 保持下巴中心点在球杆的正上方，与鼻尖、眉心成一条直线。

(4) 出杆前运杆 3～5 次即可，否则容易失去节奏感，反而给自己增加不必要的压力。

3. 摆动

(1) 运用球杆出杆摆动的速度来加强主球的速度，而非使用手臂的力量去增加撞击的力量。

(2) 小臂自然下垂，轻提球杆前后来回摆动，力求节奏平稳顺畅，尽量维持不变的速度。

(3) 回杆速度(出杆前最后一次抽回的动作)尽量降至缓慢，全神贯注，身体不动，一击而出。

4. 出杆

(1) 出杆前全神贯注于架杆点及主球撞击点的精确位置，出杆时将注意力转移，集中于目标球。

(2) 出杆前感觉试瞄不完整而有怀疑时，不可勉强出杆，应站起来重新调整基本姿势。

5. 延伸

(1) 出击后，动作顺势而下，一气呵成，完成出杆动作。

(2) 击球后，暂时保持原来姿势，不要立即站起来，务求体现完整节奏感及延伸的动作。

(3) 球杆前段扬起或左右偏斜，以及身体各部晃动，均影响准度。

6. 姿势

(1) 姿势的稳定与身体的平衡最重要,它可以抵消球杆撞击时所产生的反弹与振动，因此应熟练掌握头、手、脚和身体其他部位的正确位置。

(2) 固定标准姿势,感觉轻松自然又很舒适即可,无须刻意模仿他人,除非其姿势确实很适合自己。

7. 加塞

(1) 尽量不要使用加塞球,因为它很难控制,多利用中线上的杆点,配合球型与角度,打出理想的路线。

(2) 加塞时切忌使用身体的力量,即所谓的身体加塞,它是缺乏信心的信号,容易产生延伸不直的致命伤。

(3) 切薄球时尽量使用下低杆,这样可以减少在母球撞击子球时产生不必要的摩擦力。

第三节　台球运动的比赛规则

一、中式台球运动的比赛规则

1. 比赛方式

中式台球比赛使用 1～15 号目标球及主球。一方选手如果选择打 1～7 号(全色球)目标球,另一方选手则必须打 9～15 号(花色球)目标球。选手先将自己的目标球全部击入球袋,再将 8 号球击入球袋,即赢得该局。

2. 器材

(1) 球杆。球杆不短于 1 016 mm,其制作材料及形状须符合中国台球协会的标准。

(2) 球。球的直径为 57.15 mm(允许误差为±0.05 mm),质量为 156～170 g。

(3) 置球点。置球点是指球台纵向中线上距顶库 635 mm 的点。

(4) 开球线。开球线是指平行于球台底库,距底库 635 mm, 并与左、右两边库相交的直线。

(5) 开球区。开球区是指开球线与底库之间的区域。

3. 摆放球

将目标球摆成三角形(图 23-1),顶角的球置于“置球点”上,8 号球位于三角形的中心,三角形的底边两端分别放置一颗全色球和一颗花色球,其他目标球随意摆放,但必须彼此紧贴。

双方选手均可检查球摆放是否符合规则,并可要求修正。

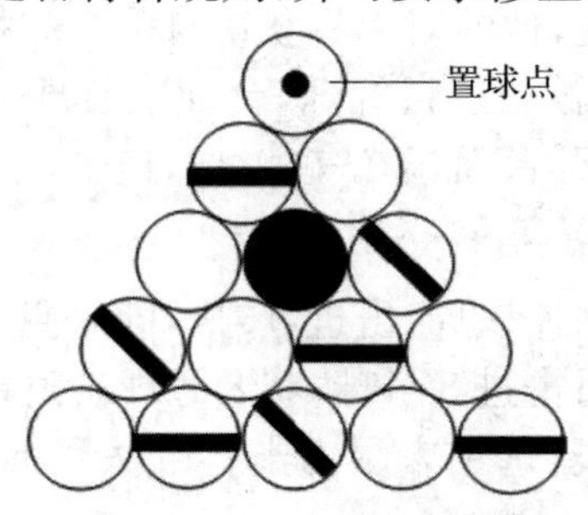

图 23-1　目标球摆放形状

4. 开球

(1) 合法开球。开球时，开球方出杆击球后必须有目标球进袋或者最少有四颗目标球碰触库边。违反者即为开球犯规，其对手可做下列选择：获得线后自由击球权；重新摆球由自己开球或要求原开球的选手重新开球；接受台面现有情况，继续击球(主球出台或入袋除外)。

开球时 8 号球入袋并伴有犯规，对手可以选择将 8 号球取出重置于置球点上，并获得线后自由击球权或接受台面所有球的位置，继续击球(主球出台或入袋除外)。

(2) 开放球局。开放球局是指该局比赛中两组球的归属权尚未决定。

在开球后球局立刻开放，此时选手可先击打全色球以撞进花色球，反之亦可，但该进球不能使球局关闭，换由对手出杆，球局仍为开放。

当球局开放时，选手可合法首先击中除 8 号球以外的任何目标球，但主球若先击中 8 号球则为犯规。在球局开放时，任何不合法入袋的目标球均不必取出。球组的归属权并非取决于开球时，开球时无论进球与否，球局均为开放，球组归属权取决于开球后选手合法地击进指定球。

5. 击球

选手击球后，主球最先碰触的球必须是其选定的那组目标球，如果其球组的目标球已全部进袋，则应首先击中 8 号球。

选手击球后，若没有目标球入袋，须至少有一颗球碰触库边(含主球)。选手击球后，未入袋的目标球和主球必须停留在台面上。任何目标球跳离台面均被视为合理消失，不再重置于台面。

在击球过程中(包括出杆前后)，击球者除杆头以外的身体任何部分均不得碰触台面上的任何球。在一次击打过程中，杆头不能碰触主球两次以上(含两次)。

6. 贴球

主球与台面上要击打的目标球相贴时，选手击打主球后必须使该目标球移动，且出杆方向没有限制，但击打动作必须明显。

目标球与库边相贴时，在主球击打该目标球后，该目标球必须离开库边后再次碰触库边或有其他球(包括主球)碰库边或有目标球入袋。

违反以上规则的处罚：对方获自由击球权。

7. 跳球

选手可击打主球跳跃过其他目标球，且合法击中自己球组的目标球。跳球时，击球者只能用杆头击打主球球面 1/2 以上的区域。

违反以上规则的处罚：对方获自由击球权。

8. 犯规

如果一名选手出现一次犯规，他的对手将获得自由击球权。以下为比赛中的一般犯规：主球入袋或离开球台，主球先接触非法目标球，台面上有球尚未完全静止时击球，选手在击球瞬间双脚同时离地，目标球离开台面，非法碰触球，连击，推杆。

9. 输局

选手如果违反以下规定则输掉该局：击进 8 号球同时犯规(开球时除外)；选手在将本组最后一颗目标球击打入袋的同时击进 8 号球；将 8 号球击离台面；选手还未将本方目标球全部击进球袋前就将 8 号球击进袋；选手未尽力击打合法目标球时，裁判将判犯规并警告，再次出现这种情况则该局判负。

二、斯诺克台球比赛规则

1. 器材

(1) 标准球台的内沿竞赛面积为 3 569 mm×1 778 mm，误差不得超过±13 mm。

(2) 球桌的高度为 851～876 mm。

(3) 球桌的四周各有一个球袋(两个位于置球点一端的叫作顶袋，两个位于罚球区一端的叫作底袋)，在球台的两个长边正中心各有一个袋口(称为中袋)，袋口的宽度应符合世界职业比列式及斯诺克台球联合会(World Professional Billiards and Snooker Association，WPBSA)确定的规范(最近距离为 85.0 mm)。

(4) 距离底岸内沿 737 mm 画一条平行于底岸的直线，称为开球线；开球线与底岸之间的区域为底区。

(5) 所有球都是应用优质材料制造，每个球的直径为 52.5 mm，公差为±0.05 mm。同时，所有球的重量必须相同，每副球的公差应在±3 g；更换一个球或一副球，需经双方运动员同意或由裁判员决定。

(6) 比赛使用的球杆不得短于 914 mm，且球杆的外观与结构和传统及被广泛认可的形态不得有较大的差异。

(7) 当运动员处于不利于运杆的位置时，可以使用各种架杆、长杆、加长杆及连接管等器械。这些器械可以是桌球原来配置的，也可以运动员自带或由裁判员提供。所有器械必须按 WPBSA 所提供的设计参数制造。

2. 比赛罚则

斯诺克比赛由两个或两个以上的人单独或分边进行。

(1) 比赛时，运动员使用相同的主球击打目标球。共有 21 个目标球，其中 15 个红球每个 1 分，黄色球每个 2 分，绿色球每个 3 分，棕色球每个 4 分，蓝色球每个 5 分，粉色球每个 6 分，黑色球每个 7 分。

(2) 尽量把主球留在对手没有活球可打的地方，即给对手制造障碍。如果一方运动员落后对手很多分，那么制造障碍让对手被罚分就成为非常重要的得分手段。

(3) 一杆球之内每个入袋的活球的分值均记入击球运动员的得分记录中。

(4) 比赛开始前主球为手中球，其他目标球的摆放位置如下：

① 15 个红球相互紧贴成等边三角形摆在红球区；三角架顶点的那只红球位于球台中心线，并尽可能靠近粉色球，但不得相贴；三角架的底线与顶岸平行。

② 黄色球摆在开球区(D 区)的右侧，绿色球摆在 D 区的左侧，棕色球摆在开球线中点，蓝色球摆在中心置球点，粉色球摆在三角架顶点，黑色球摆在置球点上。

(5) 比赛开始后，在击球方提出合理要求下，只有裁判员才可以擦拭球。若球不在置球点上，则在球被拿起之前，球所在位置应用定位器做标记。

(6) 比赛开始前，参赛各方应采用抽签或彼此同意的方式来确定比赛次序。一旦比赛次序决定下来，每盘之中的击球顺序就不得改变。除非一方犯规后，对方要求他继续击球。

每轮次的第一击以红球(或指定自由球)为活球，直至所有红球全部离台为止。一击球之内每个入袋活球的分值均应记入得分记录。同一次击球进袋的每一红球与任何被指定当作红球的自由球，它们的分值应记入得分记录。

(7) 若红球或被指定当作红球的自由球被击进袋，该运动员可继续击球，并且下一个活球应是该运动员所选的一个彩球。若该彩球被击进袋，可得分，然后将彩球放回置球点。

(8) 红球全部离台前，轮流交替地将红球与彩球击进袋，才能一杆继续下去。直到台面上最后一只红球被击落后，随之一个彩球也被击进袋，一杆球仍可继续进行。

(9) 红球全部离台后，台面上的彩球按分值从小到大依次成为活球，当下一彩球进袋后(除特殊情况外)，即留在桌外，不再取出。然后击球运动员击打下一个彩球。

(10) 红球落袋或出界后不再摆回到台面上，即使运动员因犯规而由此受益，也不予考虑，但是有些特殊情况例外。

(11) 如果击球方一击球没有得分或犯规，则其这一轮次击球结束。对方从主球停止的地方开始击球。如果主球出界，则主球成为手中球。

(12) 当台面上只剩下黑球时，黑球入袋或犯规都将使本盘结束，除非同时发生下面两种情况：此时双方比分相同，(在以累积分定负的情况下)此时的比分不影响比赛最终结果。当上述两种情况发生时，将黑球置于置球点上，然后运动员通过掷币决定击球顺序；获得开球权的运动员从手中球开球；击球入袋或犯规导致本盘结束。

(13) 自手中球开球，必须放在开球区(D 区)线上或线内的任意位置上，可朝任意方向击打主球。

(14) 在主球第一次碰撞时，不得同时击中两个球，除非它们是两个红球或是一个活球与一个自由球。

(15) 已入袋或出界的任何彩球在下一击球进行前应被放在置球点上。

(16) 如果主球与一个或多个活球或可能成为活球的球相贴，裁判员应宣布贴球，同时指出主球与哪个或哪些球相贴。当贴球被认定后，击球运动员必须击打主球使之离开被贴之球，但不得令被贴球移动或造成贴球。

(17) 球在袋口边上未受其他球的撞击、触动而落袋，且与行进中的任何击球行为无关，则该目标球应放回原位，同时已经获得的分数应予计算。如果袋口球受一次击球中任何球的撞击而落袋，在不犯规的情况下，应将所有球放回原位，并应重复该一击球，或由该同一击球运动员随意进行另外一击球；如果犯规发生，该击球运动员应受到规定的处罚，所有球应放回原位，下一个运动员可按通常犯规后的选择进行；如果球在袋口边上保持短暂平衡后落入袋内，它应被算作正常入袋，不必放回原位。

(18) 当比赛中出现违反规则的情况时，裁判员应立即宣布犯规。

① 如果选手尚未打一击球就犯规了，则其轮次立即结束，同时裁判员应宣布处罚。

② 如果击球运动员已经打出了一击球，裁判员应当等待，直到该一击球结束后再宣布处罚。

③ 如果在下一击球开始之前，一次犯规，裁判员没有做出裁决，对手也没有提出异议，这次犯规被视为宽赦。

④ 任何放置错了的彩球应保持原地不动，只有再被击落或出界后再将其正确放置。

⑤ 允许犯规者获得犯规前的所有得分。

⑥ 对手将在主球停顿下来的地方开始下一击球。如果主球出界，对手将获得手中球。

⑦ 如果同时发生多种犯规行为，应按其中罚分最高的分值处理。

(19) 下列犯规行为应判罚有关活球的最高分值：未等所有球停稳就击球；未等裁判员放置好彩球就击球；使非活球入袋；主球首先击打到非活球；推杆；触碰了一个局中球，但球杆杆头触碰主球以便完成一击球的情况除外；击球出界；双击，按两球的最高分值处罚(两只红球或一只自由球与一个活球除外)。

(20) 下列行为应判罚 7 分：使用界外球以达到任何目的；使用任何物体测量间距或距

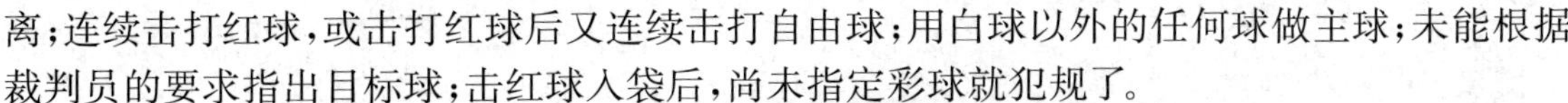

离;连续击打红球,或击打红球后又连续击打自由球;用白球以外的任何球做主球;未能根据裁判员的要求指出目标球;击红球入袋后,尚未指定彩球就犯规了。

(21) 一旦运动员要求对手继续击球,这一决定将不能更改。被要求继续击球的选手可以改变他要进行的一击球与所要击打的活球,然后获得所击落球的分值。

(22) 如果静止的球或在运动状态下的球被其他非击球运动员扰动,裁判员应将球恢复到他认定为球的原来位置;或让其继续运动直到停下为止,而不必处罚。

复习思考题

1. 简述台球运动的产生与发展。
2. 台球运动的基本技术有哪些?
3. 中式台球和斯诺克台球的比赛规则分别有哪些?

第二十四章 轮滑运动

第一节 轮滑运动概述

轮滑运动最早被人们称为旱冰运动，是一种利用特别的轮滑鞋为比赛工具的竞赛项目，也是一种生活休闲娱乐的活动方式。其曾经有很多汉化版本叫法，如溜冰、滑冰、滚轴溜冰等。

一、轮滑运动的产生和发展

第一款直排轮滑鞋出现在1760年，是由伦敦乐器制造商约瑟夫·梅林制造的有轮子的长靴。1863年，美国人詹姆士发明了第一双双排溜冰鞋，4个轮子分前、后两组，两个轴穿起两个轮子，4个轮子上的轴承可以使轮子很稳定地转动，可以做转弯、前进和向后等各种动作，这就是现在广泛使用的旱冰鞋。1884年，滚珠轴承轮子的出现使溜冰运动得到了蓬勃发展。1892年，国际轮滑联盟在瑞士成立，轮滑运动向正规化、国际化发展迈出了坚实的一步。1926年，由6个国家参加的第一届欧洲轮滑锦标赛举行。1949年4月，在意大利罗马召开的第44届国际奥委会年会正式承认国际轮滑联合会为非奥运会项目的国际组织。现在的国际轮滑联合会总部在美国，下设速度轮滑、花样轮滑和轮滑球委员会，并且速度轮滑、花样轮滑、轮滑舞蹈、轮滑球等项目被列为世界锦标赛项目。

二、轮滑鞋的种类

轮滑鞋按构造可分为双排轮滑鞋（图24-1）和单排轮滑鞋（图24-2），两种类型的轮滑鞋对应着相应的比赛项目。轮滑鞋按用途可分为休闲鞋、平花鞋、极限鞋、速滑鞋、花样鞋、速降鞋、轮滑球鞋和守门员鞋等。

休闲鞋是最常见的轮滑鞋，4个轮子一样大，一般右脚脚跟带刹车，也有两脚都带有刹车的，如图24-3所示。

图24-1　双排轮滑鞋

图24-2　单排轮滑鞋

图24-3　休闲鞋

平花鞋是平地花式鞋的简称，和休闲鞋类似（作用基本相同），相比休闲鞋较为专业，轮子呈高低不平状态，一般为中间两个轮子较大，前、后轮较小，呈香蕉形，便于过桩。极限鞋分两轮和四轮两种，刀架一般为尼龙材质，有弹性和韧性，跑U形池时刀架有凹槽可以卡管。极限鞋适合技术比较好的人员，用来跳跃最好。轮子大的速滑鞋相对速度更快。

速滑鞋的鞋身采用一体式设计，分4轮和5轮，轮子很大，速度有更大的提升空间，单排速滑组别指定使用4轮速滑鞋，如图24-4所示。花样鞋国际统一标准为3个轮子，是花样冰刀的变种，花样单排轮滑鞋前方有点冰器，用于做芭蕾步、螺旋线、点冰跳等动作，一般为花样滑冰运动员陆上练习用，如图24-5所示。速降鞋是高山速降专用鞋，源于单排速滑鞋，为了弥补单排轮滑鞋抓地力和稳定性的不足，一般设计为5个小直径轮子、高鞋帮。轮滑球鞋是轮滑球项目的专用轮滑鞋，上鞋坚固，轮子偏软，用作紧急刹车，较有爆发力。守门员鞋是轮滑球项目的专用轮滑鞋，是守门员所用。

图24-4　速滑鞋

图24-5　花样鞋

三、轮滑鞋的构成

1. 双排轮滑鞋的构成

双排轮滑鞋主要由上鞋、轴架、轴承与轮子四大部件组成。其中，轴架是核心部件，所有部件均通过轴架连接成一体。双排轮滑鞋从上鞋开始往下是底板，底板与三脚架之间有减震，用于倾斜转向；底板加三脚架称为轮架，轮架前方有点冰器/制动器。其轮子虽然宽，但是增加硬度可以提高速度，增加宽度可以提高抓地力，同时还有减震器和舒适的上鞋可以中和硬轮带来的震感。

2. 单排轮滑鞋的构成

单排轮滑鞋主要由上鞋、刀架、轮子、轴承、穿钉和低钉等部件组成。

(1) 上鞋。上鞋即轮滑鞋上面的鞋型组成部分，是决定轮滑鞋性能的主要部件。上鞋一般分为外壳和内胆两部分，但速滑鞋和个别的专业平花鞋是没有外壳与内胆之分的。

(2) 刀架。刀架即连接轮子及上鞋之间的金属框架(儿童鞋中也有塑料的)。刀架的材质和结构形式是决定轮滑鞋性能的第二大要点。除了一些成人专业速滑鞋的刀架装有5个轮子和一些非常简单的儿童玩具鞋的刀架只装3个轮子之外，其他的单排轮滑鞋的刀架都装有4个轮子。

(3) 轮子。如今的单排轮滑鞋的轮子一般都是PU轮(只有极少数的劣质的轮滑鞋是塑料轮子)，这种轮子可以适用于各种场地和状况。轮子由外面的轮胶和里面硬质的轮毂构成。轮胶的硬度为80A～85A(A为硬度标记)，数字越大，硬度越大，轮子越耐磨。

(4) 轴承。轴承安装在轮子的轮毂里面，轮子的两面各安装一个轴承，两个轴承之间装有一个轴承定位套，其作用是给轴承定位，从而达到轴承转动的理想状态。

(5) 穿钉。穿钉就是把轮子固定在刀架上面的螺钉。通常穿钉的孔呈六角形状，也有呈梅花形状的。

(6) 低钉。低钉就是把刀架固定在上鞋下面的螺钉。

四、轮滑运动的特点

轮滑运动不仅是正式比赛项目，还是大众休闲娱乐的体育活动方式，具有娱乐性强、健身效果好、刺激、经济、观赏性强等特点，深受大众特别是年轻人的喜爱。

1. 娱乐性强

轮滑鞋具有很强的娱乐性，从速度或技术特点上来看都很有趣，既可以个人单独练习，也可以群体游戏。所以，无论是平时休闲运动还是朋友、同学之间举行的小型比赛，都可使人们从平时紧张、繁重的学习和工作中解脱出来，达到身心放松的目的。

2. 健身效果好

轮滑是一项全身性运动，它能促进心脑血管系统和呼吸系统机能的改善及代谢作用的加强。例如，轮滑能增强臂、腿、腰、腹等各处肌肉的力量和身体各个关节的灵活性，特别是对人平衡能力的掌握有很大的帮助和协调作用。同时，轮滑也是一项健康的有氧运动，可以达到强化心血管和燃烧脂肪的效果。所以，有越来越多的女孩子把轮滑作为一项改善体形、减肥塑身的运动。

3. 刺激

轮滑运动对以业余休闲为目的的群体来说是危险系数较低的一项运动，原因就是轮滑有着较强的安全性。研究表明，直排轮滑鞋运动对膝关节的冲击力只有跑步对膝关节的冲击力的 50%，但是极限轮滑运动却是一项非常具有挑战与刺激的运动。极限轮滑运动主要分为街式极限轮滑运动和专业场地极限轮滑运动，在专业场地的比赛有许多危险动作，如下梯、跳台、空中动作。评委根据动作的难度和完成情况来评分，在观众大饱眼福的同时也能让其体会到轮滑无与伦比的刺激性。

4. 经济

轮滑运动是一项简单经济的运动，在玩轮滑时除了初学时需要准备轮滑鞋和护具外，几乎不用再花费其他费用，这些运动器材的使用寿命也很长，无须经常更换。

5. 观赏性强

轮滑运动具有非常强的观赏性。例如，花样轮滑最初是为了进行花样滑冰的训练。花样滑冰的美感让人叹为观止。在平地花式轮滑比赛中，运动员穿着轮滑鞋，运用各种灵活多变的步法绕过放置在地上的障碍物，动作敏捷、灵巧，往往让观众惊叹不已。

第二节　轮滑运动的基本技术和练习方法

轮滑运动的表现形式有很多，涉及的技术动作也不尽相同，由于篇幅有限，这里只介绍普及最广的速度轮滑运动的基本技术和练习方法。

一、轮滑运动的基本技术

（一）起跑技术

1. 预备姿势

标准速度轮滑运动的预备姿势简称静蹲姿势，如图 24-6 所示。

动作要领：两脚平行且两脚尖向前，两脚打开约一拳宽；弯曲膝盖下蹲，大腿与小腿的角度为 110°～120°，小腿与地面的角度为 60°～70°，膝盖之间的距离与脚之间的距离保持一致；上体前倾，弯腰俯身，抬头向前，脊椎自然弯曲不僵直，保持背与地面平行，头抬起目视前方 7～10 m 处的地面；如果右脚是有力脚，左臂放于体前自然下垂，右臂放于体侧后平举，高度不超过肩。当听到“开始”口令时立即跑出。

1　　2

图 24-6　预备姿势

2. 疾跑

起动后发挥到最快速度的滑跑过程称为疾跑。

动作要领：用两只鞋脚轮子的内刃完成技术动作。当第一步踏出后，第二、第三步均以踏切动作完成，从第四步开始，采用切滑结合的动作技术。随着步数的增加，滑的成分增大，切的比重减少。手臂摆臂幅度要小而有力，步伐要清晰自如，步幅要小，下轮动作位于身体重心垂直投影点稍前方。从第五、第六步开始，上体前倾由大变小，蹬腿方向逐渐侧向，摆臂幅度和步幅加大。同时，两脚外展角度变小，身体重心垂直投影点稍向后移。

（二）滑跑的技术动作

1. 滑跑的基本姿势

为减少空气阻力，达到快速滑跑的目的，必须采取特殊的滑跑姿势。身体姿势的正确与否对完成正确动作、有效地使用技术发挥身体的潜能都有重要的作用，因此正确的滑跑姿势是滑行技术的基础。速度轮滑直道滑跑采用上体前倾的半蹲式姿势，髋、膝、踝三关节呈屈的状态。上体放松，两手握于背后，头微抬起目视前方 30～40 m 处。在滑行中身体重心以落在脚心处为宜，髋关节角度为 90°～100°，膝关节角度为 110°～120°，踝关节角度为 65°～75°。大腿位于胸的正下方，鼻、膝、脚三点成一条直线，身体重心准确地通过支撑轮中间，如图 24-7 所示。

1

2

图 24-7 滑跑的基本姿势

2. 蹬地技术

蹬地是推动运动员向前滑行的唯一动力来源。蹬地效果取决于蹬地用力的方式、角度、方向、力量、速度及体重的运用等技术细节的合理性。蹬地技术是速度轮滑的核心技术。蹬地动作由开始蹬地、蹬地最大用力和蹬地结束三个阶段构成。合理的蹬伸顺序是在展髋的同时伸髋,再伸膝,最后伸踝,如图 24-8 所示。

图 24-8 蹬地技术

3. 收腿技术

当蹬地腿完成蹬地动作后,浮腿抬离地面至再次着地前的过程称为收腿。收腿的任务是连接蹬地与着地动作,配合身体重心的移动保持平衡等。另外,浮腿积极地摆动也有助于蹬地腿发挥蹬地力量,如图 24-9 所示。

图 24-9 收腿技术

4. 着地动作

着地动作是指从收腿动作结束后至轮滑鞋落地的动作。着地包括两个动作阶段:一是向前摆腿动作阶段,二是轮滑鞋着地动作阶段。着地的方法是以大腿屈的动作为主,从后向前提拉,以后轮领先在靠近蹬地腿内侧的前方着地,如图 24-10 所示。

1

2

图 24-10 着地动作

(三)直道滑跑技术

直道滑跑技术是指从滑行起跑后保持快速直线滑行的技术,如图 24-11 和图 24-12 所示。直道滑跑的姿势应该是:上体前倾,肩高于臀,上体与地面为 15°~20°,大腿与躯干为 30°,膝关节弯曲 90°~110°,上体放松,两臂伸直,两手自然背握于身后,头微抬起,目视前方,在滑行时保持身体重心前探。轮滑的直道跑动作是典型的周期性技术动作,一个动作周期由左、右两个单步构成。每个单步又由单脚支撑滑行过程和双脚支撑滑行过程组成。其中,单脚支撑滑行过程是支撑腿滑进的过程,它包括惯性滑进和单脚支撑蹬地两个动作。与支撑腿相对应的浮腿动作是收腿、摆腿和着地动作,并与支撑腿协调一致。因此,速度轮滑的直道滑跑动作的一个周期应该是 6 个阶段,共包括 12 个技术动作。

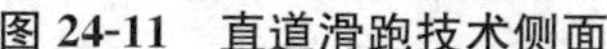
图 24-11 直道滑跑技术侧面

图 24-12 直道滑跑技术正面

(四)弯道滑跑技术

弯道滑跑技术是指从滑行过程中快速过弯的技术,如图 24-13 所示。弯道滑跑时一般采用身体倾斜的姿势,这是由圆周运动的特点决定的。在弯道滑行时,身体呈一条直线内侧倾斜,头与肩也随之向内侧转动,内侧肩稍低,双腿完成蹬地动作时,也尽量与身体倾斜面一致,上体和支撑腿的滑行方向应该是沿圆弧切线方向。在滑行过程中,身体重心应居中稍偏内侧前方,整个弯道滑行应有加速感。身体倾斜度与弯道半径的大小及滑行速度密切相关。

例如，半径小而速度快，身体倾斜度就大；反之，倾斜度就小。弯道滑行的一个动作周期也是由左、右两个单步构成。但是，其与直道滑行的区别是，在弯道滑行过程中几乎没有惯性滑进阶段，两腿几乎一直处于不断交叉压步蹬地的状态。所以，弯道滑行的动作周期分为 4 个阶段，包括 8 个技术动作。

图 24-13　弯道滑跑技术

（五）停止技术

一些初学者要面对的难题不仅是转弯，还有刹停。所谓刹停，是指刹车停止。轮滑停止技术包括 T 形停止法、双脚急停、向后滑行停止法等。

T 形停止法适用于一般的直线滑行的刹停。双脚呈 T 字形站立，身体重心在后脚上，以右脚在前为例：抬起右脚，平行站立，脚尖外转，横放在左脚脚后跟。注意，在刹车过程中以轮子侧面刹车，将身体重心移到右脚上，如图 24-14 所示。

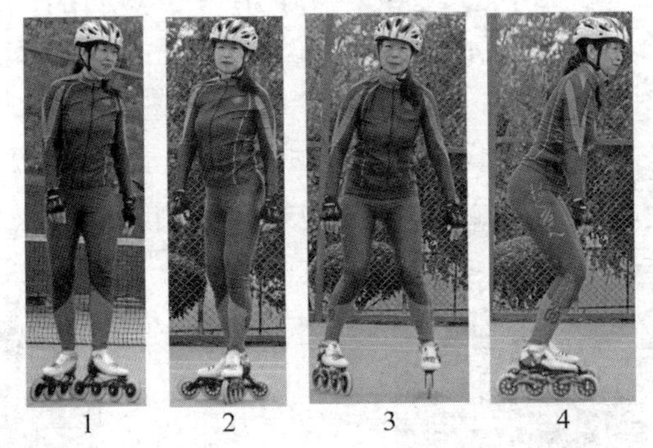

图 24-14　T 形停止法侧面

双脚急停称 A 刹。其要领是：在向前滑行过程中，先将身体重心完全放在一条腿上，该腿膝盖弯曲，同时把另一只脚横放在支撑脚脚后，让两脚脚尖角度为 90°，然后后面的脚轻拖地面，减缓滑行速度，直到停止滑行。在此过程中，身体重心始终放在前腿上，上身始终保持正直，后腿的膝盖朝向要和后脚脚尖的朝向一致，两膝盖不可紧挨。

二、轮滑运动的练习方法

轮滑是一项极易掌握的体育运动项目。但对许多人来说，初次接触轮滑时，心理上都会产生一种畏惧感——担心摔跤。其实，只要简单地掌握一些轮滑的方法和技巧，并加以练习，大多数人能进行轮滑。初学轮滑者要有耐心，要在滑行前做准备活动，并戴好护具。要注意培养正确的姿势，滑行时腰、膝、踝关节保持自然弯曲，降低身体重心，身体失去平衡时要向下蹲，并做好以下几种技术训练练习。

（一）平衡训练

掌握好平衡是轮滑的基础。初学者可以通过控轮练习慢慢掌握平衡，控轮练习的目的就是让人尽快熟悉脚下的鞋和轮子，找到轮上的感觉，找到平衡。具体的做法有以下几种。

1. 原地错步练习

两脚平行站立姿势预备。身体正直但不要僵硬，必要时双臂可自然张开以调整身体重心，双腿自然弯曲保持身体重心，两脚一前一后错开，交错幅度视个人身高而定，两脚脚尖错开的距离以一肩宽为宜。两脚交错后仍然保持平行，两脚脚尖朝前。身体保持原地不动，待重心稳定后收回两脚，换脚错开重复动作。每错开一步要等身体重心稳定后，即身体不再乱晃，才可收回做下一步，如图 24-15 所示。

图 24-15 原地错步练习

2. 原地高抬腿练习

两脚平行站立姿势预备。身体正直但不要僵硬，必要时双臂可自然张开调整身体重心。先将重心移至一条腿上，另一条腿尽可能高地缓缓向上提膝，不要有滞空停留，然后缓缓落下。在此过程中，身体要始终保持正直，不可乱晃，待身体稳定后再换另一条腿抬起。在练习过程中应做到始终保持身体正直不乱晃，抬腿、落腿时尽可能慢，抬腿高度尽可能高，如图 24-16 所示。

图 24-16 原地高抬腿练习

3. 平行行走练习

两脚平行站立姿势预备。身体正直但不要僵硬，必要时双臂可自然张开调整身体重心。首先平行向身体的一侧横向迈出该侧的一条腿，跨度视个人身高而定，约 1.5 倍的肩宽。待身体稳定后向迈出的方向收回另一条腿，以平行站立姿势站好。在此练习过程中要保持身体稳定，不可前后乱晃。待身体稳定后向同一方向走四五步，方法同上。之后再向相反方向平行行走相同步数。练习时每横向跨出一步，要待身体稳定后方可收回至平行站立姿势，平行站立站好稳定后方可走下一步。在循环过程中，身体要始终保持正直、稳定不乱晃，如图 24-17 所示。

1　2　3

图 24-17　平行行走练习

（二）身体重心转移训练

身体重心转移是轮滑练习的最重要的一项，因为轮滑运动本身其实就是身体重心不断转移的过程。

练习方法：静蹲姿势预备。首先在保持身体原地不动的基础上，向身体的一侧横向蹬出该侧的腿，蹬出的腿要蹬直，此时一定要保持身体重心完全放在没有蹬出去的那条腿上，且上身的姿势仍保持静蹲姿势不变。然后在两脚保持不动的前提下上身保持静蹲姿势不变，向蹬出腿的方向平行移动，上身移动至蹬出腿的上方。此时，刚才蹬出的腿就是现在的支撑腿，刚才的支撑腿就是现在的蹬出腿，身体重心仍然要完全放在现在的支撑腿上。在身体重心转移时，上身切不可左右摇摆或忽高忽低，在平移的过程中从头至臀的轴线要始终保持朝向正前方，以静蹲姿势平移过去。如此反复练习，如图 24-18 和图 24-19 所示。

1

2

3

4

图 24-18　身体重心转移训练（正面）

1 2 3 4

图 24-19 身体重心转移训练(侧面)

(三)直道滑行训练

直道滑行应从分解直线滑行训练、直线滑行训练和直线滑行摆臂训练三方面进行。

1. 分解直线滑行训练

静蹲预备姿势准备。首先把身体重心转移至一条腿上,另一条腿用脚内侧向斜后方蹬地,蹬地后迅速收回至静蹲姿势自由滑行,在此过程中上身始终保持静蹲姿势。然后身体重心转移到另一侧,换用另一条腿蹬地,如此往复练习。在练习过程中应做到身体重心转移到位,上身始终保持静蹲姿势,如图 24-20 所示。

1 2 3 4
5 6 7 8

图 24-20 分解直线滑行训练

2. 直线滑行训练

在直线滑行训练中,只是蹬出脚收回至静蹲姿势时不必再保持静蹲姿势自由滑行,而是一条腿蹬出收回后另一条腿马上再蹬出收回,如此循环练习,身体重心、姿势的动作要领、方法同分解直线滑行训练,如图 24-21 所示。

图 24-21　直线滑行训练

3. 直线滑行摆臂训练

滑行过程中的摆臂和跑步、走步摆臂的原理是一样的，都是为了更好地保持平衡以达到平稳加速的目的。在直线滑行时，两臂用力一前一后摆动，摆动高度为向前摆时手的高度不超过面部，以视线以下为佳；后摆时，手要从身体下面向上摆动，手臂伸直，尽量向身体内侧收，不要太向外打，摆动高度为尽可能向后摆的一个自由高度，如图 24-22 所示。

弯道时的摆臂：入弯时，弯道内侧的手臂自然背后，外侧的手臂用力摆动以保持身体平衡。此时，摆臂的幅度可稍减小。

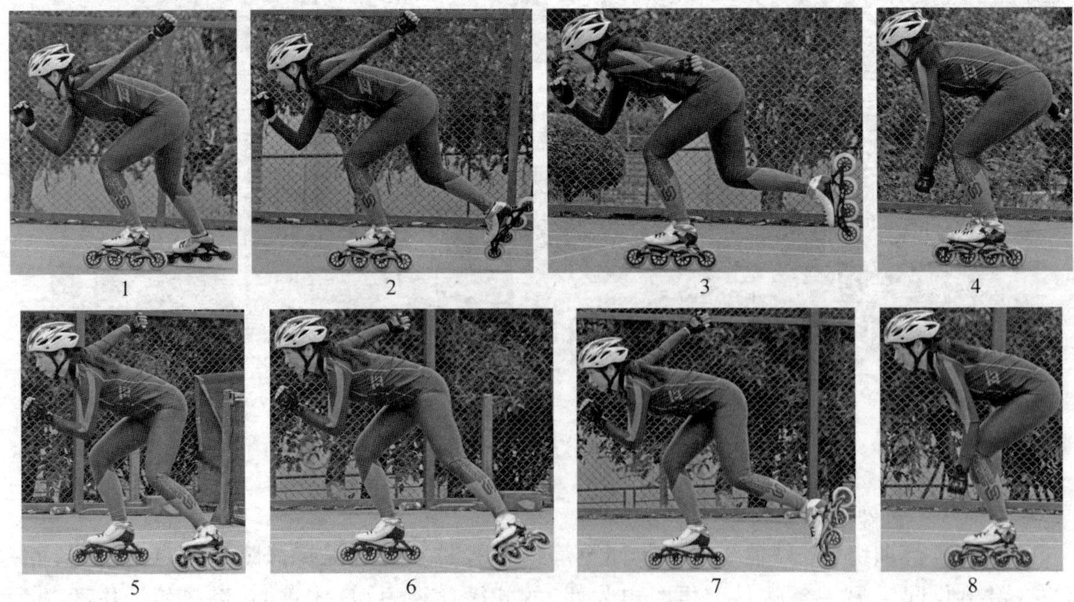

图 24-22　直线滑行摆臂训练

（四）弯道滑行训练

弯道滑行要克服的难点就是自身体重造成的离心力，而且转弯半径越小的弯道，身体倾斜度就越大。对初学者来说弯道滑行难度较大。

1. 平行转弯训练

平行转弯是直线滑行的基本转弯方法。练习中在入弯时两脚一前一后平行错开，弯道内侧的脚向前错，弯道外侧的脚向后错，然后身体重心向弯道内侧倾斜，同时身体头尾的纵轴线的朝向也要跟着弯道转向，直至出弯后再收回两脚。身体重心的倾斜和身体轴线的转向要同步，两脚错开的距离根据个人身高要适当，如图 24-23 所示。

图 24-23 平行转弯训练

2. 弯道夹脚训练

弯道夹脚是标准速滑的转弯动作，它的作用就是利用弯道进行加速。平行转弯的过程是减速的过程，而弯道夹脚却是加速的过程，所以在速滑比赛中，运动员都是利用狭小的弯道空间进行加速超过对手。其训练方法是入弯时采用静蹲姿势，身体重心向弯道内侧倾斜，同时弯道外侧的脚向外侧蹬出，蹬出后收回至内侧脚的前面，此时两脚呈交叉状。在外侧腿收回至内侧腿前面的同时，内侧腿要向外侧蹬出，这样可直接收回内侧腿再蹬出外侧腿。内侧腿收回后要放在身体重心的下方，以稳定重心，此时外侧腿已开始蹬出回收。在进行弯道练习时要做到身体重心的倾斜和身体轴线的转向同步；两脚蹬出收回要紧凑，两腿的蹬出都要发力，同时上身始终保持静蹲姿势；始终要保持一条腿蹬出时另一条腿已经收回，一只脚落地时另一只脚已离开地面，配合一定要紧凑，如图 24-24 所示。

图 24-24　弯道夹脚训练

复习思考题

1. 简述轮滑运动的产生与发展。
2. 轮滑运动的特点有哪些？
3. 轮滑运动的基本技术有哪些？

第二十五章 游泳运动

第一节 游泳运动概述

水是人类进化及人类社会发展的重要介质，任何个体在这一环境中总会由内及外地找到某种“寄托”，因此当游泳以一种休闲方式出现时，它的社会价值便在短时间内得到社会的普遍认可和接受，它开始以一种生活方式的姿态影响现代人。

一、游泳运动的产生与发展

现代游泳运动源于英国。1828 年，英国利物浦乔治码头修建了世界上第一个室内游泳池。1837 年，英国伦敦成立了第一个游泳组织，同时举办了英国最早的游泳比赛。1896 年，第一届现代奥运会将游泳列为比赛项目之一。1908 年，国际游泳联合会成立，并制定了游泳比赛规则。

我国的游泳历史源远流长。距今 5 000 多年前的古陶器上就刻有古人潜水捕鱼的爬泳图案；大禹治水时也发明了泗水之法；《诗经》《淮南子》等古籍中也对游泳运动做过相关的描述。我国现代游泳竞赛运动始于 19 世纪末 20 世纪初，并不断发展，涌现了大批优秀运动员，他们在世界性游泳比赛中屡创佳绩。

目前，国际重大的游泳运动赛事主要有奥运会游泳比赛、世界游泳锦标赛和世界杯短池游泳赛。

二、游泳运动的功能

游泳的健身功能是得天独厚的，它融水浴、空气浴和日光浴于一体，是强健身心、娱乐休闲、体疗康复的健身活动，也成为医疗界公认的强身健体、提高机体免疫功能、防病治病、抵抗衰老、降低抑郁症发生率及减肥等的运动良方。

1. 健身健心功能

游泳能够有效改善心血管系统、呼吸系统和运动系统的机能。坚持游泳可增强人的神经系统功能，锻炼发达的肌肉，提高力量、速度、耐力、柔韧等方面的身体素质；调节人体的体温调控系统，改善机体对内外环境变化的适应能力，提高机体的免疫机能；锻炼心肺功能，增强心肌耐力及收缩力，改善机体的新陈代谢能力；对健美体魄、矫正体形也起着重要作用。

2. 文化教育功能

经常游泳不但能改善体质，预防疾病，而且能够磨炼意志，促进身心健康和谐及心智发展，培养自信、果敢、坚毅、临危不惧等优良心理品质。

3. 急救安全功能

游泳还是一项生存技能，是保证生命安全的重要手段，如水下探险、科学考察、防洪抢险、救护打捞等都需要熟练的游泳技术做保障，因此，掌握游泳技术无异于发生意外时的一把“安全保险锁”。

4. 体疗康复功能

游泳是所有体育项目中对身体各部位的锻炼最全面的运动，是理想的锻炼项目。游泳时水的拍打、振动作用对身体是一种良好的按摩，能有效消除身体疲劳。

5. 减肥功能

游泳时，人的身体直接浸泡在水中，水不仅阻力大，而且导热性能非常好，散热速度快，因而消耗热量多。有实验证明，人在标准游泳池中跑步 20 min 所消耗的热量相当于以同样速度在陆地上跑步 1 h 消耗的热量，在 14 ℃的水中停留 1 min 所消耗的热量高达 100 千卡（约等于 4 185. 85 J），相当于在同温度空气中 1 h 所散发的热量。由此可见，在水中运动会使许多想减肥的人取得事半功倍的效果。因此，游泳是保持身材有效的运动之一。

三、游泳运动的技术原理

游泳是在水环境中进行的，水的某些物理特性对运动技术产生特殊要求和效果。

根据牛顿第三定律，游泳时要获得前进速度就必须向后取得对运动的支撑作用。游泳时由于人体结构、肌肉工作的条件关系，运动技术要符合人体结构的可能性和合理性才能有效。例如，人体上肢大多以弧形动作出现，曲线动作虽然有损前进效果，同时产生有碍前进的分力，但它可发挥肌肉的力量。所以，现代游泳技术多是纵向、横向结合的合力技术。

第二节　游泳运动的基本技术

一、熟悉水性和换气练习

熟悉水性是游泳运动初学者的一项重要技能和学习的必经环节。其目的是了解水性，逐步适应水环境，消除怕水心理，掌握游泳的基本动作，如呼吸、浮体、站立、滑行等。

（一）呼吸练习

1. 呼吸练习的目的

了解在水中呼吸与在陆地上呼吸的不同，掌握游泳的呼吸方法、过程及节奏，适应头浸入水中的感觉，消除怕水心理。

2. 呼吸练习的方法

（1）头浸入水中闭气练习。手扶池壁，用嘴吸足气后闭气，慢慢下蹲，将头浸入水中，隔一段时间将头伸出水面换气，反复练习。

（2）水中呼气。两手扶池边深吸气后闭气，慢慢下蹲，将头完全浸入水中，并睁开眼睛。稍停后，用口、鼻慢慢呼气至呼尽，然后蹲起，在水面上用口吸气。反复练习，逐渐掌握这种有控制的水中呼吸节奏。

(3) 连贯呼吸。两手扶池边,两腿略下蹲。在水面上吸气后,低头将脸浸入水中;闭气片刻,然后开始缓慢均匀地呼气;向上抬头,当嘴巴露出水面时,迅速将气吐尽,紧接着快速吸气。循环练习,体会"快吸—稍闭—慢呼—猛吐"的呼吸要领,并逐渐加快节奏,不出现混乱、暂停;持续 1 min,或连续不间断地做 15～20 次呼吸。

(二) 浮体与站立练习

1. 浮体与站立练习的目的

体会人在水中的浮力,体会控制身体平衡和在水中站立的方法,如图 25-1 所示。

图 25-1 浮体与站立练习

2. 浮体与站立练习的方法

(1) 抱膝浮体练习。站立在水中,深吸气后闭气,低头收腹团身,双臂抱紧小腿,背部随浮力自然漂浮于水面。站立时,两臂前伸下压,抬头,两腿伸直,以脚触水底站立,两臂在体侧自然放松。

(2) 手扶池边漂浮。手扶池壁,手、腿伸展放松,身体在水中呈水平状态。

(3) 展体浮体练习。深吸气,蹬地,肩放松,臂与腿伸直,仰卧漂浮于水中。站立时收腹抬头,两臂向下压水,两腿屈膝前收,两脚站立在水底。

(三) 滑行练习

1. 滑行练习的目的

体会水的浮力,掌握水中身体平衡和在水中滑行的姿势。

2. 滑行练习的方法

(1) 蹬池底滑行练习。直立于水中,手臂上举伸直,两臂夹耳朵,目视前方。深吸气后,屈膝、弯腰、低头,准备蹬池底。

(2) 蹬池壁滑行练习。背对池壁,一只手臂前伸,另一只手臂拉池壁,目视前方,大小腿尽量收紧,脚掌贴于池壁,臀部靠近池边。两臂在体侧后伸扶池壁,低头,双臂前伸,在背部和臀部露出水面后,双腿蹬池壁。随即两臂前伸并拢,头夹于两臂间,两脚用力蹬壁,使身体呈流线型向前滑行。

二、蛙泳技术动作

蛙泳配合有一个口诀:"划手腿不动,收手再收腿,先伸胳膊后蹬腿,并拢伸直漂一会儿。"从口诀中可看出,手的动作先于腿的动作,要先收手再收腿,伸手后再蹬腿,如图 25-2 所示。

图 25-2　蛙泳完整动作

（一）身体姿势

在游进过程中，身体俯卧于水中，在完成手臂和腿的动作后身体几乎呈水平姿势。两臂向前伸直，两腿并拢后伸直。头略低，脸浸入水中，水平面齐额，眼睛注视水下，身体保持流线型姿态向前滑行。

（二）手臂动作

1. 手臂动作技术要点

口诀：分手比肩稍微宽，向内旋时伸前方。两臂侧下向后划，并拢伸直漂一会儿。

注意事项：划水时移臂相对要慢，收手要快，保持动作节奏，明确划水路线，整个臂部技术同时对称进行。

2. 手臂动作基本要求

(1) 外划。从两臂前伸并拢、掌心向下的滑行姿势开始，两臂内旋，两手掌心转向外斜下方，略屈腕，两臂向外横向划动至两手间距离约为两倍肩宽处。此阶段动作速度较慢。

(2) 下划。手臂在继续外划的同时，前臂稍外旋，肘关节开始弯曲，转腕使掌心转为朝后下方，以肘关节为轴，手和前臂加速向下、向后划动。此阶段，手和前臂的运动速度快，幅度大。

(3) 内划。随着下划结束，掌心迅速转向后内方，手臂加速由外向内并稍向后横向划动，肘关节同时向下、向后、向内收夹至胸部侧下方。两手划至胸前时几乎靠在一起。此阶段，手、前臂和上臂加速划水，也是产生推进力的主要阶段。

(4) 前伸。当内划快结束时，两手在继续向内、向上划动的过程中逐渐转为向上、向前以弧形运动至颌下，掌心转向下，肘关节沿平滑的弧线前移，推动两手贴近水面向前伸出。同时迅速低头，将头夹于两臂之间。两臂伸直并拢，充分伸肩，两手掌心向下，身体呈流线型向前滑行。

（三）腿部动作

1. 腿部动作技术要点

口诀：边收边分慢收腿，向外翻脚对准水。弧形向后蹬夹水，并拢伸直漂一会儿。

注意事项：掌握慢收、翻脚、快蹬和滑行的动作节奏。

2. 腿部动作基本要求

(1) 收腿。屈膝收腿，脚跟向臀部靠拢，收腿动作要轻、慢些，这样可减少阻力。收腿结束时，两膝与肩同宽，小腿与水面垂直，脚掌在水面附近。

(2) 翻脚。两脚距离大于两膝距离，两脚外翻，脚尖朝外，脚掌朝天，小腿和脚内侧对准水呈“W”形。

(3) 蹬夹水。蹬夹水实际上是腿伸直的过程（屈髋、伸膝），由腰腹和大腿同时发力，以小腿和脚内侧同时蹬夹水，先向外、后、下蹬水，然后向内、上方蹬水，像画半圆。向外蹬水和向内夹水连续完成，即连蹬带夹。蹬夹水完成时双腿并拢伸直，双脚内转，脚尖相对。蹬水的速度不要过猛，要由慢到快地加速蹬水，在两条腿将近伸直并拢时蹬水速度最快。

(4) 停。双腿并拢伸直后做一个短暂滑行动作(1～2 s)。

（四）完整配合动作

1. 完整配合动作技术要点

口诀：划手腿不动，收手又收腿。先伸胳膊再蹬腿，手腿伸直漂一会儿。

注意事项：先划手再收腿，蹬腿时手伸直不动，稍滑行再划臂。

2. 完整配合动作基本要求

蛙泳的完整配合动作是双手外划时抬头换气，双手内划时收腿低头稍憋气，双手前伸过头时蹬腿吐气。在一个动作周期内采取一次呼吸、一次划水、一次蹬腿的配合技术。

（五）练习方法

1. 手臂动作练习

蛙泳手臂动作练习方法有陆上动作模仿练习，池边划手动作练习，水中原地划臂动作练习，走动时划臂动作练习。

2. 腿部动作练习

蛙泳腿部动作练习方法有陆上动作模仿练习，池边蹬腿练习，双人蹬腿练习，滑行蹬腿练习，夹板蹬腿练习。

3. 完整配合练习

蛙泳完整配合练习方法有陆上动作模仿练习，分解配合练习，腿臂配合练习，完整动作练习。

三、自由泳技术动作

自由泳也称为爬泳，是最快、最省力的一种游泳姿势。在进行自由泳时，身体俯卧于水中，几乎与水面平行，两腿不停地上下打水，两臂依次轮流划水，动作结构简单、配合协调。

游泳是全身运动，任何部位的活动都离不开全身的协调配合。从表面看，自由泳依靠划水和打腿产生推进力，实际上躯干的作用也不容忽视。首先，躯干应保持一定的紧张度，腰部一旦松软，整个人体就会像一摊泥紧张不起来；其次，身体的转动能够有效地发挥躯干部大肌肉群的力量，减少阻力，提高工作效果。自由泳完整动作如图 25-3 所示。

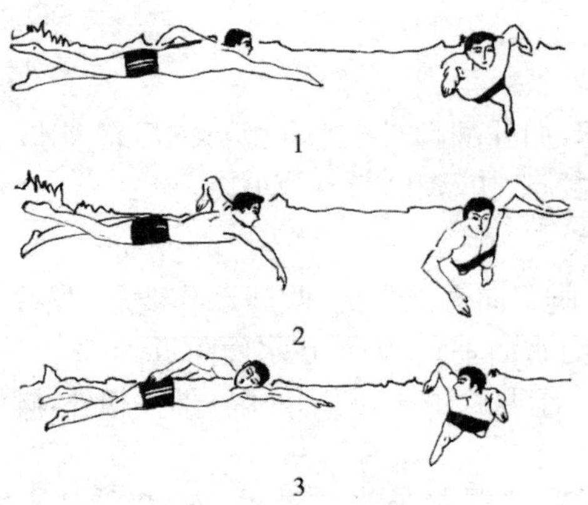

图 25-3 自由泳完整动作

(一) 身体姿势

身体自然伸直,俯卧于水面,上体位置尽可能高。收腹,将脸和前额浸入水中,使臀部接近水面,目视前下方。在游泳过程中,身体随划水和呼吸绕纵轴做有节奏的转动,转动角度在 40°左右。

(二) 手臂动作

自由泳的完整配合有多种形式,一般常见的是每划水两次,打水六次,呼吸一次。

1. 手臂动作技术要点

口诀:移臂放松肩前插,小臂手掌对准水,沿着中线把速加,两臂轮流交替划。

注意事项:划水时保持屈臂高肘,推水用力。

自由泳手臂的一个划水周期可以分为入水、划水(抓水、拉水、推水)、出水和空中移臂四个动作阶段。

(1) 入水。手指自然伸直并拢,掌心朝外斜下方,臂稍内旋,肘关节微屈并高于手掌,以拇指领先斜插切入水中。入水点在头前身体中线与同侧肩的延长线之间。入水顺序是手—前臂—上臂。

(2) 划水。划水的整个动作过程可划分为抓水、拉水、推水三个阶段。手在水下的划水路线是一条稍微弯曲的"S"形。

① 抓水。手入水后,手腕自然伸直,掌心朝下,充分拉开肩带肌肉,积极前伸以延长划水距离。手臂接近完全伸直时,手腕向下弯曲,同时开始屈肘,形成肘关节高于前臂和手的姿势,如同伸臂去抱住一个圆桶,将身体向前拉引。

② 拉水。拉水是手臂从抓水结束处划至肩的横切面这一阶段,可分为下划和内划两个紧紧相连的环节。下划开始时,手臂继续向下并稍向外划动,手掌稍内旋对着后下方,肘关节继续弯曲,使手和前臂逐渐加速向下划动。内划是当手向下划至最低点时,掌心转为朝着内后方,手从肩的垂直面外侧向内、向上、向后加速划至胸部下方接近或略超过身体中线处。

③ 推水。当手臂拉水至肩下时,即转入推水阶段。在推水的前半部分,掌心转为朝外后方,手掌几乎直接由胸下向腰下划动。推水是划水全程中发挥力量最大,推进效果最好的阶段。

(3) 出水。在手掌划至大腿侧下方时,手臂在运动惯性的作用下很快接近水面,掌心逐渐转向大腿。在这一阶段应当注意避免掌心朝上,直臂向上兜水。

(4) 空中移臂。手臂在出水后应紧接着经空中前移,中间不能停顿。移臂动作要自然放松，与身体的转动及另一臂的划水协调配合，尽量不破坏身体的流线型。移臂的一般方式是高肘移臂。移臂开始时，肘关节微屈，手腕放松，掌心朝向上方，手掌接近水面，由上臂带动肘关节向上、向外、向前移动。当手臂前移过肩的垂直面后，肘关节转向下、向内、向前移动，前臂和手赶上肘部向前伸出，掌心转向外斜下方准备入水。在移臂过程中，肘部应始终高于手和肩。

(5) 两臂的配合。爬泳两臂的配合大体划分为前交叉、中交叉和后交叉三种形。

前交叉是指当一臂入水时，另一臂与水平面呈 30°角，刚进入拉水阶段。这种配合形式，当一臂出水经空中前移时，另一臂正进行前伸抓水，适合初学者采用。

中交叉是指当一臂入水时，另一臂划至肩部下方，处于拉水结束、推水开始的配合形式。这种配合形式可以使身体持续不断地产生推进力，保持身体匀速前进。

后交叉是指当一臂入水时，另一臂划至腹部下方与水平面呈 150°，处于推水阶段的配合形式。

两臂除了以上三种有明显特征的配合形式外，还有中前交叉和中后交叉的配合形式。

2. 手臂动作基本要求

(1) 手的入水点在肩的延长线和身体中线之间，大拇指领先，斜插入水。

(2) 入水后，手、肘、肩继续前伸，使手臂伸展。随身体的转动，屈腕、屈肘，手臂向外、后方划水。在手下划到最低点后，旋转手臂向内、上、后方划水，保持高肘屈臂的划水姿势。

(3) 在手臂与水平面垂直时，加速推水，手臂转为向外、上和身后方划水，直到划至大腿侧，提肘出水。

(4) 出水后，手臂自然放松地经空中向前移臂，保持高肘姿势。然后手在肩前领先入水，开始下一个动作。

(三) 腿部动作

1. 腿部动作技术要点

大腿带动小腿，做上下交替鞭打水动作，如图 25-4 所示。

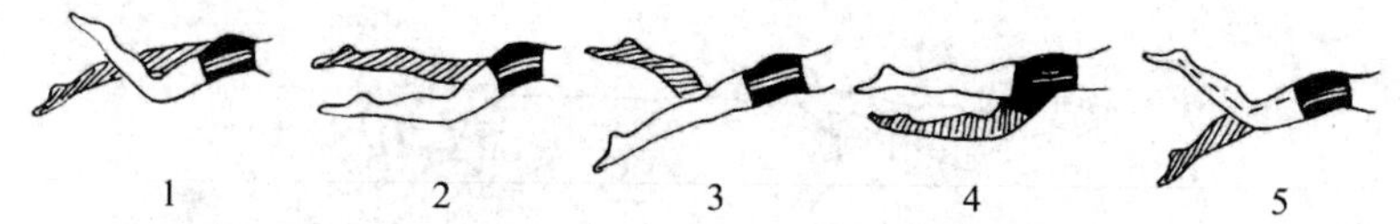

图 25-4 自由泳腿部动作

2. 腿部动作基本要求

(1) 打腿动作从髋部发力开始，大腿带动小腿，做鞭打水动作。

(2) 向上打水，腿从直到弯。以直腿开始向上打水，在脚接近水面时屈膝，小腿上抬，脚掌露出水面后向下打水。最初可直腿打水，腿略放松，不要僵硬，腿在水的压力下会自然弯曲。向下打水前，膝关节弯曲角度为 130°～160°，打水幅度为 30～40 cm，而打水时要绷紧脚尖。

(四) 呼吸动作

自由泳换气较为困难，一般采用单侧(习惯一侧)进行换气，但最好能掌握两侧轮流转头换气的技术，以便在比赛中观察两侧的对手，也有利于平衡两臂的划水效果。换气时身体以中轴线为轴转动，头随身体转动而转动，当手臂提肘出水时，身体转动达到最大程度，口处于由向前游进所产生的头波的波谷之中，此时另一侧手臂应充分前伸，并迅速张口吸气，当手臂准备入水时，随着身体的转动，头部还原，将脸浸入水中，开始下一个呼吸周期。

（五）练习方法

1. 手臂动作练习

自由泳手臂动作练习方法有陆上模仿动作练习、单臂自由泳划水模仿练习、两臂连贯交叉划水配合练习、水中走动时的以臂划水练习、双人配合练习。

2. 腿部动作练习

自由泳腿部动作练习方法有陆地上举腿模仿动作练习、水中手扶池壁打腿练习、滑行打腿练习。

3. 完整配合练习

自由泳完整配合练习方法有陆地上模仿动作练习、单臂划水练习、腿臂配合动作练习、完整配合动作练习。

四、蝶泳技术动作

蝶泳因手臂动作的外形像蝴蝶飞舞而得名；而躯干和下肢动作像海豚在水中追逐，所以蝶泳也被称为海豚泳。它是四种竞技游姿中最美的一种，主要表现在蝶泳选手将力量和柔美完美地结合起来，配合躯干协调地做波浪动作，在浪花之中快速游动，如图 25-5 所示。

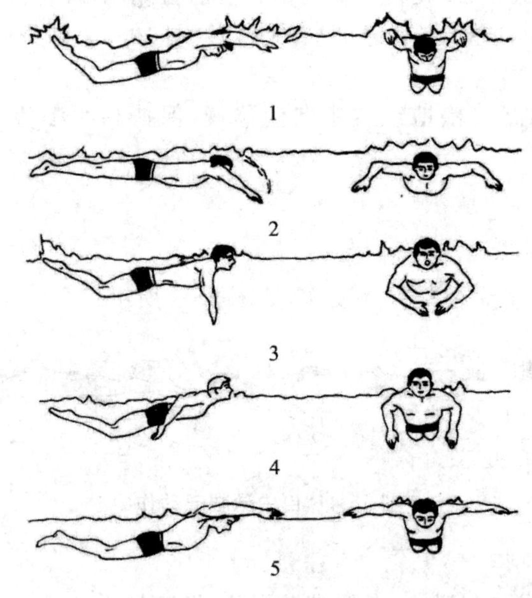

图 25-5　蝶泳完整动作

（一）身体姿势

在游进过程中，头、颈、躯干、腿、脚沿着整个身体纵轴做转动式的递次起伏，形成有节奏的波浪运动。头部保持较稳定的姿势，除了抬头吸气外，眼睛一直注视下方，抬头吸气时略收下颌。

（二）手臂动作

1. 手臂动作技术要点

口诀：两臂入水比肩宽，入水同时要伸肩。两臂抱水不分家，前宽后窄加速划。

注意事项：主要划臂动作要连贯协调，推水、出水要加速。

2. 手臂动作基本要求

(1) 入水。两臂入水时，手指自然伸直并拢，臂稍内旋，肘关节稍屈并高于手，掌心朝外下方，手的入水点在两肩的延长线上，以大拇指领先斜插入水。入水时，两手的距离同肩宽，也可略宽于肩或略窄于肩，同时入水。

(2) 划水。蝶泳划水时，手从入水到出水的划水路线在水平面上很像两个相对的“S”形，也有将其称为钥匙洞型或漏斗型的。划水大体上划分为抓水、拉水、推水三个阶段。

① 抓水。两手入水时，借助空中移臂的惯性伸直肘关节，两臂稍内旋并稍屈腕，掌心转向外后方，手掌接近垂直于水面，以指尖领先向外划至约两倍肩宽处。此时肘关节开始弯曲，掌心向外后下方。

② 拉水。拉水是指手臂从抓水结束处划至肩的横切面这一阶段，可分为下划和内划两个环节。下划时，手臂向下并稍向外沿弧线划动，肘关节继续弯曲形成高肘姿势，掌心朝外下后方，直至手接近路线的最深处。内划时，掌心转向内后方，手掌向内、向上和向后沿弧线划至肩下方靠近身体中线处，屈肘程度逐渐加大，两手接近靠拢。

③ 推水。此时两臂保持屈臂高肘姿势划至腹下，两手之间仍保持很近的距离。接着，肘关节用力伸展，使手继续加速向后、向外、向上划至大腿前外侧。

(3) 出水。此时，借助手臂向上、向外弧形划动的惯性略屈肘，按上臂—前臂—手掌的顺序将手臂向上、向外提出水面。

(4) 空中移臂。空中移臂时两臂应放松，两臂在向外、向前抢摆的过程中自然伸直，并始终保持拇指朝下的姿势。两臂在摆过肩的横切面时转为向内、向前移动，至掌心转朝外斜下方时准备入水。

(三) 躯干和腿部动作

1. 躯干和腿部动作技术要点

口诀：水平俯卧呈流线，低头移臂扑向前。波浪打水推呼吸，展胸提臀腰发力。

注意事项：肩部保持平稳，由脊柱和腰部发力，大腿带动小腿，做上下鞭打水动作，从屈腿小幅打水逐渐过渡到上下鞭打水，如图 25-6 所示。

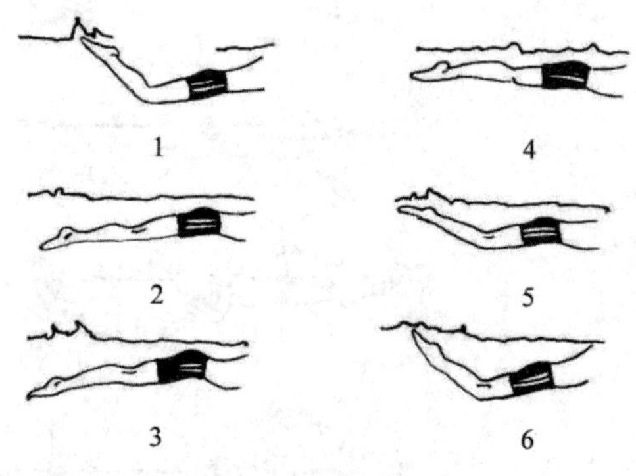

图 25-6 蝶泳腿部动作

2. 躯干和腿部动作基本要求

(1) 开始时，双腿自然伸直，双脚内扣呈“八”字形。

(2) 腰部发力，带动脊柱、大腿、小腿做上下鞭打水动作。

(3) 大腿向下打水时提臀，然后两腿伸直向上移动，臀部下沉。

(4) 在脚接近水面时大腿下压，屈膝，脚露出水面且用力向下、向后方打水。

(四) 完整配合动作

1. 完整配合动作技术要点

口诀：首次打腿臂入水，划至胸下再打腿。低头伸臂慢呼气，加速推水抬头吸。

注意事项：两臂入水时打第一次腿，划至肩下时打第二次腿，动作要连贯协调。

2. 完整配合动作基本要求

完整动作技术一般是采取两次打腿、一次划水、一次呼吸的配合方式。划水路线一般为“钥匙孔”形，两手在胸下或腹下时的距离最近，这种前后划水路线比较均匀。

注意事项：蝶泳的四肢动作是双臂、双腿同时协调发力。

（五）练习方法

1. 手臂动作练习

蝶泳手臂动作练习方法有陆上动作模仿练习、池边划臂动作练习、水中原地划臂动作练习、蹬腿滑行划臂动作练习和夹板划臂动作练习。

2. 腿部动作练习

蝶泳腿部动作练习方法有陆上动作模仿练习、池边蹬腿练习、双人蹬腿练习、滑行蹬腿练习、夹板蹬腿练习。

3. 完整配合练习

蝶泳完整配合练习方法有陆上模仿动作练习、分解配合练习、腿臂配合练习、完整动作练习。

五、仰泳技术动作

仰泳是仰卧在水中的泳姿，游泳时脸部露出水面，呼吸方便，动作简单易掌握，实用价值大，可用于在水中休息、托运物品、救护溺水者，深受初学者的欢迎。仰泳完整动作如图 25-7 所示。

图 25-7　仰泳完整动作

（一）身体姿势

身体自然伸展至水平，仰卧于水面，头和肩部略高于臀，水齐耳际，脸部露出水面，身体尽可能处在较高位置。在游进过程中，身体随划水和打腿动作绕纵轴有节奏地转动，呈45°角左右，头部保持不动。

（二）手臂动作

1. 手臂动作技术要点

口诀：空中移臂侧入水，屈臂屈肘对准水，向后加速快推水，两臂轮流来划水。

注意事项：屈腕划水积极充分，并保持屈臂。屈肘对水，向后划水，两臂前后交替轮流划水。

2. 手臂动作基本要求

仰泳时手臂的划水是推动身体前进的主要因素。一个动作周期可分为入水、划水（抓水、拉水、推水）、出水、空中移臂四个紧密相连的动作阶段。

（1）入水。入水时手臂伸直，自然放松，手臂内旋使掌心朝向外侧，手掌在腕关节处内收，使手与前臂呈150°～160°的角度，以小指领先在肩的延长线前端切入水中。

（2）划水。对于游泳者来说，手的划水路线在纵切面上近似于一个平放着的前浅后深的"S"形，主要表现为前端的下划、中部的上划和后部的下划三个连贯的阶段，可将其分别称为抓水、拉水和推水。

① 抓水。手臂入水后，借助惯性继续伸肩前移，同时随着躯干向同侧转动，直臂向下、向外划动。随后开始屈腕、屈肘，使掌心逐渐转为朝着外下后方。手掌在水面下30～40 cm处，肘关节屈至150°～160°的角。

② 拉水。前臂内旋，手掌上翻使掌心朝向后上方，肘关节下降并进一步屈肘，手掌、前臂向后、向上、向内划动。拉水结束时，手掌、前臂和上臂同处于肩的横切面上，呈"倒高肘"的划水姿势。

③ 推水。在拉水的基础上，手掌、前臂和上臂几乎同时用力，使掌心对着后方，手沿着"S"形路线的顶部向后推水，直至上臂和肘关节逐渐靠近身体，前臂内旋，手掌和前臂用力向后、向内、向下推压，掌心由向后转为向下，加速完成最后的转腕鞭状下压的动作。

（3）出水。随着划水臂最后的鞭状推压动作及另一臂的入水，躯干继续回转使划水臂的肩部转出水面。出水时手臂自然伸直，动作应迅速、轻松、自然。

（4）空中移臂。手臂出水面后，应以肩为轴，迅速沿着通过同侧肩的纵切面经空中向头前摆动。移臂时，手臂应自然伸直，动作应轻快放松。在移臂的过程中，应尽量向上顶肩，使肩部露出水面，以减少肩部受到的阻力。

（5）两臂的配合。仰泳两臂的配合以采用"连接式"技术为好。即当一臂处于最后的向下转腕推压阶段时，另一臂正好以小指领先切入水中；一臂提臂出水时，另一臂正处于下划抓水的阶段；一臂经空中前移到垂直部位时，另一臂正处于划水的中间阶段。这样，两臂几乎始终处于相对的位置，像风车的翼一样不停地转动。

（三）腿部动作

1. 腿部动作技术要点

口诀：大腿来发力，小腿用力蹬。脚尖斜向里，鞭状来交替。

注意事项：直腿下压，屈腿上踢，两腿上下交替向后上方鞭打水，如图25-8所示。

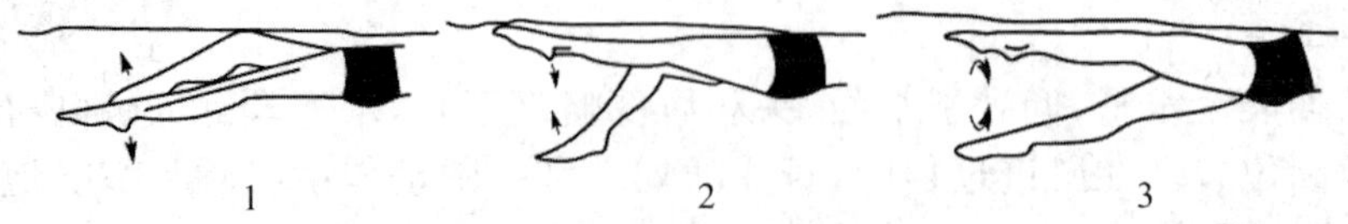

图 25-8 仰泳腿部动作

2. 腿部动作基本要求

(1) 以髋关节为轴，两腿上下交替打水。腰和大腿发力并依次把力量传递到膝与踝关节，形成用脚背对水的、有节奏的向后上方的鞭状打水动作。

(2) 直腿下压。通过臀部肌肉群的收缩，大、小腿直腿下压至一定深度后，大腿停止下压，小腿和脚在惯性作用下继续下压，当膝关节弯曲呈 135°左右时，下压动作完成。

(3) 屈腿上踢。下压动作结束后，小腿和脚形成较好的对水面，大腿带动小腿用力向后上方做踢水动作，注意膝关节和脚面不能露出水面。

(四) 完整配合动作

1. 完整配合动作技术要点

口诀：自然仰卧在水中，臀部微收稍展胸，两腿上下来踢水，两臂轮流在划水。

注意事项：身体自然伸展，呈流线型姿势仰卧在水中；两腿交替做上踢下压鞭打水，直臂在空中移臂，屈臂、屈肘向后划水。

2. 完整配合动作基本要求

(1) 身体保持水平姿势，躯干和肩随手臂动作围绕纵轴转动，始终有一肩不露出水面。一般每划水两次，腿打水六次，呼吸一次。

(2) 呼吸虽不受限制，但最好采用有节奏的呼吸方式，或固定在其中一臂移臂时吸气。划水及身体在水中行进时会有波浪和水花。注意，呼吸随意易导致呛水。

(3) 两腿交替上下打水。向上打水要快而有力，脚略内旋并绷直；向下打水时腿和脚自然放松。

(五) 练习方法

1. 手臂动作练习

仰泳手臂动作练习方法有陆上动作模仿练习、同伴帮助划臂练习。

2. 腿部动作练习

仰泳腿部动作练习方法有陆上动作模仿练习、同伴帮助打腿练习、蹬壁滑行打腿练习、双臂前伸打腿练习。

3. 完整配合练习

仰泳完整配合练习方法有陆上动作模仿练习、分解配合练习、腿臂配合练习、完整动作练习。

复习思考题

1. 简述游泳运动的产生与发展。
2. 游泳运动的功能有哪些？
3. 蛙泳、自由泳、蝶泳、仰泳的技术动作要点分别有哪些？

第二十六章　极限飞盘运动

第一节　极限飞盘运动概述

一、极限飞盘运动的概念

极限飞盘运动是飞盘运动的一种，是通过一枚飞盘进行的无身体接触、自我裁决的团队性竞技运动，1968 年源于美国，2001 年被列入世界运动会项目。极限飞盘运动在国际上最高的组织是世界飞盘联合会(World Flying Disc Federation，WFDF)，该组织管理着众多飞盘运动，2013 年被国际奥委会(IOC)承认为国际单项运动总会之一。

极限飞盘运动最重要的是极限飞盘精神，在极限飞盘的比赛中没有裁判，它需要参赛选手诚信参与，自觉遵守规则和尊重对手，但它又鼓励选手们激烈对抗，享受体育竞技的乐趣。

极限飞盘结合了橄榄球、篮球和足球等的运动特色，比赛分为两队，每队 7 人，在 100 m×37 m 的草地上进行，采用质量为 175 g 的专用飞盘，通过战术配合进行传递与拦截。在比赛过程中，持盘人不得走动(与篮球规则类似)，须在 10 s 内将飞盘传递给队友，最终在对方的达阵区接住飞盘即可得分。飞盘和极限飞盘运动分别如图 26-1 和图 26-2 所示。

图 26-1　飞盘

图 26-2　极限飞盘运动

二、极限飞盘简易运动规则

1. 场地

使用长方形场地，两端各有得分区。正规的比赛场地为 64 m 长、37 m 宽，双方的得分区各有 18 m 长。

2. 开赛

两支队的上场选手排在防护得分区里。先防守的队伍把飞盘扔给进攻队(称为“发盘”)。

3. 得分

每次正在进攻的队伍成功地把盘传进对方的得分区里，进攻的队伍就得一分。得分之后，根据开赛的方式准备开始下个回合。

4. 移动飞盘

为了传给自己的队友，可以往任何方向扔飞盘。选手不许拿着飞盘跑动。拿着飞盘的人(称为“掷盘者”)有 10 s 的时间来决定往哪里扔盘。防守掷盘者的选手(称为“防盘者”)应大声地数 10 s(称为“延时计数”)。

5. 失误

进攻队伍传飞盘时若没有能够成功地传给一名队友(如出界、没接住、被对方挡/截)，防守队伍就有权拿飞盘，然后攻防立即转换。

6. 换人

只有刚得分之后或选手受伤的时候才允许换场上比赛的人员。

7. 非接触

选手之间不应该有任何身体接触，也不允许阻挡别的选手跑动。

8. 犯规

当一名选手跟另一名选手有身体接触时算犯规。如果犯规产生了失误，飞盘将还给被影响的选手。如果犯规的选手觉得自己没有犯规，飞盘将还给前一名拿飞盘的选手，然后继续进行比赛。

9. 自判

选手有责任决定在什么时候犯规或是否出界。选手应该互相文明地讨论及解决场上的矛盾。

10. 极限飞盘的精神

极限飞盘很重视体育道德和公平。它鼓励选手努力竞争，但竞争不能损害选手之间的关系，要尊重规则。

第二节 极限飞盘运动的基本动作和技能

一、极限飞盘的基本动作

(一) 极限飞盘的握盘方法

1. 反手握法

(1) 基础握法(适合初学者)。下面介绍两种基础握法，在这两种方法中，食指都要贴于飞盘的外缘。

在第一种方法(图 26-3)中，中指伸展开并指向盘的中心。这样做可以加强对飞盘的控制，使盘不摇晃。贴于边框的食指用于把握方向，支撑住飞盘的中指保证盘飞行的稳定。在盘的底部只有两根手指紧握着盘的边缘，从而导致这种握盘方式与其他握盘方式相比缺乏力度。握盘力度的大小取决于食指尾部对飞盘的牵引力。

第二种方法(图 26-4)很少见到。同样，食指贴于盘缘，但没有中指对于飞盘的支撑。其余手指紧握着盘缘，因而握盘更有力量。然而，如果失去对飞盘的控制，即使再大的力度也没有意义。

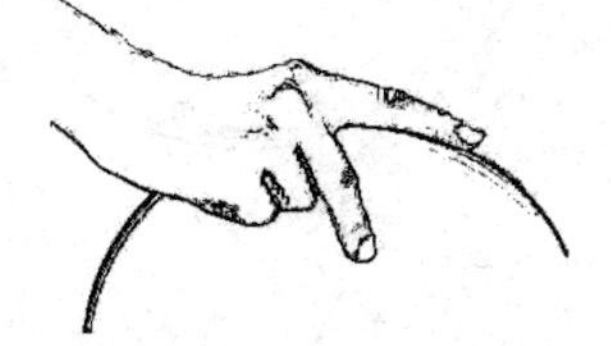

图 26-3 反手握法基础握法(一)

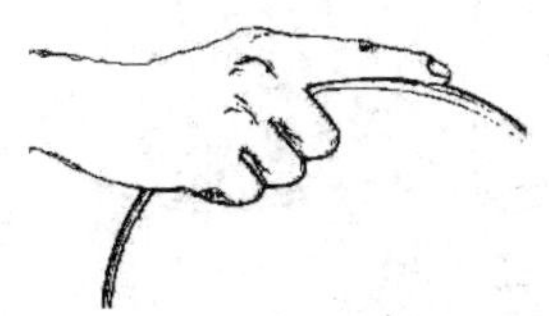

图 26-4 反手握法基础握法(二)

(2) 强力握法。强力握法(图 26-5)不仅在经验丰富的掷盘者人群中最流行，还是几乎所有飞盘玩家都会使用的一种握法。练习者的所有手指都紧紧地握着盘缘，不用任何手指来支撑飞盘。由于出盘点很难把握，练习者有可能会控制不好飞盘。经常练习可以帮助练习者把握好对飞盘的控制。食指尾部对飞盘的拉动可以带来一股很强的力量，这种力量有利于克服飞盘不稳等问题。使用这种握盘方式是很难扔反手高位盘的，因为在出手之前飞盘缺少往上迅速抬升的力量。

有一部分控制力量在于拇指及握盘力度。通常而言，握得越紧，就能使盘获得更多的旋转，这样有助于在有风的情况下把握好盘的飞行。无论是放在盘的边缘，还是指向盘的中心，拇指可以放在它们之间的任何位置。如果考虑空气的阻力，最好的方法是让拇指指向盘的中心，这样可以将盘抓得更紧。用力紧握飞盘，也可以保持盘的平稳。

(3) 混合握法。顾名思义，这种握法是前文介绍过的两种握法的结合。食指紧握盘缘，为掷盘提供力量。中指略微伸展开来，支撑住飞盘。掷盘者可以使用这种握法掷各种盘，包括反手高位盘，而且不需要改变握法。这种握法与强力握法相比，其掷盘力度稍微欠缺。混合握法中关于拇指位置的要点可参照强力握法。反手握法混合握法如图 26-6 所示。

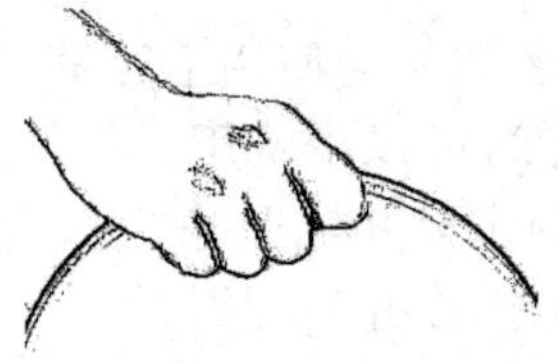

图 26-5 反手握法强力握法

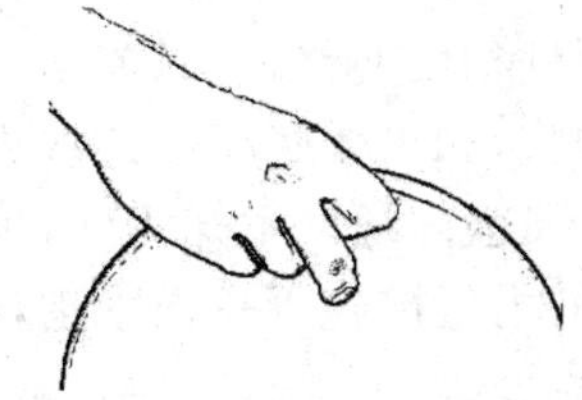

图 26-6 反手握法混合握法

2. 正手握法

(1) 基础握法(适合初学者)。这种握法原则上近似于相对应的反手握法。中指置于盘的底部边缘，食指朝盘的中心伸展开来支撑飞盘。这种握法的优点是可以很好地控制飞盘，缺点是力度不够。这是因为食指伸开的时候手腕无法往后竖过来。正手握法基础握法如图 26-7 所示。

(2) 强力握法。正手握法强力握法(图 26-8)有多种版本。

第一种握法是食指紧靠中指，紧贴于飞盘内缘。这样，手腕可以往后竖过来，给予盘更多的动力，因而出盘可以更有力。飞盘容易失去控制，因为没有手指支撑着它。如果出盘时盘和手腕的角度不一致，盘会上下摆动，导致其飞得不够远。

第二种握法对第一种握法稍微有所改进，食指和中指稍微弯曲。掷盘前，盘会在这两个手指的作用下保持平衡。在保持平衡性的方式上，这种握法与下面要介绍的混合握法有点相似。这种握法也适合于掷正手高位盘。

跟反手掷盘一样，正手掷盘时拇指应该紧紧握住飞盘。这可以使盘更好地转动，有利于克服风的影响，因为在出手后盘不易摇晃。

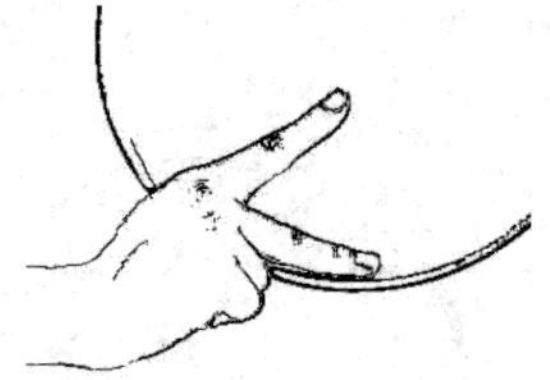

图 26-7 正手握法基础握法

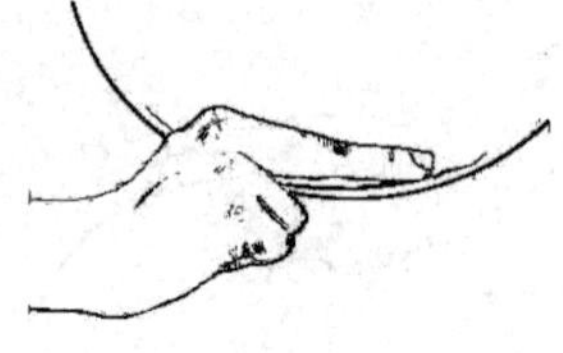

图 26-8 正手握法强力握法

(3) 混合握法。它类似于反手的混合握法，但它并不常见。不需要将食指和中指平行，食指应该是弯曲着的，图 26-9 中握法有点夸张了。食指和中指的指肚都牢牢地压在飞盘内缘。食指的弯曲部分可以起到支撑飞盘的作用。手腕依然可以往后竖过来，增强出盘力量。准备掷盘时将盘握平，这有助于掷出一个漂亮的正手高位盘。

(4) 其他握法。图 26-10 中所示的非常有趣的握法是推荐给正手掷盘水平较弱的玩家的。将中指侧面(而非指肚)顶着盘的内缘，使用这种握法时，手掌是朝上的，而且出盘时不需要转换正手。这种握法的不利之处在于，指关节是出盘时的发力点，经常使用会受到损伤，因此并不常用。

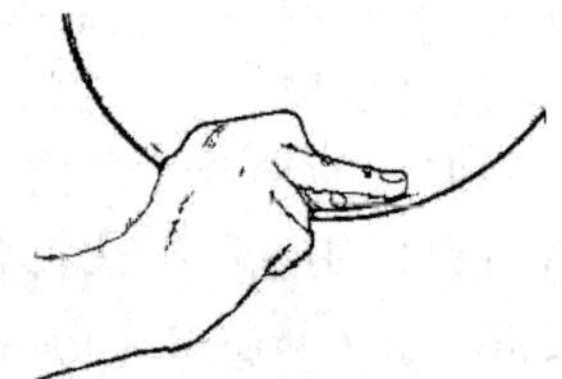

图 26-9 反手握法混合握法

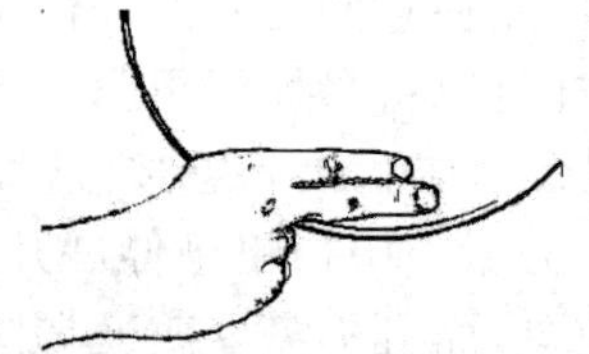

图 26-10 反手握法其他握法

在细微处稍做变化，可以摸索出各种各样的握法。大多数人会使用上述某一种基础握法并自行调整，如果彻底颠覆这些方式可能会不实用。当然，可以试试用一根、三根甚至四根手指置于飞盘内缘。不知为何，少用手指似乎有利于控制飞盘并把握好准度，但如果只用食指，过多的力就被施于一根手指，这容易造成手指的损伤，因而并不常用。

3. 锤子握法

锤子握法本质上跟正手握法并无差别，因而没有单独作图来解释握法。一个较大的区别是，锤子握法是颠倒着出盘的，因而与正手相比对飞盘下方的支撑并不那么重要。需要用拇指紧握住盘，因为拇指负责对飞盘的支撑。由此可见，强力握法和混合握法更适合于锤子握法。

(二) 掷盘、接盘和跑位

掌握了极限飞盘的基本技能掷盘、接盘和跑位，比赛能力就能得到很大提升。

1. 掷盘

比赛中，通过掷盘来突破对方防守，连接己方的传盘。为此，在确定轴心脚后，需要尽可能地在离防盘者更远的点出盘。最有效的方法是伸腿弓步低位出盘，即先将两腿跨出适当的距离，将身体重心移至右膝，然后掷盘。反手掷盘时，拇指稍微用力，用拇指按扣着盘可以使盘上浮，这样可以掷出更好的盘。为了适当地低位出盘，需要逐渐地扩大弓步距离。

2. 接盘

接盘是非常重要的技能，再好的传盘也需要接住才行。下面重点介绍接盘过程中的要点。

(1) 身前接盘，即在身体前方接盘。盘飞到手边，然后会离开视野。如果是身前接盘，直到最后眼睛也能够紧盯着盘。而且，有意识地在身前接盘，可以防止接盘失误。接盘失误的情况常常发生在恐惧飞盘等消极精神状态中。若要消除这种恐惧，可以尝试有意识地面向前方迎接飞盘。

(2) 双手接盘。应尽可能地双手接盘。虽然有时候不得不单手接盘，但必须养成用双手接迎面而来的盘的习惯。

(3) 跑入飞盘的运行轨道中。准确地迎接飞盘有利于了解盘速。如果在跑的过程中由于飞盘偏离视野而降低速度，后面的防守队员就会跟上来。全速奔跑并准确接盘是高难度的技能。这时，如果能将自己置于飞盘轨道中，就可以直线跑向飞盘。速度特别快的时候，准确接盘比较困难，很可能会产生失误。这时，不要犹豫，应果断用胸和双手组成的三点去接住飞盘。

断定不能用身体迎接飞盘时，不必勉强。用身体迎接飞盘往往会漏接，必须在身前接盘，切记不要等盘，要跑上前去接盘。

在练习时，两组队员相距 20 m 左右交替掷盘，掷完盘的队员再去接盘，反复进行。短距离冲刺时不可放慢速度。

3. 跑位

由于与飞盘技巧没有直接关系，跑位通常不被看作一项技能。它实际上与控盘一样，在比赛中非常重要。掌握彻底摆脱对方的方法，可以打破对方的防守信心。

跑位基础包括站位(时机)和假动作。

由于与对方的关系，好的站位已经被确定，但无论何时都要提醒自己："是否存在两个以上自己可以接住传盘的方向?"换句话说，如果在自己所站位置可接住传盘的方向有两个以上，那么这可称为"好的站位"。然后，要做好应对对手的策略，与掷盘手保持协作。如果掷盘手没法将盘传到，即便是自己原本的站位也没有任何意义。最重要的是，要根据己方能力寻找最合适的位置。进攻很强势的队伍，适合站位的空间非常大。跑位是非常难的技能，必须时刻思考。

此外，不要做太多假动作，以免白费工夫。进行跑位时，会用上一两次假动作。但过多的假动作会让掷盘者搞不清方向，往往容易导致失误。假动作不仅适用于跑位，有时强行冲向对手还可以给对方造成压力，可以使对方措手不及，抢先获得好的位置，这样对手可能会调整与你的距离。

在练习过程中要注意跑位时机和站位。

二、极限飞盘运动注意事项

除了基本技能外，还有一些在极限飞盘比赛中必须时常注意的事项。

在平时的练习中，有意识地站成队列，这会降低运动速度，但更重要的是能够创造空间。在比赛中留意四周情况，注意自己是不是在一直跟着飞盘跑。通过练习队形，可以学习了解下一步该怎么做。极限飞盘运动中队列的类型有横排和纵排两种。

复习思考题

1. 什么是极限飞盘？极限飞盘的简易规则有哪些？
2. 极限飞盘的基本动作有哪些？

第二十七章　自行车运动

第一节　自行车运动概述

自行车又称单车或脚踏车，是一种以人力驱动的简便、易控、绿色环保的交通工具，现已成为一种体育运动器械。自行车运动是一项以自行车为工具进行身体锻炼、比赛骑行速度的有氧体育运动。1896 年，在第一届现代奥运会上，自行车运动被列为正式比赛项目，分场地自行车和公路自行车两个项目。

自行车可分为运动型自行车和普通自行车。运动型自行车又包括场地自行车、山地自行车、公路自行车、速降自行车、攀爬自行车、小轮车等。目前，大众健身、旅行骑行一般选择山地自行车或公路自行车。

（1）场地自行车。场地自行车是专门用于场地内进行比赛的自行车。场地自行车比赛是奥运会的正式比赛项目，是一项富有挑战性的运动。其场地为圆形，奥运会场地自行车比赛项目有追逐赛、计时赛、计分赛、争先赛。场地自行车比赛中采用的自行车只配有一个齿轮，无闸，如图 27-1 所示。

（2）公路自行车。公路自行车的骑行速度要比普通自行车快很多，其轮胎比普通自行车的轮胎窄，车把是弯的，适合长距离骑行，如图 27-2 所示。普通爱好者稍加训练后，一般都可以达到 1 h 骑 35 km 平路的水平。而一个优秀的公路自行车运动员在路况良好的平地路段上长距离骑行时的平均速度可以保持在 40～50 km/h。

（3）山地自行车。山地自行车的主要特征是宽胎、把直，有前、后减震，骑行较舒适。宽而多齿的轮胎提供抓地力，由减震器吸收冲击力。另外，与公路自行车相比，山地自行车具有刚度大、行走灵活等特点，骑行时不必选择道路，即使在陡峻的坡道上也能够利用变速器畅快地骑行。山地自行车更加适用于爬山越野、郊游旅行。因此，休闲健身骑行工具以山地自行车居多，如图 27-3 所示。

图 27-1　场地自行车

图 27-2　公路自行车

图 27-3　山地自行车

第二节 自行车运动的基本技术和训练方法

一、自行车运动的基本技术

（一）自行车的设定

自行车的设定是指调节自行车各部件，使自行车符合骑行者的生理条件，使人、车达到最大的协调。一辆没有经过正确设定的自行车，对骑行者而言，不仅在骑行过程中浪费体力、易疲劳，有时还会造成运动损伤。在设定自行车之前，骑行者应根据自己的身高、腿长、体重等选择车架的大小、龙头把手的尺寸、车座宽窄等。

对自行车进行设定应特别注意单车骑行的"黄金三点"（车座、车把、脚踏）的调整。调整好车座与车把的高低、前后的距离，才能保持标准的骑行姿势，做到骑行的安全与舒适。

调整车座坐垫高低的原则是保证坐在坐垫上，脚踩在踏板上时腿是伸直的，如图 27-4 所示。车座调整的标准是坐在车座上时，曲柄平行于地面，脚掌踩在踏板轴心上，使膝盖内侧下降成垂直线，正好通过踏板轴心。应在车座的高低、前后位置确定之后，再调整车把的位置，保证手肘靠在坐垫上，手指可触碰到龙头。

图 27-4 自行车车座高低的设定

（二）骑行姿势

正确的骑车姿势是：上体较低，头部稍倾斜且前伸；双臂自然弯曲，便于腰部弓曲，降低身体重心，同时防止车子颠簸产生的冲击力传到全身；双手轻而有力地握把，臀部坐稳车座。

（三）骑行踏蹬技术

1. 自由式踏蹬法

此法是指脚在旋转一周的过程中，根据部位不同，踝关节角度也随着发生变化。目前，一些优秀运动员大多数采用自由式踏蹬方法。该方法符合力学原理，用力的方向与脚蹬旋转时所形成的圆周切线相一致，减小了膝关节和大腿的动作幅度，有利于提高踏蹬频率，可以自然地通过临界区，减少死点，大腿肌肉也能得到相对的放松。但这种踏蹬方法较难掌握。

2. 脚尖朝下踏蹬法

此法的特点是在整个踏蹬旋转过程中脚尖始终向下。这种方法踝关节活动范围较小，有利于提高踏蹬频率，容易掌握，但腿部肌肉始终处于紧张状态，不利于自然通过临界区。

3. 脚跟朝下式踏蹬法

此法是指脚尖稍向上，脚跟向下 8°～15°。这种方法在正常骑行中很少使用，只是少数人在骑行过程中进行过渡性调剂用力时才使用。它的特点是肌肉在短时间内改变用力状态,可得到短暂的休息,达到恢复肌肉疲劳的目的。

(四) 转弯技巧

1. 倾斜转弯法:车体为一线,往弯内倾斜

要领:身体重心基于车上往弯内倾斜,人车保持同样的倾斜角度。伸直外侧的膝关节并下意识地加点儿力度,就好像要把脚踏踩下。用内侧的膝盖顶着横梁,减少压力,就可以缩小弯度。外侧的手稍稍拉起车把。

这种转弯技巧能产生一个很好的牵引力,但是它的角度和重量的分配、安排不适用于湿滑路面,而且没有相应的扭转来得灵敏。

2. 把向转弯法:车子保持直立些,身体往弯内倾斜

要领:向前挪动,直至鼻子和刹车把成一行。保持车子直立,身体往弯内倾斜(足以让外侧的手臂伸直),使车把向弯内一侧倾斜。弯曲内侧手臂的手肘把车把拉回,同时外侧手臂把车把推出以转动车把方向。保持两边膝盖内扣,继续蹬踏。

(五) 自行车上下坡骑行技术

上下坡骑行技术是自行车骑行的一种重要的基本技术。

1. 上坡骑行技术

上坡骑行要保持正常的踏蹬动作,不可突然用力,一般情况下不宜采用站立式骑行或提拉式骑行方法,否则会过多地消耗体力。遇到短距离坡路,应充分利用物体运动的惯性原理轻松地踏蹬,快到坡顶时可采用站立式骑行,把速度尽可能提高,给下坡加速创造有利条件。遇到漫长的上坡,要根据自己的体力状况及时调整传动比,不要等到骑不动和速度完全降下来时才改变传动比,要坚决避免出现重新起动的现象。坡路较长或有陡坡时,可交替使用站立式骑行方法,调剂用力部位,让部分肌肉得到休息。上坡时跟车不要太近。由于上坡用力,行车时常常左右摆动,跟车过近则可能发生碰撞。再者,上坡时速度明显下降,跟车太近反而会使自己的骑行方法受到限制。

2. 下坡骑行技术

下坡骑行要达到安全快速的骑行效果,就要做到注意力集中,胆大心细,两眼密切注视前方路面;不仅要充分利用车子的运动惯性滑行,而且要敢于主动踏蹬,加大速度。在下坡转弯时,要提前控制车速。用点刹的方法逐渐减速,刹车时,尽可能前、后闸同时使用,前闸可稍稍提前使用,要求前轮的方向与车子前进的方向相一致,否则会因骑行者的体重和车子惯性受到限制而摔倒。进入弯道后将闸放开,以免造成不必要的减速。弯道上使用后闸不要过猛,否则车子可能掉头或滑倒。转弯时身体和车子要保持一致,向里倾斜,上体和车子保持一条直线,以克服离心力。倾斜角度根据速度和弯道大小而定,但一般不得超过 28°,否则就有滑倒的危险。

(六) 刹车的技巧

在骑行过程中,刹车减速技巧的合理运用是保证安全骑行的重要前提。

1. 使用前刹车时将身体重心往后移

当使用前刹时,人的身体重心会因为惯性而自然前移。在开始练习刹车时,要有意识地将自体重心向后移动(将身体放低,屁股往后移)。身体重心往后移得越多,获得的刹车力量就越大。

2. 转弯时减低前刹的力量

和驾驶汽车一样，在转弯时必须降低速度。如果在转弯时使劲地压下车闸，则容易侧滑而失去控制。因此，转弯时要同时使用前、后车闸来降低速度。刹车时前轮的反应会降低，如果在一个下坡的急转弯需要使用刹车，尽量使用后车闸。在平地上，在最后一刻刹车时将身体重心往后降低，以前面 30% 加后面 70% 的刹车力量来刹车。

3. 不要过度压下前刹车

过度压下前车闸会使人的身体重心前移，导致车头下倾。当在险峻下坡的转弯中使用车闸时，必须同时控制好前、后车闸，不可过度用力地一直按着，而应对车闸做一放一按的动作，以防止发生刹车锁死的现象。

二、自行车运动的训练方法

科学表明，每天 30～75 min 的自行车训练可以让人提高骑行速度，增强耐力，提升踏频，而长期、稳定的练习有助于促进循环系统的毛细血管网络生长，使细胞吸收更多的营养和氧气，还能增强身体燃脂能力。要提高自身的自行车运动水平，可按以下训练方法进行训练。

1. 间歇冲刺训练

在 30～45 min 做 12 组左右的 30 s 冲刺，这种训练每周不宜超过两次。方法是：先骑行热身 10 min，进行快速冲刺 30 s，减速放松骑行 3 min 后继续快速冲刺 30 s，如此反复，最后减速，让身体自然降温。研究表明，30 s 冲刺训练可以提高最大摄氧量——身体极限下的最大耗氧量。进行四周的 30 s 间歇冲刺训练，可以让运动员的最大摄氧量提高 3%，40 km 计时赛速度提升超过 4%。

2. 提高踏频训练法

先骑行热身 5 min，换到小档位，保持上身平稳，踩踏流畅，以尽可能快的踏频坚持 1 min，恢复 3 min，做 6～8 组，最后减速，让身体自然降温结束骑行。经过一段时间的训练，当感觉该训练变得很轻松时，逐渐增加训练时长并减少恢复时间。

3. 爬坡训练法

(1) 标准山路重复训练。骑行热身 10～15 min，找一段大约需要攀爬 5 min 的山路，竭尽全力向上骑行，保持最大踏频或极限状态。下坡时用 3 min 恢复体力。重复5 次，休息。

(2) 采用更有机的方法。规划一条 20 km 左右的骑行路线，其中包括 4～6 段山路。爬山路时奋力攀登，其他时候适度骑行。

4. 速度训练

骑行热身 10 min，提高速度，达到和 40 km 计时赛一样可持续的速度，坚持 15 min，然后降低档位，放松 3 min，重复两次以上。随着训练的深入，需要延长高速骑行时间，减少恢复时间，最后增加至骑行 1 h。经常如此训练，在爬坡时不仅将更加有力，缩短与对手的差距，而且能够维持高强度的体力输出。速度训练可提高细胞产生能量的效率，提升体能极限。

复习思考题

1. 自行车运动的类型有哪些？
2. 自行车运动的基本技术有哪些？
3. 自行车运动的训练方法有哪些？

参考文献

[1] 郭才祥,农然午.大学生体育与健康[M].武汉:华中师范大学出版社,2017.
[2] 姚鑫,杨柳.大学生体育与健康教程[M].2版.北京:北京师范大学出版社,2018.
[3] 熊百华,杜和平,陶干臣.大学体育与健康教程[M].上海:同济大学出版社,2019.
[4] 傅遐龄.大学体育教程[M].北京:人民邮电出版社,2012.
[5] 胡伟,罗帅呈,徐丽玲.体育与健康教程[M].北京:人民体育出版社,2017.
[6] 吴梦,邱华丽,田小静.体育与健康[M].成都:电子科技大学出版社,2017.
[7] 黄荣,张鹏,王彦旎.健美操[M].北京:清华大学出版社,2015.